7 月 29 日，副市长，市公安局党委书记、局长白少康赴嘉定分局调研

（政治部提供）

1 月 30 日，市局党委副书记、副局长（2014 年 3 月免）程九龙慰问指挥大楼值班人员

（政治部提供）

8 月 21 日，市局党委副书记、副局长陈臻到青浦分局慰问基层民警

（青浦分局提供）

2月17日，市局党委委员、副局长（2014年12月免）江宪法讨论部署亚信峰会安保工作

（政治部提供）

7月29日，市局党委委员、副局长倪建玉到特警总队调研

（警卫局提供）

2月17日，市局党委委员、副局长（2014年10月免）朱伟明讨论部署亚信峰会安保工作

（政治部提供）

2月17日，市局党委委员、副局长郭永华讨论部署亚信峰会安保工作

（政治部提供）

1 月 26 日，市局党委委员、副局长陆卫东检查口岸签证处综合指挥中心

（出入境管理局提供）

2 月 25 日，市局党委委员、纪委书记（2014 年 9 月免）姚志荣出席 2014 年上海公安机关反腐倡廉建设干部大会

（政治部提供）

5月14日，市局党委委员、副局长俞烈实地检查指导奉贤区肖塘村“城中村”治安整治工作

（指挥部提供）

5月24日，市局党委委员、政治部主任韩勇慰问市局政治部支援基层民警

（政治部提供）

12 月 22 日，市局党委委员、副局长陆民在市局治安总队指导工作

（治安总队提供）

11 月 14 日，市局党委委员、纪委书记陆东参加市局纪委离退休党支部组织生活会

（指挥部提供）

上海公安年鉴

2015

《上海公安年鉴》编辑部　编

中国人民公安大学出版社
·北　京·

图书在版编目（CIP）数据

上海公安年鉴·2015／《上海公安年鉴》编辑部编．—北京：中国人民公安大学出版社，2015.11
ISBN 978-7-5653-2472-7

Ⅰ.①上…　Ⅱ.①上…　Ⅲ.①公安工作—上海市—2015—年鉴　Ⅳ.①D631-54

中国版本图书馆 CIP 数据核字（2015）第 287940 号

上海公安年鉴·2015

《上海公安年鉴》编辑部　编

出版发行：中国人民公安大学出版社
地　　址：北京市西城区木樨地南里
邮政编码：100038
经　　销：新华书店
印　　刷：北京通天印刷有限责任公司

版　　次：2015 年 11 月第 1 版
印　　次：2015 年 11 月第 1 次
印　　张：30.5
开　　本：787 毫米×1092 毫米　1/16
字　　数：650 千字

书　　号：ISBN 978-7-5653-2472-7
定　　价：95.00 元

网　　址：www.cppsup.com.cn　www.porclub.com.cn
电子邮箱：zbs@cppsup.com　zbs@cppsu.edu.cn

营销中心电话：010-83903254
读者服务部电话（门市）：010-83903257
警官读者俱乐部电话（网购、邮购）：010-83903253
公安综合分社电话：010-83901870

编辑出版说明

《上海公安年鉴》是全面反映上海公安工作概貌的资料性工具书。《上海公安年鉴·2015》是上海市公安局建局以来的第28部年鉴，由上海市公安局公安年鉴编纂委员会主持编纂，市公安局各部门、各公安分局、县公安局，以及各公安处（局）和有关群众团体等单位供稿，《上海公安年鉴》编辑部编纂，中国人民公安大学出版社出版发行。

本年鉴记述2014年上海公安机关、各有关公安处（局）的工作和队伍建设情况，以及有关群众团体的工作情况；收录2014年颁布的涉及公安工作的一些主要法律、法规和政策性文件。

本年鉴采用栏目、分目、条目三级结构或栏目、条目两级结构。由于市局新成立自贸区分局，在“安全保卫”栏目中新增“自贸区安全保卫”分目。本年鉴共33个栏目、49个分目、840个条目。

为精练文字，在本年鉴各栏目第一次出现党和国家领导人或党政领导人时，用其职务全称，再次出现时，不再写职务全称，只写姓名；对一些文中频繁出现的，诸如大型活动、专项行动、主题活动等名称，在文中第一次出现时用全称，之后出现时一般用简称（详见附表“简称、全称对照表”）。

本年鉴编辑工作实行主编负责制下的栏目编辑责任制。范辉中负责“特载”、“概述”、“专记”、“辅助决策指挥”、“专项整治行动”、“刑事犯罪侦查”、“经济犯罪侦查”、“治安管理”、“人口管理”、“特警”、“出入境、边防管理”栏目；陈达元负责“机构名称”、“负责人名单”、“机构调整”、“道路交通管理”、“消防管理”、“安全保卫”、“宣传文化”、“队伍管理”、“教育培训”、“立功创模”、“纪检监察”、“警务保障”、“逝世人物”栏目；费鸣东负责“警务航空”、“监所管理”、“科技工作”、“法制建设”、“法律、法规、政策性文件”栏目及“金山分局”、“青浦分局”、“奉贤分局”、“崇明县公安局”分目；季绿萍负责“闵行分局”、“宝山分局”、“嘉定分局”、“松江分局”分目及编写索引；杨修辉负责“2014年大事记”、“群众团体”、“各公安处（局）”栏目；殷明负责“浦东分局”、“黄浦分局”、“徐汇分局”、“长宁分局”、“静安分局”、“普陀分局”、“闸北分局”、“虹口分局”、“杨浦分局”分目。

本年鉴仅向公安、司法机关和企业、科研、教育等单位的保卫部门发行。

本年鉴在编辑工作中，承蒙上海市公安局各部门、各公安分局、县公安局、各公安处（局）以及各群众团体等单位撰稿或提供资料，并协助核阅，谨致谢忱。

《上海公安年鉴》编辑部

2015年9月

附：简称、全称对照表

简　称	全　称
“三合一”	经营、居住、仓储合一
“三停”	停产、停业、停工
“打四黑除四害”	黑作坊、黑工厂、黑市场、黑窝点，严重危害人民群众生命健康、严重危害青少年身心健康、严重危害群众财产安全、严重危害公共安全和社会诚信
“两个实有”	实有人口、实有房屋
“五类车”	残疾车、电动三轮车、正三轮摩托车、二轮摩托车、电动自行车
“三非”	外国人非法入境、非法居留、非法就业
“盗三车”	盗窃电动自行车、燃气助动车、轻便摩托车

《上海公安年鉴·2015》编纂人员

上海市公安局公安年鉴编纂委员会

主　任： 白少康

副主任： 陈　臻　韩　勇

委　员：（以姓氏笔画为序）

丁斐平　卫　岚　马淮海　王　琦　王旭明
邢铁军　邢培毅　吕耀东　朱慧芬　刘俊祥
李征静　李贵荣　李铁山　杨　杰　杨泽强
杨烈毅　吴培根　张　清　张雪华　陈　超
陈志康　陈振华　邵建和　和向东　周　正
周一帆　周建国　周海健　周德辉　郑万新
郑文斌　赵子新　赵荣根　施　健　郭永华
徐长华　曹声伟　曹新平　彭卫东　韩力鸣
虞谷民　潘子罕　戴　民

《上海公安年鉴》编辑部

主　编： 陈　臻

副主编： 袁志航　张玉学　高　锋　张　毅　范辉中

编　辑： 费鸣东　季绿萍　陈达元　杨修辉　殷　明

组（撰）稿：（以姓氏笔画为序）

丁卫东　丁晓丹　丁晓艳　马丽娜　王　挺
王　健　王　婕　王　琮　王国磊　王海燕
王继伟　王黎扬　王德明　车永新　尹　玮
叶　晟　叶建荣　付　震　朱　慧　朱伟君
朱海轶　任家鑫　庄莉强　刘　敏　刘　斌
刘江萍　刘志伟　刘晓峰　江　亮　孙建伟

孙培强	李　斌	李刘江	李德全	杨　帆
杨维晨	杨智斌	杨智瑜	杨新华	邱辛逸
沈　冰	沈明翰	宋海军	张　玮	张　奇
张　晶	张　赟	张文华	张凯开	张佳莹
张俊杰	张振宁	张晓东	张润生	陆伟斌
陆敏韡	陈　翔	陈可峰	陈建中	陈展方
陈谱良	郁小玲	罗凤美	金　逸	金柏石
周丽蓉	郑　琴	官　宝	孟祥龙	郝　潜
胡　炎	胡亚明	胡光耀	查剑明	柳　溪
钟　灵	俞维镛	洪道铖	姚文威	姚铁盟
秦　忠	顾　天	柴　珏	钱毅云	徐丽霞
徐俊俊	凌　奇	凌云冰	陶友恒	龚小菁
龚彬彬	龚慧静	盛国辉	章　璐	程　刚
程雪峰	楼　哲	窦　庆	管靖刚	樊卫华
樊健生	薛　莹			

目　录

特　　载

中央政法工作会议在京召开

2015年1月20日，中央政法工作会议在北京召开。中共中央政治局委员、中央政法委书记孟建柱强调，习近平总书记关于政法工作的重要指示，进一步指明了加强政法工作的正确方向。全国政法机关要用习近平总书记重要指示统一思想、指导工作，深入学习贯彻党的十八大和十八届三中、四中全会及中央经济工作会议精神，深入学习贯彻习近平总书记系列重要讲话精神，主动适应形势新变化，坚持以法治为引领，以高度的政治责任感全力维护国家安全和社会稳定，以时不我待的紧迫感扎实推进司法体制改革，以坚定的法治信仰推进严格执法、文明执法、公正司法，以严的纪律铁的规矩切实加强政法队伍建设，不断提高政法机关服务大局的能力和水平，忠实履行好维护社会大局稳定、促进社会公平正义、保障人民安居乐业的职责使命。

孟建柱充分肯定2014年政法工作取得的成绩。他指出，一年来，全国政法机关认真贯彻党中央决策部署，用习近平总书记系列重要讲话特别是在中央政法工作会议上的重要讲话精神武装干警头脑、统领政法工作，尽职尽责、真抓实干，全力推进平安中国、法治中国、过硬队伍建设，为维护社会大局稳定、促进社会公平正义、保障人民安居乐业作出了新贡献。孟建柱向全国政法干警和武警官兵表示诚挚慰问和崇高敬意。

孟建柱强调，要正确认识和把握形势新变化，与时俱进做好政法工作。他从国际形势新特征、经济发展新常态、社会发展新趋势、依法治国新要求、人民群众新期待、政法队伍新情况等方面，透彻分析了新时期政法工作的趋势特点，要求推动工作理念、机制、方法作相应转变，增强工作前瞻性、主动性。要推动工作理念向善于运用法治思维和法治方式转变，提高政法工作法治化水平。推动工作取向向既有秩序又有活力转变，做到标本兼治、刚柔相济，确保社会既生机勃勃又井然有序。推动工作着力点向解决深层次问题转变，通过改革创新，从源头上预防减少影响社会和谐安定的问题发生。推动工作手段向善于运用信息化手段转变，提高政法工作现代化水平。推动工作方式向更加开放转变，不断加强与社会的沟通，赢得全社会对政法工作的理解和支持。

孟建柱要求，要坚持底线思维、问题导向，树立总体国家安全观，更加注重依法治理、综合施策，更好地肩负起维护国家安全和社会稳定的责任。要毫不放松地抓好反恐怖斗争，深化严打暴恐专项行动，确保国家长治久安。要坚持末端处理与前端治理相结合，深入排查社会不稳定不确定因素，综合运用协商民主和法治方式，提高预防化解社会矛盾实效。要加大源头治理力度，做好重大改革社会稳定风险评估工作，防止形成行业性、区域性社会风险。公共安全与人民群众生命财产安全关系最密切，是人民群众安全感的“晴雨表”，是社会安定的风向标。维护公共安全，容不得半点粗枝大叶、马马虎虎、大而化之。要牢记“隐患险于明火、防范胜于救灾、责任重于泰山”，始终把人民群众安危放在第一位，以如履薄冰的紧迫感，勇于担当、兢兢业业，完善对各类安全隐患的滚动排查、风险评估、监测预警机制，确保对影响公共安全的各类风险做到心中有数，并制定更加务实、高效的应对预案，形成常态化的安全监管机制，严防发生重大公共安全事故。要坚持严打方针不动摇，加强对犯罪规律的研究，创新打击方式，增强打击整治的科学性、有效性，加快创新立体化社会治安防控体系，保障人民群众生命财产安全。

孟建柱指出，全面推进依法治国是国家治理领域一场广泛而深刻的革命，司法体制改革是这场革命的“重头戏”。要切实加强党的思想政治工作，组织干警全面学习、正确领会党的十八届三中、四中全会精神，敢于担当、勇于进取，既接地气，从实际出发推进改革，又有理想，充分考虑政法事业的长远发展，在解决深层次体制问题上取得实质性进展。要在党的统一领导下，坚持走具有中国社会主义特色、符合司法规律的改革之路，努力创造更高水平的社会主义司法文明。要树立改革的大局观，坚持从党和国家事业发展全局出发，谋划、提出改革举措，敢于动自己的“奶酪”，防止把改革简单等同于扩张权力、增加编制、提高待遇。要深入研究各项改革的关联性，按照先易后难、统筹兼顾、依法有序的原则，分阶段、分步骤推进司法体制改革。

孟建柱强调，今年是司法体制改革全面深入推进的一年。要以时不我待的紧迫感，扎实推进司法体制改革，努力取得新的更大进展。要深入推进完善司法责任制、完善司法人员分类管理制度、健全司法人员职业保障制度、推动省以下地方法院检察院人财物统一管理4项改革试点，抓好设立跨行政区划的人民法院、人民检察院和最高人民法院设立巡回法庭试点工作，年内取得更大进展。要抓紧部署保障依法独立公正行使职权、建立规范有序的司法权运行机制、全面深化公安改革、深化司法行政改革等一批有影响的改革任务，年内取得阶段性成果。对建立检察机关提起公益诉讼制度、完善刑事诉讼中认罪认罚从宽制度、建立终身禁止从事法律职业制度等一批难度大的改革项目，要组织研究论证，早日形成改革的基本思路。

孟建柱指出，依法治国的关键是严格执法、公正司法。政法机关作为执法司法的主力军、生力军，要认真落实全面依法治国新要求，创新理念、完善制度、加强监督，坚持不懈推进严格执法、文明执法、公正司法，提升执法司法公信力。政法领导干部要深刻懂得法律重在约束权力的道理，始终保持对法律的敬畏之心，自觉把执法为民的职业良知和秉公执法的法治精神统一起来，带头信仰法治、坚守法治，依法规范和约束执法司法权，决不能凌驾于国家法律之上、以言代法、以权压法，决不能公器私用、谋取私利。要深入推进执法司法规范化建设，针对涉案财物查封扣押冻结不规范、同案不同判、行政执法与刑事司法衔接不够等执法司法突出问题，一件一件梳理，认真研究解决。要结合推进以审判为中心的诉讼制度改革，认真实施修改后的刑事诉讼法等法律制度，强化对当事人和其他诉讼参与人合法权益的制度保障，重点健全落实罪刑法定、疑罪从无、非法证据排除等制度，落实好程序公正的要求，探索建立刑事案件申诉异地审查制度，切实加强刑事司法领域的人权保障。要对各类执法司法考核指标进行全面清理，坚决取消不合理的考核项目，建立科学的激励机制，落实办案责任，确保干警依法办案、办好案。要强化制约监督，把宪法规定的分工负责、互相配合、互相制约制度落实好，人民检察院、人民法院要忠于事实和法律，防止事实不清、证据不足的案件或者违反法律程序的案件“带病”进入起诉、审判程序，造成起点错、跟着错、错到底的现象发生。要推动信息化建设与执法办案监督管理机制的深度融合，构建开放、动态、透明、便民的执法司法新机制，努力实现公开与公正的高度契合，真正使执法司法在公开、自信中赢得社会的公信。要高举维护法治权威的旗帜，把严格执法作为基本要求，依法加强管理、打击犯罪，坚决维护群众合法权益。要处理好严格执法与文明执法的关系，改进执法方式，做到以法为据、以理服人。要树立主动宣传的理念，充分利用新媒体，用讲故事方式，把重点工作、感人事迹及时传递到社会，让人民群众信任、支持执法司法工作，营造有利于严格执法、文明执法、公正司法的良好环境。

孟建柱强调，要切实加强政法队伍建设，不断提高思想政治素质和履职能力。政法干警特别是领导干部要以更强的党性原则、政治觉悟、组织观念要求自己，严守党的纪律和政治规矩，始终在思想上、政治上、行动上与以习近平同志为总书记的党中央保持高度一致，确保绝对忠诚可靠。要坚持不懈地抓好党的科学理论武装，真正把理想信念在政法系统牢固树立起来，始终站在党和人民的立场上想问题、做事情。

要深入开展党的政治纪律、组织纪律教育，决不允许凌驾于组织之上，决不允许把上下级关系变成人身依附关系，决不允许搞团团伙伙、结党营私、拉帮结派。要深入推进党风廉政建设和反腐败斗争，提高政法队伍拒腐防变能力。反腐败斗争没有禁区，没有特区，也不能有盲区。对腐败问题，要坚持零容忍的态度不变、严厉惩处的尺度不松，发现一起查处一起。政法领导干部要结合在县处级以上领导干部中开展的“三严三实”专题教育，进一步增强党的观念，自觉在法治轨道上用权，善于在监督下工作，清清白白做人、干干净净做事、坦坦荡荡为官，始终保持清正廉洁的为政品格。要严格落实“一岗双责”，对政法队伍敢抓敢管、愿抓愿管、会抓会管，坚决反对和整治特权思想、衙门习气、霸道作风，坚决反对和整治关系案、人情案、金钱案。对滥用职权、徇私舞弊、贪赃枉法、买官卖官、收钱捞人甚至充当黑恶势力保护伞等问题，要坚持党纪国法面前人人平等，不管涉及什么人，不论职务高低，都要一查到底、决不姑息。要针对容易发生腐败问题的重点领域，健全内外监督制约机制，扎紧制度的篱笆，堵塞执法司法权寻租空间。要合理分解、科学配置权力，着力健全选人、用人、管人制度，加大干部交流轮岗力度，形成不敢腐、不能腐、不想腐的有效机制。要把专业化建设作为政法队伍核心战斗力来抓，完善并实施法律职业准入制度，以所、队、庭等基层一线领导和骨干为重点，创新教育培训体系，努力使干警具有丰富的法律知识、良好的职业素养、较高的专业水平、高尚的职业操守。

孟建柱指出，坚持党对政法工作的领导，是中国特色社会主义最本质特征的要求，是中国特色社会主义司法制度最根本的保证。各级党委要加强和改善对政法工作的领导，提高新形势下党领导政法工作科学化水平。各级党委政法委要善于把好政治方向，确保党的路线方针政策和重大决策部署在政法各单位得到贯彻落实。要善于抓大事、谋大局，提高统筹解决政法工作中重大问题的能力。要善于运用法治思维和法治方式领导政法工作，支持审判机关、检察机关依法独立公正行使审判权、检察权，支持政法各单位依照宪法法律独立负责、协调一致开展工作，为政法各单位依法履职创造良好社会环境。要善于抓住关键的具体问题，切实增强政法工作的执行力。

孟建柱强调，岁末年初往往是各类矛盾、案件、事故多发期。要增强风险防控意识，深入开展矛盾纠纷排查化解工作，全面整改各类安全隐患，强化社会面防控，依法打击违法犯罪活动，切实做好春运安保工作，为广大人民群众欢度春节创造安全祥和的社会环境。

孟建柱要求，要进一步关心爱护干警，最大限度激发政法队伍生机活力。他说，广大政法干警特别是基层单位的同志们长期战斗在政法工作第一线，尽职尽责、十分辛苦，为维护国家安全、排查化解矛盾、预防打击犯罪、促进社会和谐稳定作出了突出贡献。共和国的每个进步，都凝聚着他们的心血和汗水。要在思想政治上更关心、工作生活上更关爱他们，帮助他们解决实际困难，为他们履职尽责创造良好条件。要更加注重科学用警，突出人文关怀，加强政法文化建设，努力营造拴心留人的良好环境。

国务委员、中央政法委副书记郭声琨主持会议，中央政法委委员周强、曹建明、汪永清、耿惠昌、吴爱英、杜金才、陈训秋、王宁、傅政华以及中央政法各单位、中央和国家机关有关部委的负责同志，香港工委和澳门工委负责同志，全军政法委员会委员、武警部队政法委书记，各省区市和新疆生产建设兵团党委政法委书记、常务副书记和高级人民法院、人民检察院、公安厅（局）、国家安全厅（局）、司法厅（局）、综治办、信访局（办）主要负责同志，各省会（自治区首府）市和计划单列市党委政法委书记出席会议。（摘自2015年1月22日《人民公安报》）

全国公安厅局长会议在京召开

2015年1月21日，全国公安厅局长会议在北京召开。国务委员、公安部党委书记、部长郭声琨在会上强调，各级公安机关要深入贯彻落实党的十八大、十八届三中、四中全会和中央经济工作会议、中央政法工作会议精神，深入贯彻落实习近平总书记系列重要讲话精

神，主动适应我国经济发展新常态，牢牢把握稳中求进工作总基调，坚持以全面深化公安改革为动力，以建设法治公安目标为引领，以大力推进“四项建设”为载体，突出能力建设，注重机制创新，强化风险管控，狠抓责任落实，进一步提升公安机关依法履职能力和队伍作风形象，进一步提升人民群众安全感、满意度和执法公信力，切实肩负起维护社会大局稳定、促进社会公平正义、保障人民安居乐业的职责使命。

郭声琨指出，刚刚召开的中央政法工作会议，是在党的十八届四中全会和中央经济工作会议之后召开的一次重要会议。习近平总书记专门作出重要指示，从全局和战略的高度，充分肯定了去年政法战线取得的成绩，明确提出了做好新形势下政法工作的指导思想、目标任务和总体要求，为我们做好政法工作提供了强大精神动力、指明了前进方向。孟建柱同志的重要讲话，明确提出了今年政法工作的总体思路和五项重点任务，具有很强的思想性、针对性和指导性。各级公安机关要认真学习领会，紧密结合实际抓好贯彻落实。

郭声琨全面总结了去年公安工作取得的成绩，深刻分析了当前公安工作面临形势的新变化、新特点，要求全国公安机关切实增强政治意识、大局意识、忧患意识和责任意识，善于从战略上分析判断形势，善于从政治上观察思考问题，善于运用底线思维研究谋划工作，善于运用问题导向完善政策措施，始终把工作基点放在有效管控危机风险、更好驾驭复杂局势上，不断提升新常态下维护国家安全和社会稳定的能力水平，为全面建成小康社会、全面深化改革、全面依法治国、全面从严治党创造安全稳定的社会环境、公平正义的法治环境和优质高效的服务环境。

郭声琨强调，维护国家安全和社会稳定，是公安机关职责所在、使命所系。要严密防范、严厉打击境内外敌对势力捣乱破坏活动，大力加强反颠覆反渗透反分裂斗争，坚决捍卫国家政治安全、政权安全。要全面推进反恐怖斗争各项措施的落实，深化反恐专项打击整治行动，加强反恐情报预警和防范控制，健全反恐怖工作长效机制，坚决遏制新疆暴恐案件频发势头，坚决防止暴恐活动向内地蔓延，坚决维护新疆大局稳定和国家长治久安。

郭声琨要求，要全面实行打击犯罪新机制，始终把矛头对准“黑拐枪”、“黄赌毒”等社会治安顽症，对准电信诈骗、食药品安全、环境污染、网络犯罪等人民群众反映强烈的突出问题，对准非法集资、传销等涉众型经济犯罪和“两抢一盗”等多发性侵财犯罪，对准跨国跨境犯罪、携带赃款潜逃境外等突出犯罪，有的放矢地组织开展打击整治行动，做到更快地破大案、更多地破小案、更准地办好案、更好地控发案。当前，要扎实组织开展“春雷行动”，严厉打击带有季节性特点的突出犯罪，努力为人民群众欢度春节创造良好社会治安环境。

郭声琨强调，要充分发挥公安机关在社会治安防控体系建设中的骨干作用，搞好科学规划，抓好重点建设，尽快使立体化社会治安防控体系有效运转起来、功能发挥出来，为推进平安中国建设提供有力支撑。要大力加强基础建设，全面落实各项防范管控措施，切实消除治安隐患和管理盲区，不断提升社会治安管控能力。要精心组织好全国枪爆物品大清查行动，坚决消除各类枪爆安全隐患。要紧紧依靠党委、政府，积极配合相关部门，坚持和发展“枫桥经验”，深入开展矛盾纠纷排查化解工作，努力从源头上预防和减少社会矛盾，切实维护社会和谐稳定。

郭声琨要求，要切实加强公共安全管理，着力提升安全管理水平。要以重点部位、薄弱环节和人员密集场所为重点，建立健全火灾隐患常态化排查治理、重大隐患分级治理机制，加强实战演练和科学指挥，最大限度预防重特大火灾事故。要健全重点运输企业、重点车辆、重点道路常态监管机制，狠抓“三超一疲劳”、酒驾、毒驾、野蛮驾驶等突出交通违法行为整治，有效预防重特大交通事故发生。要健全大型活动审批和群众自发性节庆聚集活动风险评估制度，完善安全管理方案和应急处置预案，严格落实主体责任和安保措施，坚决防止发生群死群伤事故。

郭声琨强调，要抓住机遇、攻坚克难，迅速掀起全面深化公安改革新高潮。要紧紧围绕人民群众最期盼的领域和制约公安工作发展的突出问题，重点推进户籍制度、驾考制度、执法制度、人民警察管理制度等改革任务，努力在破解重大难题上取得新突破，着力完善现代警务机制、提高社会治安防控水平和治安治理能力，着力推进公安行政管理改革、提高管理效能和服务水平，着力建设法治公安、提高执法水平和执法公信力。要统一思想、凝聚共识，抓住重点、集中攻关，立足当前、着眼长远，依法有序推进改革，最大限度地汇聚全面深化公安改革的强大合力。

郭声琨要求，要按照“每年有进步、三年大提升”的总要求，把“四项建设”摆上突出位置、作为大事来抓，不断夯实公安工作发展进步的根基。基础信息化要在深化建设、深度应用、反哺基层、服务实战上下功夫，警务实战化要在优化警务机制、创新勤务模式、完善扁平化指挥体系上下功夫，执法规范化要在坚定法治信仰、增强专业能力、完善责任追究制度上下功夫，队伍正规化要在创新教育训练机制、完善警察管理制度上下功夫。要坚持问题导向、搞好顶层设计，坚持上下协同、注重整体联动，坚持典型引路、强化示范带动，确保“四项建设”扎实深入推进。

郭声琨强调，公安机关是党和人民的“刀把子”，必须始终掌握在忠诚于党和人民的人手中。各级公安机关领导干部要坚持把政治过硬作为首要标准，把绝对忠诚作为第一要求，严格遵守党的政治纪律和政治规矩，始终在思想上、政治上、行动上与以习近平同志为总书记的党中央保持高度一致。要坚持廉洁从政、依法从严治警，着力提高拒腐防变能力。要树立法治思维、坚守法治定力，着力提高运用法治方式开展工作的水平。要大力传播公安机关惩恶扬善的正能量，主动引导社会舆论，着力提升社会沟通效能。要勇于担当、敢于负责，切实担负起守护一方平安、确保一方稳定的重大政治责任。

公安部党委副书记、常务副部长杨焕宁主持会议。在京部党委成员刘金国、傅政华、陈智敏、黄明、李伟、刘彦平、夏崇源、孟庆丰、刘跃进、王俭出席会议。各省、自治区、直辖市和新疆生产建设兵团公安厅局长、改革办主任，各省会市、副省级市公安局长，公安部部属局级单位主要负责同志参加会议。内蒙古、福建、湖南、四川、新疆公安厅负责同志在会上发言。（摘自 2015 年 1 月 23 日《人民公安报》）

全国公安厅局长座谈会在浙召开

2014年9月22日至23日，全国公安厅局长座谈会在杭州召开。国务委员、公安部部长郭声琨强调，全国公安机关要深入学习贯彻习近平总书记关于公安工作的重要指示精神，积极适应新形势新任务提出的新要求新挑战，进一步加强和改进新形势下的公安工作和队伍建设，全面深化公安改革，大力推进基础信息化、警务实战化、执法规范化、队伍正规化建设，着力提升维护国家安全和社会稳定的能力和水平，不断开创公安工作新局面。

中共中央政治局委员、中央政法委书记孟建柱就此次会议作出批语。他指出，党的十八大以来，习近平总书记多次就公安工作作出重要指示，日前，又专门听取公安部工作汇报，充分体现了党中央对公安工作的高度重视和对公安队伍的关心厚爱。希望各级公安机关认真学习、深刻领会总书记重要指示精神，要旗帜鲜明、严密防范、坚决打击境内外各种敌对势力的破坏活动，坚决捍卫国家的政治安全。要深入推进平安中国建设，坚持专项整治与健全完善长效机制相结合，加强基层基础工作，以信息化为引领，加快构建立体化社会治安防控体系，全力维护社会大局稳定，提高人民群众的安全感和满意度。要切实改进公安行政管理工作，出台更多的便民、利民措施，积极回应人民群众的新期盼。要进一步把握新闻传播规律，加强舆论引导工作，努力凝聚推动公安事业发展的正能量。要把从严治警与从优待警更好地结合起来，既要加大正风肃纪力度，确保队伍清正廉洁，又要使广大民警都能快乐地工作、幸福地生活，努力建设一支政治坚定、业务精良、作风过硬的公安队伍。要以问题为导向，全面深化改革，大力推进“四项建设”，着力提升公安机关履职能力和水平，推动公安事业的长足进步，为促进社会公平正义，保障人民安居乐业作出新的更大贡献。

郭声琨指出，习近平总书记就进一步加强和改进公安工作和队伍建设作出的重要指示，从全局和战略的高度，深刻阐述了事关公安工作发展方向的一系列重大问题，为我们进一步加强和改进新形势下的公安工作和队伍建设指明了奋进方向、提供了新的思想武器。当前和今后一个时期，全国公安机关要把学习贯彻习近平总书记重要指示精神作为首要政治任务，深刻领会科学内涵和精神实质，准确把握公安工作的着眼点着力点、维护社会稳定的战略思维、平安中国建设的方向目标、公安工作的总体思路、公安队伍建设的根本要求、从严治警惩治腐败的鲜明立场，坚持以问题为导向、以改革为动力，以与时俱进的精神加强和改进新形势下的公安工作和队伍建设，为全面建成小康社会和实现中华民族伟大复兴的中国梦作出新的更大贡献。

郭声琨强调，贯彻落实习近平总书记重要指示精神，关键是要充分发挥公安机关职能作用，确保国家安全和社会大局稳定。要始终把确保国家政治安全、政权安全放在首位，下好先手棋、打好主动仗、把握主动权，坚决捍卫中国共产党领导、坚决捍卫中国特色社会主义制度。要深入开展反恐怖斗争，坚持以打开路、重拳出击，始终保持对暴力恐怖活动的凌厉攻势；坚持情报引领、协同作战，切实形成反恐怖工作的强大合力；坚持标本兼治、源头治理，着力铲除滋生暴恐活动的土壤。要深入推进平安建设，始终坚持依法严打方针，紧紧抓住群众反映强烈的突出治安问题深入开展打击整治行动，创新立体化社会治安防控体系，着力提升驾驭社会治安复杂局势的能力，大力加强公共安全管理，严防发生重特大治安灾害事故，切实提升人民群众安全感。

郭声琨指出，坚持一手抓当前维护稳定工作，一手抓公安工作长远建设，是多年来公安机关探索积累的一条成功经验。各级公安机关要在继续巩固“三项建设”成果的基础上，大力推进基础信息化、警务实战化、执法规范化、队伍正规化建设，进一步提升公安机关的履职能力和水平。要把“四项建设”作为贯穿公安工作和队伍建设的基础性、全局性、战略性工程，科学谋划、精心组织，加强研究、积极探索，扎扎实实地把这些打基础、管长远、利全局的工作抓紧抓好，力争“每年有进步、三年大提升”。

郭声琨强调，基础工作是整个公安工作的根基，是推动公安事业发展的永恒课题，大力推动基础工作与信息化有机融合，已成为新形势下公安基础工作的鲜明特征。既要紧紧依靠群众、深入发动群众，始终保持与人民群众的血肉联系，继承发扬好“枫桥经验”等经验做法，又要积极顺应信息化发展大势，大力推进基础信息化建设，不断提升情报主导、精确打击、主动防控水平，努力使信息化手段贯穿到公安工作的各个方面，为服务公安现实斗争提供强有力的支撑。

郭声琨指出，常态实战是公安机关不同于一般行政机关的最大特点，实战水平高低是检验公安机关战斗力的根本标准。要坚持战斗力标准，着眼“打得赢”目标，大力推进警务实战化建设，健全完善快速高效的指挥处置机制，健全完善科学灵活的勤务运行机制，健全完善支撑有力的实战保障体系，着力构建体现实战特点、符合实战要求的现代警务机制，努力做到打击更加有力、防范更加严密、应对更加有效。

郭声琨强调，公安机关担负着行政执法和刑事司法的重要职责，严格规范公正文明执法是公安工作的生命线。要积极适应全面推进依法治国新形势，紧紧围绕建设法治公安目标，大力推进执法规范化建设，建立健全科学完备的执法制度体系，建立健全系统严密的执法管理体系，建立健全严格规范的执法责任体系，力争通过三至五年的努力，基本实现执法队伍专业化、执法行为标准化、执法管理系统化、执法流程信息化。各级公安领导干部和广大民警要切实增强法治意识、坚定法治信仰、践行法治原则，在每一起案件办理、每一个执法环节上都能体现社会公平、彰显法律正义。

郭声琨指出，加强正规化建设，始终是贯穿公安队伍建设的一条主线。要始终坚持政治建警、素质强警、从严治警、从优待警方针，以铸造忠诚警魂为根本、以科学管理队伍为核心、以增强素质能力为重点、以培养优良警风为保障，大力推进队伍正规化建设，创新思想政治工作，完善人民警察管理制度，加强反腐倡廉和纪律作风建设，努力打造一支信念坚定、执法为民、敢于担当、清正廉洁的高素质公安队伍。

郭声琨特别强调，要毫不动摇地坚持党对公安工作的绝对领导，以坚定的信仰追求保持政治定力，以强烈的担当精神强化党性原则，真正把公安队伍打造成为维护公平正义之师、

守护人民安宁之剑，确保公安队伍绝对忠诚、绝对纯洁、绝对可靠。要毫不动摇地坚持从严治警惩治腐败，从重大违法违纪案例中深刻吸取教训，举一反三、警示全警，坚决打好反腐倡廉这场攻坚战，对公安队伍出现的腐败问题和苗头坚持“零容忍”，依法严厉查处。要紧紧抓住权力运行的关键环节，以领导班子、领导干部为重点，强化制度建设和监督制约，健全完善具有公安特色的惩治和预防腐败体系，最大限度地遏制腐败问题的发生。

郭声琨强调，要全面深化公安改革，着力解决影响和制约公安事业发展的突出问题。要坚持以人为本，针对人民群众反映强烈的突出问题，一方面注重从源头入手，进一步完善制度设计，另一方面不断改进管理服务工作，研究推出新的便民利民举措，努力取得让群众看得见、摸得着的公安改革成果。要针对公安民警超负荷、强应急、高风险的职业特点，健全完善人民警察分类管理和职业保障机制，研究解决基层民警关心关切的问题，不断激发公安队伍的生机与活力，不断提高公安队伍的整体素质和战斗力。

浙江省省委书记、省人大常委会主任夏宝龙在会上致辞。公安部党委副书记、常务副部长杨焕宁主持会议。公安部党委委员、副部长孟宏伟、陈智敏、黄明、傅政华、李伟、刘彦平，部党委委员、政治部主任夏崇源出席会议。各省、自治区、直辖市和新疆生产建设兵团公安厅局长，各省会市、副省级市公安局长，公安部部属局级单位主要负责同志参加会议。

会议期间，与会代表参观考察了浙江省公安机关基层一线单位，浙江、北京、吉林、上海、江苏、福建、贵州和济南、武汉公安机关负责同志在会上发言。（摘自2014年9月24日《人民公安报》）

全国公安机关社会治安防控体系工作会议在鄂召开

2014年11月4日，全国公安机关社会治安防控体系工作会议在武汉召开。公安部副部长黄明在会上强调，要认真贯彻落实党的十八大和十八届三中、四中全会精神，深入学习贯彻习近平总书记系列重要讲话特别是深化平安建设、加快创新立体化社会治安防控体系的重要指示精神，按照深化平安中国建设会议部署要求，紧密结合各地实际，创新完善立体化社会治安防控体系，为推进平安中国建设提供有力支撑。公安部党委委员、部长助理孟庆丰主持会议。

黄明指出，创新完善立体化社会治安防控体系，是中央在新的历史条件下对社会治安工作作出的一项重大战略部署，对于保障人民安居乐业、维护国家长治久安具有重要意义。中央作出这一重大部署，既是对长期维护社会治安实践经验的探索总结，也是对维护社会治安规律特点的科学把握，更是积极适应新形势新任务、有效应对新要求新挑战的战略抉择。

黄明强调，全国公安机关要牢牢把握建设平安中国、法治中国的总要求，以提高动态化、信息化条件下驾驭社会治安局势能力为核心，以确保公共安全、提升人民群众安全感和满意度为目标，以突出治安问题和群众平安需求为导向，以创新为动力，以信息化为引领，以基础建设为支撑，坚持系统治理、依法治理、综合治理、源头治理，加强创新，完善点线面结合、网上网下结合、人防物防技防结合、打防管控结合的立体化社会治安防控体系，不断提高平安建设现代化水平，不断提升人民群众安全感和满意度。

黄明要求，要更加注重建设的系统性、整体性，着力形成立体化社会治安防控体系的合力，要更加注重建设的协同性、实效性，着力提升立体化社会治安防控体系的效率，要更加注重建设的基础性、源头性，着力增强立体化社会治安防控体系的活力。要搞好科学规划，处理好整体推进与因地制宜、局部规划与服务全局、专门规划与统筹配套的关系；要抓好重点建设，切实加强重点防控，深入推进重点项目建设，强化问题导向、底线思维；要狠抓责任落实，充分发挥综治部门的协调督办作用、公安机关的主导推动作用和综治考评的激励导向作用；要激发基层活力和创造力，依靠人民群众群防群治，发挥先进典型示范作用，力争在一些重点工作和难点问题上取得突破，做到以点带面、整体推进。（摘自2014年11月6日《人民公安报》）

全国进一步推进户籍制度改革工作电视电话会议在京召开

2014年11月17日，全国进一步推进户籍制度改革工作电视电话会议在京召开，中共中央政治局常委、国务院副总理张高丽出席会议并讲话。张高丽强调，要全面贯彻落实党的十八大和十八届三中、四中全会精神，深入学习贯彻习近平总书记系列重要讲话，遵循城镇化发展规律，顺应人民群众意愿，扎实做好户籍制度改革各项工作。

张高丽表示，党中央、国务院高度重视户籍制度改革。今年以来，习近平总书记先后主持召开中央全面深化改革领导小组会议、中央政治局常委会议和中央政治局会议，李克强总理主持召开国务院常务会议，研究审议进一步推进户籍制度改革的意见。户籍制度改革是推进以人为核心的新型城镇化的重要环节，是推进国家治理体系和治理能力现代化的必然要求，对于实现“两个一百年”奋斗目标、实现中华民族伟大复兴的中国梦，具有重大现实意义和深远历史意义。

张高丽强调，推进户籍制度改革，要遵循规律、积极稳妥，坚持从实际出发，全面实施差别化落户政策；坚持存量优先，逐步满足符合条件的农业转移人口落户需求；坚持加快中小城市发展，增强集聚人口和提供公共服务的能力，确保与新型城镇化发展相适应。要以人为本、顺应民意，充分尊重城乡居民自主定居的意愿，切实保障农业转移人口合法权益，加快推进城镇基本公共服务常住人口全覆盖，在制度安排上为各类社会群体提供更多选择，最大限度释放改革红利。要统筹配套、协同推进，抓紧制定《居住证管理办法》，做好户籍制度改革与教育、就业、医疗、养老、住房保障、农村产权、财力保障等相关领域改革的衔接。

张高丽要求，一定要以抓铁有痕、踏石留印的精神，把进一步深化户籍制度改革工作抓实抓好抓出成效。各地要根据中央总体部署，抓紧出台本地区户籍制度改革具体措施，及时向社会公布，使户籍改革各项措施落地生根。有关部门要抓紧制定改革配套政策，完善工作机制，加强跟踪评估、督查指导，确保户籍制度改革有序推进。要做好宣传工作，凝聚各方共识，为深入推进户籍制度改革营造良好的社会和舆论环境。

国务委员、公安部部长郭声琨主持会议。他强调，各地区、各有关部门要切实把思想和行动统一到党中央、国务院的决策部署上来，统一到这次会议的要求上来，进一步增强大局意识、责任意识，加强组织领导，狠抓落实、精心实施，扎扎实实、积极稳妥地推进户籍制度改革。各地区要深入开展调查研究和论证评估，遵循城镇化发展和人口流动客观规律，抓紧研究制定符合《国务院关于进一步推进户籍制度改革的意见》要求和本地实际的户籍制度改革具体措施。各有关部门要各司其职、各负其责，加强统筹协调、整体推进，有效衔接、有序推进各项配套改革，形成整体合力。

中央有关部门负责同志在主会场参加会议。各省、自治区、直辖市和计划单列市、新疆生产建设兵团，各市（地）、县（市）人民政府及有关部门、单位负责同志在各地分会场参加会议。公安部、发展改革委、人力资源和社会保障部、财政部、中央农办负责同志在会上发言。（摘自 2014 年 11 月 18 日《人民公安报》）

公安部户籍制度改革专题座谈会在京召开

2014 年 11 月 17 日下午，公安部在北京召开户籍制度改革专题座谈会，认真学习全国进一步推进户籍制度改革工作电视电话会议精神，听取各地公安机关贯彻《国务院关于进一步推进户籍制度改革的意见》（以下简称《意见》）情况，座谈有关重点难点问题，研究扎实推进相关措施意见。公安部副部长黄明强调，各级公安机关要深刻领会、坚决贯彻习近平总书记等中央领导同志重要指示和国务院《意见》精神，按照全国进一步推进户籍制度改革工作电视电话会议的部署要求，认真履行职责，充分发挥牵头作用，坚决把这项事关改革发展稳定全局的基础性改革抓紧抓好。

黄明指出，进一步推进户籍制度改革，对实现“两个一百年”奋斗目标、实现中华民族伟大复兴的中国梦，具有重大现实意义和深远历史意义。各级公安机关一定要站在全局和战略的高度，切实增强政治责任感和历史使命感，切实发挥牵头组织和整体协调作用，扎实推进户籍制度改革相关工作。要准确把握中央政策要求，积极会同有关部门全面清理现行户籍政策及相关领域配套政策，深入开展调查研究和论证评估，为研究制定相关改革措施打好基础。要在吃透中央精神、吃准本地实际的基础上，进一步明确发展方向、找准关键问题、提出解决路径、制定具体措施，确保户籍制度改革与新型城镇化发展相适应，与相关配套改革相衔接，切实维护人民群众的合法权益。要在党委、政府的统一领导下，建立健全部门会商、协作机制，加强对户籍制度改革的跟踪评估、督查指导，周密部署、狠抓落实，确保各项措施落地生根、各项改革有序推进。

黄明强调，各地公安机关要立足当前、着眼长远，扎实做好户籍管理等基础工作，努力为推进户籍制度改革提供有力保障。要推进户籍管理规范化建设，健全完善人口登记制度、常态化检查督导制度和户籍管理责任制度，切实提高户籍管理服务的质量和效率，加快实现全国户口和公民身份号码的准确性、唯一性。要推进户籍管理信息化建设，加快人口信息管理系统升级改造，抓紧建设完善国家人口基础信息库，深入推进居民身份证换发和指纹信息登记工作，确保基础信息全面、准确，逐步实现跨部门、跨地区信息整合和共享。要推进户籍管理专业化建设，加强政策研究，不断提高户籍管理专业化水平，着力打造一支高素质的户籍管理专业化队伍，更好地适应当前户籍制度改革和人口服务管理工作的需要。（摘自2014年11月19日《人民公安报》）

全国公安机关学习贯彻党的十八届四中全会精神 深化执法规范化建设工作会议在京召开

2014年12月21日至22日，全国公安机关学习贯彻党的十八届四中全会精神　深化执法规范化建设工作会议在北京召开。国务委员、公安部部长郭声琨强调，各级公安机关要深入学习贯彻党的十八届四中全会和习近平总书记系列重要讲话精神，紧紧围绕建设中国特色社会主义法治体系、建设社会主义法治国家的总目标，坚持以深化执法规范化建设为载体，进一步更新理念、完善制度、创新机制、提升能力，在更高层次、更高水平上建设法治公安，为全面推进依法治国作出新贡献。

郭声琨指出，以党的十八届四中全会为标志，党和国家开启了全面推进依法治国、加快建设社会主义法治国家的新征程。公安机关是国家重要的行政执法和刑事司法力量，法治公安建设是社会主义法治国家建设的重要组成部分。各级公安机关特别是领导干部要从党和国家事业发展全局的高度，深刻认识全面推进依法治国的重大意义，准确把握建设社会主义法治国家对公安工作提出的新要求，坚持不懈、锲而不舍地抓好执法规范化建设，不断提升各项公安工作的法治化水平。

郭声琨强调，要大力培育社会主义法治理念，切实打牢严格规范公正文明执法的思想根基。要紧密结合公安机关担负的职责任务和执法实际，进一步加强法治理念教育，教育引导广大民警树立法治理念，坚定法治信仰，严格按照法定权限行使权力。要紧紧抓住领导干部这一关键，健全完善领导干部学法用法制度，加强对领导干部遵守法律、依法办事情况的考核监督，使各级领导干部始终保持对法律的敬畏之心，带头遵守法律，带头依法办事。要充分利用警营文化设施和网站、微博、微信等载体，开展多种形式的法治文化建设，着力营造浓厚法治文化氛围，真正把法治文化的精髓渗透到全体民警的执法工作和日常生活中去。

郭声琨要求，要更加注重运用法治思维和法治方式处理问题，不断提升依法履行职责的能力。要充分发挥法治手段的惩治作用，针对维护国家安全和打击违法犯罪遇到的新情况，推动法律政策完善，切实用足、用好、用活法律武器。要充分发挥法治手段的规范作用，主动适应信息化、动态化条件下维护社会治安、加强社会治理的新特点，织密法治之网、强化法治之力，始终在法治轨道上规范各种社会行为。要充分发挥法治手段的引领作用，针对各种利益诉求和矛盾纠纷，推动建立依法维权、有责必追、违法必究的规则和机制，努力形成办事依法、遇事找法、解决问题用法、化解矛盾靠法的法治环境。

郭声琨强调，要紧密结合全面深化公安改革，着力解决制约法治公安建设的体制机制问题。要坚持以问题为导向，进一步加强执法制度建设、改进决策机制、完善执法权力运行机制，确保公安工作每一个方面、每一个环节都充分体现法治精神和民意要求。要坚持以深化改革促进法治，以法治规范引领改革，确保各项重大改革于法有据，确保深化公安改革与建设法治公安同步推进、相向而行。

郭声琨要求，要始终坚持以提升能力素质为保障，努力建设一支过硬的公安执法队伍。要紧紧抓住绝对忠诚这个建警之魂，把坚持党的绝对领导作为法治公安建设的根本要求，创新思想政治工作，强化理想信念教育，确保始终做到立场坚定、忠诚为民、执法如山。要紧紧抓住素质提升这个强警之要，建立健全法律规定与实践应用相结合的经常性法治培训机制，着力提升民警的职业素养、专业技能和实战本领。要紧紧抓住作风过硬这个治警之基，加强日常监督管理，强化纪律作风养成，严肃查处违法违纪行为，营造风清气正的良好警风，为建设法治公安提供坚强保证。

公安部党委副书记、常务副部长杨焕宁主持会议，部党委委员、政治部主任夏崇源，部党委委员、部长助理孟庆丰出席会议。部机关有关局级单位，各省区市公安厅（局）、新疆生产建设兵团公安局和各省会市、计划单列市公安局有关负责同志参加会议。会上，为部分全国公安机关执法示范单位授牌。（摘自2015年1月22日《人民公安报》）

全国刑事侦查工作视频会议在京召开

2014年12月23日，全国刑事侦查工作视频会议在京召开，要求各级公安机关认真学习贯彻党的十八大，十八届三中、四中全会和习近平总书记系列重要讲话精神，按照习近平总书记和孟建柱同志关于公安工作、刑侦工作的重要指示要求，进一步加强和改进刑侦工作，实行打击犯罪新机制，切实提升侦查破案、执法办案、打击犯罪的能力和水平，切实增强人民群众的安全感、满意度和公安机关刑事司法公信力，努力为推进平安中国、法治中国建设作出新贡献。

会议传达了中共中央政治局委员、中央政法委书记孟建柱对公安刑侦工作的批示。国务委员、公安部部长郭声琨出席会议并讲话。公安部党委副书记、常务副部长杨焕宁主持会议，部党委委员、副部长李伟作工作报告，部党委委员、副部长刘彦平，部党委委员、部长助理刘跃进、王俭出席会议。北京、河北等地公安机关负责同志作交流发言。

会议全面总结了近年来刑侦工作取得的成绩和积累的经验，深入分析了当前刑侦工作面临的形势，就进一步加强和改进刑侦工作特别是实行打击犯罪新机制、提升打击犯罪的能力和水平进行了部署。

会议要求，要以“更快地破大案、更多地破小案、更准地办好案、更好地控发案”为目标，全面实行“科学指挥、合成作战、科技支撑、情报导侦”的打击犯罪新机制，真正实现对刑事犯罪活动的精确打击、深度打击。要通过实行打击犯罪新机制，改变单打独斗的状况，整合各种资源和力量，发挥整体优势，克服局部劣势；改变追着案件全国跑、单纯从案到人的侦查方式，更多运用立足本地侦办全国案件、多种方法定人定案的新型侦查方式；改变信息资源与侦查责任分离的状况，推动信息资源与侦查责任高度整合；改变对案件和犯罪嫌疑人分散起诉、片面追求打击数量的做法，实现对犯罪团伙成员和所作全部案件整体起诉、打击数量与打击质量并重。

会议要求，要明确各级公安机关侦查指挥职责，充分调动各种资源，有效提升科学指挥水平。要实行以侦查需求为导向的合成作战工作制度，对大要案件实行多警种同步上案制度，对多发性侵财案件等“小案”，实行有关警种、部门按需上案制度。要在用好传统工作方法的同时，注重现代科技手段运用，切实转变工作模式，不断提升打击效率和打击质量。要大力开展刑侦专业情报研判工作，推动情报信息有效转化为打击成果。

会议强调，要坚持依法严打方针不动摇，全力维护社会大局稳定。要坚持什么犯罪突出就集中打击什么犯罪，始终把打击矛头对准人民群众反映强烈的违法犯罪活动，坚决打击暴力恐怖犯罪、黑恶势力犯罪和严重刑事犯罪，坚决打击多发性侵财犯罪和网络、电信诈骗等新型犯罪，坚决整治“黄、赌、毒”和“黑、拐、枪”等突出治安问题。要把打击犯罪与保护人权、追求效率与实现公正、执法形式与执法目的有机结合起来，努力实现法律效果和社会效果的有机统一。

会议强调，要坚持严格公正司法，切实提升公安刑事司法公信力。要主动适应以审判为中心的刑事诉讼制度改革要求，进一步调整完善公安机关刑事司法工作制度，全面贯彻证据裁判规则，确保各项执法活动始终在法治轨道内运行，确保办理的每一起案件事实证据经得起法律的检验。要推动构建公安机关刑事侦查责任与检察、审判责任有机统一、相互衔接的刑事司法责任体系和有关管理制度。要加大执法公开力度，自觉接受群众监督、舆论监督和社会监督，做到以公开促公正、以透明保廉洁。

会议要求，要大力加强刑侦队伍正规化建设，努力打造一支党和人民满意的过硬刑侦队伍。要加强思想政治建设，坚持不懈地用中国特色社会主义理论体系和习近平总书记系列重要讲话武装广大民警头脑，确保在思想上政治上行动上始终与以习近平同志为总书记的党中央保持高度一致；教育引导广大刑侦民警始终秉持为党和人民事业不懈奋斗的精神追求，在急难险重任务面前敢于挺身而出，在歪风邪气面前敢于亮剑碰硬，永远保持无私无畏、敢打必胜的刑警本色。要加强专业能力建设，建立健全刑侦民警准入和选拔制度，加强实战化训练和专家队伍建设，不断提升刑侦队伍执法素养和实战本领。

要加强纪律作风建设，继承和发扬刑侦队伍的优良传统和顽强作风，狠抓反腐倡廉教育，着力培育良好职业风范，以铁的纪律打造一支铁的队伍。

会议强调，要紧密结合全面推进依法治国，紧密结合全面深化公安改革，紧密结合“四项建设”，从本地公安工作实际出发，科学谋划、精心组织，加强研究、积极探索，扎扎实实抓好会议精神的贯彻落实，全面推进刑侦工作改革创新。

部机关有关局级单位，各省区市公安厅（局）、新疆生产建设兵团公安局和各省会市、计划单列市公安局负责同志参加会议。（摘自2014年12月24日《人民公安报》）

全市公安局处长会议召开

2015年2月25日，市局召开全市公安局处长会议。市委常委、市委政法委书记姜平，副市长，市局党委书记、局长白少康出席会议，并分别作重要讲话。姜平同志在讲话中充分肯定了2014年全市公安工作取得的成绩，并就做好2015年上海公安工作提出三点要求：一是深入学习贯彻中央和市委的部署要求，切实增强政治意识、法治意识、风险意识、改革意识，把思想和行动统一到中央和市委的部署要求上来；二是全力推进各项重点工作，当好平安上海建设的主力军、城市公共安全的守夜人、全面深化公安改革的排头兵、法治上海建设的推动者，不断提升维护国家安全和社会稳定的能力水平；三是着力推进队伍正规化建设，抓好从严治警、能力素质、责任落实和爱警惠警，不断提升队伍管理的科学化水平，努力打造一支过硬的公安队伍。白少康同志在讲话中回顾总结了2014年的工作，分析了当前维护社会稳定工作形势，并对2015年上海公安工作作了部署：一是充分发挥职能作用，切实维护政治安全、政权安全，健全反恐怖斗争工作体系，有效防控城市公共安全风险，积极预防、妥善处置群体性事件，全力维护社会稳定和城市公共安全。二是全面深化公安改革，有序推进各项改革任务，研究制定、推进落实上海公安全面深化改革的具体实施方案，力争公安部将更多改革事项放到上海先行先试，力争在一些重点难点问题上取得新突破。三是深入推进基层基础建设，深化公安信息化、社会治安防控体系、社区警务、核心战斗力、执法规范化建设，进一步夯实公安工作发展根基。四是加强过硬队伍建设，严明政治纪律和政治规矩，加强队伍引导和激励，加强干部队伍建设，深化党风廉政建设和反腐败斗争，提升警务保障能力和管理水平。会上表彰了2014年度优秀公安局、优秀单位和荣记二等功的先进集体和个人。市政府副秘书长陈靖、武警上海市总队司令员朱宏出席会议。市局党委副书记、副局长陈臻传达了上海市政法工作会议精神，并就做好元宵节、全国“两会”安保维稳等工作提出要求。市局党委委员、巡视员、副巡视员，各分（县）局、市局各单位、各公安（处）局主要领导出席主会场会议。上海边检总站、民航华东公安局、公安部三所、海警总队（筹备组）主要领导应邀出席会议。会议以电视电话会议形式开至科所队主要负责人一级。

2015 年 2 月 25 日，市局召开全市公安局处长会议　　（柳溪提供）

2014 年大事记

1 月

4 日　副市长，市局党委书记、局长白少康慰问市局赴柬埔寨侦破“10·28”特大电信诈骗案件专案组成员　白少康指出，赴柬埔寨开展电信诈骗案件侦办工作，开创了上海公安机关大规模、长时间赴境外侦办案件的先例，成功侦破了案值达 2000 余万元的特大电信诈骗专案，及时为人民群众挽回了损失，得到了上级领导的充分肯定。

5 日　市局举办处级领导干部学习贯彻习近平总书记系列重要讲话精神培训班　白少康授课。市局党委副书记、副局长程九龙作动员讲话。

6 日　长春市公安局代表团来访　副局长陈臻与长春市公安局代表团座谈交流。

7 日　市局侦破私设“黑电台”非法经营药品案　抓获犯罪嫌疑人黄小东（男，42 岁，安徽省合肥市人）等 5 人，捣毁私设“黑电台”窝点 3 处，缴获相关设备 3 套、配件 30 余箱、药品 1700 余盒。

7—8 日　中央政法工作会议、全国公安厅局长会议在京召开　白少康参加。

8—30 日　白少康，副局长程九龙、陈臻、江宪法、倪建玉、朱伟明、郭永华、陆卫东、俞烈和纪委书记姚志荣分别看望慰问市局老领导王鉴、林道生、宋若侠、张声华、崔路、顾永和、隋心惠、毛瑞康、胡辉宏、张春友、王征明、杨军、贾兴元、韩锡清、王世雄、汤培华　看望慰问英模和烈士、因公牺牲民警家属。

9 日　市局党委召开扩大会议　传达中央政法工作会议、全国公安厅局长会议精神。白少康主持。

9 日　市局召开 2013 年度领导班子和领导干部述职测评会暨干部选拔任用“一报告两评议”工作会议　白少康讲话。

9—10 日　广州市公安局代表团来访　陈臻与广州市公安局局长谢晓丹一行就治安防控、城市交通管理等座谈交流。

11 日　白少康参加武警上海市总队党委三届八次全会并讲话

14 日　市局举行上海公安离退休干部 2014 年新春团拜会　白少康出席并致新年贺词。程九龙主持。

14—15 日　市局完成保加利亚总统罗森·普列夫内利耶夫一行访沪警卫任务

14 日　上海市第三届“平安卫士”评选揭晓　市民群众和公安民警共 20 人荣获“平安卫士”称号。市委常委、市委宣传部部长徐麟，市委常委、市委政法委书记姜平，市人大常委会副主任、市总工会主席洪浩，白少康为获奖者颁奖。

16—17 日　公安部副部长刘彦平来沪出席亚信峰会安保筹备工作会议

17—23 日　市局完成在上海世博中心举行的中国人民政治协商会议上海市第十二届委员会第二次会议、上海市第十四届人民代表大会第二次会议安全警卫工作

26—28 日　公安部副部长孟宏伟来沪看望慰问一线执勤民警、公安英模、伤残民警、烈属和因公牺牲民警家属　检查指导节前安保工作。白少康、公安部边防管理局政委李乐民、陈臻、俞烈陪同。

28 日　市委常委、市委秘书长尹弘到警卫局看望慰问全体警卫官兵　倪建玉陪同。

29 日　市局完成在上海展览中心举行的 2014 年上海各界人士春节团拜会安全警卫工作

29 日　公安部召开全国公安机关视频调度会　在上海分会场，白少康就上海公安机关贯彻落实会议精神作部署。程九龙主持。市局党委委员，各公安分局、县公安局以及市局单位主要领导参加会议。

29 日　市局召开党的群众路线教育实践活动总结大会　白少康出席并讲话。

30 日　沪昆高速（G60）上海段发生 11 车连环相撞交通事故　白少康赴现场指挥处置，并召开现场会，对事故后续处置、加强春运交通安全工作提出要求。

30 日　中共中央政治局委员、上海市市委书记韩正到市局指挥中心检查指导除夕夜安保工作　向节日期间坚守岗位的全市公安民警和消防官兵致以节日慰问和衷心感谢。白少康代表市局党委汇报除夕夜安保工作情况。姜平、尹弘陪同。

30 日　上海公安机关完成 2014 年除夕夜“迎新年撞钟敬香”活动安保工作　龙华寺、玉佛寺、静安寺、城隍庙同时举行“迎新年撞钟敬香”活动，接待市民群众 36 万余人次。全市各级公安机关组织 2 万余名公安民警、消防和武警官兵值班备勤，确保各项活动现场、高速公路及收费口、各主要道路通行有序，社会面总体情况良好，未发生重大刑事、治安案件及火灾、交通事故。

2 月

8 日　陆晨、孙络络烈士追悼会在龙华殡仪馆举行　韩正，市委副书记、市长杨雄，市人大

常委会主任殷一璀，市政协主席吴志明，市委副书记李希，公安部消防局局长陈伟明，公安部消防局政委杨建民等赠送了花圈。姜平、白少康出席追悼会。2月4日，陆晨、孙络络在扑救宝山区民科路一厂房火灾时英勇牺牲。

9日　市局召开全市公安工作会议　市委常委、市委政法委书记姜平出席会议并讲话。白少康总结2013年全市公安工作，部署2014年全市公安工作。市局党委副书记、副局长程九龙传达上海市政法工作会议精神。市政府副秘书长陈靖出席。

9日　上海市警察协会召开第二届理事会第五次会议　程九龙当选为协会主席，吴延安、江宪法、倪建玉、朱伟明、姚志荣为协会副主席。白少康出席会议并讲话，副局长、政治部主任俞烈参加会议。

11日　新加坡驻沪总领事来访　陈臻会见新加坡驻沪总领事王首毅一行。

14日　新疆公安厅代表团来访　陈臻与新疆维吾尔自治区公安厅代表团座谈交流。

14日　市局召开全市公安经侦工作会议　白少康，公安部经侦局党委书记、局长孟庆丰出席会议。程九龙主持会议。陈臻对2014年全市公安经侦工作提出具体要求。

16日　美国纽约市警察代表团来访　陈臻会见美国纽约市警察代表团。

17日　上海市第一次公法联席会议举行　市局与市高级人民法院会签《公法联席会议议事规则》。白少康，市高级人民法院党组书记、院长崔亚东出席会议并讲话。程九龙主持会议。市公安局副局长陈臻、江宪法、郭永华，市高级人民法院副院长盛勇强、顾伟强、虞政平、邹碧华参加。

18日　福建省公安厅代表团来访　陈臻陪同福建省公安厅代表团到市局刑侦总队调研。

19日　市编委沪编［2014］46号批复：上海市公安局强制戒毒所更名为上海市强制隔离戒毒所。

19日　常州市公安局考察团来访　俞烈会见常州市公安局考察团，并就街面巡逻等相关工作座谈交流。

20日　市局召开2014年上海公安政治工作会议　白少康出席，并就公安队伍职业化建设提出要求。程九龙主持会议。俞烈总结2013年上海公安政治工作，并就2014年重点政治工作作部署。

21—22日　市局完成巴基斯坦总统马姆努恩·侯赛因一行访沪警卫任务

23日　台湾“警政署”代表团来访　白少康会见台湾“警政署”署长王卓钧一行。程九龙、陈臻、陆卫东参加。

24日　四川省公安厅代表团来访　俞烈与四川省公安厅代表团就治安信息化建设座谈交流。

25日　公安部召开全国公安机关反腐倡廉建设电视电话会议　国务委员，公安部党委书记、部长郭声琨讲话，公安部党委副书记、副部长、纪委书记、督察长刘金国代表部党委作工作报告。在上海分会场，白少康就传达贯彻全国公安机关反腐倡廉建设电视电话会议精神，切实抓好2014年上海公安机关反腐倡廉建设提出要求。

25日 市局增设食品药品犯罪侦查机构 根据市编委沪编［2014］65号批复，在市局治安总队、各公安分局治安支队、县公安局治安大队分别增设食品药品犯罪侦查支队（正处级）、大队（正科级）、中队（副科级）。在治安总队食品药品犯罪侦查支队增设食品犯罪侦查大队、药品犯罪侦查大队（级别均为正科级）。在市局治安总队、各公安分局治安支队、县公安局治安大队分别增挂食品药品犯罪侦查总队、支队、大队牌子。

26日 虹口分局侦破系列信用卡诈骗案 抓获犯罪嫌疑人周亨贤（男，24岁，湖北省咸宁市人），缴获伪造的银行卡100余张以及笔记本电脑、读写卡器等作案工具。周利用淘宝网店骗取被害人银行卡磁条信息进行非法复制并提现，获利50余万元。

26日至3月1日 市局完成特立尼达和多巴哥总理卡姆拉·珀塞德-比塞萨尔一行访沪警卫任务

27日 白少康出席全国“两会”安保工作电视电话会议上海分会场会议 并就上海公安机关做好全国“两会”安保工作作部署。白少康要求，认真贯彻韩正同志“各项工作都要保证全国‘两会’期间北京的稳定”的重要批示精神，以“迎峰会、保平安”打防管控专项行动为牵引，狠抓各项安保措施的落实，努力实现公安部提出的“五个严防”和“两个确保”工作目标。程九龙主持会议，江宪法、倪建玉、朱伟明、郭永华、姚志荣参加。

28日 中国共产党上海市委员会沪委［2014］240号通知：陈臻同志任中共上海市公安局委员会副书记；免去程九龙同志的中共上海市公安局委员会副书记职务。韩勇同志任上海市公安局政治部主任。

28日至3月1日 韩国国家警察厅代表团来访 白少康、陈臻会见韩国国家警察厅厅长李晟汉一行。

3月

2日 姜平、白少康检查反恐防范工作 先后到铁路上海南站、上海南站长途客运站、虹桥国际机场T2航站楼候机大厅，实地检查反恐防范工作措施落实情况，并在机场集团主持召开会议，部署上海市反恐防范工作。市政府副秘书长陈靖，市委政法委、市公安局、市交通委、市安全局、铁路局、机场集团、申通集团、市府十一办以及武警上海市总队有关领导参加。

2日 白少康主持召开市局党委扩大会议 就进一步严密防范、严厉打击暴力恐怖犯罪活动，全力做好全国“两会”、亚信峰会安保工作进行研究部署。

3日 2014年上海公安机关消防工作会议召

开　白少康出席并讲话。朱伟明主持会议。

4 日　公安部召开全国“两会”安保工作视频会议　在上海分会场，白少康出席并讲话。

5 日　山东省济南市公安局代表团来访　姚志荣会见山东省济南市公安局代表团。

7 日　上海公安机关举行“三八”国际劳动妇女节 104 周年纪念活动暨先进事迹报告会　俞烈出席并讲话。

12 日　上海市人民政府沪府任［2014］57 号通知：免去程九龙的上海市公安局副局长职务。

13 日　市人大常委会副主任薛潮到市局调研　市人大常委会委员、内务司法委员会主任委员沈志先参加。白少康出席。

13 日　市局召开党委扩大会议　宣布市委、市政府有关干部任免决定：陈臻同志任市局党委副书记；韩勇同志任市局党委委员、政治部主任；程九龙同志不再担任市局党委副书记、副局长职务；俞烈同志不再担任市局政治部主任职务。白少康主持会议并讲话。

14 日　亚信峰会安全保卫工作部署会召开　市委副书记、市长杨雄主持会议。市委常委、常务副市长屠光绍，白少康参加。杨雄指出，有关各方要深入贯彻筹委会安全保卫组专题部署会议精神，按照“五个坚决防止、三个确保”的总体要求，坚持最高标准、最严要求、最强措施，一丝不苟、精益求精，全力以赴做好各项安保工作，为峰会成功举办作出应有贡献。市局党委成员参加会议。

16 日　姜平、白少康参加全市防范电信诈骗“集中宣传日”活动　在静安区静安公园宣传点，姜平、白少康向有关商业银行负责同志及员工代表颁发表彰证书，并向市民群众讲授防范电信诈骗知识。此次活动共在全市设立 274 个宣传点，展出 6500 余块宣传展板，发放 60 余万份宣传资料，向群众发送防范提示短信 2000 余万条，参与群众逾 50 万人。

17 日　澳大利亚联邦警察驻华警务联络官来访　陈臻会见澳大利亚联邦警察驻华警务联络官一行。

17 日　白少康、朱伟明在京参加公安部上海亚信峰会安保工作对接部署会

19—20 日　市局完成新西兰总理约翰·基一行访沪警卫任务

23—25 日　刘彦平检查指导亚信峰会安保工作筹备情况　白少康、陈臻、倪建玉陪同。

24 日　长宁分局查获生产、销售有毒有害食品窝点　在哈密路 2003 号“BeBemamie”咖啡馆抓获犯罪嫌疑人王新华（女，34 岁，江西省景德镇市人）等 6 人，查获过期牛奶 1.1 万余包（每包 250 毫升）。自 1 月起，王等人将廉价回收的过期全脂牛奶收集、加工、发酵后重新灌装加工成食品，并出售给顾客食用。

29—31 日　孟宏伟在沪调研指导海警筹建工作　白少康、陈臻陪同。

30 日　闵行分局侦破抢劫案　30 日 20 时 08 分，一男子戴着口罩、帽子窜至闵行区江川路

1551号上海广场一楼金饰品柜台，持铁锤砸破柜台玻璃，抢得金饰品后逃逸。接报后，市局立即组织协查布控。20时21分，闵行分局民警在现场附近抓获犯罪嫌疑人和银超（男，33岁，云南省维西傈僳族自治县人），缴获被抢的14条金项链（重约370克，案值10余万元）及铁锤、菜刀等作案工具。

4月

2日　市局侦破“1·16”特大“医托”诈骗案　抓获犯罪嫌疑人易栋梁（男，44岁，湖南省衡阳县人）等160人，缴获仿真枪1支、药品10余箱。自2013年5月起，易等人以威胁、恐吓等方式迫使正规合法的民营中医机构与其合作，许以丰厚的工资待遇聘请退休或即将退休的医生坐堂看病，并招募以湖南衡阳籍人员为主的来沪人员充当“医托”，在本市三级甲等医院、知名专科医院的挂号处及周边，以虚构、夸大事实等方式诱骗外省市来沪就医的患者到上述中医机构就医，高价销售中药牟利。受害患者506人，4家民营中医机构涉案，已售中草药2600千克。

5日　副市长时光辉到市局检查指导工作　通过市局指挥大厅视频系统了解各主要墓区清明祭扫活动人、车流情况，检查指导治安、交通工作。市政府副秘书长吴建融，陈臻陪同。

10日　香港消防处代表团来访　陆卫东会见香港消防处处长张楚鑫一行。

10日　黄浦分局侦破“4·10”故意伤害案　抓获犯罪嫌疑人程亮（男，32岁，黑龙江省佳木斯市人）。10日10时许，程在南京东路61号商场内，因买卖纠纷持刀将2名店员刺伤后逃逸。

10—11日　市局完成澳大利亚总理托尼·阿博特一行访沪警卫任务

11日　副市长翁铁慧到轨道交通10号线新江湾城站观摩城市核化生恐怖袭击应急医学救援军地联合演习　陆卫东参加。

12—14日　市局完成纳米比亚总理哈格·根哥布一行访沪警卫任务

13—23日　公安部在沪举办全国公安厅局长能力建设培训班　各省、自治区、直辖市公安厅（局）常务副局长，省会和计划单列城市公安局局长参加培训。

14日　韩国釜山地方检察厅代表团来访　郭永华会见韩国釜山地方检察厅代表团。

14日　缉毒处侦破公安部目标“2014-213”毒品专案　抓获犯罪嫌疑人蔡文柱（男，26岁，广东省陆丰市人）、汪娟（女，48岁，上海市人）、毛冠军（男，27岁，湖南省平江县人）3人，缴获冰毒29.3千克。自2月起，蔡等人通过寄递物流渠道从广东向上海贩运毒品。

15日　公安部政治部主任夏崇源到上海公安高等专科学校检查指导工作　白少康、陈臻、韩勇陪同。

16日　虹口分局侦破“2·28”非法收购、贩

卖医保药品案 抓获犯罪嫌疑人孙成科（男，34 岁，安徽省蒙城县人）等 18 人，缴获各类医保药品 70 余种 3395 盒、用于腹透治疗的碘液微型盖 6840 个，合计价值 40 余万元。孙等人与市第一人民医院血透病人合谋，逼迫医生超量开出医保处方药品，并收购、贩卖牟利，造成数千万医保资金损失。

17 日 中共中央政治局委员、中央政法委书记孟建柱在沪主持召开亚信峰会安保工作动员部署会议并讲话 韩正出席会议并讲话。外交部部长助理张昆生，公安部副部长刘彦平和白少康汇报有关工作情况。杨雄、姜平、尹弘参加会议。

17 日 公安部在沪召开亚信峰会环沪“安保圈”行动暨入沪通道省区联动查控工作动员部署会议 副部长黄明出席会议并讲话。刘彦平主持会议并传达孟建柱讲话精神。各成员单位及苏、浙、皖等 8 省区公安厅领导参加会议。

18 日 水上公安局侦破水域特大非法经营柴油案 抓获犯罪嫌疑人吴干珍（男，49 岁，江苏省兴化市人）、陈文意（男，47 岁，福建省连江县人）等 18 人，缴获“0 号”柴油 500 余吨、涉案船只 2 艘、涉案车辆 2 辆。自 2013 年 7 月起，陈等人从台湾海峡外轮购进“0 号”柴油后，偷运至上海长兴岛水域转卖给吴，吴等人通过内河油船运至江苏宜兴等地转售。吴、陈作案 18 起，涉案柴油 9000 吨、金额 6300 余万元。

20 日 市局召开上海公安亚信峰会安保工作誓师动员大会 市委常委、常务副市长屠光绍出席会议并讲话。姜平为市公安局授“亚信峰会安保战旗”。白少康就峰会安保工作进行动员部署，并与有关分局和市局单位“一把手”签订安保工作责任书。陈臻主持会议。陈靖、武警上海市总队政委马荣辉出席。

20 日 副市长赵雯慰问 F1 中国大奖赛现场备勤特警队员

22 日 浦东分局侦破绑架案 抓获犯罪嫌疑人姚建国（男，46 岁，上海市人）等 3 人，并成功解救被害人。22 日 4 时许，2 名男子闯入浦东新区祝桥镇红三村计某某（男，49 岁，上海市人）家中，将其捆绑后强行带离，并向计妻索要赎金 500 万元。

23 日 厦门市公安局代表团来访 陈臻会见厦门市公安局局长林锐一行，并就打击多发性侵财犯罪座谈交流。

23—25 日 陕西省公安厅代表团来访 白少康、陈臻会见陕西省公安厅党委副书记、副厅长雷鸣放一行，并就指挥中心、公安大数据平台建设座谈交流。

25 日 白少康出席 2014 届第二专科学员毕业典礼

27—28 日 市局完成丹麦女王玛格丽特二世一行访沪警卫任务

28 日 青浦分局侦破破坏公用电信设施案 抓获犯罪嫌疑人陈真富（男，24 岁，广东省湛江市人），并在其昆山住处查获“定点群发器”（即“伪基站”）1 台。自 3 月起，陈多次驾车至江苏昆山等地人群密集处，使用

"伪基站"通信设备群发所经营手机店广告。

30日　公检年度工作通报会召开　市公安局、市检察院分别通报2013年以来刑事执法和检察监督工作情况。白少康、陈旭出席并讲话。

5月

5日　钱凌云、刘杰烈士追悼大会在上海龙华殡仪馆举行　韩正、杨雄、殷一璀、吴志明、姜平、白少康，公安部消防局局长陈伟明、政治委员杨建民等送了花圈。姜平、陈靖出席。朱伟明致悼词。江宪法、陆卫东、姚志荣、俞烈、韩勇等参加。1日，钱凌云、刘杰在扑救徐汇区一住宅火灾时英勇牺牲。

5日　市局举行上海公安民警医疗救治专家组签约仪式　陈臻出席并讲话。俞烈代表市局分别与华东医院、瑞金医院、华山医院、市一医院领导签署专家组协议。韩勇为四家医院专家代表颁发聘书。

6—11日　刘彦平在沪检查指导亚信峰会安保筹备工作　白少康、陈臻、朱伟明、陆卫东、俞烈陪同。

9—10日　郭声琨在上海检查指导亚信峰会安保筹备工作　刘彦平、姜平、尹弘、白少康，武警上海市总队总队长魏佑江等陪同。

10日　杨浦分局侦破涉外运输毒品案　抓获犯罪嫌疑人JACKSON（男，72岁，美国人）、IBRAHIM（男，37岁，尼日尔人），当场缴获冰毒16包，重2.8千克。上述两人于5月9日由IBRAHIM携带毒品乘长途客车从广州抵沪与JACKSON接头，准备由JACKSON将毒品送往澳大利亚悉尼。

12—14日　市局完成葡萄牙总统卡瓦科·席尔瓦一行访沪警卫任务

13日　姜平到东昌路轮渡站督导检查轮渡安检工作　郭永华陪同。

14日　姜平到铁路上海站、上海长途汽车客运总站、轨道交通1号线上海火车站督导检查社会面防控工作　朱伟明陪同。

14日　上海公安、铁路公安联合武装巡逻启动仪式在上海站南广场举行　刘彦平宣布联合武装巡逻启动。姜平、白少康、魏佑江，铁路公安局党组书记张庆和，陈靖等出席仪式。

14—15日　刘彦平到黄浦分局检查指导亚信峰会安保工作　白少康、陈臻等参加。

16日　亚信峰会安保工作战前动员会议在沪举行　孟建柱、郭声琨出席会议并讲话。杨雄出席会议。刘彦平主持会议并就贯彻落实会议精神提出要求。孟建柱、郭声琨视察亚信峰会安保指挥中心和上海公安情报综合研判实战平台。

16—19日　黄明在沪检查指导亚信峰会安保工作　白少康、陈臻陪同。

17日　刘彦平到黄浦区实地检查亚信峰会外宾住地安保工作　姚志荣参加。

17—24 日　市局完成中共中央总书记、国家主席、中央军委主席习近平在沪期间警卫任务

17—25 日　市局完成吉尔吉斯斯坦总统阿塔姆巴耶夫、塔吉克斯坦总统拉赫蒙、阿富汗总统卡尔扎伊、蒙古国总统额勒贝格道尔吉、柬埔寨首相洪森、哈萨克斯坦总统纳扎尔巴耶夫、阿塞拜疆总统阿利耶夫、巴基斯坦总统侯赛因、乌兹别克斯坦总统卡里莫夫、俄罗斯总统普京、斯里兰卡总统拉贾帕克萨、伊朗总统鲁哈尼访沪警卫任务

20—21 日　市局完成在沪举行的亚洲相互协作与信任措施会议第四次峰会安保任务

20—22 日　郭声琨在沪指挥亚信峰会安保工作　并到国际会议中心、大剧院等有关活动现场进行检查。国家安全部副部长马建，姜平，武警总部副司令员戴肃军，白少康等参加。

21 日　韩正看望、慰问亚信峰会安保指挥中心工作人员　马建、姜平、戴肃军、尹弘等参加。

22 日　中央政法委、公安部联合召开反恐怖工作紧急视频会议　在上海分会场，姜平、白少康出席。会后，姜平、白少康主持召开全市各区（县）政法委书记、公安局局长会议，部署贯彻全国反恐怖工作紧急视频会议精神，并就进一步加强上海反恐怖工作提出要求。

23 日　德国柏林市内政警察代表团来访　陈臻会见德国柏林市内政警察代表团。

25 日　市局召开亚信峰会安保工作新闻发布会　陈臻介绍亚信峰会安保工作总体情况。中央和上海主要新闻媒体记者 30 余人参加发布会。

25 日　韩正在市局主持召开维稳反恐工作座谈会　听取市公安局、武警上海市总队、市国家安全局工作汇报，并对下一步工作作出指示。白少康、魏佑江分别汇报有关工作。姜平、尹弘出席。

25 日　公安部召开严厉打击暴力恐怖活动专项行动内地部署视频会议　在上海分会场，白少康出席。会后，市局召开党委会，学习传达公安部会议精神和韩正指示，研究部署反恐维稳工作。

28 日　市局制定下发上海市公安局户口事项办理程序规定（试行）　自 2014 年 7 月 1 日起施行。

28 日　浙江省公安厅代表团来访　陈臻与浙江省公安厅代表团座谈交流。

29 日　副市长翁铁慧到市局调研安保工作

5 月　长宁分局侦破系列利用“伪基站”实施电信诈骗案　抓获犯罪嫌疑人刘境华（男，32 岁，福建省南安市人）等 13 名犯罪团伙成员，查扣涉案车辆 4 辆、“伪基站”设备 3 套、涉案手机 10 部、各类银行卡 43 张。该团伙在北京、上海、西安、乌鲁木齐等城市，利用“伪基站”发送“网银升级”信息、诱骗他人登录“钓鱼”网站实施电信诈骗。案值 100 余万元。

6 月

4 日　市局侦破公安部目标“2014-369”毒品专案　抓获香港籍犯罪嫌疑人黄子纹（女，33 岁）、冯玉仪（女，28 岁），缴获可卡因 30.26 千克。黄、冯受雇从巴西圣保罗走私毒品可卡因至中国大陆，再借道深圳转运香港。

5 日　白少康会见法国马赛消防总局最高指挥官让·米歇尔·埃纳夫将军一行　朱伟明陪同。

6 日　白少康出席瑞典国庆日活动

7—8 日　全市各级公安机关完成 2014 年高考安保工作

10 日　市局完成意大利总理马泰里·伦齐一行访沪警卫任务

13 日　浦东分局查获敲诈勒索团伙　抓获犯罪嫌疑人晁均峰（男，32 岁，河南省临颍县人）、卢玲玲（女，24 岁，四川省南充市人）等 15 名团伙成员。自 4 月起，晁等人通过微信、QQ 及散发小广告等方式搭讪外籍被害人，在将被害人接送至指定场所进行色情服务后，实施敲诈勒索，查证 8 起，案值 20 余万元。

16 日　公安部召开全国公安机关视频会议　在上海分会场，市局党委成员出席。

17 日　夏崇源到市局检查指导工作　白少康、陈臻、韩勇陪同。

17—19 日　市局完成刚果（布）总统德尼·萨苏一行访沪警卫任务

18—19 日　市局完成在沪举行的太湖世界文化论坛第三届年会安保任务

18—20 日　四川省公安厅代表团来访　白少康、陈臻、江宪法、陆卫东会见四川省公安厅厅长侍俊一行，并就信息化、反恐工作座谈交流。

19 日　市编委沪编［2014］225 号批复：上海市第四劳动教养管理所（上海市第四强制隔离戒毒所）划归上海市公安局管理，并更名为上海市第四看守所，为监管总队内设机构，级别为正处级。

19 日　姜平、白少康到市女子强制隔离戒毒所调研

20 日　缉毒处等侦破公安部目标“2014-290”毒品专案　抓获犯罪嫌疑人任立伟（男，43 岁，上海市人）、洪国庆（男，40 岁，浙江省天台县人）、陈栋（男，31 岁，湖南省江华瑶族自治县人）等涉案人员 305 人，缴获冰毒 24.4 千克、毒资 3.5 万元，查扣涉毒车辆 3 辆。

20 日　杭州市公安局代表团来访　江宪法接待杭州市公安局党委副书记童继伟一行。

21 日　陈臻参加上海人民广播电台《政风行风热线》节目访谈　就“推进阳光警务，构建警民和谐”与听众交流。

21 日 公安部召开“6·26”禁毒宣传工作电视电话部署会 在上海分会场，陈臻出席。

21 日 徐汇分局侦破非法获取公民个人信息案 抓获犯罪嫌疑人程锐（男，30 岁，江西省景德镇市人，北京铂金数据服务有限公司技术员）。自 2 月起，程从公司上海总部离职后，在未经授权的情况下，私自制作软件登录铂金公司 POS 机管理平台，为 30 个一级代理商非法下载商户信息和交易数据等，交易数据流量达 10G，涉及商户 3600 个。

23 日 姜平、白少康出席上海市反恐怖工作领导小组全体成员会议 陆卫东参加。

24 日 市局党委中心组举行专题学习报告会 邀请上海社会科学院副院长、研究员黄仁伟作“我国战略环境的变化与应对”专题学习报告。市局党委中心组成员，市局各单位主要领导和部分单位班子成员聆听报告。

24 日 治安总队侦破赌博案 抓获犯罪嫌疑人侯荣祥（男，46 岁，上海市人）等 22 人，缴获赌资人民币 205 万余元、50 余万港元、电脑 20 余台。自 2013 年起，侯等人在获取境外多个赌博网站高等级账号后，组织网络赌球、百家乐等违法犯罪活动。

25 日 全市重大火灾隐患集中整治专项行动动员部署会议举行 白少康出席并讲话。

25 日 以色列安全总局警卫安全局代表团来访 白少康会见以色列安全总局警卫安全局局长盖博瑞尔·巴尼亚一行。

25 日 沪澳警务合作第十二次工作会谈举行 陈臻出席。

26 日 市局召开上海公安机关亚信峰会安全保卫工作总结会议暨下半年工作部署电视电话会议 会议表彰了亚信峰会安保工作先进集体和个人。白少康讲话。陈臻主持。

26 日 市局在和平饭店举行纪念万国禁烟会 105 周年暨“6·26”国际禁毒日宣传活动 白少康出席并讲话。陈臻、韩勇参加。

27 日 中央政法委副秘书长、中央综治办主任陈训秋到市局视察工作 白少康等陪同。

30 日 市局召开纪念中国共产党成立 93 周年暨“两优一先”表彰大会 陈臻出席并讲话。江宪法主持会议。会议表彰 90 个先进基层党组织、90 名优秀共产党员和 50 名优秀党务工作者。先进基层党组织、优秀共产党员代表交流发言。市局党委成员、巡视员、副巡视员，各公安分（县）局、市局各单位、公安部驻沪单位党委（总支）副书记、政治处主任（协理员）出席大会。

30 日 机场分局侦破“4·18”非法改装销售“克隆”出租车案 抓获犯罪嫌疑人田千成（男，40 岁，江苏省宿迁市人）、王玮（男，25 岁，上海市人）等 12 人，查获“克隆”出租车 10 辆、假车牌 5 块、假出租车发票 3 卷、伪造的运营证等证照 3 张，以及用于改装“克隆”出租车的计价器、顶灯等。自 2013 年 4 月起，田等人以 5000 元至 8000 元低价收购报废车辆，重新喷涂油漆，悬挂购买来的伪造运营证、服务监督卡和车牌后，由王等人加装顶灯、计价器等，以1.8万元至2.5万元价格出售牟利。

7月

9日 市政协召开“加强本市社会治安管理”专题座谈会 市政协主席吴志明出席会议并讲话。白少康通报本市社会治安情况，并与部分市政协委员交流。

10日 浙江省公安厅代表团来访 陆卫东与浙江省公安厅代表团就反恐工作及信息化应用、情报协作共享等座谈交流。

10日 闵行分局查获网络赌博团伙 抓获犯罪嫌疑人张一弓（男，30岁，上海市人）等15人。自6月起，张等人分别在闵行、徐汇等区向他人提供赌球账号，通过网络进行赌博，涉案赌资达2400余万元。

12—13日 江苏省公安厅代表团来访 白少康、陈臻会见江苏省公安厅厅长王立科一行，并就公安大数据平台建设座谈交流。

16—17日 市局完成在上海世博中心举行的中国共产党上海市第十届委员会第六次全体会议安保工作

17日 市人大常委会副主任薛潮到虹口分局凉城新村派出所调研 江宪法陪同。

18日 市局党委召开扩大会议 传达学习贯彻十届市委六次全会精神，研究部署上海公安机关下步重点工作。白少康讲话。

18日 市公安局与公安部第一研究所战略合作签约 白少康出席签约仪式。公安部第一研究所所长仇保利，江宪法分别致辞、签字。

22日 上海海警总队（筹）参加中建南项目任务舰返航归建 陈臻出席欢迎仪式。

22—23日 市局完成中共中央政治局常委、中央书记处书记刘云山在沪期间警卫任务

23日 市局侦破上海福喜食品有限公司生产、销售不符合安全标准食品案 抓获犯罪嫌疑人杜平（女，43岁，北京市人）、陆秋艳（女，33岁，上海市人）、刘立杰（女，37岁，上海市人）、胡骏（男，36岁，上海市人）、张晖（男，38岁，上海市人）。6月11日、12日，福喜公司将过期的10.017吨腌制小牛排加工成8.235吨迷你小牛排，于7月19日以明显低于成本价（55元/千克）的15.48元/千克，销往北京公明莅昌商贸有限公司。

23日 巴基斯坦禁毒代表团来访 陈臻会见巴基斯坦禁毒代表团。

24—26日 吉尔吉斯斯坦国家安全委员会代表团来访 白少康、陈臻会见吉尔吉斯斯坦国家安全委员会副主席鲁·阿·马马萨德科夫一行。

25日 市局举行《人民警察》杂志创刊65周年座谈会 陈臻出席并致辞。韩勇主持。市新闻出版局、市文联、市作协、《解放日报》、市出版工作者协会和上海文艺出版社有关领导和部分知名作家，市局有关单位领导参加座谈会。

25 日　中国共产党上海市委员会沪委［2014］818 号通知：陆东同志任中共上海市公安局纪律检查委员会书记；免去姚志荣同志的中共上海市公安局纪律检查委员会书记职务。

28 日　市局召开全市公安机关紧急视频会议　传达贯彻市委领导批示和公安部紧急视频会议精神，部署进一步做好反恐维稳工作。白少康讲话。

29 日　市局制定下发上海市公安派出所消防监督工作规定　自 2014 年 7 月 29 日起施行。

29 日　上海市见义勇为基金会成立　姜平、白少康出席本市见义勇为基金会成立大会暨第 149 次见义勇为先进分子表彰会。姜平讲话。白少康宣读上海市见义勇为基金会第一届理事、监事会组成人员名单。会前，姜平、白少康接见见义勇为先进分子代表。

30—31 日　成都市公安局代表团来访　陈臻会见成都市公安局常务副局长王平江一行，并就现代警务机制建设、大型活动安保座谈交流。

31 日　尹弘到市局警卫局慰问　倪建玉陪同。

31 日　河南省公安厅代表团来访　陈臻与河南省公安厅代表团座谈交流。

8 月

3 日　白少康参加市长热线“市民与社会”广播节目直播访谈　就社会面防控“三张网”建设、交通安全管理、打击非法客运、轨道交通安检、打击食品犯罪等与听众交流。

4 日　台湾地区“技防”协会代表团来访　陈臻、姚志荣与台湾地区“技防”协会代表团座谈交流。

5 日　市局部署新一轮执法规范化建设　白少康出席会议并讲话。陈臻主持会议。江宪法就上海公安机关新一轮执法规范化建设工作作动员部署，市局党委委员出席会议。各分（县）局和市局各单位领导班子成员及科、所、队长以上干部参加会议。

6 日　2014 年上海公安英烈子女夏令营开营　陈臻、韩勇出席开营仪式。

6 日　松江分局侦破诈骗案　抓获犯罪嫌疑人司五仓（男，36 岁，安徽省凤阳县人）等 3 人。司等人从外省市购入已报废的旧机动车，私自更改车架号，并向办理报废的回收单位虚报申请，骗取政府补贴 100 余万元。

8 日　国务院副秘书长、中央政法委秘书长汪永清调研指导上海公安工作　中央司法改革领导小组办公室副主任孙力军，白少康等陪同调研。

12日　公安部在沪召开部分省市档案工作座谈会　陈臻出席并致辞。

12日　嘉定分局侦破销售假冒注册商标商品案　抓获湖北随州籍犯罪嫌疑人付小刚（男，29岁）、张瑜（男，28岁）。自2010年起，付、张二人自行打印“西门子”等品牌标签粘贴在伪劣电子设备上，通过互联网销售牟利（案值400万元）。

13日　姜平、白少康到市局人口办调研人口调控和管理服务工作

14日　深圳市公安局代表团来访　陈臻与深圳市公安局代表团座谈交流。

14日　白少康带队赴南京与江苏省公安厅对接青奥会安保有关工作

14日　白少康在南京出席青奥会安保工作决战动员电视电话会议　市局党委其他成员在上海分会场参加会议。

15日　市局完成布隆迪总统埃尔·恩库伦齐扎一行过境上海安全警卫任务

15日　市局召开党委扩大会议　传达贯彻南京青奥会安保工作决战动员电视电话会议精神、孟建柱重要讲话和全国公安机关反恐工作视频会议精神，全面部署南京青奥会环苏安保及上海社会面防控工作。白少康主持。陈臻作部署。

16日　白少康在市局指挥大厅指挥青奥会开幕式环苏安保及社会面防控工作

17—19日　市局完成斐济总统埃佩利·奈拉蒂考一行访沪警卫任务

19日　缉毒处侦破“8·19”外籍货轮走私毒品案　查获可卡因69千克。

20日　印度尼西亚国家反恐局代表团来访　白少康、陈臻会见印度尼西亚国家反恐局局长安沙德·姆拜一行。

21日　姜平、白少康出席第五届上海市“平安英雄”评选宣传活动动员部署会

21日　市局举行进一步培育和践行社会主义核心价值观辅导报告会　邀请中宣部政研所副所长戴木才教授作辅导报告。市局党委委员、巡视员、副巡视员，各分（县）局和市局各单位主要领导参加。

26日　市局举行警监警衔命令颁发仪式　白少康等为晋升警监警衔的同志颁发命令证书。陈臻主持。韩勇宣读晋升警衔命令。

28日　越南警卫代表团来访　倪建玉会见以越南公安部警卫司令部司令武春生中将为团长的越南警卫代表团。

29—30日　公安部在沪召开全国看守所“五化建设”工作现场会　公安部监管局局长赵春光主持会议，并传达公安部副部长刘彦平讲话精神，就做好看守所“五化建设”进行部署。白少康出席并讲话。陈臻介绍上海公安机关推进看守所“五化建设”工作做法。各省、自治区、直辖市、新疆生产建设兵团以及铁路、交通、森林公安厅（局）有关领导参加会议。

29—30 日　辽宁省公安厅代表团来访　白少康、陈臻会见辽宁省公安厅党委副书记、副厅长林鲁波一行，并就信息化建设座谈交流。

9 月

1 日　山西省大同市公安局代表团来访　陈臻与山西省大同市公安局代表团座谈交流。

1 日　上海市人民政府沪府任［2014］200 号通知：任命陆民为上海市公安局副局长。

3 日　韩正调研上海公安情报综合研判实战平台建设　姜平、尹弘、白少康等陪同。

3 日　姜平、白少康到闵行区浦江镇调研公安派出所工作　闵行区委书记赵奇，市委政法委副书记、市综治办主任李余涛，陈臻、韩勇参加调研。

4 日　江苏省太仓市公安局代表团来访　江宪法接待江苏省太仓市公安局代表团。

10 日　市局在上海公安高等专科学校举行庆祝第 30 个教师节暨优秀教官教师和带教民警表彰大会　白少康讲话。陈臻主持。朱伟明、郭永华、俞烈、韩勇参加。

11 日　市局侦破公安部目标“2014-415”特大制贩毒品案　抓获上海籍犯罪嫌疑人聂燕群（男，60 岁）、沈松青（男，74 岁）等 33 人，查获制毒加工厂 2 个，缴获毒品甲卡西酮（属国家管制第一类精神药品）975 千克、化学品麻黄素（属国家管制第一类易制毒化学品）1420 余千克、手枪 1 支、子弹 6 发、车辆 5 辆、毒资 130 万余元。自 2012 年起，聂、沈与台湾毒贩勾结，在山东、江苏购买、加工制毒原料、制毒，生产毒品或易制毒化学品后销给台湾毒贩。

11—12 日　市局完成中共中央政治局常委、中央纪律检查委员会书记王岐山在沪期间警卫任务

12 日　全国继续推进打黑除恶专项斗争电视电话会议举行　在上海分会场，姜平、白少康出席并对上海打黑除恶专项斗争作部署。

12 日　经侦总队侦破特大虚开增值税专用发票案　抓获犯罪嫌疑人陈忠太（男，45 岁，江苏省扬州市人）、严有权（男，47 岁，江苏省盐城市人）、韩银龙（男，50 岁，江苏省盐城市人）3 个犯罪团伙共 11 人，扣押开票机 9 台。自 2010 年起，3 个犯罪团伙分别在本市注册并控制上海稳翌实业有限公司等 40 余家开票公司，在无真实货物交易的情况下，对外虚开增值税专用发票，涉及全国 27 个省市的 1700 余家公司，价税合计 24.54 亿余元，税款 3.56 亿余元。

12—13 日　市局完成阿尔巴尼亚总理埃迪·拉马一行访沪警卫任务

13 日　市局完成 2014 年上海旅游节开幕大巡游活动安保工作

16 日　韩国釜山警察厅代表团来访　陈臻与韩国釜山警察厅代表团座谈交流。

17—19 日　海南省公安厅代表团来访　白少康、陈臻会见海南省省长助理、省公安厅厅长李富林一行，就公安信息化建设座谈交流，并到宝山分局等单位参观考察。

18 日　市局侦破"9·18"向黄浦江水域倾倒泥浆污染环境案　抓获安徽籍犯罪嫌疑人朱春林（男，46 岁）、彭金水（男，50 岁）等 4 人，查获涉案船舶 4 艘。自 6 月起，朱、彭等人多次在运输泥浆过程中，采取打开舱底泥门、虹吸等方式，向黄浦江水域偷排泥浆 1000 余吨。

18—19 日　市局完成中共中央政治局常委、国务院总理李克强在沪期间警卫任务

22 日　香港培训班代表团来访　陈臻会见香港培训班代表团。

24—25 日　市局完成西班牙首相马里亚诺·拉霍伊一行访沪警卫任务

24—25 日　云南省公安厅代表团来访　陈臻会见云南省公安厅厅长杨嘉武一行，并就缉毒工作座谈交流。

27 日　上海市公安局自由贸易试验区分局揭牌　姜平、白少康出席揭牌仪式，并为上海市公安局自由贸易试验区分局揭牌。

9 月 30 日至 10 月 5 日　市局圆满完成国庆彩灯开放活动安全保卫工作

10 月

1 日　韩正到市局检查指导国庆安保维稳工作　听取白少康有关国庆安保维稳工作部署和主要工作汇报，通过视频指挥系统调度检查浦东、黄浦、徐汇公安分局国庆安保维稳工作情况，向全市节日执勤值班的公安民警、消防和武警官兵表示亲切慰问，并就做好国庆安保维稳工作作指示。尹弘等陪同。

1 日　郭声琨在公安部指挥中心视频调度各地公安机关国庆安保维稳工作　白少康汇报上海市公安局有关工作情况。俞烈参加。

1 日　黄明在公安部指挥中心召开视频调度会议　进一步部署国庆安保维稳工作。在上海分会场，陈臻、俞烈参加，并汇报有关工作情况，就贯彻落实会议精神提出要求。

10—11 日　天津市公安局代表团来访　陈臻会见天津市公安局党委副书记、副局长刘金波一行，并就信息化建设座谈交流。

11 日　市编委沪编［2014］219 号批复：设立上海市公安局自由贸易试验区分局（正处级）。内设指挥处、政治处（与监察室合署办公）、刑事侦查支队、治安支队、出入境管理支队、交通警察支队、网络科技支队和外高桥保税区治安派出所、外高桥保税区物流园区治安派出所、机场综合保税区治安派出所。相应撤销上海市公安局浦东分局综合保税区公安处。

14日　陈臻带队赴北京市公安局学习考察反恐处突、安保维稳等工作

15日　市局侦破“8·19”假冒纪委电信诈骗系列案　抓获河北定州籍犯罪嫌疑人杨龙（男，29岁）、王娜（女，32岁）等8人，缴获作案电脑2台、传真机4台及诈骗传真件、账本等物品。自2月起，杨、王雇用多名同村人员，冒充纪委等国家机关工作人员，以征订教材、书籍为名，在上海、山东、山西、青海、宁夏等地实施系列电信诈骗50余起，涉案金额30余万元。

16日　江苏省公安厅考察团来访　白少康、陈臻会见江苏省公安厅党委副书记、常务副厅长陈逸中一行，就信息化建设座谈交流，并到刑侦总队、情报综合研判实战平台调研。

17日　公安部在上海公安高等专科学校举行公安部网络警察培训基地、公安部国家级专业技术人员继续教育基地教学基地揭牌仪式暨全国网安数据资源使用管理工作第三期培训班开班仪式　陆卫东主持仪式。

17日　自贸区分局侦破特大信用证诈骗案　抓获浙江慈溪籍犯罪嫌疑人李强（男，42岁）、叶种（男，32岁），查扣聚碳酸酯等涉案物品3000吨。自2013年9月起，李、叶以其公司不具备开具信用证为幌子和诈设境外企业方式，诱骗多家具备可开具信用证结算企业开具信用证，骗取银行垫付的货款。涉案被骗资金2.07亿元。

20日　市局召开全市公安局处长座谈会　深入学习贯彻习近平总书记在听取公安部工作汇报时的重要指示和全国公安厅局长座谈会精神，研究部署加强和改进新形势下上海公安工作特别是基层基础建设。白少康出席并讲话。陈臻主持会议，并传达全国公安厅局长座谈会主要精神。市局党委成员、各分（县）局主要领导、市局各单位行政班子成员、各公安处（局）主要领导出席主会场会议。上海边检总站、民航华东管理局公安局、公安部三所、海警总队（筹备组）主要领导应邀出席会议。

21日　白少康参加上海电视台“夜线约见·对话市长”访谈节目　就上海公安机关按照反恐标准，深入推进“三张网”建设，打造特大型城市立体化治安防控体系；以“阳光警务”为引领，深入推进新一轮执法规范化建设等工作作了介绍。回答了市民群众关注的电信诈骗、食品安全、涉医违法犯罪防范打击等问题。

21—25日　俄罗斯内务部代表团来访　白少康、陈臻会见俄罗斯内务部副部长祖博夫一行。

22日　市局侦破特大虚开增值税专用发票案　抓获浙江天台籍犯罪嫌疑人黄庆海（男，49岁）、葛兆忠（男，49岁）等6人，查获开票窝点4处，查扣作案用税控机8台、电脑12台、手机20余部、金税卡6张、公司公章40枚、身份证40余张及大量增值税专用发票等。自2012年起，黄、葛等人以同乡关系为纽带，采取冒用他人身份证件、虚构经营场所等方式，在沪设立多个“空壳”公司，伪造买卖合同、出入货记录和支付货款凭证，大量购入和出售虚开的增值税专用发票牟利。案涉27个省区市2500余家企业，涉案价税25.9亿余元、税额3.7亿余元。

23日 市局侦破公安部目标“2014-706”毒品专案 抓获犯罪嫌疑人许学哲（男，39岁，吉林省延边市人）等9人；缴获冰毒8.5千克，自制仿六四式手枪、猎枪各1支；查扣运毒车辆3辆。自8月起，许等人以物流快递、体内藏毒等方式，跨国、跨省市贩卖毒品。

24日 马来西亚警察总署代表团来访 陈臻会见马来西亚警察总署代表团。

25—26日 市局完成在上海东郊宾馆举行的2014浦江论坛安保工作

27日 市局召开党委扩大会议 传达学习党的十八届四中全会精神。白少康主持。

27日 2014年“中国赴南苏丹（上海）维和警队”出征 白少康出席出征仪式，并向维和警队授旗。陈臻、公安部国际合作局副局长杨少文讲话。市政府外事办公室副主任范宇飞和市局党委成员出席仪式。

28日 公安部在北京召开全国公安机关爱民模范先进事迹报告会 江宪法、韩勇参加会议。在上海分会场，陈臻、郭永华、俞烈、陆民、陆东参加。

29日 市局召开APEC会议安保维稳工作专题会议 陈臻就本市公安机关迅速贯彻落实公安部和市委、市政府部署要求，全力以赴做好APEC会议安保维稳工作作部署。江宪法主持会议，并传达全国公安机关APEC会议安保维稳工作动员部署会精神。陆民传达全市信访工作专题会议精神。

29日至11月7日 白少康率团赴德国、丹麦、意大利学习考察

30日 市局举行纪念上海公安文职制度10周年座谈会 陈臻出席并讲话。

30日 姜平到上海公安博物馆视察 陈臻、韩勇陪同。

30日 四川省公安厅代表团来访 韩勇陪同四川省公安厅代表团到上海公安高等专科学校考察。

11月

1日 人力资源和社会保障部、公安部联合授予市局巡视员、技侦总队总队长张宝发“全国公安系统一级英雄模范”荣誉称号

1—2日 市局完成在上海世博中心举行的第26次上海市市长国际企业家咨询会议安保工作

2日 市局完成2014上海国际马拉松赛安保工作

5日 香港廉政公署代表团来访 陈臻、陆卫东会见香港廉政公署代表团。

6日 “模范消防中队”命名表彰15周年座谈会举行 市政府副秘书长陈靖出席。俞烈参加。

8—12 日　朱伟明率团赴以色列学习交流

9 日　上海市 2014 年“119 消防周”活动举行　姜平、白少康出席。陈靖、陈臻、俞烈参加。

9 日　公安部召开 APEC 会议期间社会面治安防控工作视频指挥调度会　白少康、俞烈在市局指挥大厅参加调度会。

9 日　陈靖到上海消防综合训练基地观摩多种形式消防队伍执勤岗位练兵比武竞赛　俞烈参加。

11 日　韩正、杨雄、市委副书记应勇，姜平、尹弘会见上海公安机关荣获全国公安机关爱民模范集体、个人和第五届“我最喜爱的人民警察”代表　韩正高度评价获奖代表是“上海公安系统的骄傲、全市人民的骄傲、这座城市的骄傲”，充分肯定上海公安是一支作风过硬、本领过硬、党和人民可以信赖的队伍，无论是在危及老百姓生命和财产安全的关键时刻，还是平时的管理、为民服务中，都充分体现了上海公安队伍牢记宗旨、不辱使命、默默奉献的精神，用实际行动兑现了向全市人民的承诺。白少康、陈臻、韩勇参加会见。

11—12 日　市局完成墨西哥总统恩里克・培尼亚一行访沪警卫任务

12 日　广东省公安厅代表团来访　陆卫东与广东省公安厅代表团座谈交流。

13 日　全国看守所思想纪律作风专项整顿活动电视电话会议召开　在上海分会场，白少康出席并讲话。陈臻主持。市检察院党组副书记、副检察长陈辐宽出席。市局有关单位、武警上海市总队领导参加会议。各分（县）局、区（县）检察院、武警支队领导在各自收视点参加会议。

14 日　杭州市政府代表团来访　白少康与杭州市政府代表团就公安指挥体系、应急联动机制建设和信息化应用等工作座谈交流。陈臻参加。

15 日　林道生逝世　市局原党委副书记、副局长、顾问林道生于 2014 年 11 月 15 日 19 时 18 分在华东医院逝世，享年 97 岁。

19 日　市委常委、组织部部长徐泽洲到市局调研

20 日　市局召开全市公安系统中央巡视组反馈意见整改工作动员部署会　白少康主持。

21 日　上海市第三届安全网站颁奖暨上海市优秀信息网络安全员、上海市安全接入服务单位表彰大会举行　陆卫东出席并讲话。

24 日　杭州市公安局代表团来访　陈臻会见杭州市公安局局长叶寒冰一行，并就公安大数据平台建设座谈交流。

28 日　吴志明率部分市政协常委、委员到市局调研指导工作　白少康陪同。

28 日　公安部召开公安现役部队政治工作电视电话会议　在上海分会场，白少康、陈臻、郭永华、陆卫东、俞烈、陆民、陆东出席。

12 月

1 日　泰国警务交流团来访　陈臻会见泰国警务交流团。

2—3 日　公安部副部长，北京市委常委、市公安局党委书记、局长傅政华率北京市公安局代表团调研上海公安工作　白少康陪同。

2—5 日　公安部部长助理王俭在沪检查指导工作　白少康、陈臻、俞烈、韩勇陪同。

3 日　副市长翁铁慧、白少康到上海公安高等专科学校调研

5—8 日　市局完成中共中央政治局常委、全国政协主席俞正声在沪期间警卫任务

10 日　海南省委常委、三亚市委书记张琦到市局参观考察　俞烈陪同。

9 日　市局举行张宝发先进事迹报告会　姜平向张宝发颁发第五届全国“我最喜爱的人民警察”奖杯和“全国公安系统一级英雄模范”证书并讲话。白少康主持报告会。张宝发等 5 名报告团成员分别作了报告。市委宣传部副部长、市文明办主任燕爽，市委政法委副书记、秘书长王教生出席报告会。

9—10 日　白少康出席在安徽合肥举行的苏浙皖沪三省一市公安机关区域警务合作第六次联席会议　陆卫东参加。

11 日　姜平到市局调研　听取市局党委关于今年工作情况和明年工作打算汇报，并讲话。姜平指出，今年以来，上海公安机关圆满完成了各项公安保卫任务，确保了上海社会和谐稳定，得到了各级领导和社会各界充分肯定。白少康讲话。市委政法委副书记、市综治办主任李余涛陪同调研。市局党委委员参加座谈。

11—12 日　、14—15 日　市局完成爱尔兰总统迈克尔·希金斯一行访沪警卫任务

12 日　市局召开 2014 年度市局领导班子和领导干部述职测评会暨干部选拔任用“一报告两评议”工作会议　白少康代表市局领导班子作工作总结及干部选拔任用工作情况报告。陈臻主持会议。与会人员分别对市局领导班子和领导干部履职情况、干部选拔任用工作情况进行民主测评和评议。市局党委委员、巡视员、副巡视员及各单位负责同志和市委组织部有关部门领导参加会议。

14—15 日　公安部部长助理孟庆丰在沪调研　白少康、陈臻、韩勇陪同。

16—18 日　俄罗斯联邦麻醉品监管总局代表团来访　陆卫东会见俄罗斯联邦麻醉品监管总局副局长基科一行。

17 日　绍兴市公安局代表团来访　陈臻与绍兴市公安局代表团座谈交流。

18 日　白少康到市政府参事室通报上海公安工作情况

21 日　陆民到上海广播电台参加“政风行风

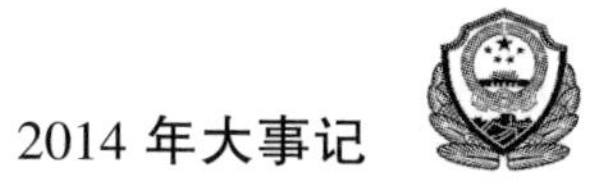

热线”节目访谈

22—23 日　市局完成在上海世博中心举行的中国共产党上海市第十届委员会第七次全体会议安保工作

23 日　公安部召开全国刑事侦查工作电视电话会议　郭声琨出席会议并讲话。公安部党委副书记、常务副部长杨焕宁主持会议。公安部副部长李伟作工作报告。在上海分会场，白少康出席并就贯彻落实全国刑事侦查工作会议精神作部署。倪建玉、郭永华、陆卫东、俞烈、韩勇、陆东出席。陈臻参加北京主会场会议并作交流发言。

24 日　市局党委召开扩大会议　传达学习十届市委七次全会精神，研究具体贯彻落实意见。白少康主持会议并讲话。

26 日　市局党委中心组举行专题学习报告会　邀请国家行政学院法学部主任、博士生导师胡建淼教授就“以四中全会精神为指导，全面推进依法治国”作专题学习报告。陈臻主持。市局党委中心组成员，市局各单位主要领导以及市局机关干部聆听了报告。

29 日　市局召开新闻发布会　向社会公布新推出的 10 项便民利民措施。市局新闻发言人陈臻出席发布会并通报 10 项便民利民措施具体内容。

29 日　市编委沪编［2014］544 号批复：在各公安分局、县公安局增设特种机动队，分局机构级别为副处级，县局机构级别为正科级。

30 日　市局召开上海公安机关现役部队政治工作会议　白少康出席并讲话。

30 日　杭州市公安局代表团来访　陈臻与杭州市公安局代表团座谈交流。

31 日　上海市人民政府沪府任［2014］304 号通知：任命曹忠平为上海市公安局副局长。免去江宪法的上海市公安局副局长职务。

31 日　外滩陈毅广场发生拥挤踩踏事件　31 日 23 时 35 分，上海市黄浦区外滩陈毅广场东南角通往黄浦江观景台的人行通道阶梯处发生拥挤踩踏事件，造成 36 人死亡、49 人受伤。

概 述

2014年，上海公安机关在市委、市政府和公安部的领导下，深入学习贯彻党的十八大和十八届三中、四中全会精神，深入学习贯彻习近平总书记系列重要讲话精神和关于公安工作重要指示精神，坚持以反恐标准系统谋划、部署、推进工作，深入推进平安上海、法治上海、过硬队伍建设，着力打造上海现代警务机制升级版，圆满完成亚信峰会安保这一年度首要目标任务，确保上海社会政治、社会治安持续稳定，为上海经济社会发展作出应有贡献。

2014年，全市公众安全感调查总体评价指数为83.89，比上年增加0.58；市民群众对公安工作满意度评价指数为82.96，比上年增加0.52，连续五年保持历史高位。

一、以最高标准、最强措施、最严要求，全力做好亚信峰会安全保卫工作。2014年5月20日至21日，亚信峰会在上海举行。全市公安机关按照“守住边、稳住面、保住点”的总体要求，突出“四个贯穿始终”，严密落实各项安保措施。将统一思想、落实责任贯穿始终。建立完备的安保方案体系和清晰的责任体系，确定108项重点安保工作，层层签订责任书，将安保责任分解落实到每个部门、每个岗位、每位民警。将反恐维稳要求贯穿始终。建好治安巡逻防控、武装巡逻处突和群防群治防护“三张网”，增强整体防控强度，提升应急处突能力。将依法从严要求贯穿始终。组织开展“迎峰会、保平安”打防管控专项行动。严格31个入沪通道查控。加强对7385家危险物品从业单位、880家加油站的安全监管和水、电、油、气等城市运行“生命线”的安全防范。将精细化要求贯穿始终。严密各项安保警卫措施，顺利完成峰会活动、国事活动、会外活动等各级警卫任务。加强交通组织保障，将警卫路线精确到米、时间精准到秒，并在远端进行疏导分流，提前发布交通管制公告，滚动发布出行攻略信息，争取社会各界和广大群众的理解与支持。实现政治效果和社会效果的有机统一，实现孟建柱同志提出的“四个绝对防止”的工作目标，确保亚信峰会及相关重大活动安全顺利进行，公安部给市公安局荣记集体一等功。

二、坚持法治思维、源头治理，维护社会和谐稳定。围绕重大活动和重要节点，扎实落实各项维稳措施，做到预警在先、化解在前、处置在小，有力维护大局稳定、促进社会和谐。

加强社会矛盾排查化解。落实市委、市政府重大决策社会稳定风险评估机制，为党委政府决策提供依据。参与“大调解”工作，依托

有关部门及企事业单位、工青妇团体、律师协会等社会力量化解矛盾纠纷，维护群众合法权益，将矛盾解决在基层、消除在萌芽状态。

妥善处置群体性事件。落实源头控制、现场处置等措施，依法妥善处置群体性事件。强化重大会议、重大活动现场和主要警卫场所周边管控。持续开展市信访办门口及周边区域信访秩序整治行动。

加强公安信访工作。按照公安部、市委政法委关于涉法涉诉信访改革的部署，结合公安部“抓源头、打基础、强机制、促规范”专项活动，完善信访工作机制，落实领导接访、下访制度，市局领导接待信访群众134批146人，接访数量位列全国前列。做好中央第二巡视组在沪期间交办信访件办理工作，深入推进巡视反馈意见整改专项活动，交办的1595件信访件均按时办理完毕，并已化解297起，初信初访化解率达53%。建设网上信访接待大厅，进一步畅通公安信访渠道。

三、坚持打防并举，全面加强社会治安工作。按照市委、市政府和公安部一系列部署要求，结合推进2014年上海平安建设实事项目，始终保持对各类违法犯罪和突出治安问题的高压态势，确保社会治安持续良好。

严厉打击刑事犯罪。全年共侦破各类刑事案件52181起。坚持打早打小、露头就打、不停地打，紧紧抓住直接侵害民生、群众深恶痛绝的“两抢一盗”、危害食品药品安全、环境污染、欺行霸市、伪基站、制贩毒品等问题，组织开展一系列专项行动，侦破一批有影响的大要案件。严厉打击和防范电信诈骗，全年共侦破电信诈骗案件2840起，比上年增加1.8%；防阻电信诈骗案件4254起，避免群众损失1.96亿余元。创新勤务运作模式，组织开展27次打击夜间违法犯罪联合查堵行动，有力震慑违法犯罪。

严厉打击经济犯罪。全年共侦破各类经济犯罪案件6402起。始终将打击锋芒对准危害经济命脉的金融领域犯罪、危害创新发展的知识产权犯罪、危害民生安全的涉假犯罪，组织开展“打传”、“打假”等专项行动，侦破一批大要案件。深化公安银行间破案追赃协作机制建设，追赃挽回经济损失40.3亿余元。高度关注互联网金融等新兴领域、P2P网络借贷平台等新兴融资服务模式发展情况，及时发布风险提示、漏洞警示、防控对策800余份。开展“境外追逃上海行动”和“猎狐2014”专项行动，抓获在逃境外经济犯罪嫌疑人91人。“打传”、“打假”、“猎狐”行动绩效位列全国前列。

持续整治突出治安问题。全年共查处违反治安管理案件778779起，治安处罚违法人员97201人。严厉整治“黄赌毒”等治安顽症，开展“暑期清扫”、“秋季禁赌”、“打黄赌·铲源头”等专项行动，组织开展8次以歌舞娱乐场所、桑拿会所等娱乐休闲服务场所为重点的临检查缉、治安整治集中行动，全年共检查各类场所40.2万余家（次）。常态化开展治安乱点滚动排查和整治，11个“城中村”地区等重点区域治安面貌明显改观。

严厉打击网络突出违法犯罪。严厉打击网上高发和群众反映强烈的网络诈骗、网络赌博、网上侵犯知识产权、涉枪涉爆等犯罪活动，深入推进打击黑客攻击破坏、打击整治网络诈骗、“扫黄打非·净网”等专项行动，破获刑事案件4006起、抓获违法犯罪嫌疑人4022人；整治违法违规网站3301家（次），停机（业）整顿178家（次），关闭违法栏目600余个，有效净化网络环境。

四、坚持严格执法、热情服务，不断优化

公安行政管理效能。既坚持依法从严加强管理，确保城市安全有序运行，又坚持以人为本，不断创新管理服务方式，全面提升公安行政服务和管理水平。

加强道路交通安全管理。深入贯彻落实韩正同志关于严管道路交通工作的重要批示精神，按照“最严的要求、最严的执法、最严的管理、最严的处罚、最严的追责”，深入开展道路交通秩序大整治行动。全年共查处“五类车”违法行为156万余起，机动车违法行为1005万余起，行人和乘车人违法行为48.2万余起，非机动车违法行为109万余起。开展道路交通安全大检查行动，推动落实企业交通安全主体责任，推进完善道路交通安全综合治理机制，强化车辆登记查验和驾驶人考试审验的源头管理，挂牌治理市、区两级交通事故多发道路32条。围绕重要节点、重大项目、重点施工项目做好排堵保畅工作，共治理拥堵节点129处，配合实施交通组织4900余项。全年，全市一般以上道路交通事故数、死亡及受伤人数比上年分别减少41.7%、1.3%和57.2%。

加强消防安全管理。深入推进全市重大火灾隐患集中整治行动，全年累计排查单位100余万家（次），督促整改火灾隐患117万余处。其中，727家重大火灾隐患单位已销案676家，完成率92.9%。完成43处市级重点整治区域和8家历史文化名镇名村火灾隐患的整改攻坚。连续第4年将消防安全纳入市政府实事项目，对100个老旧小区实施消防专项改造，在全市1万多个居民小区开展消防疏散演练。深入推进多警联勤消防工作机制，推动出台《上海市社会消防组织管理规定》。全年，全市火灾事故数、死亡及受伤人数比上年分别减少37.6%、19.2%和35.4%；在国务院首次对省级政府年度消防工作的全面考核中，上海名列全国综合排名第二，获评“优秀等级”。

加强轨道交通、机场、水域等区域安全管理。严格执行轨道交通全覆盖安检，全年累计安检各类物品4.47亿件次，查获违禁品3.3万余件。深化轨交站区网格化巡防机制，针对轨交常态“大客流”运营现状，完善客流安全评估、高峰时段限流、重要节点武警增援机制，成功经受住单日1028万人次的极端客流高峰等考验。严格落实机场、火车站、码头安全防范措施，严格实施长途客运“始发、到达安检”措施，杜绝危险物品进站、上船、上车。强化水域治安管理，以及沿海地区、化工区和域外农场治安防控，确保区域内社会治安平稳有序。

加强出入境管理。做好护照、港澳通行证、大陆证申请表“三表合一”和电子往来港澳通行证启用签发工作。建设上海第一个公安公众服务号微信平台“上海公安出入境管理”，并推出微信预约办证和政策查询业务。新增10个境外人员服务站，加强对72小时过境免签等重点境外人员后续管理，推广运用在沪境外人员信息管理平台，严厉查处偷渡和外国人“三非”违法犯罪活动。

加强监所管理。深入推进看守所“五化建设”和拘留所“三项重点工作”，12个看守所和16个拘留所通过验收。公安部在沪召开看守所“五化建设”现场会，推广有关经验做法。在全市各看守所推广建设指挥室，年内未发生重大安全事故。打造“阳光监所”，接受巡查监督148次。建成启用上海市第四看守所。

深化实有人口管理。认真组织实施市政府人口调控和管理服务配套措施涉及公安项目，全面完成全市实有房屋编码管理任务。依法从严加强上海市居住证办理工作，全年共新办上海市居住证79.4万张。深入推进“两个实有”全覆盖管理“社区实施”工作，全市5504个居（村）委均设置“实有人口信息采集室”，达标率达到96.9%，实有人口管理工作“社区实施”入围第二届上海社会建设十大创新项目。健全完善人口信息质量常态化监控测查制度。深入推进户口登记管理专项清理整顿工作，全年共清理纠正户口登记项目差错5200余个，清理违法违规办理和应销未销户口50余个。

深化警务合作。在公安部的组织指导下，以亚信峰会、南京青奥会等重大活动安保任务为契机，进一步深化区域警务合作，苏、浙、皖、沪三省一市区域警务合作领域延伸至19个警种，合作项目拓展至102项。深化国际警务合作，提高境外行动能力。派遣上海公安整建制维和警队出征南苏丹。

认真做好“12345”市民服务热线办理工作。规范“12345”市民服务热线公安专线办理流程，对热线工单办理情况开展全过程监督和效能监察。全年共办理工单64790件，在8家执法单位中排名第一，按时办结率99.8%。

五、坚持实战化标准，大力加强基层基础建设。适应动态化信息化社会发展的新形势，对接市委1号课题，按照公安部“四项建设”部署，不断加强、改进和创新基层基础工作，为打造上海现代警务机制升级版提供有力支撑。

加强信息化建设。创新情报运行机制，运用大数据技术搭建上海公安大数据实战应用平台，提升情报信息主导警务实战的能力水平。坚持打破界限、高度融合，平台汇集整合全局网络、系统、数据等海量资源。坚持规模应用、深度应用，开发超级搜索、超级地图“四大超级”工具，加强对各类“碎片化”信息的交叉碰撞、关联刻画、比对筛查，从质和量两方面提高情报生成能力。坚持应用导向、对接实战，实行情报与指挥中心、侦查打击一体化工作机制，为实战提供强大支持。召开分（县）局大数据实战应用平台建设现场会，同步推进市、区（县）两级实战应用平台建设。推进全局信息系统和数据整合，以及移动警务系统改造等关键项目的建设应用，完善业务数据信息采集管理制度，为警务大数据应用提供有力保障。

提升核心战斗力能级。加强分（县）局刑科所建设，13家被公安部确定为一级示范或一级刑科所；推进分（县）局刑科所DNA、毒品毒物等专业实验室建设，提高基层刑事技术部门现场勘查和检验鉴定水平。加强派出所视频图像技术室建设，全年新增6500个图像监控探头和147个治安卡口断面。

加强社区警务建设。制定关于进一步加强和改进新形势下上海公安派出所工作的若干意见。规范全市3964个社区警务室（社区民警工作点）、338个派出所纠纷调处室、301个派出所网上工作站建设和管理。深化社区民警专职化建设，细化明确社区民警工作职责和工作制度，开展第四届优秀社区民警评选活动，涌现出吕洁、陈德骅、邹克耀等一批优秀社区民警。推进社区警务与社区建设融合衔接，在各级党委、政府的支持下，93名派出所所长兼任街（镇）党政职务，902名社区民警在居（村）委兼职。全年成功调处各类社区矛盾纠纷22万余件，调解成功率达到98%。推广宝山星星村“社区化”治理模式，一批治安情况复杂的重点社区（村）治安秩序得到明显改善。

深化执法规范化建设。以“阳光警务”引领推进新一轮执法规范化建设，黄浦、宝山分局以及6个基层所队被公安部命名为新一轮执法示范单位。强化执法全过程监督管理，全面检查全市438个执法办案场所规范使用情况，开展持续视频巡查。基本建成公安行政处罚裁量基准制度，基本形成本市主要行政执法领域的行政执法与刑事司法衔接体系，会同本市检察院、法院、司法局等部门制定近20个法律适用意见。以公开为原则、不公开为例外，公开行政审批、窗口服务、执法标准、部门预决算和“三公经费”预决算等12类35959项信息。以群众需求为导向，进一步转变执法理念，向社会推出10项新的便民利民措施。上海公安政府网站网上办事、服务项目分别拓展至92项和17项，被评为市政府优秀政府网站。

六、坚持政治建警、从严治警，加强过硬队伍建设。坚决贯彻习近平总书记关于政法队伍建设“五个过硬”的重要指示精神，坚持政治建警、素质强警、从严治警，为完成各项公安保卫任务提供坚强保障。

深入学习贯彻党的十八大及十八届三中、四中全会和习近平总书记系列重要讲话精神。加强党委中心组学习，举办“学习贯彻习近平总书记系列讲话精神”研讨班，对全局处级领导干部分批开展集中培训，开辟专题网页，教育全体民警不断深化对坚持党对公安工作绝对领导的认识，不断深化对新形势下公安工作职责定位的认识，自觉在思想上、行动上同以习近平同志为总书记的党中央保持高度一致，确保队伍绝对忠诚、绝对纯洁、绝对可靠。将学习成果转化为推动工作的务实举措，市局党委组织开展基层基础集中调研活动，推动解决具体问题。

深入开展党的群众路线教育实践活动。巩固和扩大党的群众路线教育实践活动成果，组织第一批教育实践活动单位开展“回头看”活动。建立第一批和第二批教育实践活动单位问题整改上下联动机制，做到教育联动深化、问题联动查纠、措施联动制定、压力联动传导。深化“为何从警、如何做警、为谁用警”大讨论活动，建立健全领导干部、民警联系群众制度，组建市局社会主义核心价值观理论宣讲队赴全局巡回宣讲。

加强干部队伍建设。坚持“面向基层、面向群众、面向实践”的导向，选好配强各级领导班子。严格落实各项干部监督制度，创新干部考察方式，开展亚信峰会安保期间干部履职情况考察。探索实行“集中培训+实战锻炼+专题调研”的年轻干部培养模式，选派50名科所队长到北京市公安局执法一线跟班学习。对市局机关150位党支部书记、党务干部进行集中培训，提高党务工作的能力水平。

优化机构设置和警力资源管理。组建市局直属的自贸区分局，组建市、区（县）两级食品药品犯罪侦查机构。积极推动市局“三定”工作。结合市委1号课题，有序推进复杂地区增设派出所和部分派出所机构升格，为6个城郊结合部和郊区分局增加人员编制151名。优化全局警力资源管理，为核心战斗力部门调整增加人员编制500名，完成年度1506名警力补充招录工作。总结文职制度实施10周年经验，推动文职制度深化发展。

加强职业能力建设。组织开展亚信峰会安保战时专项培训、佩枪执勤专题集训、反恐防暴维稳和依法使用武器警械专项训练等实战培训，举办重点警种专业培训、警（探）长培训和轮训轮值培训班154期。加强50个基层培育点师资、课程建设，开发实战培训教材116册、微课程656门。上海公安高等专科学校被评为全国教育系统先进集体和全国职业教育先进单位，一批教学成果在国家和上海市比赛中获奖。

加强公安宣传工作。大力培育选树先进典型，3个集体、3名个人荣获2014全国公安机关爱民模范荣誉称号，张宝发当选第五届“我最喜爱的人民警察”。聚焦中心工作，深化“央地联动”、“警媒联动”、“网报联动”宣传模式，全年共在中央和本市新闻媒体刊播各类正面宣传报道8000余篇次，其中重点栏目、重要版面大篇幅集中报道700余篇次。做强各级公安微博、微信平台，全年阅读量突破7000万次。

加强爱警惠警工作。落实为全局民警购买亚信峰会安保专项意外伤害保险，开通医疗快速通道等战时爱警惠警举措，继续开展“送温暖”、“送清凉”等慰问活动。依法维护民警正当执法权益，全年共受理侵害民警执法权益案件842起，慰问在执法办案中受不法侵害民警1076人次。

加强纪律作风建设。贯彻中央、市委和公安部关于落实党风廉政建设责任制“两个责任”的一系列重大部署要求，建立党委班子、党委主要负责同志、班子成员党风廉政建设主体责任清单，市局党委率先落实党风廉政建设责任制“一岗双责”之“硬十条”等规章制度，各级党委严格落实党风廉政建设主体责任的硬性规定。严格落实中央“八项规定”、本市“三十条规定”和公安部“十项规定”、“三项纪律”等铁纪硬规。大力推进反腐倡廉工作和公安政风建设，强化纪检监督和审计工作。

加强警务保障工作。协调落实各项经费保障，研究推进单警装备轻型化建设。统筹推进基建“十二五”规划和“210工程”建设项目，在公安部中期评估中位居全国前列。大型消防直升机列入公安装备序列，在灭火、应急救援等工作中发挥积极作用。

专 记

亚信峰会安全保卫工作

2014年5月20日至21日，亚洲相互协作与信任措施会议第四次峰会（以下简称亚信峰会）在上海举行，包括亚信成员国、观察员、峰会客人在内的47个国家和国际组织的领导人及代表与会。此次峰会是历届亚信规格最高、规模最大的一次峰会，举国关注、举世瞩目。办好亚信峰会，确保安全是最基本的前提、最重要的保证。与以往历次重大活动安保工作相比，亚信峰会安保工作面临的挑战前所未有：安全风险高，国内相关城市先后发生暴恐案件，反恐怖斗争进入新的阶段，上海遭受恐怖袭击的现实威胁越来越大。各类社会矛盾错综复杂，个人极端行为防控难度很大。同时，上海城市人口密度高、现代化程度高，公共安全领域还存在不少风险和隐患。警卫任务重，共有38位外宾警卫对象（其中有11位国家元首、1位政府首脑）集体出席，峰会活动、国事活动、会外活动交叉举行，场次多、环节多、变化多。工作难度大，峰会现场、外宾住地、警卫路线点多、线长、面广，既要确保各项活动安全顺利进行，又要尽可能减少对城市运行和群众生活的影响。亚信峰会闭幕后，习近平总书记继续在上海视察工作。其间，中俄“海上联合—2014”军事演习相关活动在沪举行。

做好亚信峰会等重大活动安保工作，使命光荣、任务艰巨、责任重大。在中央的高度重视下，在公安部、上海市委市政府的坚强领导下，在市保障筹备工作协调小组和筹委会安保组的牵头协调下，上海公安机关按照“守住边、稳住面、保住点”的总体要求，以最高标准、最强措施、最严要求，严密落实各项安保工作措施，实现“四个绝对防止”的工作目标，确保了中外领导人绝对安全，确保了亚信峰会及相关重大活动安全顺利进行，确保了上海社会面持续稳定，实现政治效果与社会效果的有机统一。

一、中央高度重视，各方鼎力支持，为做好安保工作提供坚强保证。中央高度重视亚信峰会安保工作。习近平总书记亲自审批安全应急指挥意见，孟建柱、栗战书、韩正、杨洁篪、郭声琨等中央领导同志分别提出明确要求。孟建柱同志专门在上海召开亚信峰会安保工作动员部署会议，提出“四个绝对防止”的总目标和“外圈保内圈、内圈保核心圈，以全

国社会面治安稳定保上海市社会面稳定”的总思路。郭声琨同志专程到上海对亚信峰会安保工作进行再检查、再部署、再落实。实战阶段，孟建柱、郭声琨同志亲自为全体参战人员作战前动员，并坐镇上海全程指挥。市委、市政府将亚信峰会安保工作作为整个保障筹备工作的核心和关键来抓。韩正、杨雄同志多次到亚信峰会现场检查指导工作，召开全市亚信峰会安保工作部署会、保障筹备工作动员会，举全市之力做好安保工作。屠光绍、姜平、尹弘、白少康等同志分别对做好亚信峰会安保工作提出具体要求。公安部、中央有关部门充分发挥职能作用，牵头协调解决8类25项安保协请事项，并组织本条线各部门积极投入安保工作。军队任务部队承担了空中安全警戒和飞行管制、外围海域巡逻防控和应急救援等7项任务，武警任务部队承担了现场警戒和外围封控、道口查控、武装巡逻、应急机动等9项任务，发挥了不可替代的作用。由筹委会安保组环沪社会面治安管控组牵头，苏、浙、皖、沪和相关8省区开展联动查控、扩大防控纵深，筑牢入沪通道安全屏障。上海各有关方面精心组织安排，全力投入安保工作，全市广大群众、有关企事业单位顾大局、识大体，对安保工作给予充分理解和有力支持。所有参战单位、全体参战人员恪尽职守、顽强拼搏，以高昂的士气、扎实的工作，确保了亚信峰会各项活动安全顺利进行。

二、坚持联勤联动，强化组织部署，扎实有序有力推进。市级层面成立以白少康同志为组长的上海保障筹备工作协调小组安保组，由陈靖同志任常务副组长，市公安局、市国家安全局、市信访办、武警上海市总队、上海边检总站、市综治办、市交通委、上海海事局、民航华东管理局有关负责同志任副组长，由陈臻同志兼任办公室主任，安保成员单位36个，与筹委会安保组下设的上海市安保组“两块牌子、一套班子”。各安保成员单位均由主要领导负责，精心组织、部署推动各项工作。市公安局成立安保工作领导小组，下设“一室九组”，由每名党委成员分别牵头负责。建立完备的安保方案体系和清晰的责任体系。市公安局先后召开13次党委扩大会议和40次专题会议，研究部署、推进落实各项安保工作。在整个推进过程中，按照备战、临战、实战三个阶段，有步骤、有节奏地梯次加强安保工作，逐步趋紧，直至最强。从4月20日进入临战后，停止全市公安民警公休、双休和“五一”休假。从5月15日起，除保证正常运转必需外，全市公安民警都压上街面、沉入一线。实战阶段，在市公安局开设亚信峰会安保指挥中心，由公安、安全、武警、军队、外事、信访、交通、应急联动等单位，以及苏、浙、皖和相关省区公安机关派驻指挥员，实行联合指挥；完善可视化指挥调度系统，建立每日视频调度和晨会讲评制度，及时总结、以利再战。

三、坚持机制创新，强化情报工作，实现预知预警预防。成立上海市安保组情报中心，安全、公安、军队、武警等部门开展每日会商研判，发挥各自优势，强化专业情报搜集。组织公安基层科所队，发动广大基层群众，广泛搜集基础情报信息。同时，对获取的情报信息第一时间落地查证、依法处置，及时消除安全隐患。先后开展4次亚信峰会安全风险评估，对发现存在重大消防安全隐患的酒店，取消住地推荐资格。

四、坚持联动查控，强化圈层过滤，筑牢入沪安全屏障。加强与苏、浙、皖和相关8省区公安机关，海事、铁路、交通、民航等部门的联动查控。在31个环沪周界道口，对8类重点车辆逐车检查，对长途客运班线车、旅游包车及危险物品运输车重点抽查。设立27个水上检查站，对入沪船舶实施信息核查和动态管控；由民警带领平安志愿者对110个无名陆路道口、118个水路支流河口驻点守护。自4月20日启动查控勤务起，上海包干的26个道口、20个水上检查站，共检查车辆68.9万余辆、船舶2.7万余艘、人员115万余人，查获违法犯罪嫌疑人413人（其中在逃人员56人），查缴毒品8.3千克、仿真枪43支、管制刀具733把、非法出版物2599件、非法运输危化品85.4吨。同时，严格落实民航空防安全威胁预警响应措施，全面提升上海2个机场客、货运安检等级。在全市7个火车站和2个国际客运码头、1个省际码头，实施“到达临检”；在全市32个长途客运站，实施“到达安检”。其间，共安检抵沪旅客79.8万余人，查获违法犯罪嫌疑人356人（其中在逃人员30人），缴获各类违禁物品2858件。

五、坚持整体防控，强化打击整治，有效提升控制能力。以防范处置恐怖袭击和暴力极端破坏活动为重点，建好治安巡逻防控、武装巡逻处突和群防群治防护“三张网”，街面部署7600名巡逻民警及2.5万名社保队员，中心、次中心城区117辆巡逻车实施佩枪巡逻；重点区域、要害部位部署184辆车、1100名特警和武警；组建屯兵街面、动中备勤的125支、1400人武装机动专业队；率先实施上海公安、铁路公安联合武装巡逻，增强整体防控强度，提升应急处突能力。动员组织30万名平安志愿者，加强重点区域、重点部位的巡逻守护，构筑强大的群防群治防线。因地制宜、深入推进“迎峰会、保平安”打防管控专项行动，先后组织开展19次专项打击整治行动和7次全市治安大清查大整治行动，持续保持严打高压态势，有效净化社会治安面。其间，全市实破刑事案件3.9万余起，比上年同期增加65.2%，刑事拘留数、提请批准逮捕数比上年同期分别增加36.3%、63.5%；查处治安案件27.5万余起，其中“黄赌毒”案件3.6万余起，比上年同期增加8.7%；关停治安问题场所7196家，收缴各类枪支1483支、管制刀具2325把。5月10日至27日，全市报警类110处警数比上年同期减少43.6%，刑事案件立案数、治安案件发现受理数比上年同期分别减少47.2%、52.4%。

六、坚持要素管理，强化源头管控，切实消除安全隐患。公安、综治、信访、禁毒、司法、卫生计生等部门各司其职、紧密协作，加强基础排查、滚动排查，有针对性地落实管控措施。持续开展市信访办门口及周边区域信访秩序整治行动。收戒吸毒人员3505人，收治高风险精神病人11898人。落实内保责任，强化监督检查，加强全市283个反恐重点目标、7385家危险物品从业单位和水、电、油、气等城市运行“生命线”的安全防范。严控全市880家加油站，落实散装汽油凭证购买制度，组织平安志愿者驻站值守。强化328座轨交车站和51个客运码头的进站安检，落实72条重点线路公交的巡察力量，严防危险物品上车、上船。持续开展交通、消防安全隐患大排查大整治行动，对影响公共安全的违法行为，依法严厉处罚。其间，共清剿火患60.4万余处，比上年同期增加73.7%，查封和责令“三停”场所1149家；查处各类交通违法行为410万余起，比上年同期增加26%。5月10日至27日，火灾事故数、交通事故数比上年同期分别减少61.4%、62.3%。

七、坚持严格警戒，强化精细管理，确保核心警卫安全。以亚信峰会现场和外宾住地为重点，提前实施相关区域全方位防爆安检和封闭严控，对进入人员和物品进行严格安检，确保人、地、物“三干净”。在社会面部署应急处突力量，在每处现场前部署武装突击、应急机动、核生化处置、专业处置4支应急处突力量；在各住地周边，由公安便衣队分组加强安全守护和机动应急，部署警用直升机全天候待命，确保一旦发生突发情况，能够第一时间到位、迅速有效处置。特别是针对峰会现场，严格证件管理，加强秩序管控。针对到大剧院的转场问题，反复研究、反复推敲，不断调整、不断优化，将各代表团车队运行精确到秒，将转场时间由原来的40分钟缩短了一半。针对中外领导人临时增加的会外活动，迅速部署落实各项安全警卫措施。亚信峰会期间，共顺利完成峰会活动、国事活动、会外活动等322场次各级警卫任务，实现警卫安全零差错、零失误。同时，严格按照中央“八项规定”，优化措施部署，改进工作方法，切实做好习近平总书记在沪期间的安全警卫工作。通过周密部署、强化措施，顺利完成中俄联合军演相关活动安保任务。

八、坚持群众观念，强化民生保障，实现安保最佳效果。通过事先充分研究、反复论证，实地踏勘、演练磨合，最大限度地压缩相关安保措施管制范围、时间，并提前向社会发布公告，及时跟进正面宣传，主动引导社会舆论。实战阶段，上足安保力量，加强精细管理，积极提供便民利民服务，切实将管制措施的影响降至最低。通过有力有效举措，进沪通道查控、危险物品运输、道路交通安保等各项管制措施得以顺利实施，且未造成不良影响，社会各界和广大群众给予了充分理解和有力支持，对安保工作给予了高度评价。特别是亚信峰会期间，通过全市交警在岗在位和相关警种增援支持，强化全市交通联动管理，加强远端与核心区域、高架和地面道路、线路和活动点之间的交通保障衔接，并充分利用网络平台和平面媒体发布交通疏导分流攻略图，利用电子信息板和电台广播滚动发布交通管制信息，大范围布设交通引导标识，既确保了每路警卫车队安全、准点到达，又确保了全市交通秩序平稳、可控。

“迎峰会、保平安”打防管控专项行动

为确保亚信峰会安全顺利举办，遵照中央和市委、市政府、公安部、市委政法委一系列部署要求，上海公安机关紧紧围绕“四个绝对防止”的总体目标，以组织开展“迎峰会、保平安”打防管控专项行动为牵引，全警动员、全力以赴，超常规落实严打、严防、严管、严控各项工作措施，切实维护上海政治稳定、社会稳定、治安稳定，以干净的社会面确保亚信峰会绝对安全和万无一失。其间，全市未发生暴力恐怖事件和个人极端事件、大规模非正常上访聚集事件和重大群体性事件、重大治安案件和群死群伤事件、网络安全事件和安全生产重大事故。1月1日至5月27日，全市实破刑事案件3.9万余起，比上年同期增加65.2%，刑事拘留数、提请批准逮捕数比上年同期分别增加36.3%、63.5%。5月10日至27日亚信峰会安保实战阶段，全市报警类110处警数、刑事案件立案数、治安案件发现受理数比上年同期分别减少43.6%、47.2%和52.4%。

一、深入排摸，及早稳控，全力维护社会稳定

加大矛盾纠纷排查化解力度。密切关注社会面维稳动态，强化对不稳定因素的排查工作，配合发现亚信峰会期间需重点关注的突出矛盾纠纷446起，全部落实疏导化解措施，坚决将矛盾稳定和化解在地区，消除在萌芽状态。

强化群体性事件防范处置。做好对各类矛盾纠纷和群体性事件的情报信息搜集研判工作。强化预案、力量、装备、物资等方面的应急处置准备，加强特警、反恐尖刀队、机动专业队、消防特勤队以及警航等专业队伍的值班备勤，确保一旦发生群体性事件或个人极端暴力案（事）件，在党委、政府的统一领导下，迅速出击、有效处置。

二、集中资源，强力攻坚，严打突出违法犯罪

快侦快破严重暴力犯罪案件。组建3个应急处置小组，做好随时处置严重暴力犯罪及突发案（事）件准备；对杀人、绑架、涉枪涉爆等严重暴力犯罪案件，即时启动刑侦、网侦、图侦等同步上案、合力攻坚机制，确保快侦快破。共侦破八类案件1556起，比上年同期增加5.7%，其中侦破命案83起，命案侦破率达96.5%；连续侦破“2003·7·03”故意杀人案、“3·21”市五医院故意杀人案等一批大要案件。

严厉打击多发性侵财犯罪。依托刑侦、经侦实战分析研判平台，加强案件串并和经营侦查，组织开展13次打击夜间违法犯罪联合查堵行动，掀起破案打击高潮。共实破入室盗窃案件7519起、盗窃非机动车案件4202起，比上年同期分别增加57.2%、125.2%。组织开展打击电信诈骗犯罪破案会战，严格落实24小时电话回访机制，协调银行金融业相关部门落实柜面防阻措施，共实破电信诈骗案件816起，比上年同期增加256.3%，阻止1698起，避免经济损失7431万元。组建100人的便衣行动突击队，每天深入扒窃拎包案件高发区域、路段、部位，会同属地分局全力开展反扒打击工作，共实破扒窃案件4468起，比上年同期增加127.4%。

严厉打击涉黑涉恶、涉毒、伪基站、涉网、涉外等突出违法犯罪。始终保持对涉黑涉恶违法犯罪“零容忍”的严打高压态势，严厉打击“涉医”、“行霸”、“市霸”、“车霸”、“敲墙党”等黑恶势力，共侦破恶势力专案41起，抓获违法犯罪嫌疑人216人；打击带有恶势力性质的13类违法犯罪团伙527个，抓获违法犯罪嫌疑人2114人。强化涉毒线索核查研判，加强跨区域、跨警种协作，加大涉毒违法犯罪打击力度，共破案2557起（其中千克以上毒品案件45起），缴获毒品640余千克。按照“追源头、捣窝点、斩链条”的思路，严厉打击非法生产销售使用伪基站违法犯罪，共破案73起，抓获违法犯罪嫌疑人223人，缴获伪基站设备140套。严厉打击利用互联网诈骗、贩枪贩毒、破坏计算机信息系统等违法犯罪，共侦破涉网案件2016起，抓获违法犯罪嫌疑人2687人。查处外国人“三非”等涉外违法犯罪案件5064起，涉及违法犯罪嫌疑人5064人。

严厉打击经济犯罪。组织开展“打诈骗、反侵权、强预警、保平安”迎峰会经侦专项行

动，加大对破坏市场经济秩序和金融安全犯罪的打击力度，共侦破经济犯罪案件 3738 起，抓获犯罪嫌疑人 4041 人，追缴赃款赃物 18 亿余元。深入梳理排查可能影响亚信峰会安全的经济犯罪案（事）件，逐一落实矛盾化解和稳控措施。

三、从严从紧，综合施策，加大整治管控力度

强化治安顽症打击整治。切实加强同食药监、环保等部门的行政执法与刑事司法的衔接，加大对危害食品药品安全、环境污染犯罪的打击力度，共查处相关案件 43 起，抓获违法犯罪嫌疑人 128 人。会同城管、民政、工商等职能部门，以娱乐休闲服务场所为重点，强化“黄赌毒”线索深度经营和精确打击，共查处“黄赌毒”案件 3.6 万余起，比上年增加 8.7%；查处场所 3.1 万余家次。严格落实枪爆等危险物品排摸收缴措施，组织开展治安集中整治及临检设卡行动 16 次，收缴各类枪支 398 支、子弹 3 万余发，仿真枪 1085 支，管制刀具 2325 把，液化石油气钢瓶 978 只；检查学校、医院、中小旅馆等重点单位 6.9 万余家次，发现督改安全隐患 1553 处。

强化实有人口管理。深入推进实有人口实有房屋基础信息采集工作，提升服务实战效能，共清查中小旅馆、留宿浴室等 5.9 万余处，通过信息比对协破刑事案件 100 余起，通过“网上追逃”报警协助抓获网上在逃人员 410 人。对肇事肇祸精神病人、吸毒人员等全面落实属地管控工作措施，防止造成现实危害，有效处置精神障碍患者肇事肇祸行为 23 起。

强化社会面巡逻防范。依托治安巡逻防控、武装巡逻处突、群防群治防护“三张网”，织密社会面安全防线，部署 7600 名巡逻民警及 2.5 万名社保队员，加大对亚信峰会会场、住地、活动地、警卫路线周边以及党政机关等重点单位、部位和人员密集场所的巡逻防控力度，会同铁路公安机关在火车站广场等重点区域开展联合武装巡逻，提高“见警率”、“管事率”。部署特警和武警实施武装叠加巡逻和动中备勤，在 10 个中心、次中心城区实施巡逻车佩枪巡逻，组建 125 支、1400 人武装机动专业队屯兵街面，做好应急处突准备。动员组织 30 万名平安志愿者，加强对 72 条公交重点线路、328 座轨交车站、51 个客运码头、7 个火车站等重点区域、部位的巡逻守护。通过街面巡逻及快速反应抓获违法犯罪嫌疑人 5988 人，街面“两抢”案件发案比上年同期减少 37.2%。

四、突出重点，整体防控，确保城市公共安全

强化水、电、油、气等“生命线”工程单位、部位安全防范。深入贯彻落实市委、市政府有关部署要求，对 7385 家危险品从业单位和水、电、油、气等“生命线”工程单位持续开展安全防范检查，全面排查督改安全隐患，确保城市安全运行；共检查重点单位、重要目标 1.4 万余家次，发现并督改安全隐患 1396 处。深入贯彻落实公安部关于严控严查散装购、销汽油部署要求，对全市 880 家加油站落实散装汽油凭证购买制度，严防散装汽油流入非法渠道。

加大交通顽症治理及道口查控力度。紧紧围绕酒后驾驶、“三超一疲劳”、“五类车”、行人和非机动车“二乱”等交通违法行为，采取定点设卡与突击整治相结合、视频巡逻与实兵巡逻相结合的方式，持续开展专项整治，查

处机动车违法行为229万余起，行人和非机动车违法行为52万余起，“五类车”违法行为28万余起，暂扣“五类车”10万余辆。5月10日至27日，全市一般以上道路交通事故数、死亡及受伤人数比上年同期分别减少62.3%、50.0%和71.3%。加大上海公安机关包干的26个道口、20个水上检查站的安检查控力度，检查车辆68.9万余辆、船舶2.7万余艘、人员115万余人，查获违法犯罪嫌疑人413人（其中在逃人员56人），查缴毒品8.3千克、危化品85.4吨。

强化消防安全管理。以“城中村”、群租房、违章建筑、集体宿舍和“三合一”场所为重点，组织开展“清剿火患”、“雷霆”等一系列集中行动，最大限度控制和减少火灾事故，检查单位32万余家次，发现并督改火灾隐患60万余处，下发责令改正通知书2.7万余份，临时查封592家，责令“三停”575家，行政拘留689人。排查群租房2万余户，拆除群租分隔1.3万余间。5月10日至27日，全市火灾事故数比上年同期减少61.4%。

强化轨道、机场、火车站、水域、空域等重点区域安全防范。强化轨道交通“全覆盖”安检、公安武警联合巡逻及“大客流”应对处置机制，累计安检各类物品1.4亿件次，收缴各类危险、违禁品1.3万余件。严格落实机场、火车站、码头、长途客运站安全防范措施，健全完善安检标准，指导督促客货运单位严格落实安防主体责任，强化日常巡逻盘查，严防危险人员、危险品进站上车、乘船、登机。强化黄浦江等重点水域治安管控和安全防范，加强与海警及其他水上行政执法单位的联勤联动，确保水域治安持续稳定。强化“低、慢、小”目标查控工作，排摸稳控目标4024个。出动警用直升机配合开展联动查控，形成全方位、立体化的联动防控格局。

五、始终坚持围绕中心、突出重点、强力攻坚，确保完成既定目标任务

坚持将确保亚信峰会绝对安全作为组织开展“迎峰会、保平安”打防管控专项行动的出发点和落脚点。上海公安机关思想高度重视、及早谋划部署，于2013年“打防严保”专项行动结束前即谋划筹备“迎峰会、保平安”打防管控专项行动，成立由市局主要领导挂帅的专项行动领导小组，将维护政治安全、确保社会稳定、严打突出违法犯罪、强化社会面治安管控和安全防范，以及强化城市公共安全管理5大类重点工作15项具体任务纳入专项行动范畴，集全警之力，聚全警之智，按照备战、临战、实战三个阶段，有步骤、有节奏地梯次加强打防管控工作，以“干净”的社会面确保亚信峰会安全顺利举办。

坚持将最高标准、最强措施、最严要求作为组织开展“迎峰会、保平安”打防管控专项行动的切入点和发力点。上海公安机关按照最高标准设置工作目标，以最严要求落实工作责任，以最强措施加大工作力度，超常规落实各项工作措施。通过组织开展一系列打击违法犯罪、治安临检等集中行动，特别是4月29日至5月16日，由陈臻同志牵头连续组织7次全市性治安大整治集中行动，不断提升打击整治频率。其间，市局党委委员结合各自分工深入一线实地督导检查，振奋队伍士气。强化治安重点人员等的动态管控。切实将藏污纳垢场所清扫干净，将危险违禁物品收缴销毁。成功实现刑事、治安案件同比下降三至四成的目标。

坚持将以面保点、以点带面作为组织开展“迎峰会、保平安”打防管控专项行动的支撑点和平衡点。上海公安机关按照“守住边、稳

住面、保住点”的总体要求，通过密切与兄弟省市公安机关及武警、海警等部门的协作配合，强化水、陆、空道口查控及安检措施，严守进沪通道。通过强化治安巡逻防控、武装巡逻处突和群防群治力量守望相助，以及全国首创的上海公安与铁路公安联合武装巡逻等方式，织密“三张网”、守住“三个圈”，确保社会面安全防线“全覆盖、无死角”。通过部署武装突击队、应急机动队、专业处置队，以及派遣1200余名机关警力增援重点分局等方式，强化亚信峰会会场、现场、住地、活动地、路线及周边巡逻管控工作，确保点上绝对安全。在工作推进中，坚持每周、每月动态分析社会稳定、社会治安、道路交通及消防安全形势，以项目化方式明确工作重点，以挂牌督办方式加大大要案件侦破力度，形成此起彼伏、连续不断的打击声势，以社会面整体安全确保亚信峰会绝对安全。

坚持将创新机制、提升效能作为组织开展“迎峰会、保平安”打防管控专项行动的立足点和增长点。上海公安机关坚持在实战中不断创新工作机制，提升打防管控效能，着力打造现代警务机制升级版。在社会面防控方面，构建“三张网”、地方公安与铁路公安联合武装巡逻、佩枪武装巡逻、武装机动专业队、武警地铁值守等工作机制，有效提升整体防控效能。在提升核心战斗力方面，创建上海公安情报综合研判实战平台，整合全局信息数据资源，强化刑技、网侦、图侦等专业队伍建设，加大基础信息采集应用力度，不断提升信息化作战水平。在打击新型违法犯罪方面，强化与食药监、环保等部门的行政执法与刑事司法的衔接，与无线电管理局、通信管理局及移动公司的密切协作，不断提升对危害食品药品安全及环境污染、生产销售和使用伪基站等新型违法犯罪的打击效能。在法制保障方面，紧紧依靠市委政法委，强化与检察院、法院等部门的沟通协调，在法律适用和保障方面争取理解和支持。在营造声势方面，通过召开媒体通报会等方式主动加强与媒体的沟通协作，累计在中央电视台、上海电视台、《人民公安报》、《解放日报》、人民网等中央和本市主流媒体刊播新闻及专题报道2591篇次，其中头版、整版报道503篇次，形成了强大持续的宣传声势。

上海市公安系统机构名称及负责人名单（部分）

上海市公安系统机构名称（部分）

全　称	简　称
上海市公安局指挥部（研究室）	指挥部（研究室）
上海市公安局政治部	政治部
上海市公安局警务保障部	警保部
中共上海市公安局纪律检查委员会（与上海市监察委员会驻上海市公安局监察室合署办公）（审计室、警务督察总队）	纪委（与监察室合署办公）（审计室、督察总队）
上海市应急联动中心	联动中心
上海市公安局经济犯罪侦查总队	经侦总队
上海市公安局治安总队（上海市公安局食品药品犯罪侦查总队）	治安总队
上海市公安局刑事侦查总队	刑侦总队
上海市公安局出入境管理局（上海市出入境管理局）	出入境管理局
上海市公安局交通警察总队	交警总队
上海市公安局特警总队	特警总队
上海市公安边防总队	边防总队
上海市公安消防总队（上海市公安局消防局）	消防总队
上海市公安局警卫局	警卫局
上海市公安局法制办公室	法制办
上海市公安局监所管理总队	监管总队
上海市公安局科技处（上海市公安局信息中心）	科技处
上海市公安局文化保卫分局	文保分局

全　称	简　称
上海市公安局水上公安局	水上公安局
上海市公安局城市轨道和公交总队	轨道公交总队
上海市公安局上海化学工业区分局	化工区分局
上海市公安局国际机场分局	机场分局
上海市公安局警务航空队	警务航空队
上海市公安局人口管理办公室	人口办
上海市公安局农场分局	农场分局
上海市公安局自由贸易试验区分局	自贸区分局
上海公安高等专科学校	上海公专
上海市保安服务总公司	保安总公司
上海市公安局勤务保障中心	保障中心
上海市公安局浦东分局	浦东分局
上海市公安局黄浦分局	黄浦分局
上海市公安局徐汇分局	徐汇分局
上海市公安局长宁分局	长宁分局
上海市公安局静安分局	静安分局
上海市公安局普陀分局	普陀分局
上海市公安局闸北分局	闸北分局
上海市公安局虹口分局	虹口分局
上海市公安局杨浦分局	杨浦分局
上海市公安局闵行分局	闵行分局
上海市公安局宝山分局	宝山分局
上海市公安局嘉定分局	嘉定分局
上海市公安局松江分局	松江分局
上海市公安局金山分局	金山分局
上海市公安局青浦分局	青浦分局
上海市公安局奉贤分局	奉贤分局
上海市崇明县公安局	崇明县局

注：研究室、审计室、警务督察总队为挂靠单位

（顾天）

上海有关公安处（局）名称

全　称	简　称
上海出入境边防检查总站	边检总站
上海港公安局	上海港公安局
长江航运公安局上海分局	长航公安上海分局
上海市公安局铁路公安处	上海铁路公安处
上海市公安局走私犯罪侦查局	走私侦查局

（顾天）

2014年市、区、县公安机关负责人名单（部分）

中共上海市公安局委员会书记：白少康

副书记：程九龙(2月免)　陈　臻（2月任）

委　员：江宪法　倪建玉　朱伟明(10月免)　郭永华　陆卫东　姚志荣（9月免）　俞　烈　韩　勇(3月任)　陆　民（9月任）　陆　东（9月任）

中共上海市公安局纪律检查委员会书记：姚志荣（7月免）　陆　东（7月任）

上海市公安局局长：白少康

副局长：程九龙（3月免）　陈　臻　江宪法（12月免）　倪建玉　朱伟明（10月免）　郭永华　陆卫东　俞　烈　陆　民（9月任）　曹忠平（12月任）

正局长级干部：程九龙　吴延安　江宪法　朱伟明　何克萍

巡视员：姚志荣（9月免）　张宝发（4月任）

副巡视员：励肇华　裘祖雄（3月免）　王　军（3月免）　陈　超　朱慧芬　陈小龙（3月免）　陈仁元（3月免）

政治部主任：俞　烈（兼，2月免）　韩　勇（2月任）

警保部主任：周海健（11月免）

研究室主任：张玉学

监察室主任：姚志荣（7月免）　陆　东（7月任）

审计室主任：钱洪乔

警务督察总队总队长：曹光毅（兼，10月免）

联动中心主任：吕耀东（兼，10月免）

经侦总队总队长：程一平（3月免）　徐长华（9月任）

政委：黄敬敏（7月免）

治安总队总队长：戴　民

政委：薛小明

刑侦总队总队长：杨泽强
政委：邹　伟（9月任）
出入境管理局局长：郭建新（9月免）
丁斐平（9月任）
政委：张　君
交警总队总队长：陈志康
政委：陈戊高（7月免）
曹光毅（10月任）
特警总队总队长：李征静
政委：席士增
边防总队总队长：和向东
政委：邹新华（10月任）
消防总队总队长：赵子新
政委：单于广（7月任）
警卫局局长：崔洪声
政委：许纯谊
法制办主任：邢培毅（10月免）
监管总队总队长：王　琦
政委：丁雄锋
科技处处长：陈　超
文保分局局长：周国强（10月免）
张雪华（11月任）
政委：亓建生（4月免）
水上公安局局长：徐长华（7月免）
虞谷民（9月任）
政委：宋国荣
轨道公交总队总队长：曹声伟
政委：唐丽娜
化工区分局局长：刘俊祥
政委：刘海明
机场分局局长：周一帆（3月任）
政委：周一帆（2月免）
杨海华（9月任）
警务航空队队长：郭永华（兼）
常务副队长：彭优民（兼）

政委：陈　琪
人口办主任：朱慧芬
政委：王　锋
农场分局局长：周德辉
政委：胡永明
自贸区分局局长：杨烈毅（9月任）
政委：祝新军（9月任）
上海公专校长：白少康
党委书记：郑万新
保安总公司总经理：王旭明
勤务保障中心主任：任　青
浦东分局局长：陆　民（12月免）
李贵荣（12月任）
政委：卞长忠
黄浦分局局长：周　正
政委：吴培敏
徐汇分局局长：韩力鸣
政委：包国国
长宁分局局长：曹新平
政委：姜　坚（10月免）
静安分局局长：周建国
政委：汤　岚
普陀分局局长：郑文斌
政委：傅　翔
闸北分局局长：潘子罕
政委：劳冠浩
虹口分局局长：陆　东（11月免）
张　清（11月任）
政委：林　立
杨浦分局局长：蔡　田（11月免）
周海健（11月任）
政委：张　清（10月免）
闵行分局局长：吴培根
政委：胡延枫
宝山分局局长：杨　杰

政委：鞠　焰
嘉定分局局长：李贵荣（12月免）
邢培毅（12月任）
政委：季　平
松江分局局长：邢铁军
政委：王　奇
金山分局局长：马淮海
政委：陈奇忠
青浦分局局长：陈振华
政委：苏南泥（9月免）
奉贤分局局长：赵荣根
政委：陈鸣强
崇明县公安局局长：杨海华（10月免）
吕耀东（12月任）
政委：秦新新

（孙培强、王挺）

机构调整

【概况】 2014年，上海公安机关根据中央关于深化司法体制改革的总体部署，深入开展调研，进一步完善机构设置和警力的优化配置。坚持将“反恐标准”置于首要位置，将警力、机构向反恐重点地区和部门倾斜，积极落实核心战斗力部门警力保障，筹划组建分（县）局特种机动队专门机构。同时，为适应形势任务需要，协调市编办组建了市局直属的自贸区分局，组建市、区两级食品药品犯罪侦查机构，顺利完成市司法局所属上海市第四劳动教养管理所划转市公安局监管总队相关工作，并积极推动市局“三定”工作，有序开展派出所机构升格，研究推进分（县）局领导班子设置等相关事项。(*顾天*)

【上海市公安局强制戒毒所更名】 2月19日，根据市编委关于同意上海市公安局强制戒毒所更名的批复，上海市公安局强制戒毒所更名为上海市强制隔离戒毒所，机构级别仍为副处级。(*顾天*)

【明确上海市公安食品药品犯罪侦查机构设置】 2月25日，根据市编委关于同意上海市公安系统治安机构增挂食品药品犯罪侦查机构牌子的批复，市局治安总队增挂上海市公安局食品药品犯罪侦查总队牌子，并在治安总队增设食品药品犯罪侦查支队，机构级别为正处级；各公安分局治安支队增挂食品药品犯罪侦查支队牌子，并在各治安支队增设食品药品犯罪侦查大队，机构级别为正科级；崇明县公安局治安大队增挂食品药品犯罪侦查大队牌子，并在治安大队增设食品药品犯罪侦查中队，机构级别为副科级。7月19日，经市局党委研究决定，在治安总队食品药品犯罪侦查支队增设食品犯罪侦查大队、药品犯罪侦查大队，机构级别均为正科级。(*顾天*)

【设立上海市第四看守所】 6月19日，根据市编委关于同意上海市第四劳动教养管理所（上海市第四强制隔离戒毒所）划转市公安局有关问题的批复，上海市第四劳动教养管理所（上海市第四强制隔离戒毒所）划转上海市公安局管理，并更名为上海市第四看守所，为监管总队内设机构，机构级别为正处级。(*顾天*)

【增设法制办执法信息管理科】 6月26日，经市局党委研究决定，在市局法制办增设执法信息管理科，机构级别为正科级。(*顾天*)

【设立上海市公安局自由贸易试验区分局】

10月11日，根据市编委关于同意设立上海市公安局自由贸易试验区分局有关问题的批复，并经市局党委研究决定，设立上海市公安局自由贸易试验区分局，机构级别为正处级；相应撤销上海市公安局浦东分局综合保税区公安处。10月27日，经市局党委研究决定，自贸区分局内设指挥处、政治处（与监察室合署办公）、刑事侦查支队、治安支队、出入境管理支队、交通警察支队、网络科技支队7个机构和外高桥保税区治安派出所、外高桥保税区物流园区治安派出所、机场综合保税区治安派出所3个治安派出所。（顾天）

【徐汇区看守所、拘留所独立运作】 12月5日，经市局政治部研究决定，徐汇区看守所与拘留所分别独立运作，不再实行“两块牌子、一套班子”模式。（顾天）

【增设青浦分局交警支队五中队】 12月12日，经市局政治部研究决定，增设青浦分局交警支队五中队，机构级别为副科级。（顾天）

【增设松江分局交警支队七中队】 12月23日，经市局政治部研究决定，增设松江分局交警支队七中队，机构级别为副科级。（顾天）

【各分、县局增设特种机动队】 12月29日，根据市编委关于同意各区公安分局、县公安局增设特种机动队的批复，在各分（县）局增设特种机动队，为分（县）局内设机构，机构级别为副处级，崇明县局特种机动队机构级别为正科级。（顾天）

辅助决策指挥

概　况

2014年，市局指挥部坚持围绕中心、服务大局，进一步加强过硬队伍建设和各项业务工作，充分发挥“指挥、参谋、协调、服务”职能作用，着力打造上海现代警务机制升级版，完成亚信峰会安保等各项工作任务，为确保上海社会持续稳定作出应有贡献。

全力投入亚信峰会安保工作。辅助构建亚信峰会安保指挥体系。围绕安保实战要求，建立亚信峰会安保每日晨会讲评工作机制，切实提高指挥水平。充分预设应急情形，研究制定总体应急预案。根据任务需求，统筹安排公安、武警、军队、应急联动单位各支专业处置力量，做好突发事件应急处置准备。坚持24小时值守制度，密切关注全市社会治安状况。辅助市局领导研究制定亚信峰会安保工作总体方案。做好各类涉及亚信峰会安保的方案预案、会议材料、简报信息的起草编报工作，做好讲话提纲、汇报提纲、通报提纲等材料的起草工作，推动各安保工作专班和全局上下扎实开展各项安保工作。建立健全各安保工作专班内部文件流转、督办等工作制度，推动形成一级抓一级、层层抓落实的工作格局。加强与江苏、浙江、安徽公安机关环沪安保圈工作和与其他兄弟省区市公安机关安保工作对接，确保无缝衔接、缜密运作。辅助市局领导深入分管联系单位，实地检查指导和督促推进落实各项安保工作措施。与市局警务督察总队建立督查督察信息沟通和工作协作机制，加强联合督查。辅助市局领导推进落实以面保点各项工作措施。围绕5大类15项重点工作，组织开展“迎峰会、保平安”打防管控专项行动，推动超常规落实严打、严防、严管、严控各项工作措施。加强情报信息分析研判工作，不放过任何可疑情报线索。完成亚信峰会安保各项服务保障任务。做好亚信峰会动员部署会议、专题工作会议，以及应急处突实战演练等重要会议、活动保障工作。亚信峰会安保期间，重点跟踪涉及亚信峰会安保相关文件流程，保证重要信息情况及时报告，确保领导批示传达和文件信息传递“准确、高效、规范”。抓好保密管理。抽检亚信峰会安保重点任务单位保密工作，确保亚信峰会安保期间公安网安全。加强科技保障，及时排除各类故障。提供优质档案服务。制定下发关于做好亚信峰会安保工作相关资料收集和归档工作的通知，明确亚信峰会安保工作归档重点单位并加强指导。

加强指挥调度体系建设。强化大型活动创新管理。突出反恐标准和要求，制定针对性安保方案，指导督促任务单位落实治安秩序维护、交通疏导、消防管理、应急处突等安保工作措施，确保上海国际马拉松赛等活动、赛事安全有序。会同法制部门拟定上海市大型群众性活动安全管理办法草案，进一步明确责任，规范大型活动审批。年内，牵头任务单位完成各类大型群众性活动及其他工作任务 228 项、416 场（其中安全许可 106 项）。强化应急处突能力建设。会同相关单位研究制定上海公安机关特种机动队规范化建设工作意见，推动加强公安武警联勤联动，着力提升反恐防暴和应急处突能力。规范市局指挥大厅指挥人员岗位职责，细化明确和着力推行重要警情“五同步”工作法。实时核查报警类 110 警情，推进与大数据实战应用平台一体化运作。指导各单位完成全市反恐重点目标及新投入运行的轨交站点“一点一预案”，夯实勤务指挥工作基础。强化应急联动体系建设。修改完善 30 余个市级应急预案、工作方案和指导意见，开展大面积停电突发事件等专项应急联合演练。督促相关单位落实台风、大暴雨影响本市期间社会面治安和交通管理措施，指导任务单位做好清明、冬至祭扫活动安保工作。研究提出危化品事故应急处置工作民警防护装备需求，更新完善应急联动处置工作手册。强化接处警规范管理。进一步修订完善 110 接处警工作相关细则，研究 110 警情分级分类机制。

发挥辅助决策作用。做好重要节点安保维稳工作。围绕一系列重大活动及重要节点，制定下发相关方案、通知，督促落实相关措施，辅助抓好安保维稳、防范打击、社会面巡逻防控、重点人及危险物品管控、城市公共安全管理等工作。做好重大突发事件处置工作。加强情报信息收集研判，有针对性地制定方案预案，推动落实各项措施。协调有关单位及时稳妥处置重大突发事件。扎实推进各项重点工作。结合平安上海建设工作任务，协调推进全市治安集中整治行动等一系列专项行动，确保本市社会治安大局持续稳定。辅助推进落实公安部“四项建设”和市局“六项重点建设任务”，细化分解任务，明确责任单位、工作目标、主要措施、节点要求，取得初步成效。贯彻落实韩正同志关于进一步严管道路交通工作的重要批示精神，督导推进市政府消防实事项目及平安建设实事项目等工作。辅助推进苏、浙、皖、沪公安机关区域警务合作，深化完善应急布控联勤指挥、大型活动警务合作等工作机制。加强调查研究。做好年度会议、专题会议等各类重要会议的前期调研、材料起草、方案制定工作，服务市局党委中心工作。辅助抓好党的十八届四中全会、十届市委六次全会七次全会、全国公安厅局长座谈会等一系列重要会议精神的贯彻落实，积极谋划推进工作。加强督查工作，组织开展联合督查、督查调研及督查培训。全年，共督办市局主要领导批（指）示件 384 件、办结 365 件；对 47 件市局党委会议决定事项进行跟踪督查，办结 44 件。向全局各单位累计下达督查事项 1000 余家次。

为公安实战提供情报支撑。推动加强情报信息搜集，提高情报信息搜集的针对性。紧密对接公安实战，持续推动大数据资源整合应用，为情报信息搜集打下良好数据基础。围绕重大活动、重要节点、热点问题，加强情报信息预警研判和线索核查。强化社会治安形势分析研判，配合各业务警种开展线索搜集、案件侦查、取证抓捕等工作。从机制入手，通过流

程再造，打破警种界限，打造上海公安大数据实战应用平台。实战平台紧紧围绕警务实战，实现与指挥中心、侦查打击一体化运作。

完成外事和国际警务合作工作。做好市局内外宾接待工作，全年共接待内外宾2330人次。制定相关制度规定，加强规范化建设。加大国际执法合作力度。会同有关单位扎实推进“境外追逃上海行动”、“猎狐2014”专项行动，抓获在逃境外犯罪嫌疑人97人。建立国际执法合作专家库、外语翻译人才库，为涉外突发事件处置储备人才。组建市局维和警队，赴南苏丹执行维和任务。加强因公出国（境）管理工作。根据有关规定，从严加强出访审批，取消一般性交流团组，实施因公出国团组信息公开公示制度。

开展公安信访维稳工作。成立涉法涉诉信访改革工作领导小组和工作专班，制定下发相关工作意见，形成工作机制，全面推进涉法涉诉信访改革。及时办理中央巡视组交办信访件，按规定在15日内办结率为100%，并组织开展为期三个月的整改专项活动。进一步强化信访工作领导责任制，落实领导接访、下访和包案化解制度，推进重点信访矛盾化解、缓解工作，努力削减信访存量。延伸工作触角，下移工作重心，落实“分级分责”制度，推动信访矛盾及时、就地化解，从源头上预防和减少新增信访问题。建设开通上海公安“网上信访大厅”平台，完成市局信访接待室建设任务。

做好政府信息公开工作。有序公开部门预决算和“三公”经费预决算信息，做好政府数据资源服务平台开放试点，完成信息公开行政复议诉讼职能调整工作，设立“户口审批结果查询”专栏。完成“网上办事”平台系统升级改造工作和“12345”市民服务热线系统建设任务。推出“上海市律师会见预约平台”等一系列便民服务措施。上海公安政府网站获评市政府优秀政府网站。健全完善“12345”市民服务热线工作机制，建立市局纠风办、督查办、热线办三位一体跟踪督查机制，出台监察考核实施细则。

完成文秘保障任务。通过优化工作流程、整合人力资源等措施，进一步提升文、电、会服务保障质量。全年共拟办文、电1.6万余件，会议1300余次。贯彻中央八项规定等精神，推进无纸化办公、精简文件简报、强化会议请假制度等工作。加强保密、密码管理，会同市局业务单位开发10余门保密实务课程，对全局保密干部进行为期两周封闭式培训，结合送教上门，累计培训基层民警2500余人次、文职人员500余人次。开展保密、密码安全监督检查，消除隐患。完善市局网站信息发布工作机制。做好指挥部信息办日常工作。做好人大代表、政协委员意见、提案办理和联络工作。加强与市政府办公厅等上级机关的沟通协调，协商明确承办单位，强化源头分办。推进市局网上办理系统建设，提升信息化办理水平。

提供优质档案服务。贯彻落实公安部部分省市公安档案工作座谈会精神，组织开展派出所合格档案室建设工作。进一步提升档案工作服务能力，窗口服务保持“零投诉”，库房管理实现“零事故”。开展市局档案信息综合管理服务系统研发工作。组织开展《上海市志·公安司法分志·公安卷（1978—2010）》、《海上警察百年印象》等史志编研工作。（柳溪）

综合调研

【协助谋划和推进全局重点工作】 市局研究室充分发挥职能作用，围绕打造上海现代警务机制升级版，辅助市局党委谋划、推进全局性、专项性工作。参与研究制定上海公安机关全面深化改革实施意见以及市级层面分工方案，起草上海公安发展“十三五”规划，筹备全市公安工作会议、上海公安机关亚信峰会安全保卫工作总结暨下半年工作部署电视电话会议、全市公安局处长座谈会等一系列重要会议材料，并拟写、制定2014年上海公安工作任务书，细化明确全局年度工作目标、重点工作项目和具体工作举措，确保各项工作有序推进。围绕亚信峰会安保这一核心任务，积极主动提供智力支持，辅助市局党委统筹谋划各项安保工作，确保亚信峰会安保工作与全局性、节点性工作同部署、同推进。(张晓东、钱毅云)

【开展调查研究工作】 根据公安部“四项建设”和市局“六项重点建设任务”部署要求，紧扣创新完善立体化社会治安防控体系、司法体制机制改革、创新社会治理体制机制、打造上海现代警务机制升级版等重大工作、热点问题，辅助市局党委成员开展重点课题调研攻坚，着力破解制约公安工作发展的瓶颈性问题。指导全局调研部门开展务实调研，起草2014年上海公安机关重点调研课题，全年共收编基层上报调研文章129篇，多渠道、全方位调查了解基层情况、意见和建议，着力破解难题、解决具体问题，推动全局调研工作迈上新台阶。牵头协助有关单位做好市委1号课题相关调研工作，立足公安实际，推动创新社会治理、加强基层建设。加强自主调研，丰富调研形式和手段，分析研究提出对上海公安发展具有前瞻性和建设性的工作设想，编发领导参阅29期，有14篇自主调研及精选编核文章被公安部等上级单位刊发或参评获奖。充分发挥外脑智库作用，深化研究室基层调研联系点制度、特约研究员制度、特邀顾问制度、基层调研信息员制度，健全完善多层次、多领域的调研工作机制。(张晓东、钱毅云)

【开展2014年度“精品文章”评选活动】 市局研究室组织开展2014年上海公安系统调研“精品文章”评选活动，经过评审组两轮投票和综合评定，从164篇参选文章中，评选出“精品文章”金奖7篇、银奖铜奖各10篇，并将获奖文章汇编成《2014年度上海公安系统优秀调研文集》。

金奖（7篇）：

《关于坚持反恐标准的基层基础工作的思考》作者：宝山分局　杨杰、黄传军、杨逸波

《浅探大数据时代的智慧公安》作者：浦东分局　龚正晖

《在现代警务机制升级版建设框架下提升派出所工作效能的思考》作者：普陀分局　周舜

《派出所“三位一体”综合指挥室建设实务研究》作者：杨浦分局　许杰

《浅析互联网金融发展现状及经济犯罪风险——以上海地区互联网金融经济犯罪表现形式为例》作者：经侦总队　戴新福、胡斌勇、袁维

《论公安职业教育与公安队伍正规化、专业化、职业化建设的关系》作者：公安高等专科学校　许敏、崔磊

《上海自贸试验区公安行政管理工作路径探析》作者：自贸区分局　专题调研组

银奖（10篇）：

《分类管理在公安队伍管理中的探索研究》作者：政治部　顾云寅、殷明栋

《“大数据”时代下强化互联网信息资源采集应用的思考》作者：网安总队　陆明、王欣

《自媒体背景下提升警方话语力的探索和思考》作者：杨浦分局　杨鞠

《农村征地动迁引发的利益诉求型群体性事件研究——基于上海市闵行区若干案例的实证分析》作者：闵行分局　专题调研组

《经济发展新常态对公安工作的影响及对策建议》作者：虹口分局　张清

《关于建立公开来源情报信息收集体系的设想》作者：边检总站　陈念

《上海公安机关深化文职制度改革调研报告》作者：政治部　秦中华

《出入境管控体系在防范和打击国际恐怖主义中的功能定位》作者：公安高等专科学校　俞皓、武晓音

《派出所基层综合性战斗实体建设亟待解决的问题及路径》作者：长宁分局　陆运

《社区警务改革与创新若干问题思考》作者：黄浦分局　李德全

铜奖（部分）：

《浅谈公安经侦资金查控手段建设》作者：经侦总队　姚文海、曾珑

《新反恐形势下警察依法用枪若干问题的思考》作者：宝山分局　龚施善、冯尚

《组织开展社会面反恐防范宣传的若干思考》作者：杨浦分局　陈建中

《浅谈公安工作与诚信建设》作者：长宁分局　曹新平

《完善驾驶人记分制度打击买卖记分行为的对策探讨》作者：交警总队　吴秉义、吴皓

《公安机关夯实和创新超大型城市公共安全管理的对策思路》作者：奉贤分局　赵荣根、王伟

《公安机关处置涉众、涉稳、涉企类经济犯罪案件研究》作者：经侦总队　曾珑、王洪涛

《构建边检机关行为规范谱系模型的思考》作者：边检总站　陈佩红、吕欣

（张晓东、钱毅云）

优秀文章选介

【《在现代警务机制升级版建设框架下提升派出所工作效能的思考》】　（作者：普陀分局　周舜）

现代警务机制升级版建设核心目的之一

是提高警务运作效能。对派出所工作效能的充分考察，是现代警务机制升级版建设中的必需环节。文章立足当前上海城区派出所实际情况，从管理学角度，围绕警务价值取向与考核目标导向的一致性问题、职能式结构与事业部式结构的有效性问题、工作任务下达与工作节奏自主的冲突性问题、警力绝对不足与警力相对不足的并存性问题四个制约派出所工作效能的根源性问题，展开分析讨论，并分别提出解决思路。（张晓东、钱毅云）

【《派出所“三位一体”综合指挥室建设实务研究》】 （作者：杨浦分局　许　杰）

派出所“三位一体”综合指挥室是在原有派出所指挥调度平台的基础上，整合视频监控、情报分析等功能而建成的，建设综合指挥室可以减少内部资源消耗，优化警务流程，为派出所完善“打防控一体化”的工作机制提供更为有效的支撑和保障。文章立足以精细化指挥为基础、以视频监控为抓手、以情报信息为支撑的基本思路，将综合指挥室建设纳入基层基础建设，实现整合效能倍增、区域警务联动，为打击破案、治安防控提供新的支撑点，提高派出所社会治安面动态掌控能力。（张晓东、钱毅云）

【《浅析互联网金融发展现状及经济犯罪风险——以上海地区互联网金融经济犯罪表现形式为例》】 （作者：经侦总队　戴新福、胡斌勇、袁维）

互联网金融业在我国迅速崛起的同时，也存在交易主体身份难以核实、消费者信息保护不严、金融交易监管缺失等问题，加之现行法律法规和相关部门监管尚未明确，使得互联网金融的经济犯罪风险比传统金融更加隐蔽、更易于扩大。文章在系统梳理国内互联网金融总体概况及上海地区互联网金融行业发展现状的基础上，结合上海公安经侦工作实践，围绕“信用卡犯罪、非法集资犯罪、洗钱犯罪及公民个人信息泄露”等常见互联网金融经济犯罪类型，探析上海地区互联网金融领域的风险漏洞，并提出相应对策与建议。（张晓东、钱毅云）

情报工作

【“110 信箱”工作概述】 2014 年，市局“110 信箱”主动跨前，进一步加强与相关部门的对接协作，整合渠道，规范流程，确保每一封举报件流转有序、处置及时。同时，各级公安机关坚持实行“110 信箱”专用信笺领取点抽检通报制度，对发现信笺箱损坏、安置不到位或信笺缺失等问题，迅速督促落实整改，确保群众举报信笺取用便捷。目前，全市在社区服务中心、24 小时便利店、轨交站点、银行网点、派出所服务窗口等部位共设置“110 信箱”专用信笺领取点 5171 个，比上年增加 265 个。年内，共收到各类群众举报 14827 件，比上年减少 7.7%。从中梳理下发核查线索 5204 条，比上年减少 15.2%。

各级公安机关按照市局关于“核查见底、处置到位”的总体要求，积极推行举报线索交叉核查、督导复核、联合督查等多项工作机制，确保有效核处每一条举报线索。年内，根据举报线索查破案件2338起，比上年增加17.1%，其中刑事案件187起、治安案件2151起；抓获涉案人员4513人，比上年减少17.4%，其中刑事拘留454人、行政拘留3711人；收缴赌博机（芯片）6170台（块）、赌资107.2万元；取缔无证游戏机房、棋牌室，责令停业整顿相关场所794家（次）。

为切实做好宣传发动工作，打牢举报工作基础，市局“110信箱”向部分市人大代表、党代会代表寄送治安防范、涉恐防范宣传记事本，进一步扩大“110信箱”工作社会效应。徐汇、普陀、虹口、闵行、宝山、嘉定、崇明等分（县）局选择大型商业活动圈、居民生活小区以及公民警校、大专院校等场所，开展现场咨询答疑，派发宣传品，推广介绍“110信箱”。嘉定分局结合派出所领导社区讲演、公民警校开放日等活动安排，着重介绍“110信箱”功能定位、举报流程、奖励政策等情况，取得良好宣传效果。虹口分局凉城新村派出所领导带队进社区探访民意，派发宣传品，进一步提高“110信箱”的群众知晓度和社会效应。此外，各级公安机关按照市局“110信箱”举报回复工作要求，在确保举报人身份信息安全保密前提下，认真组织开展回复工作，并对线索核查属实的实名举报人，采用给付现金、银行（邮局）转账、电话充值等多种形式，及时发放举报奖励，有效调动群众参与社会治安综合治理的积极性。2014年，共奖励举报人430人次，比上年减少272人次；奖励总额11.64万元，比上年减少4.86万元。（龚小菁）

【2014年上海公众安全感暨公安工作满意度调查情况】 9月至11月，市局会同市综治办联合委托上海零点市场调查有限公司在全市范围内开展2014年度上海公众安全感暨公安工作满意度电话调查，共随机抽取有效样本20340份。

一、上海市民对安全感的总体评价值为83.89分（满分为100分），比上年上升0.58分。

（一）市民群众对上海安全状况感到满意，绝大部分地区安全感评价值超过80分。全市17个区（县）中，有16个区（县）安全感评价值超过80分，有14个区（县）调查结果好于上年，有11个区（县）得分超过全市平均水平。

1. 中心城区安全感评价排名靠前，且均有所提升。静安区安全感评价全市排名第4位，黄浦区安全感评价全市排名第6位，均比上年提升两位。

2. 郊区安全感评价高于全市平均水平。金山区、崇明县、松江区、奉贤区、青浦区安全感评价值均高于84.5分，依次排名全市第1位、第5位、第7位、第9位、第10位。其中，金山区安全感评价连续两年排名全市第1位，松江区、青浦区、崇明县安全感评价高于上年。

3. 次中心城区和城郊结合部地区安全感评价差异较大。有6个区安全感评价低于全市平均水平，其中5个属于次中心城区或城郊结合部地区，分别为闸北区、嘉定区、闵行区、普陀区、杨浦区。徐汇区、宝山区、长宁区安全感评价较为靠前，依次排名全市第2位、第3位、第8位，排名均比上年有所提升。虹口区、闸北区、闵行区、普陀区全市排名比上年有所提升，嘉定区、杨浦区全市排名比上年有所下降。

4. 浦东新区安全感评价有所提升。浦东新区样本数量接近全市四分之一，安全感水平对全市影响较大，2014 年全市排名第 14 位，比上年提升 1 位。

（二）单位及学校周边安全感评价最高，居住区、公共场所安全感评价呈上升趋势。单位及学校周边安全感评价值为 87.88 分，比上年下降 2.67 分。居住区、公共场所安全感评价值均有所提升，分别为 82.46 分、81.79 分，比上年分别上升 1.50 分、2.60 分。

1. 居住区安全感评价情况。金山区、徐汇区和黄浦区居住区安全感评价值排名全市前 3 位，分别为 89.26 分、88.24 分和 86.78 分；闵行区、普陀区和杨浦区排名后 3 位，分别为 78.94 分、77.26 分和 77.05 分。有 13 个区（县）居住区安全感评价高于本地区上年水平。其中，虹口区、黄浦区和徐汇区升幅较大，比上年分别上升 5.10 分、4.57 分和 4.31 分。

2. 公共场所安全感评价情况。17 个区（县）公共场所安全感评价均高于本地区上年水平。其中，金山区、静安区和宝山区全市排名前 3 位，分别为 87.06 分、86.36 分和 84.59 分；闸北区、杨浦区和普陀区排名后 3 位，分别为 79.58 分、78.50 分和 78.45 分。青浦区、静安区、金山区公共场所安全感评价值升幅较大，比上年分别上升 5.47 分、4.88 分、3.94 分。

3. 单位及学校周边区域安全感评价情况。金山区、普陀区单位及学校周边安全感评价值高于上年，分别上升 0.71 分、0.28 分。宝山区、金山区和青浦区单位及学校周边安全感评价值排名前 3 位，分别为 91.95 分、91.74 分和 89.74 分；普陀区、闸北区和杨浦区排名后 3 位，分别为 85.70 分、84.91 分和 84.86 分。

二、上海市民对公安工作满意度评价值为 82.96 分（满分为 100 分），比上年上升 0.52 分。

17 个分（县）局中，有 9 个分（县）局公安工作满意度高于全局平均水平，有 12 个分（县）局公安工作满意度高于本单位上年水平。金山分局、徐汇分局和黄浦分局公安工作满意度排名前 3 位，分别为 89.45 分、86.13 分和 85.50 分。闵行分局、浦东分局和普陀分局公安工作满意度排名后 3 位，分别为 81.15 分、80.83 分和 78.88 分。闵行分局、普陀分局、长宁分局公安工作满意度比上年有较大幅度提高，分别上升 3.43 分、3.20 分、3.15 分。（宋海军）

指挥中心

【做好亚信峰会安保相关组织协调工作】 根据总体方案要求，会同各任务单位，细化梳理上海市安全保卫工作层面的指挥架构，研究制定上海市亚信峰会安全保卫工作实战阶段指挥机构设置方案、临战阶段试运转和实战阶段的运行安排，组织骨干力量加强专职值守。建立亚信峰会安保每日晨会讲评工作机制，对前一日安保工作进行点评，部署当日安保工作。制定市级安保总体应急预案，明确上海市、市局和市有关职能部门、任务

单位各层面的应急指挥机构和指挥关系、应急力量部署和调动程序。细化亚信峰会期间公安、武警联合巡逻工作方案，指导分（县）局建立机动专业力量，并按照峰会临战、实战阶段要求进行投放，做好应急处置充分准备。亚信峰会期间，加强与公安部、相关省市指挥中心沟通，及时协调有关单位对上访人员欲来沪滋事等行动性信息进行研判、核查，并落实工作措施。（刘斌）

【提高大型群众性活动安保工作水平】 建立公安机关在受理大型群众性活动许可过程中征询相关管理部门意见机制，并进一步规范受理审批流程，规范安全许可和安全管理行为。进一步完善大型群众性活动安全风险评估机制，对活动时间、人数、场地，以及涉及人员是否敏感等可能影响活动安全及社会稳定的因素进行定性、定量分析，并设定相应安全风险等级，提出有针对性的风险控制措施。健全完善大型活动举办“前、中、后”管理工作机制，事前，加强对活动参与各方的资质审核和对活动现场的安全监督检查；事中，建立扁平化安保指挥体系；事后，分析评估总结固化经验。结合当前治安形势，突出反恐标准和要求，制定针对性安保方案，指导督促任务单位落实治安秩序维护、交通疏导、消防管理、应急处突等安保工作措施。年内，市局牵头组织安保活动248项，制定下发安保工作总体方案11份、安保工作任务单237份。（刘斌）

【提高重大突发案（事）件实战指挥效能】 市局指挥中心制定严重暴力案件应急布控工作预案、重大突发事件红色警情发布及应急响应工作规范，细化案发地及相邻区域的警力部署、布控措施，强化各级公安机关的应急处突意识和能力。会同有关单位深入调研，制定上海公安特种机动队建设规范（试行）；从110接警、核实案情、力量调集与信息报告、警情通报与应急响应、现场控制与社会面防范等环节，逐一明确暴恐案件指挥调度工作要点并制作工作指引。梳理各分（县）局，市局单位、公安处（局）领导突发案（事）件赴现场开展指挥处置的规定，进一步加强重大突发案（事）件现场指挥处置工作。加强与大数据实战应用平台的协作，在平台内接入110接处警系统，开展对报警类110警情的实时核查，为指挥中心实施精确指挥提供有力支撑。会同市局反恐、治安总队，指导各单位制定市、区两级反恐重点目标的“一点一预案”。会同市局轨交总队及有关属地分局，对新投入运行的轨道交通十二号线的16个站点制定“一点一预案”。（刘斌）

【提高110品牌效应和为民服务能力】 以“110，守护您的平安”为主题，市局指挥中心会同市局政治部宣传处、公民警校及各分（县）局、市局有关单位组织开展“110”宣传系列活动。根据公安部110接处警工作规则的要求，以及政府信息公开需要，进一步修订完善110接处警工作相关细则，并研究110警情分级分类机制。组织开展部分接警员入职十周年纪念活动，积极参加市局“十佳文职”和“上海好声音”评选活动，分别取得两项评选活动的第一名。年内，市局110报警服务台共受理报警电话1175万余次，比上年减少1.1%；实际处警560万余次，比上年增加3.3%；报警呼入排队率为3.4%，比上年增加0.7%。（刘斌）

合作交流

【协调推进境外追逃行动】 2014年，市局组织开展为期一年的“境外追逃上海行动”，并将“境外追逃上海行动”与自7月启动的公安部“猎狐2014”专项行动紧密结合。市局国际合作部门充分发挥牵头协调作用，积极搭建与境外执法部门的沟通联络渠道，加强国际执法合作。同时，加强与相关职能部门协作，提升行动能力。全年，市局各参战警种、部门各司其职、合力攻坚，成功从24个国家和地区抓获在逃境外犯罪嫌疑人97人（其中“猎狐行动”抓获77人），缉捕率达70%，其中缉捕35人、劝返62人。在抓获的97名在逃境外犯罪嫌疑人中，外逃长达10年以上的12人，涉案金额达1000万元以上的11人，从美国、法国、加拿大、澳大利亚等西方国家成功缉获18人。(叶晟)

【做好维和警队出征工作】 10月27日，市局举行2014年中国南苏丹（上海）维和警队出征仪式，副市长，市局党委书记、局长白少康向维和警队授旗。公安部国际合作局、市政府外事办公室等领导出席仪式。该支警队是继2008年市局赴海地维和警队之后单独组建的第二支维和警队。14名维和队员分别来自市局多个部门，警龄均在8年以上，具有丰富的实战经验。11月9日，维和警队赴任务区执行为期一年的联合国维和任务。(叶晟)

【加强因公出国（境）管理规范化建设】 市局指挥部国合处认真贯彻落实中央、公安部相关规定，进一步规范因公出国（境）管理，严格执行各类因公出国审批制度，严格审核把关制度，实施因公出国团组信息公开公示制度。年中，根据公安部办公厅下发的关于贯彻落实习近平总书记等中央领导同志重要批示精神，进一步加强因公出国管理工作的通知要求，迅速在全局范围内组织开展自查，并进一步完善工作流程，加强统筹管理。(叶晟)

【白少康赴德国、丹麦、意大利访问】 10月29日至11月7日，白少康应邀率团赴德国、丹麦、意大利访问，探索建立双边执法合作机制，学习相关欧盟国家城市安全管理及警务领域方面的经验。(叶晟)

【朱伟明赴以色列访问】 11月8日至12日，市局副局长朱伟明应邀随团赴以色列访问，推动与相关部门在交通安全、消防、灾难救助等方面的合作与交流。(叶晟)

【韩国国家警察厅厅长李晟汉访沪】 应公安部邀请，韩国国家警察厅厅长李晟汉率团一行7人访华，于2月28日至3月1日访问上海。白少康、市局副局长陈臻会见了代表团。(叶晟)

【吉尔吉斯共和国国家安全委员会副主席马马萨德科夫访沪】 应公安部邀请，吉尔吉斯共和国国家安全委员会副主席马马萨德科夫率团一行8人访华，于7月24日至26日访问上海。白少康、陈臻会见了代表团。(叶晟)

【俄罗斯联邦内务部副部长祖博夫访沪】 应公安部邀请，俄罗斯联邦内务部副部长祖博夫率团一行7人访华，于10月23日至25日访问上海。白少康、陈臻会见了代表团。（叶晟）

【俄罗斯联邦麻醉品监管总局副总局长基科访沪】 应公安部邀请，俄罗斯联邦麻醉品监管总局总局长伊万诺夫率团一行6人访华，其间，俄罗斯联邦麻醉品监管总局副总局长基科率团一行3人，于12月16日至18日访问上海。市局副局长陆卫东会见了代表团。（叶晟）

【出访和接待数据】 市局指挥部国合处严格执行有关规定，加强统筹管理，做好出访和接待工作。组织、派遣各类因公出国（境）团组72批276人次，比上年分别减少17.2%和1.1%，团组分别访问了美国、加拿大、阿根廷、巴西、法国、英国、荷兰、捷克、德国、俄罗斯、意大利、西班牙、丹麦、奥地利、塞浦路斯、以色列、土耳其、日本、泰国、韩国、新加坡、越南、印度尼西亚、老挝、柬埔寨、文莱、马来西亚、伊朗、卡塔尔、塔吉克斯坦、菲律宾、澳大利亚、斐济、南非、南苏丹以及中国香港、中国澳门37个国家和地区。年内，先后接待来自美国、英国、韩国、土耳其、澳大利亚、俄罗斯、德国、吉尔吉斯斯坦、印度尼西亚、越南、乌兹别克斯坦、马来西亚、泰国、荷兰以及中国香港、中国澳门等16个国家和地区来访团组35批、400人次，比上年分别增加6.1%和26.7%。接待公安部及全国各省、自治区、直辖市公安厅（局）团组192批，1905人次，比上年分别增加97.9%和195.8%。（叶晟）

【2014年外宾团组（部长级）访沪一览表】

序号	访沪日期	团组名称	团长	职务	团组人数	接待领导	主要活动
1	2月28日—3月1日	韩国国家警察厅代表团	李晟汉	厅长（副部级）	7	白少康 陈臻	游览环球金融中心、豫园、朱家角景区、黄浦江夜景
2	7月24—26日	吉尔吉斯共和国国家安全委员会代表团	马马萨德科夫	副主席（副部级）	8	白少康 陈臻	参观网安总队，游览黄浦江夜景、朱家角景区、环贸商场、徐家汇商圈、城市规划展示馆
3	10月21—25日	俄罗斯联邦内务部代表团	祖博夫	副部长	7	白少康 陈臻	参观上海公安博物馆，游览黄浦江夜景、世博纪念展、东方明珠电视塔、中共一大会址纪念馆、豫园、上海马戏城
4	12月16—18日	俄罗斯联邦麻醉品监管总局代表团	基科	副总局长（副部级）	3	陆卫东	参观上海公安博物馆，游览城市规划展示馆、豫园、东方明珠电视塔、黄浦江夜景

（叶晟）

【2014 年公安部领导（部长级）在沪活动一览表】

序号	访沪日期	团组名称	团长	职务	团组人数	接待领导	主要活动
1	1 月 16—17 日	公安部	刘彦平	副部长	5	白少康 程九龙 陈臻 倪建玉	出席亚信峰会安保筹备工作会议
2	1 月 26—28 日	公安部	孟宏伟	副部长	4	白少康 程九龙 陈臻 俞烈	慰问并检查指导春节前期安保工作
3	3 月 23—25 日	公安部	刘彦平	副部长	13	白少康 陈臻 倪建玉	视察亚信峰会安保工作筹备情况，并出席筹备会议
4	3 月 29—31 日	公安部	孟宏伟	副部长	10	白少康 陈臻	调研海警筹建工作
5	4 月 15—17 日	公安部	夏崇源	政治部主任	7	白少康 陈臻 韩勇	视察上海公安高等专科学校，出席全国公安厅局长班和全国公安院校长班学员座谈会
6	5 月 6—11 日	公安部	刘彦平	副部长	8	白少康 陈臻 倪建玉	亚信峰会安保筹备工作
7	5 月 9—10 日	公安部	郭声琨	国务委员 公安部部长	10	白少康 陈臻	亚信峰会安保筹备工作
8	5 月 13—22 日	公安部	刘彦平	副部长	9	白少康 陈臻	亚信峰会实战
9	5 月 16—19 日	公安部	黄明	副部长	2	白少康 陈臻	亚信峰会实战
10	5 月 20—21 日	公安部	郭声琨	国务委员 公安部部长	12	白少康 陈臻	亚信峰会实战
11	6 月 17 日	公安部	夏崇源	政治部主任	4	白少康 陈臻 韩勇	会见中俄警方干部培训联合工作组第六次会议代表团

序号	访沪日期	团组名称	团长	职务	团组人数	接待领导	主要活动
12	12月2—3日	公安部	傅政华	公安部副部长 北京市委常委 市公安局局长	22	市局 党委班子	率北京市公安局考察市局公安大数据平台建设
13	12月2—5日	公安部	王俭	部长助理	9	白少康 陈臻 俞烈 韩勇	出席上海公安机关“210工程”建设示范推广暨警务保障基层基础建设推进大会并考察
14	12月14—15日	公安部	孟庆丰	部长助理	4	白少康 陈臻 韩勇	调研，宣布干部任免

（沈冰）

【2014年各省、自治区、直辖市公安厅（局）领导在沪活动一览表】

序号	访沪日期	团组名称	团长	职务	团组人数	接待领导	主要活动
1	4月23—25日	陕西省公安厅	雷鸣放	党委副书记 副厅长	9	白少康 陈臻	考察指挥中心、公安大数据平台建设
2	6月18—20日	四川省公安厅	侍俊	厅长	12	白少康 陈臻 江宪法 陆卫东	考察信息化建设和反恐工作
3	7月12—13日	江苏省公安厅	王立科	厅长	15	白少康 陈臻	考察公安大数据平台
4	8月29—30日	辽宁省公安厅	林鲁波	党委副书记 副厅长	3	白少康	考察信息化建设
5	9月17—19日	海南省公安厅	李富林	厅长	12	白少康 陈臻	考察公安大数据平台和信息化建设等
6	9月24—25日	云南省公安厅	杨嘉武	厅长	5	陈臻	考察缉毒工作
7	10月10—11日	天津市公安局	刘金波	党委副书记 副局长	8	陈臻	考察信息化建设

序号	访沪日期	团组名称	团长	职务	团组人数	接待领导	主要活动
8	10月16日	江苏省公安厅	陈逸中	党委副书记 常务副厅长	16	白少康 陈臻	考察信息化建设等

（沈冰）

来信来访

【受理群众来信来访】　2014年，全市公安机关接收人民群众来信来访66834件（批），其中，来信43982件，来访22852批，比上年分别减少8.3%、10.7%和3.3%。在66834件（批）信访件中，要求解决问题类的19074件（批），占28.5%；要求查处案件类的13162件（批），占19.7%；批评、建议、表扬类的10949件（批），占16.4%；非警业务类的7975件（批），占11.9%；举报违法犯罪活动线索的4596件（批），占6.9%；申诉类的4517件（批），占6.8%；咨询类的2738件（批），占4.1%；控告类的633件（批），占0.9%；举报民警违纪的613件（批），占0.9%；无实质内容的2577件（批），占3.9%。（查剑明）

【开展信访专项治理工作】　全市公安机关开展中央第二巡视组巡视情况整改专项活动，化解疑难信访案件297起（中央第二巡视组交办信访件1595件/次，共涉及疑难信访案件953起），化解率31.2%。（查剑明）

【落实领导开门接访制度】　全年，市局领导接待信访群众134批146人，其中，白少康局长、陈臻副局长共接待信访群众36批43人，市局领导接访数量居全国省级公安机关首位。（查剑明）

【加强信访接待场所和信访信息化建设】　按照公安部“十二五”规划公安信访窗口单位便民装备建设任务书和公安机关信访综合信息系统建设的要求，全市公安信访接待场所改建工程完成过半，建成开通上海公安“网上信访大厅”。（查剑明）

【加强公安政府网站建设】　年内，市局政府网站群新增“户口审批结果查询”等网上为民服务项目，上海公安政府网站获评市政府优秀政府网站。市局政府网站群信息发布总量达到90602条。同时，向社会提供治安、交通、出入境、边防、水上、网安、消防、人口、刑侦、上海港、机场11家业务部门总计261个服务事项，实现网上办事34358件。全年，接受处理群众网上咨询62615件。（郝潜）

【做好“12345”市民服务热线工作】　年内，“12345”市民服务热线公安专线绩效考核在全市执法管理类单位中，以综合总分第一的成绩

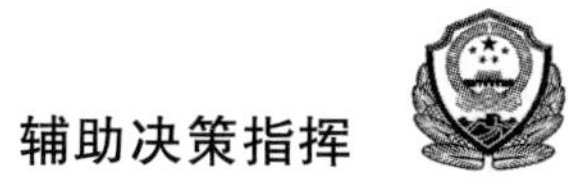

被市委、市政府评为优秀等次。全年共接听上海公安热线电话958035件、处理上海公安热线网上咨询61905件、办理“12345”市民服务派发工单64790件，办结率达100%。（沈明翰）

【推进政府信息公开工作】 全年办理群众提出的政府信息公开申请792件，答复公开786件。主动公开政府信息40613条，其中公文类信息2393条，向“中国上海”门户网站报送信息3380条。同时，在上海公安门户网站发布2014年上海公安机关“三公”经费和行政经费预算、决算信息，积极做好政府数据资源服务平台开放试点工作。（丁卫东）

档案管理

【部分省市公安档案工作座谈会召开】 8月11日至14日，部分省市公安档案工作座谈会在上海举行。与会单位深入学习中共中央办公厅、国务院办公厅关于加强和改进新形势下档案工作的意见和公安部办公厅有关通知精神，交流推进公安档案工作的经验，实地考察上海公安机关推进档案工作“三大体系”建设的情况。其间，市局副局长陈臻，市档案局局长朱纪华到会致辞，公安部档案局副局长毕宏吏通报了各地公安档案工作情况，并对下一步工作提出意见。北京、辽宁、吉林、黑龙江、江苏、上海、浙江、安徽、江西、福建、山东、广东等省（市）公安厅（局）和铁路公安局分管档案工作的领导、档案部门负责人参加会议。（姚铁盟）

【开展公安派出所合格档案室示范点复查创建工作】 市局档案处重新修订上海公安派出所合格档案室标准，从基础工作、硬件设施、业务建设和服务利用四方面明确派出所合格档案室复查工作的量化标准。同时，在全局范围内设立20个派出所合格档案室示范点，严格按照标准要求开展复查创建工作，作为引领全市405个公安派出所开展派出所合格档案室建设的样板。（姚铁盟）

【开展史志编研工作】 年内，市局档案处先后完成《上海世博会志》安全保卫篇、《汶川特大地震上海市救灾援助实录（上海公安特警部分）》和《上海公安年鉴》等史志编研工作，有序推进《上海市志·公安司法分志·公安卷（1978—2010）》，以及《上海市志·人民政府分志》公安工作编纂。同时，利用2014年是市局建局65周年、近代警察制度在上海诞生160周年的契机，出版了由市局史志办公室主编、黄臻睿同志执编的《海上警察百年印象》一书，该书在一定程度上填补了近代上海警察历史研究的空白。（姚铁盟）

【整合公安档案信息】 市局档案处牵头对现有的三大公安档案信息管理系统使用情况、应用需求全面展开调研，形成研发上海市公安局档案信息综合管理服务系统的可行性报告。经专家评审，该系统已被列入2015年上海公安机关信息化建设项目。同时，根据一线实战部门业务需求，进一步加强公安档案目录库建设，整合各类公安业务档案卡片信息 404 万余条，文书目录信息 205 万余条，声像卡片信息 40 余万条，对相应档案存址编号也逐一进行梳理，有效提升公安档案检索能力。(姚铁盟)

【加大档案收集工作力度】 全年，市局档案处指导市局各单位整理移交各门类档案共计 66059 卷（件），68789 册（件）；指导各分（县）局完成各门类档案归档工作，共计 140296 卷（件），208263 册（件）。尤其是针对近年上海举办重大活动、重要会议较多的实际情况，不断完善重点工作、重大活动形成档案资料的收集归档制度。亚信峰会安保工作期间，先后下发文件 20 余份，就相关文件和材料收集、整理及归档工作统一要求和规范，并落实专人定期到安保重点任务单位指导工作，确保收集档案材料的齐全完整。(姚铁盟)

专项整治行动

上海公安机关开展专项整治行动一览表

时　间	名　称	组织单位
2月8日至5月底	“迎峰会、保平安”打防管控专项行动	指挥部
2月22日至12月底	防范和打击电信诈骗违法犯罪专项行动	刑侦总队
2月26日至6月底	打击整治非法生产、销售和使用“伪基站”违法犯罪专项行动	刑侦总队
2月28日至12月底	打击整治“涉医”违法犯罪专项行动	治安总队
3月14日至11月底	缉枪治爆专项行动	治安总队
4月1日至5月22日	“迎峰会、保平安”社会面治安打击整治专项行动	治安总队
4月8日至5月21日	住宿、餐饮、购物、游乐等公众聚集场所治安消防集中清查“雷霆行动”	治安、消防总队
5月15日至12月底	“城中村”综合整治工作	治安总队
6月至2015年6月底	严厉打击暴力恐怖活动专项行动	反恐总队
6月17日至10月10日	重大火灾隐患集中整治专项行动	消防总队
7月1日至12月底	网上打假专项行动	经侦总队
7月22日至12月底	缉捕在逃境外经济犯罪嫌疑人专项行动（代号“猎狐2014”）	经侦总队
8月1日至11月30日	“城交九号”专项打击整治行动	轨交总队
9月2日至11月底	集中查缉收缴枪爆物品管制刀具行动	治安总队
9月5日至12月底	打击整治假币违法犯罪集中行动	经侦总队
9月11日至10月底	秋季禁赌专项行动	治安总队
10月至2015年3月底	禁毒会战	缉毒处

（柳溪）

刑事犯罪侦查

【概况】 2014年，全市刑侦部门根据公安部、市局的总体部署，紧紧围绕亚信峰会安保这一中心任务，采取严打、严防、严管、严控等有力措施，深入推进社会治安防控体系建设，深化完善刑侦、经侦实战分析研判平台的建设应用，始终保持严打高压态势，全力确保全市社会治安持续稳定。全年立刑事案件13.9万余起，比上年减少5.3%。侦破各类刑事案件5万余起，其中八类案件2532起，破案率分别达到37.3%和63.4%，比上年分别减少3.4%和6.8%，抓获犯罪嫌疑人67124人，比上年减少6.6%。（车永新）

【加强刑侦、经侦实战分析研判平台应用】 围绕市局公安情报综合研判实战平台建设，深化刑侦、经侦实战分析研判平台大数据应用工作。按照把刑侦专业数据库做深、做细、做新的要求，市局刑侦总队充分整合刑侦专业系统，着力推进刑侦大数据的信息化深度应用。按照量上应采尽采、质上动态鲜活的工作原则，加强刑侦基础信息采集工作，进一步规范案件受理、侦办等各环节的信息采集录入。全年通过工作平台侦破各类案件18493起（其中系列性侵财案件1518串、12666起），查处侵财犯罪团伙831个，抓获犯罪嫌疑人4365人。（车永新）

【严厉打击严重暴力犯罪】 全市刑侦部门高度重视命案、绑架、涉枪涉爆等严重暴力犯罪，即时启动刑侦、网侦、图侦等同步上案、合力攻坚。全年共立命案179起，比上年减少6.77%，命案发案数已连续9年下降。侦破命案175起，破案率97.77%，先后成功侦破松江“10·22”碎尸案等一批重大疑难命案。即时启动疑似被侵害失踪人员调查工作机制，全市共有671名失踪人员信息录入“全国失踪人员信息系统”，其中670名失踪人员完成DNA信息采集，入库率99.85%。采集2695份失踪人员家属血样，比中86具未知名尸体；通过疑似被侵害失踪人员调查工作，侦破6起故意杀人案件。按照能够同时有效处置全市多点连环突发事件的要求，合理配置应急处突警力和武器警械等装备，完善应急响应机制，对各类涉枪涉爆、扬言采取极端行为等线索“即收即查、一查到底、及时处置”。全年共侦破涉枪案件31起，抓获违法犯罪嫌疑人66人；缴获制式、自制、仿真枪支134支，子弹1012发，枪支配件、制造工具607件，弩及管制刀具16把，弩箭80支。（车永新）

现场分析案情　　（车永新提供）

【坚持类案侦查打击多发性侵财犯罪】 全市刑侦部门高度重视入室盗窃案件如实接报、立案和现场勘查工作，依托刑侦、经侦实战分析研判机制，加强案件串并、研判和侦查经营，全力打团伙、破串案。在市平安建设实事项目之“打击防范电信网络诈骗犯罪活动”中，加强与银行、电信等部门和外省市公安机关紧密协作，重视案件先期查证处置、侦查经营和证据固定工作，全力提升破案打击成效。全年侦破盗窃案件25244起，比上年减少15.4%，其中侦破入室盗窃案件9655起，比上年增加3.7%，破案率36.3%。接报电信诈骗案件40207起，立案15008起，破案2059起，比上年分别增加13.4%、21.1%和减少16.9%，防阻电信诈骗4254起，避免群众损失1.96亿元。亚信峰会安保期间，围绕案件多发区域及群众反映强烈的热点区域，刑侦总队牵头特警、轨道公交总队及属地分（县）局组建市局便衣行动突击队，在全市范围组织开展一系列“切口小、见效快”针对性打击行动。其间，共侦破扒窃拎包案件2530起，比上年增加135.6%，打击处理犯罪嫌疑人883人，比上年增加42%。（车永新）

【开展打击夜间违法犯罪联合查堵行动】 按照“体制不变、机制先行”的指导思想，根据市局统一部署，全市公安机关依托情报信息综合分析研判，准确掌握各类夜间违法犯罪特点和嫌疑人聚居区域、活动规律，采取多警种协同作战方式，对夜间违法犯罪多发区域、嫌疑人聚居区域、中小旅馆、网吧等场所开展24次联合查堵行动。行动期间，共盘查25.3万余人，检查15.6万辆车、800余艘船，清查12.1万余处中小旅馆、网吧、浴室、出租房等重点场所；共侦破刑事案件2893起，刑事拘留2547人。（车永新）

新闻发布会 （车永新提供）

【严厉打击涉毒违法犯罪】 全市公安机关坚持对毒品犯罪“零容忍”，强化情报研判，加强跨省、跨境合作，追踪打击制贩毒和网络涉毒犯罪的幕后组织者、团伙骨干。开展“天网行动”，主动布防、堵源截流和“百城禁毒会战”，严厉打击涉毒违法犯罪活动。全年侦破涉毒刑事案件4892起，比上年增加7.8%（其中涉及毒品万克以上案件17起）；抓获犯罪嫌疑人5120人，比上年增加3.6%；缴获各类毒品1007.3千克，比上年增加48.9%，先后侦破公安部“2014-415”、“2014-639”等一批重大案件。开展吸毒人员集中收戒专项行动，按照“应收尽收”原则，重点落实吸毒重点人员针对性管控以及病残吸毒人员超常规收治。共查处吸毒人员2.27万人，收戒吸毒人员7504人。（车永新）

【严厉打击涉黑涉恶违法犯罪】 全市公安机关严格按照副市长，市局党委书记、局长白少康提出的“坚决依法打击涉黑涉恶案件，决不能让其在上海立足生根”，市局党委副书记、副局长陈臻提出的“打早打小，精确打击”的工作要求，将打黑除恶专项斗争与亚信峰会安保工作有机结合，综合采取滚动排摸、侦查经营、挂牌督办等措施，始终保持对各类黑恶势力违法犯罪的严打高压态势，重点打击寻衅滋事、敲诈勒索的“医闹”、“车霸”、“菜霸”、“敲墙党”以及吊模斩客、护赌护嫖等违法犯罪。全市共摧毁恶势力团伙89个，抓获恶势力团伙成员470人。打击有恶势力倾向的13类违法犯罪团伙1201个，侦破违法犯罪案件1317起，抓获违法犯罪嫌疑人4880人。（车永新）

【加强追逃工作】 全市公安机关坚持信息化追逃，强化数据比对、预警倒查、二次研判和“一逃一档”录入率。坚持对全市大要案件在逃人员的分析研判和挂牌督捕，在规劝、走访工作的基础上，有针对性地组织力量赴外省市开展抓捕行动。全年抓获各类网上在逃人员5693人，比上年增加12.38%。其中，抓获外省市网上在逃人员3021人，比上年增加4.35%；抓获历年网上在逃人员1594人，比上年增加40.4%。5月3日，浦东分局抓获潜逃22年的命案网上在逃人员徐方龙（男，44岁，山西省临汾市人）。5月12日，金山分局抓获潜逃21年的命案网上在逃人员李永祖（男，44岁，湖南省怀化市人）和郑文灿（男，43岁，福建省柘荣县人）。（车永新）

【强化刑事科学技术基层基础建设】 按照公安部一级技术室建设标准，加强分（县）局刑科所达标建设，重点解决专业实验室面积不足、专业人才不够、勘查能力不高等问题。推进分（县）局刑科所（技术室）开展DNA、毒化实验室建设。浦东分局和闵行分局已完成DNA实验室改建，开始试运行。截至年底，指纹自动识别系统累计建库386万人份，法庭科学DNA数据库累计存档99万余份。全市十类重点案件现场勘验率、痕迹物证提取率、痕迹物证作用率分别达到100%、86%和20%。（车永新）

【评选2014年度“刑警803破案奖”】 2015年3月12日，市局召开2014年度“刑警803破案奖”评审会。市局、刑侦总队领导，各分（县）局和市局业务单位分管刑侦工作的领导、刑侦支（大）队长、民警代表等200余人参加会议。经过现场评审，评选出2014年度“刑警803破案奖”金、银奖各10个，铜奖10个（含并列）。

金奖（10个）：

侦破“2013·608”毒品案（虹口分局）

侦破部督张远军等人生产、销售伪基站案（金山分局）

侦破“1·15”特大电信诈骗案（崇明县局）

侦破市局挂牌督办“1·10”扒窃专案（虹口分局）

侦破市局挂牌督办王炜恶势力专案（闵行分局）

侦破“3·31”非法获取出售考生信息及实施电信诈骗案（虹口分局）

侦破“2·7”假冒电商跨境特大系列电信诈骗案（黄浦分局）

侦破“2014-415”制造贩卖毒品案（缉毒处）

侦破“9·28”故意杀人案（杨浦分局）

侦破刘境华利用伪基站实施电信诈骗团伙案（长宁分局）

银奖（10个）：

侦破白玉“3·11”卖淫女被杀案（普陀分局）

侦破“10·5”持刀抢劫团伙系列案（普陀分局）

侦破“7·4”抢劫杀人案（松江分局）

侦破“5·11”高速公路盗抢大型汽车油料案（奉贤分局）

侦破“8·13”绑架案（闵行分局）

侦破“2014-639”走私运输毒品案（缉毒处）

侦破王港、曹路等地系列抢劫、强奸、猥亵案（浦东分局）

侦破“8·19”冒充纪委监察机关系列诈骗案（宝山分局）

侦破“2014·284”毒品案（浦东分局）

侦破市局挂牌督办142号入室盗窃系列串案（闵行分局）

铜奖（10个）：

侦破大华“6·2”入民宅盗窃团伙系列案

（宝山分局）

侦破真光“5·19”故意伤害致死案（普陀分局）

侦破朱泾“10·21”绑架勒索案（金山分局）

侦破金泽“4·3”系列抢劫强奸案（青浦分局）

侦破贵州沿河籍人员系列技术开锁入室盗窃案（浦东分局）

侦破黄浦江系列破坏交通设施案（水上公安局）

侦破“2013·12·30”入室抢劫案（闸北分局）

侦破“9·10”冒充平安保险公司系列电信诈骗案（静安分局）

侦破西渡“1·7”故意杀人案（奉贤分局）

侦破“3·12”特大敲诈勒索案（浦东分局）

侦破“1·29”涉台贩运毒品专案（徐汇分局）

侦破“11·11”金店抢夺案（嘉定分局）

（车永新）

【开展重点专业能力提升活动】 2月，以“涉爆案件快速处置及现场勘查”和“打击扒窃拎包犯罪”为主要内容，开展2014年度刑侦条线重点专业能力提升活动，浦东、黄浦、普陀、杨浦、闵行、金山分局刑侦支队被评为活动优秀单位。12月，经民主推荐、逐级申报、择优评选，10人获刑侦“十佳业务能手”称号。（车永新）

【侦破“2014－415”制造贩卖毒品案】 4月，市局缉毒处工作中获悉，聂燕群（男，60岁，上海市人）与台湾贩毒团伙勾结，从事制造冰毒活动。在公安部禁毒局的统一指挥下，上海与江苏、广东、山东等地禁毒部门成立联合专案组。查明发现，该涉毒团伙系以聂燕群、沈松青（男，74岁，上海市人）为首，从山东滨州化工厂购买甲卡西酮，在江苏淮安设立制造易制毒化学品工厂，负责生产麻黄素，与台湾贩毒团伙勾结，将生产的麻黄素运至广东后，在东莞进行中转，将易制毒化学品或者毒品成品走私至境外的特大跨境贩卖毒品的犯罪集团。9月11日，上海、江苏、广东、山东等地警方统一开展抓捕行动，先后在江苏淮安和山东滨州捣毁2个大型制毒加工厂，抓获33名犯罪嫌疑人（其中4名台湾籍人员），共缴获1.6吨甲卡西酮、1.4吨麻黄素、130余万元毒资，5辆运输毒品车辆，手枪1把，子弹6发。该案的侦破工作在2014年度“刑警803破案奖”评比中被评为“金奖”。（车永新）

【侦破“2014－639”走私运输毒品案】 5月，市局缉毒处根据香港警方提供的线索获悉：由香港籍人员组成的贩毒团伙携带毒品可卡因从巴西圣保罗至中国大陆走私入境，当即会同上海海关缉私局、浦东机场海关联手开展工作。发现该贩毒团伙从香港出发至巴西圣保罗，取得毒品后从上海入境，再安排不同的“水客”将毒品从深圳分散运至香港。其间，安排接应人于团伙成员入境之前抵沪，监控运毒人员，为规避风险，常临时更改行程，以逃避侦查监控。6月4日、21日和7月6日，专案组先后抓获吴家轩（男，25岁，香港籍）等6名犯罪嫌疑人，缴获毒品可卡因37.26千克。该案的侦破工作在2014年度“刑警803破案奖”评比中被评为“银奖”。（车永新）

经济犯罪侦查

【概况】 2014年，全市公安经侦部门以公安部“四项建设”、市局“六项重点建设任务”为引领，以反恐标准抓各项工作落实，着力打造经侦部门核心战斗力，严厉打击侵蚀经济金融基础、影响社会经济秩序、危害群众切身利益的突出经济犯罪，圆满完成各项工作任务。年内，全市公安机关共受理各类经济犯罪案件8313起，立案8669起，涉案总值46.38亿元，比上年分别减少16.49%、9.95%和增加14.11%；破案6402起，追回经济损失40.95亿元，比上年分别减少19.61%、4.79%。抓获各类经济犯罪嫌疑人7488人，抓获在逃人员674人，协助外省市公安机关抓获犯罪嫌疑人11人，比上年分别减少19.73%、增加32.67%和减少63.33%。市局经侦总队受理各类经济犯罪案件328起，立案249起，涉案总值3.73亿余元，破案220起，追回经济损失14.45亿余元，抓获犯罪嫌疑人229人，抓获在逃人员55人，协助外省市公安机关抓获在逃人员6人。

全年，市局走私犯罪侦查局共立案各类走私违法犯罪案件2449起，案值149.66亿元，涉税3.68亿元，比上年分别增加8.4%、42.6%和39.1%，罚没入库2.06亿元，比上年增加15.73%。其中，侦办走私犯罪案件161起，案值27.57亿元，涉嫌偷逃税额2.87亿元，比上年分别增加15.0%、13.3%和22.6%，案件数居全国第三位；侦办涉税千万元以上重特大走私犯罪案件7起，比上年增加40.0%。立案调查行政案件2288起（除知识产权案件外），案值122.09亿元，涉税8123.04万元，比上年分别增加7.9%、51.5%和1.65倍，案值居全国缉私系统第一位。移送检察机关审查起诉案件129起，比上年增加37.2%。总署缉私局一级挂牌督办案件5起、二级挂牌督办案件7起。全年，走私犯罪案件立案数、移送起诉案件数、罚没入库数、挂牌督办数等均创新高。（张奇　孙建伟）

【完成亚信峰会安保任务】 2月至5月，根据市局统一部署，市局经侦总队开展“打诈骗、反侵权、强预警、保平安”迎峰会经侦专项行动。划分四大战区、五大领域，定目标、定导向、定进度，狠抓督导推进，提前20天完成行动目标，有效降低了亚信峰会期间经济犯罪现实危害及潜在不稳定因素。其间，共立案4662起，破案4060起；提请批准逮捕1413人，移送起诉2482人，追赃挽回经济损失18.44亿余元，主要打击数据比上年同期增加60%至120%。全面梳理排查可能影响亚信峰会安全的经济犯罪案（事）件，开展情报线索核查反馈工作，编发涉及 P2P 借贷、股票退市、汽车销售、房产交易等金融领域预警性情报 280 余份。同时，市局经侦总队整建制抽调 150 名警力，会同对口分局开展便衣巡控和应急处置。(张奇)

盘 查 (张奇提供)

【开展打假工作和网上打假行动】 年内，市局经侦总队联合治安等警种，全面落实跨省作战集中协调、责任捆绑督导推进、警种联动协同攻坚和重点任务动态通报"四大攻坚机制"，全面开展网上打假行动，工作绩效暂居全国第二。其间，发起集群战役 48 起、收网 33 起，获批经典战役 3 起、参战外省市经典战役 9 起；侦办部督案件 19 起、市局督办案件 15 起；报送打假溯源假冒产品样品 122 批次，建立电商协作机制 15 家。(张奇)

【开展"猎狐 2014"专项行动】 7 月至 12 月，根据公安部决定，市局经侦总队开展经侦"猎狐 2014"专项行动，以"二次侦查"的理念和标准，全力缉捕在逃境外经济犯罪嫌疑人。其间，从美国、加拿大、澳大利亚、法国、日本，以及中国香港、中国台湾等 22 个国家和地区抓获外逃经济犯罪嫌疑人 77 人，缉捕率达 70%，抓获绝对数列全国第四，3 起案件入选公安部"猎狐行动"20 大经典案例。上半年，通过开展"境外追逃上海行动"，抓获在逃境外经济犯罪嫌疑人 14 人。(张奇)

押解潜逃泰国的犯罪嫌疑人　　　　　　（张奇提供）

【开展打击传销经济犯罪行动】 2月至7月，市局经侦总队积极探索打防管控传销等涉众型经济犯罪“三集约”新机制，持续深入推进打击行动。其间，破获一批有影响的传销案件，抓获犯罪嫌疑人60余人；发起集群战役2起，参与外省市集群战役7起。（张奇）

【攻坚推进系列专案】 年内，市局经侦总队组织专门警力、强化各项保障，侦办中央、中纪委、公安部、市纪委等交办的专案21起，取得良好政治效果、法律效果和舆论效果。侦办部督案件35起、市督案件42起。（张奇）

【深化资金查控机制】 市局经侦总队深化公安银行间破案追赃协作机制、经侦与第三方支付协作机制建设，有效服务反恐等部门相关案件侦查及经济犯罪、刑事犯罪打击工作。强化银联JASS司法协助系统实战运用，年内共开展查询1400余批次。依托中国人民银行大额可疑交易查询系统，为重大专案侦办提供重要支撑。同时，围绕“信息即时化、行动网络化、现场可视化、战法集成化”要求，深入推进经侦辅助决策系统建设，积极落实相关经费保障及软、硬件保障。（张奇）

【强化经侦情报预警服务】 市局经侦总队牢固树立“联动协作、随警作战”理念，积极探索实践信息化规模应用和深度应用，为440余起专案、大要案件等提供情报查询分析2万余次。深入研判经济犯罪案件中反映出的各类行业风险漏洞，研提防范建议，部局转载录用52份，市局领导批示47份；向银监局、人民银行等发送风险预警通报18期，及时预警行业漏洞。（张奇）

【深入开展谋划调研】 市局经侦总队成立以徐长华总队长总牵头、总队分管领导分头负责的调研专班，以服务支撑全市公安改革大局、谋划推动上海公安经侦创新发展为导向，针对体制、机制等方面与当前形势任务不相适应、需要深化改革的项目，先后7次召开总队长办公会、专班会议等专题会议开展调研，形成信息化建设、核心战斗力建设、执法规范化建设、队伍正规化建设四项综合性调研成果，以及警力资源管理、数据分析师队伍建设等若干专题调研成果，理清了当前和今后一个时期上海公安经侦工作的发展思路。(张奇)

【研究推进“阳光警务”建设】 市局经侦总队对“阳光警务”建设工作开展调研，通过完善机制和工作规范，避免执法公开中出现选择性和随意性。对易引起信访投诉的合同诈骗、职务侵占、挪用资金、涉众型经济犯罪案件不予立案、撤销案件等关键环节，试点开展释法说理试行工作。对执法办案中采取强制措施、强制措施变更等过程性信息，改“坐等来问”的被动式告知为“即知即告”的主动式告知，并明确各环节告知时限。围绕合同诈骗、职务侵占等十类易引发信访投诉的案件类别，会同检、法机关制定证据材料指引要素性清单，将规范告知前移至窗口一线。对经侦案件依托互联网进行告知的事项和身份验证方式进行研究。(张奇)

【强化执法规范化建设】 市局经侦总队牵头全市经侦部门进一步推进执法监督室的实体化、规范化建设，并以考核为导向规范执法监督室常态化运作。以执法监督室为平台开展派出所业务培训33批次、700余人次；依托法制员例会、案例讲评会、法庭听审、派出所经侦联络员例会等培训平台，强化“一法一规”(《中华人民共和国刑事诉讼法》《公安机关办理刑事案件程序规定》) 配套规定的培训。审议通过总队“12345”平台工作规范，明确组织领导、职责分工、办件流程和监督责任，确保来电反馈100%满意率。深入推进中央第二巡视组巡视情况整改专项活动，以巡视组交办的25件信访件为重点，对经侦信访整体情况开展全面梳理排查，逐一梳理信访诉求、引发原因、办理情况、工作打算及下步建议，以“零容忍”态度开展整改纠错。(张奇)

【提升队伍素质】 市局经侦总队牵头全市经侦部门强化队伍核心能力建设，开发课程9门、微课程26门，其中14门被市局评为优秀课程或微课程。开发经侦辅助办案知识库，驱动基层岗位练兵实战化、便捷化、常态化。与华东政法大学签订联合培养经济犯罪侦查人才合作协议，启动金融法律与犯罪侦查高级研修班培训项目，培养50名经侦高端警务人才。举办年度经侦条线核心能力实战教学比武活动。全年，上海经侦部门获公安部贺电10次，获集体一等功4个、二等功6个、三等功2个、嘉奖5个，个人二等功7人次、三等功24人次、嘉奖116人次。(张奇)

【开展2014年度优秀调研论文评选活动】 年内，上海公安经侦系统年度优秀调研论文评选活动共收到参选文章106篇，经归类整理、职能部门初评、市局经侦总队领导复评、专家评委终评等程序，参考理论创新、指导实践、立意思路、逻辑理论和语言文风等方面要素，评选出一等奖论文4篇、二等奖论文6篇、三等奖论文10篇。

一等奖（4篇）

《浅议P2P网络借贷平台经济犯罪特征及风险防控》(经侦总队王莉娜、徐朱之)

《进一步加强和改进上海公安经侦队伍正规化建设工作的思考》(经侦总队课题组)

《浅谈公安经侦资金查控手段建设》(经侦总队姚文海、曾珑)

《浅议打造“深入核心+动态巡防+跨前调研”三位一体的金融犯罪打防控新机制》(经侦总队胡斌勇、张瀛)

二等奖(6篇)

《浅析互联网金融发展现状及经济犯罪风险》(经侦总队戴新福、胡斌勇、袁维)

《“涉众、涉稳、涉企”类经济犯罪案件公安实战处置工作研究》(经侦总队曾珑、王洪涛)

《内幕交易类犯罪案件审讯策略探析》(经侦总队任志强)

《浅议打造经侦情报导侦升级版》(经侦总队八支队课题组)

《浅谈公安队伍的职业精神建设》(经侦总队陈虹)

《上海公安经侦部门执法规范化建设调研工作报告》(经侦总队课题组)

三等奖(10篇)

《网络经济犯罪视角下多元提升经侦战斗力的思考与探索》(奉贤分局曹隽)

《上海商业秘密罪案侦查现状及完善建议》(经侦总队二支队调研组)

《在经侦案件办理中引入当事人刑事和解的可行性研究》(经侦总队张宁)

《法治视域下加强经侦执法监督制度建设研究》(崇明县局赫广平)

《涉网经济犯罪的分类监控》(奉贤分局顾跃)

《浅析开票公司的前期经营与打击》(经侦总队李伟军、还少峰、丛云龙)

《浅谈经侦数据分析师队伍建设》(经侦总队林峰、金毅华)

《浅谈关于创新经侦执法监督工作的研究》(静安分局唐一爽)

《加强上海行政执法与刑事司法衔接的改革建议》(经侦总队钱红昊、胡俊千)

《刍议以“阳光警务”推动经侦执法规范化建设》(经侦总队惠彦)

(张奇)

【开展打击行业性价格瞒骗走私专项行动】 年内,市局走私犯罪侦查局落实海关总署关于促进外贸稳定增长的工作要求,针对高档汽车、电子产品、二手钢琴等重点税源商品开展一系列打私专项行动。其中,打击行业性价格瞒骗走私专项行动8次,共立案侦办涉税走私犯罪案件108起,案值27.38亿元,涉税2.87亿元,比上年分别增加9.1%、12.8%和22.6%,涉税走私犯罪案件数居全国缉私系统第二位。并从重点税源商品扩展至非传统小众商品,查获高档汽车、香道文玩、琥珀、马匹马车等一系列涉及行业性走私专案,立刑事案件43起,案值17.88亿元、涉税2.24亿元,案值与涉税额比上年分别增加0.59倍和2.09倍。(孙建伟)

【打击特殊监管区域走私取得突破】 全年,市局走私犯罪侦查局共立案查办上海自贸试验区内走私违法违规案件61起、案值41.41亿元、涉税4220万元,同比分别增加7%、3.3倍和83.9%。成功开展“SH1404”打击利用特殊监管区包税走私等多个专项行动,为自贸区“守法便利,违法必究”的海关监管模式创造良好的示范效应。(孙建伟)

【开展“绿风”专项行动】 全年,市局走私犯罪侦查局从上海口岸进口谷物粮食、冻品、食品、棉花、食用油，以及农业生产饲料等重点商品数据入手，通过信息梳理、重点筛选、对比分析等方式，对进口数量大、价格偏低及存在伪报品名风险的商品加强线索经营，组织开展多个专项打击行动。办理各类农产品走私违法违规案件123起、案值4.55亿元、涉税3580.87万元，比上年分别增加89.2%、1.22倍和3.67倍。立刑事案件31起，案值3.39亿元，涉嫌偷逃税款约4623万元，比上年分别增加2.4倍、4.4倍和7.5倍。并首次查获走私大米、牛肉等刑事案件，共立刑事案件3起，总案值4340万元，涉嫌偷逃税款272万元。（孙建伟）

【禁毒缉枪】 年内，市局走私犯罪侦查局共侦办走私毒品案件28起，缴获各类毒品115.12千克，比上年分别增加7.69%和1.6倍，并联合地方公安部门在旅检、货运渠道分别查获3起团伙走私毒品大案。其中“819货运渠道走私毒品案”缴获可卡因70千克，系建局以来查获的最大宗走私毒品案。联合全国5家海关缉私部门侦办武器弹药走私犯罪案件，缴获各类枪支6支、枪支散件40余件、子弹5000余发。（孙建伟）

【查办濒危物种走私案件】 6月至12月，市局走私犯罪侦查局开展“守卫者”专项行动，并延续上一年开展的“眼镜蛇二号”行动（至2015年1月26日），侦办各类走私濒危动、植物及其制品案件21起，同比增加1.63倍，缴获各类濒危动、植物及其制品约339.52千克，非洲象牙27根。（孙建伟）

【全面提升行政执法水平】 年内，市局走私犯罪侦查局继续推动简单案件办理程序适用范围，通过改革简化行政执法审批模式，完善大要案督办制度等多项措施，提升行政执法整体水平。其中，查办走私行为案件增加明显，共立案调查走私行为案件98起，案值2.6亿元，涉税2107万元，比上年分别增加11.4%、3.13倍和5倍，案值居全国第四位。立案调查行政大要案49起，案值19.03亿元，比上年分别增加88.5%和2倍。上报总署局审批行政大要案数20起，居全国缉私系统第四位。（孙建伟）

【跨关区联合打击效果初步显现】 市局走私犯罪侦查局探索开展跨关区打私联合行动，深化关区间情报信息共享与协同合作办案机制。针对团伙性、行业性、漂移性走私，实施专业打击和综合整治，取得初步成效。全年移交异地海关缉私局情报线索及刑事案件8起，协助办案508起，协助抓捕犯罪嫌疑人69人。（孙建伟）

【评选2014年度“经济犯罪案件侦查破案精品案例”】 2014年度上海市公安局经济犯罪案件侦查破案精品案例评选活动继续实行市局、分（县）局经侦支（大）队“分组评比”。经公开投票初评、专题审议复评，从全市经侦部门推荐上报的参选案例中遴选了13个市局案例、40个分（县）局经侦支（大）队案例入围终评案例。2015年2月9日召开的评审会，通过专家评委和领导评委投票终评，评选出年度精品案例市局组一、二、三等奖案例10个，分（县）局组金、银、铜奖案例30个。

市局组一等奖（3个）

侦破“3·27”证券领域系列专案（经侦

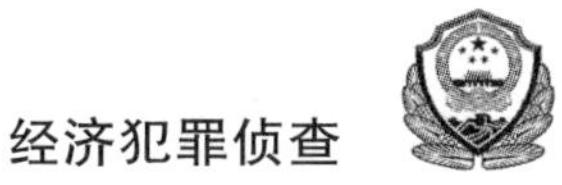

总队一支队）

侦破“2·27”销售假冒注册商标的商品案（经侦总队二支队）

侦破“10·20”信用证诈骗案（自贸区分局、经侦总队一支队、经侦总队四支队）

市局组二等奖（3个）

侦破“12·23”非法吸收公众存款案（经侦总队一支队）

侦破“11·20”信用卡诈骗案（经侦总队一支队）

侦破“6·12”组织、领导传销案（经侦总队四支队、浦东分局、嘉定分局）

市局组三等奖（4个）

侦破“3·28”诈骗案（经侦总队三支队）

侦破“1·06”贷款诈骗、骗取贷款案（经侦总队一支队）

侦破“2·19”销售假冒注册商标的商品案（经侦总队二支队）

侦破“1·14”逃汇案（经侦总队一支队）

分（县）局组金奖（10个）

侦破“3·28”合同诈骗案（静安分局、青浦分局）

侦破“9·11”虚开增值税专用发票案（闸北分局）

侦破“8·28”虚开增值税专用发票案（闵行分局）

侦破“7·11”合同诈骗案（虹口分局）

侦破“5·30”虚开增值税专用发票、商业贿赂等复合型案件（宝山分局、嘉定分局）

侦破“3·05”信用卡诈骗案（闸北分局）

侦破“8·05”职务侵占、挪用资金案（浦东分局）

侦破“9·01”侵犯著作权案（嘉定分局）

侦破“8·08”假冒韩国惠人品牌原汁机案（嘉定分局）

侦破“4·08”组织、领导传销集群战役（闵行分局）

分（县）局组银奖（10个）

侦破“12·16”信用卡诈骗案（静安分局）

侦破“7·28”制售假冒洋酒案（金山分局）

侦破“3·14”系列贷款诈骗案（闵行分局）

侦破“8·27”生产、销售假工业铅酸蓄电池案（松江分局）

侦破“2·12”合同诈骗案、职务侵占复合型案（黄浦分局）

侦破“10·17”复合型经济犯罪案（崇明县局）

侦破“9·23”集资诈骗案（浦东分局）

侦破“2·10”合同诈骗案、商业贿赂案（黄浦分局）

侦破“4·05”集资诈骗案（虹口分局）

侦破“5·05”集资诈骗案（杨浦分局）

分（县）局组铜奖（10个）

侦破“2·17”虚开增值税专用发票案（杨浦分局）

侦破“3·20”假冒润滑油案（奉贤分局）

侦破“3·05”信用卡诈骗案（金山分局）

侦破“3·27”销售假冒注册商标的商品案（宝山分局）

侦破“3·17”复合型经济犯罪案（宝山分局）

侦破“12·16”逃税案（徐汇分局）

侦破“5·10”合同诈骗案（普陀分局）

侦破“8·12”侵犯著作权案（普陀分局）

侦破“5·13”假冒飞利浦、亚明品牌系列案（奉贤分局）

侦破“9·02”合同诈骗案（浦东分局）

（张奇）

【侦破“3·27”证券领域系列专案】 3月27日，公安部二局向市局经侦总队集中交办涉及上海地区利用未公开信息交易系列案件线索。总队一支队抽调精干警力组成专案组，对“3·27”证券领域系列“老鼠仓”案件实施专案侦查。经查，2009年2月至2014年2月，犯罪嫌疑人陈某某、牟某某、张某某等人在分别担任上海海富通基金管理有限公司基金经理及平安资产管理有限责任公司投资经理期间，利用其本人掌控的基金或资管公司资金交易股票等未公开信息，通过操控“蓝某某”、“牟某某”、“刘某某”等26个账户，先于或同期于其所管理的基金或资管公司资金买入股票，并于其管理的基金卖出相关股票前卖出，涉嫌利用未公开信息交易罪，即“老鼠仓”行为。专案组历时一个月侦查攻坚，将系列专案中的其余案件如数侦破，查证累计交易金额35亿余元、非法获利1.4亿余元，共破案13起、抓获犯罪嫌疑人17人，冻结、查封赃款、证券、房产等资产价值9000余万元。该案的侦破工作在2014年度上海经侦系统“经济犯罪案件侦查破案精品案例”评选中被评为“市局组一等奖”。（张奇）

【侦破“2·27”销售假冒注册商标的商品案】 2013年2月，上海海关在查验EMS快递公司出境货物中，有一以上海沐林公司名义寄递至英国利物浦的邮包内，有非法制造的“Ray·ban”、“Chanel”等注册商标标识1万余枚，经权利人鉴定，均为非法制造的注册商标标识。寄件人有销售非法制造的注册商标标识嫌疑，市局经侦总队二支队即立案侦查。经查，本案团伙境内外相互勾结，分工明确。境内成员购买假冒注册商标的商品，通过层层转单、货标分离等方式，由英国籍犯罪嫌疑人李某某分包寄递至英国后，在英国进行再组装并对外销售。市局经侦总队二支队成功锁定以英国籍犯罪嫌疑人为首的跨境侵犯知识产权犯罪团伙后，联合英国警方并由上海警方主导，于2014年3月25日成功实施境内外同步收网行动，抓获犯罪嫌疑人5人（其中英国籍犯罪嫌疑人4人），缴获假冒注册商标标识1.5万余枚、大量现金和作案工具，涉案商品价值4000余万元。该案的侦破工作在2014年度上海经侦系统“经济犯罪案件侦查破案精品案例”评选中被评为“市局组一等奖”。（张奇）

【侦破“10·20”信用证诈骗案】 4月3日，市局自贸区分局根据“110”报案获悉：宁波某国际贸易有限公司与浙江某集团有限公司，在位于中国（上海）自由贸易区富特西一路115号的上海仓吉物流有限公司仓库内对同一批货物主张货权，有涉嫌诈骗犯罪嫌疑，市局自贸区分局即与市局经侦总队联合立案侦查。经查，犯罪嫌疑人李某与叶某，为了偿还债务或投资等原因，利用国际转口贸易为名，采用“循环开证”、“借新还旧”等方式，掺杂“偷借货物销售”、“仓单重复质押”等非法手段，恶意使用金融工具及结算规则，实施国际信用证诈骗。自贸区内的6家仓储企业中的60余批货物涉及本案，涉案案值高达2亿余元。该案的侦破工作在2014年度上海经侦系统“经济犯罪案件侦查破案精品案例”评选中被评为“市局组一等奖”。（张奇）

治安管理

【概况】　2014年，全市治安部门围绕亚信峰会安保工作等中心任务，以反恐标准为统领，以深化社会治安防控体系建设为抓手，以夯实基层基础为保障，扎实开展打击整治、治安管理、安全防控等各项工作，形成严打、严管、严防高压态势，并建立健全长效机制，积极开拓符合时代背景、顺应发展潮流的治安工作新格局，提升驾驭动态环境下治安局势的能力和水平，确保上海城市安全和社会稳定。(陈可峰)

【打击危害食品药品安全犯罪】　2月25日，经市编委批准、市局党委讨论同意，决定市局治安总队增挂上海市公安局食品药品犯罪侦查总队牌子，增设食品药品犯罪侦查支队，并在全市各公安分（县）局建立相应队伍，专职负责食品药品犯罪案件侦查工作。机构成立后，全市食品药品犯罪侦查部门加强与食药监等行政职能部门行政执法与刑事司法的衔接，加大对群众举报线索的核查力度，加强对重大案件的破案攻坚，严打涉及面广、社会影响大、群众反响强烈、带有行业“潜规则”性质的危害食品药品安全等违法犯罪。全年共破获各类危害食品药品案件229起，抓获犯罪嫌疑人426人。(陈可峰)

【打击涉黄涉赌违法犯罪】　市局治安总队建立重大案件督办制度，完善市、区（县）两级娱乐休闲服务场所暗访查处机制，通过强化定期暗访场所、督促属地打击、事后抽查回访等措施，保持对涉黄涉赌活动的严打高压态势。组织全市治安部门先后开展“迎峰会、保平安”社会面治安打击整治、“秋季禁赌”、“打黄赌·铲源头”等专项行动，严厉打击涉黄涉赌活动的组织者、经营者、获利者和幕后“保护伞”。各专项行动期间，共检查各类场所40.2万余家次，查获违法犯罪案件5536起，抓获涉案人员18723人，查处违法单位3820家。(陈可峰)

【打击环境污染犯罪】　市局治安总队根据公安部三局关于开展“打击食品药品环境犯罪深化年活动”部署要求，结合最高人民法院、最高人民检察院《关于办理环境污染刑事案件适用法律若干问题的解释》，指导全市治安部门严厉打击社会影响大、群众反响强烈的环境污染犯罪。与检察院、法院、环保等部门及公安分（县）局建立会商、督办机制，确保调查取证方向正确，保证案件质量。对突发性重大环境案（事）件，建立联合调查机制，公安和环保部门即时启动紧急调查程序，确保相关证据

得到固定，有效控制涉案人员。全年侦破污染环境刑事案件16起，抓获犯罪嫌疑人45人。(陈可峰)

【推进缉枪治爆专项行动】 全市治安部门会同刑侦、消防、网安等部门，以“防爆炸、防枪击、防流失，打制贩、打走私、打盗抢”为重点，综合采取深查收缴枪爆物品、深化排查枪爆隐患、深度治理枪爆网站、深挖打击制贩源头等举措，深化定期临检查缉、打击整治、联勤联动等长效机制，坚决遏制发生影响恶劣、危害严重的重大涉枪涉爆案件、事故。全年收缴各类枪支782支、子弹253385发、废旧炮弹119枚、手榴弹6枚、仿真枪2042支、管制刀具26227把、弓弩2040把、剧毒化学品2.434千克；立案查处涉枪案件35起，抓获涉案人员80人，打掉违法犯罪团伙7个。(陈可峰)

【加强民爆物品、易制爆危险化学品管理】 市局治安总队根据国务院《民用爆炸物品安全管理条例》、《危险化学品安全管理条例》有关规定，制定上海市民用爆炸物品、易制爆危险化学品流向信息记录、保存、备案制度，有效开展涉爆危险物品流向监控和安全监督管理。组织全市治安部门采取公开检查、抽查随访等形式，对各类涉爆物品从业单位开展安全检查，全年抽检涉爆单位118家，发现并责令整改隐患106处。对民用爆炸物品购买及运输依法开展行政许可审批，全年依法受理各类涉爆行政许可申请271批次，许可并开具民用爆炸物品购买许可证286张、民用爆炸物品运输许可证837张；许可批准爆破作业项目10件，爆破作业人员34人。(陈可峰)

【深化治安巡逻防控网建设】 市局治安总队会同市局有关单位为全体巡逻民警、中心城区交通民警和道口一线执勤民警配发“双功能警闪肩灯”，要求每日18时至次日7时期间在室外开启肩灯巡逻，并于4月1日起施行警用车辆无论昼夜均亮警灯行车，提高见警率，增强巡逻实效和群众安全感。在加大对街面可疑人员和车辆盘查力度的基础上，增加重点和关注等级监控探头数量开展视频巡逻，定期组织区域性集中设卡临检行动，有效挤压街面违法犯罪活动空间。全年，共出动巡警警力93.6万人次，运用快速反应、盘查等工作手段，抓获各类违法犯罪嫌疑人11910人，通过视频巡逻查破案件5443起，抓获违法犯罪嫌疑人7979人；收缴（仿真）枪支、管制刀具等违禁物品605件，查扣被盗抢车辆3796辆。(陈可峰)

【开展武装应急处突网建设】 市局治安总队制定并以市局名义印发上海公安派出所民警佩枪执勤工作规范，指导各分（县）局精心选拔佩枪民警，落实培训考核、枪支管理、常态训练、心理干预等配套保障机制，常态化实行巡逻民警佩枪执勤。指导推动浦东、黄浦分局等12个单位分别成立人数为30至150人的特种机动队，明确“1、3、5分钟处置区域”及执勤点位设置、人员配备、勤务运作方案，承担重点区域部位和人员密集场所周边24小时的佩枪巡逻、动态备勤任务，专门负责应对、处置各类暴力恐怖犯罪活动。(陈可峰)

【加强重点要害单位、重要基础设施安全防范】 全市治安部门对水、电、油、气等城市重要基础设施安全防范工作定期开展地毯式检查，并以创建“治安安全合格单位”为载体，推动重点单位内部治安防控能力建设，指导督促各企事业单位细化安保方案，组织开展演练，完善防范责任，强化对重点部位的巡逻守护和技防设施维护，整改安全隐患，提高自身防范水平。全年检查军工、金融、医药、化工等国计民生重点单位，以及水、电、油、气、广播电视、邮政通信、寄递等重要基础设施47112家次，发现并督促责任单位整改治安隐患5228处，授予440家企事业单位“治安安全合格单位”称号。(陈可峰)

社区民警走访社区群众 (陈可峰提供)

【排查化解矛盾纠纷】 市局治安总队指导派出所依托矛盾纠纷信息员队伍，对社区内的各类矛盾纠纷开展全面排查，按照纠纷性质、对社会稳定影响程度、激化可能性等予以分类，会同司法、检察、法院等部门落实常态联络、联席会议、疑难纠纷会诊等工作制度，推动矛盾纠纷及时化解或逐步缓解，将隐患消除在萌芽状态。全年，排查各类矛盾纠纷33609起，已化解30994起，调处化解率达93%。(陈可峰)

【创新治安防范宣传形式】 市局治安总队指导全市治安部门在依托电台、电视台、报纸、进社区巡演等传统渠道开展宣传活动的基础上，紧扣“自媒体”传播规律，推出“社区安全屋为平安加油”公众微信订阅平台，以典型案件速递、活动现场连线、安全防范妙招等形式，向市民群众实时、广泛推送各类治安防范资讯。自8月19日平台开通以来，已推送微信150余条，每条微信平均阅读数达1000余次；“微粉”数达3.8万余人，举办“微粉”见面会15次，全面提升了治安防范宣传的影响力和覆盖面。(陈可峰)

“迎峰会、保平安”社区系列宣传活动　（陈可峰提供）

【加强保安服务市场监管】 市局治安总队会同市保安协会制定《上海保安服务企业等级评定暂行办法》，将注册资本、经营状况、人员规模、队伍管理等内容作为等级评定工作的核心评估指标，坚持“达标一家、评定一家”的工作原则，严格审核申报材料，并对申报单位开展现场核查，确保申报材料、系统数据、实地情况“三统一”。全年，对符合相应等级评定标准的62家保安公司，颁发上海市保安服务企业等级评定证书（其中一级18家、二级25家、三级19家）。指导全市治安部门将保安服务市场清理整治作为常态化工作，全年查处涉及保安服务违规案件718起。（陈可峰）

【评选2014年度“上海治安系统精品案例”】 市局治安总队结合全市治安部门在“迎峰会、保平安”社会面治安打击整治，“秋季禁赌”，“打黄赌·铲源头”等专项行动中的执法办案情况，通过网上投票、公开评议、专家组评审，评选出2014年度治安系统精品案例金奖、银奖各10个。

金奖（10个）：

侦破“12·10”私设“黑电台”非法经营药品案（治安总队）

侦破“10·15”回购医保药品贩卖牟利案（浦东分局）

侦破“3·5”非法买卖、持有枪支案（徐汇分局）

侦破“3·26”3G网络侵犯知识产权案（长宁分局）

侦破“2·28”非法经营药品案（虹口分局）

侦破“5·27”利用互联网游戏组织他人进行网络赌博案（闵行分局）

侦破陈新公等制售假证系列案件（嘉定分局）

侦破方勇等污染环境案（金山分局）

侦破“10·18”网络赌博案（松江分局）

侦破“3·3”生产、销售有毒、有害食品

案（奉贤分局）

银奖（10个）：

侦破中道桑拿会所介绍、容留卖淫案（治安总队）

侦破“10·11”非法生产、销售赌博机案（浦东分局）

侦破“633会所”组织卖淫案（黄浦分局）

侦破“5·5”网络赌博案（静安分局）

侦破“8·11”销售有毒、有害食品案（普陀分局）

侦破“12·12”、“2·14”系列组织介绍卖淫案（闸北分局）

侦破余纪友等系列生产、销售不符合安全标准的食品案（杨浦分局）

侦破杨连艳等生产、销售不符合安全标准的食品案（宝山分局）

侦破陶照宝等生产、销售不符合安全标准的食品案（青浦分局）

侦破张龙发等销售不符合安全标准的食品案（崇明县局）

（陈可峰）

【评选2014年度派出所巡逻工作精品案（事）例】 市局治安总队根据全市派出所通过巡逻工作抓获违法犯罪分子、查破重大刑事案件和治安案件、处置各类突发事件、为民服务以及参与社会综合管理的情况，经初选和投票评选，评选出2014年度派出所巡逻工作十大精品案（事）例和十大优秀案（事）例。

十大精品案（事）例：

查破“6·16”故意伤害案（黄浦分局淮海中路派出所）

处置“11·21”救助老人事件（徐汇分局枫林路派出所）

处置“5·13”精神病人肇事事件（长宁分局江苏路派出所）

查破“4·22”破坏公用电信设施案（长宁分局北新泾派出所）

查破“3·9”放火案（静安分局江宁路派出所）

查破“3·27”盗窃案（普陀分局甘泉路派出所）

查破“11·26”抢夺案（闸北分局共和新路派出所）

查破“4·24”故意伤害案（闸北分局上海站地区治安派出所）

处置“9·18”精神病人肇事事件（虹口分局提篮桥派出所）

查破“9·23”绑架案（杨浦分局五角场镇派出所）

十大优秀案（事）例：

查破“7·2”寻衅滋事案（浦东分局陆家嘴治安派出所）

查破“4·21”吸食毒品案（黄浦分局瑞金二路派出所）

查破“5·30”卖淫嫖娼案（徐汇分局虹梅派出所）

查破“3·10”强奸案（静安分局曹家渡派出所）

查破“11·4”抢劫案（普陀分局长寿路派出所）

查破“12·8”抢夺案（虹口分局欧阳路派出所）

查获“5·2”非法携带管制器具案（杨浦分局大桥派出所）

查破“2·12”盗窃案（宝山分局吴淞派

出所）

查破“6·9”非法持有枪支案（嘉定分局南翔派出所）

查破“11·14”抢劫案（松江分局九亭派出所）

（陈可峰）

【侦破“12·10”私设“黑电台”非法经营药品案】 2013年12月10日，市局治安总队会同浦东、宝山、嘉定分局成立专案组，对市无线电管理局转来的通过设置“黑电台”非法销售药品线索开展核查。经20余天的侦查，专案组于2014年1月7日在上海及安徽合肥、阜阳等地开展统一收网行动，抓获涉案人员黄小东（男，42岁，安徽省合肥市人）等5人，捣毁窝点9处，缴获“黑电台”设备10套、配件30余箱、药品1700余盒。经查，自2013年11月起至案发期间，黄小东为非法牟利，在未取得药品经营许可的情况下，购入数千盒“钟药师”牌七鞭回春乐胶囊（处方药，国家准字Z22023192），又购得电台装置，先后在上海浦东、宝山等地租用住房私自架设“黑电台”，于每日22时至次日凌晨不间断播放广告，以每12盒998元人民币的售价推销七鞭回春乐胶囊。该案的侦破工作在2014年度“上海治安系统精品案例”评选中被评为“金奖”。（陈可峰）

【侦破中道桑拿会所介绍、容留卖淫案】 9月底，市局治安总队根据群众举报线索，经数日侦查，于10月9日会同市局特警总队和徐汇分局，在上海市徐汇区襄阳南路558号B座中道桑拿会所查处一介绍、容留卖淫窝点，抓获场所老板陶开淦（男，40岁，浙江省台州市人）及场所经营负责人、卖淫女等66人。经查，陶开淦为非法牟利，自3月起经营中道桑拿会所，雇用周强胜（男，32岁，江苏省建湖县人）为经理，负责会所的日常经营管理工作；雇用陈红（女，35岁，黑龙江省安达市人）等2人为“妈咪”，负责卖淫女招募、培训、管理等工作；雇用胡炳琼（女，28岁，四川省金堂县人）等12人为客服经理，通过QQ、微信等网络渠道发布招嫖信息招徕嫖客，在会所内进行卖淫嫖娼违法活动。该案的侦破工作在2014年度“上海治安系统精品案例”评选中被评为“银奖”。（陈可峰）

【上海公安机关查处治安案件走势图】

单位：起

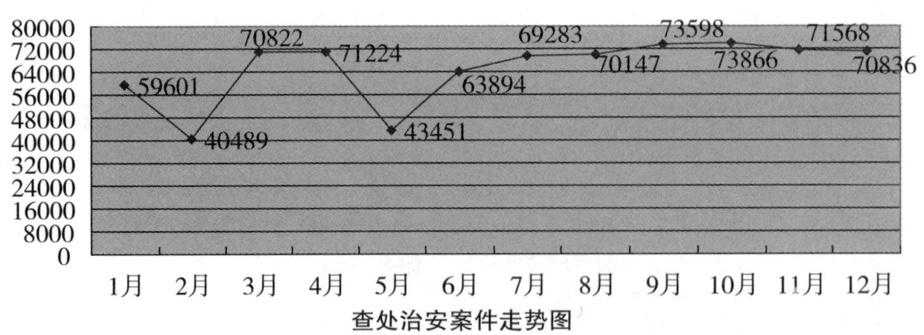

查处治安案件走势图

（薛莹）

【上海公安机关查处治安案件统计表】

类别		查处治安案件（起）
合计		778779
扰乱公共秩序	小　计	37273
	扰乱单位秩序	759
	扰乱公共场所秩序	23821
	扰乱公共交通工具秩序	5819
	妨碍交通工具正常行驶	3605
	扰乱大型群众性活动秩序	17
	虚构事实扰乱公共秩序	112
	投放虚假危险物质	13
	寻衅滋事	2028
	组织、教唆、胁迫、诱骗他人从事邪教、会道门活动	684
	利用邪教、会道门、迷信活动或冒用宗教、气功名义危害社会	268
	非法侵入、破坏计算机信息系统	28
	其　他	119
妨害公共安全	小　计	1205
	违反危险物品管理规定	496
	非法携带枪支、弹药及管制刀具	338
	盗窃、损毁公共设施	253
	危害铁路安全	7
	违法举办大型群众性活动	1
	其　他	110
侵犯人身权利和财产权利	小　计	534355
	强迫他人劳动	5
	非法限制人身自由	252
	非法搜查他人身体	1
	胁迫、诱骗、利用他人乞讨或以滋扰他人方式乞讨	53
	侮辱、诽谤、诬告陷害他人	346
	发送信息干扰他人正常生活	382
	偷窥、偷拍、窃听、散布他人隐私	338
	殴打他人	52171
	故意伤害他人	1929
	虐　待	5
	遗　弃	22
	强迫交易	230

类别 \ 数据		查处治安案件（起）
	盗　窃	374101
	诈　骗	60342
	哄　抢	0
	抢　夺	232
	敲诈勒索	1252
	故意损毁财物	39638
	其　他	3056
妨害社会管理秩序	小　计	205946
	阻碍执行职务	809
	招摇撞骗	24
	违反公文、证章管理	263
	伪造、变造、倒卖有价票证、凭证	30
	违反社团管理	9
	擅自经营需公安机关许可的行业	109
	煽动、策划非法集会、游行、示威	37
	违反旅馆业管理	409
	违反房屋出租管理	153
	收购赃物、有赃物嫌疑的物品	48
	伪造、隐匿、毁灭证据或提供虚假证言	43
	谎报案情	8961
	窝藏、转移、代销赃物	16
	违反监管规定	10
	违反国边境管理	7
	故意损坏文物、名胜古迹	4
	卖淫嫖娼	10238
	拉客招嫖	1806
	引诱、容留、介绍他人卖淫	60
	制作、运输、复制、出售、出租淫秽物品	253
	传播淫秽信息	36
	组织播放淫秽音像或组织、进行淫秽表演	36
	参与聚众淫乱	1
	为从事淫秽活动提供条件	278
	赌博或为赌博提供条件	64028
	毒品违法活动	20282
	为吸毒、赌博、卖淫、嫖娼违法犯罪人员通风报信	9
	其　他	97987

（薛莹）

【上海公安机关各单位查处治安案件统计表】

项目 数据 单位	查处治安案件（起）	查处违法人员（人）
合计	778779	97201
黄浦	19996	3120
徐汇	28989	1598
长宁	17687	2125
静安	7839	719
普陀	69473	3663
闸北	28137	4375
虹口	47004	3198
杨浦	41313	2941
闵行	89250	5447
宝山	73084	6283
嘉定	60454	6059
金山	10580	2014
松江	56202	4539
青浦	25805	4706
奉贤	26754	3191
崇明	10177	1993
浦东新区	137906	16909
治安	62	1306
边防	1	0
水上	55	45
轨道	23922	19944
公交	11	26
文保	522	39
机场	3519	2937
化工	22	4
农场	15	20

（薛莹）

【上海公安机关各项治安管理数据表】

类　　别	主要数据
旅馆业管理	全市有旅馆业单位 7264 家，其中星级宾馆 323 家、中小旅馆 6380 家、留宿浴场 497 家、酒店式公寓 64 家。全年在宾馆、旅馆中发生刑事案件 34 起，查处治安案件 811 起，查处违法犯罪嫌疑人员 1228 人。抓获网上在逃人员 256 人
印刷、印章刻制业管理	全市有印刷企业 3285 家、印章刻制业 656 家
废旧行业管理	全市有旧货业单位 2642 家（其中生产性废旧金属收购单位 880 家）
影视、音像出版管理	查处制贩淫秽物品案件 253 起，比上年减少约 32%，查处涉案人员 177 人，收缴淫秽出版物 2500 余件、其他非法出版物 37 万余件
公共场所管理	全市有公共场所 27484 家，其中舞厅 220 家、游戏（艺）机房（厅）938 家、游乐场 79 家、咖啡室 761 家、酒吧 560 家、茶室 1193 家、KTV1025 家、卡拉 OK 厅 337 家、棋牌室 2410 家、网吧 1551 家、浴室（场）1822 家、美容美发 12572 家、足浴 4016 家。查处违法单位 4403 家次，其中停业整顿 589 家次、警告 30 家次、罚款 148 家次、取缔无证经营 3633 家，从中查处治安案件 6530 起
枪支管理	全市有公务用枪单位 671 家，各类公务用枪 25120 支；全年共收缴各类枪支 782 支、子弹 253385 发，仿真枪 2042 支
剧毒化学品、放射性同位素管理	全市有生产、销售、使用剧毒化学品单位 948 家，使用放射性同位素单位 342 家
犬类管理	全市核发犬类准养证 2151 张，捕捉流浪犬 546 条
大型活动保卫	协助市局指挥部组织和直接参与各类大型活动 241 项 323 场次
查寻迷途失踪人员	受理登记报失、查询、招领迷途失踪人员 4213 次，查实找回 3568 人，占受理总数的 84. 7%

（金柏石）

人口管理

【概况】　2014年，市局人口办紧扣“严格控制人口规模、优化人口结构”和“做实基层基础，服务公安实战”两条主线，努力提升特大型城市人口管理工作效率和治理水平，为完成亚信峰会安保工作和市委1号课题调研任务，实现全市人口调控目标作出积极贡献。(程雪峰)

【推进房屋编码管理工作】　市局人口办会同市建设管理委等部门，研究制定关于全面推进房屋编码管理工作的实施方案。在嘉定、奉贤两区先行先试的基础上，召开全市房屋编码管理工作推进部署会，在全市范围内全面推进房屋编码工作。组织对全市1300余万间居住房屋进行核对、清理，并通过合法房屋认定，逐步实现居住证件办理的嵌入式应用，为推动加快拆除违法建筑，开展整治“城中村”、“群租房”工作提供有力支撑。(程雪峰)

【加强居住证办理工作】　市局人口办规范集体宿舍证明和寄宿证明的管理使用，落实上门核实，防止弄虚作假。制定下发上海市居住证注销工作暂行意见，进一步细化居住证注销的操作流程，加强过程管理和事后监督。对经有关部门认定符合注销情形的居住证件，一律予以注销。制定居住证档案管理规定，明确档案材料保管要求。主动应对居住证到期后大规模签注的难题，会同相关职能部门落实签注信息交互机制，实现居住证签注系统自动比对，确保持证人员当场完成签注。年内，来沪人员新办上海市居住证80.4万张，其中就业类居住证61.1万张、投靠就读类居住证19.3万张。全市居住证件办理工作平稳、有序。(程雪峰)

【认真执行实有人口信息质量管理制度】　市局人口办将加强外省市来沪人员聚集区域实有人口信息的采集和维护作为工作重点，会同分(县)局，对全市44个重点“城中村”和外省市来沪人员聚集区域开展集中采集工作。7次集中行动中，共采集核实实有人口信息20.9万条，查处违反房屋、人口管理规定案件619起。主动梳理下发392个来沪人员聚集且“倒挂”的居(村)委，指导基层开展工作，对不达标单位逐一落实“挂牌”整治措施。全年，“挂牌”整治重点区域1800个，重点房屋1406间。同时，各级人口管理部门组织对1054名案(事)件涉案人员和13698名在押人员案前登记情况进行了核查、倒查。(程雪峰)

【继续推进“两个实有”全覆盖管理“社区实施”工作】 市局人口办在全市5504个居（村）委设置实有人口信息采集室，逐步实现实有人口信息采集室规范化、居（村）委实有人口管理工作制度化、居（村）委实有人口信息质量标准化。组织“两个实有”全覆盖管理“社区实施”工作优秀居（村）委评选活动，开展“两个实有”全覆盖管理“社区实施”项目体验日活动，实有人口信息采集室已成为居（村）委开展实有人口信息采集和政策咨询、宣传的综合服务管理平台。市局人口办并为全市6867位居（村）委书记、主任开通了实有人口信息管理系统（二期）应用权限。（程雪峰）

【推动户口登记管理专项清理整顿工作】 市局人口办制定下发上海公安机关深入推进户口登记管理专项清理整顿工作的实施方案，逐级签订责任书，全面开展内部自查自纠，并设立举报热线，广泛发动群众举报违法违规办理户口问题的线索，加大线索深挖和案件侦办力度。推进人口信息人像比对技术应用，率先对全市范围内人口信息人像数据交叉比对产生的1658对疑似“重复户口”数据集中开展核查。截至年底，上海各级公安机关累计清理纠正户口登记项目差错17263个，查处重复户口79起、处理涉案人员79人，清理应销未销户口103个。（程雪峰）

上海公安机关深入推进户口登记管理专项清理整顿工作动员部署会议 （程雪峰提供）

【完善户政执法程序】 市局人口办制定上海市公安局户口事项办理程序规定（试行）、上海市公安局纠正户口事项程序规定，调整窗口服务告知单，细化户口申报类别，明确所需申

报材料。完成户口审批信息管理系统升级改造，明确审批权限和审批责任，实现三级八层审批流转及审批时限系统自动计算、提醒功能，将执法监督纳入系统，推进审批材料档案电子化，通过信息化手段加强审批流程的监督管理。(程雪峰)

【组织开展居民身份证集中换发专项工作】 市局人口办在全市范围内提前全面启动居民身份证集中换发工作，制定并提请以市局名义下发关于做好2015年居民身份证集中换发工作的方案，组织对全市60个居民身份证人像信息采集点的工作人员开展业务培训，制作和张贴宣传海报6000份、发放宣传资料10万份，组织大型咨询宣传活动，确保对每一位持即将到期居民身份证居民的宣传、告知到位，责任落实到人。集中换发工作启动以来，已为20.5万本市居民换发居民身份证。(程雪峰)

【推动实有人口信息管理系统应用】 市局人口办加强与市地税局、市建管委、市交港局协作，确保个人缴税、建筑从业人员、非法营运人员等信息及时入库，充实实有人口业务数据。持续开展新生儿、残疾人、子女关系、社会保险、卫生体检、法人和个人工商以及婚姻、救助等实有人口业务数据入库工作。根据政府部门履职需求，主动提供实有人口业务数据比对、统计服务。上海市实有人口信息管理系统已容纳10.8亿余条实有人口业务信息。全年，累计为46个政府部门提供各类实有人口业务信息1.5亿余条，比对数据984万余条。(程雪峰)

【深化社区综合协管队伍建设】 市局人口办按照“管理下沉、队伍整合、推动转制、规范运作”的总体要求，主动转变队伍管理模式，加强业务指导，建立权责相统一的运作机制，扎实推进社区综合协管队伍建设。组织开展实有人口信息质量专项竞赛活动，健全完善“一案一奖、一事一奖、一查一奖”的表彰奖励机制，全年，奖励社区综合协管队员9839人次，累计发放奖金248万元。根据队伍发展现状，拟定进一步加强社区综合协管队伍建设的指导意见。全年，社区综合协管队伍通过实有人口信息采集工作，发现、报告各类违法犯罪线索4655条，协破刑事案件1492起、协破治安案件4168起，协助抓获违法犯罪嫌疑人6494人；向政府相关职能部门抄告信息27906条。(程雪峰)

社区民警和社区综合协管员实地采集人口信息　（程雪峰提供）

【开展人口管理重点课题调研】 市局人口办组织开展重点课题调研，形成关于加强本市街（镇）、居（村）委层面人口管理工作的对策建议分析、全面深化上海公安人口管理改革课题调研报告、关于上海公安派出所户籍窗口推进“阳光警务”建设的调研报告等调研成果。组织分（县）局人口管理部门开展实务型课题调研工作，编发人口管理调研专刊23期，介绍调研成果，开拓工作思路。充实调整市人口办人口决策咨询专家组成员，举办人口决策咨询成果交流座谈会，组织开展2014年人口决策咨询课题研究工作。（程雪峰）

【推动人口管理部门信访工作建设】 市局人口办制定下发关于进一步加强和改进人口管理部门信访工作的实施意见，成立市局人口办信访工作领导小组，建立完善信访工作联席会议制度，坚持定期分析人口管理条线信访工作面临的形势，研究突出的信访问题和重大、疑难信访个案。组织人口管理条线通过对信访以及“12345”市民服务热线工单办理的汇总、统计和分析，发现并排查重点信访人员和具有典型性、政策性、示范性的信访突出问题，建立相关信息库。制定市局人口办“12345”市民服务热线办理工作规定（试行），开发市局人口条线信访信息管理系统，推动实现“一事一档、一人一档”管理模式。（程雪峰）

【全市户籍人口532.55万户、1438.69万人】 截至2014年年底，全市户籍人口532.55万户，1438.69万人。其中，市区户籍人口502.57万户、1370.92万人；郊县户籍人口29.98万户、67.78万人。主要有以下特征：

一、户籍人口总量增速略有上扬。2014

年，全市户籍人口总量增加6.36万人，年递增率为0.44%，比上年增加0.06%。户籍人口总量排在全市前三位的区（县）分别是浦东新区(288.44万人)、杨浦区（108.85万人)、闵行区（104.51万人)。户籍人口年递增率排在全市前三位的区（县）分别是闵行区（2.50%)、嘉定区（2.11%)、宝山区（1.78%)。

二、户籍人口机械增长数比上年减少。2014年，全市迁入户籍人口12.48万人（其中，外省市迁入11.55万人)，迁出户籍人口6.71万人（其中，迁往外省市5.78万人)。全年，全市户籍人口机械增长数为5.77万人，比上年减少0.29万人。其中，经人力资源和社会保障部门审批入沪的有2.98万人，比上年增加18.93%；经教委大中专招生及毕业分配入沪4.39万人，比上年减少18.28%；经公安部门审批入沪3.71万人，比上年减少0.64%；经民政部门审批入沪0.47万人，比上年减少7.06%。

三、全市出生人口增加，人口自然变动正增长。2014年，全市登记出生人口12.41万人，比上年增加1.52万人，出生率8.63‰，比上年增加1.02‰；死亡11.95万人，比上年增加0.29万人，死亡率8.31‰，比上年增加0.16‰。全年，全市人口自然增长数增加0.46万人，自然增长率为0.32‰，比上年增加0.86‰，人口自然变动正增长。

四、户籍人口老龄化趋势明显。2014年，全市户籍人口中60岁及以上的有413.98万人，占总人口的28.77%，比上年增加1.71%。年末，户籍人口中60岁及以上人口比重排在前三位的区（县）分别是静安区（32.35%)、虹口区（31.69%）和黄浦区（31.21%)。在全市范围内，中心城区户籍人口老龄化程度更为明显，户籍人口中60岁及以上人口比重均值达到30.48%；近郊区户籍人口中60岁及以上人口比重相对较低，均值为27.18%，比中心城区低3.30%；崇明县作为本市唯一的农村县级地区，由于大量青壮年人口到市区就业等原因，加剧了老龄化的趋势，户籍人口中60岁及以上人口比重均值达到31.19%，反超中心城区的均值。

虽然全市户籍人口老龄化明显，但随着人民生活质量及医疗水平的提高，死亡人口数及死亡率并未同步增长。2014年，全市户籍人口期望寿命为82.29岁，其中男性80.04岁，女性84.59岁。近3年，全市户籍人口死亡数小幅平稳波动。

五、全市范围内人口迁移变动量基本持平。2014年，全市范围内人口迁移变动量为91.60万人次，比上年减少1.21万人次，降幅为1.30%。其中，市区迁入、移入45.05万人次，迁出、移出44.74万人次；郊县迁入、移入0.81万人次，迁出、移出1.00万人次。

六、全市“农转非”人口数基本持平。截至2014年底，全市非农业人口1299.50万人，比上年增加9.92万人。其中，非农业人口出生12.41万人，死亡10.62万人，迁入10.72万人，迁出5.99万人，因各种原因办理“农转非”手续3.06万人，办理“农转非”人数与去年基本持平。

注：本文部分数据合计数或相对数由于单位取舍不同产生的计算误差均未作机械调整。(楼哲)

【2014 年上海市各区、县常住户口统计表】

地　区	户　数	人　数
黄浦区	281041	887051
外滩街道	30080	107661
南京东路街道	30820	101583
半淞园街道	32237	88260
小东门街道	31276	101031
豫园街道	28316	99139
老西门街道	28373	93696
瑞金二路街道	24081	73277
淮海中路街道	28608	92739
打浦桥街道	22666	62629
五里桥街道	24584	67036
徐汇区	328938	918152
湖南路街道	17055	49551
斜土路街道	23089	65116
枫林路街道	35561	99940
长桥新村街道	35345	92104
田林新村街道	28286	80217
漕河泾街道	28203	72551
龙华街道	20668	54313
虹梅路街道	7509	20521
华泾镇	14386	34288
康健新村街道	28435	84300
凌云路街道	28781	85290
徐家汇街道	33729	94323
天平街道	27891	85638
长宁区	217326	592420
华阳路街道	24332	67951
江苏路街道	18420	50378
新华路街道	23596	75106
周家桥街道	17962	45030
天山路街道	26578	83443
仙霞路街道	27198	72097
虹桥路街道	19145	48002
程家桥街道	7318	19893
新泾镇	37456	90840
北新泾街道	15321	39680
静安区	99859	293126
静安寺街道	13474	39276
曹家渡街道	24849	69674
江宁路街道	27539	83870
石门二路街道	15849	47603
南京西路街道	18184	52703
普陀区	335570	892587
长风新村街道	33531	93765
长寿路街道	37598	103499
宜川新村街道	33926	87490
曹杨新村街道	31869	88501
石泉路街道	35429	99166
甘泉新村街道	34153	88698
真如镇	44984	118770
桃浦镇	37001	95129
长征镇	47079	117569
闸北区	247872	680382
天目西路街道	11813	35248
北站街道	32049	98495
宝山路街道	28283	84032
芷江西路街道	24282	69844
彭浦新村街道	47607	121799
临汾路街道	22350	56015

地　区	户　数	人　数
共和新路街道	25729	68672
大宁路街道	20019	55803
彭浦镇	35740	90474
虹口区	272427	782991
四川北路街道	37311	118285
嘉兴路街道	39027	121064
提篮桥街道	47915	158364
欧阳路街道	23289	60839
曲阳路街道	30756	82757
广中路街道	34126	89541
凉城新村街道	27239	68148
江湾镇街道	32764	83993
杨浦区	378430	1088552
定海路街道	26746	87730
大桥街道	39924	125456
平凉路街道	35072	105026
江浦路街道	27330	76127
控江路街道	32105	83366
殷行路街道	55158	139352
四平路街道	28234	95975
长白新村街道	20130	61324
延吉新村街道	29396	74083
五角场街道	36753	116259
五角场镇	41512	108661
新江湾城街道	6070	15193
闵行区	409856	1045177
吴泾镇	19432	57447
莘庄镇	59166	138810
七宝镇	52590	131704
华漕镇	16249	46413
虹桥镇	30878	72276

地　区	户　数	人　数
梅陇镇	52557	123446
颛桥镇	27766	66951
马桥镇	12498	37329
浦江镇	43135	123464
江川街道	47283	130942
新虹街道	11325	32541
古美街道	27643	62549
宝山区	368660	936043
罗店镇	19480	55379
罗泾镇	9153	28802
月浦镇	26106	68898
顾村镇	38740	96059
杨行镇	23460	61951
大场镇	58120	156166
淞南镇	29522	70034
高境镇	28274	65962
庙行镇	14640	36377
滨海街道	29595	74948
友谊街道	37616	92442
泗塘街道	50136	121429
嘉定区	213345	588306
嘉定镇	24500	60399
南翔镇	20824	55381
安亭镇	28687	90213
马陆镇	18297	55894
新城路街道	12127	26819
徐行镇	10344	31100
华亭镇	8559	24603
外冈镇	10271	31158
江桥镇	25800	73631
真新新村街道	20551	47553
菊园新区街道	10496	27011

地　区	户　数	人　数
浦东新区	1118356	2884440
梅园新村街道	38133	117667
洋泾街道	40281	107607
潍坊新村街道	31757	91437
金杨新村街道	52766	131853
塘桥街道	21875	57686
上钢新村街道	36606	101329
周家渡街道	43234	113174
南码头路街道	30115	80546
东明路街道	27960	67320
沪东新村街道	28764	73018
浦兴路街道	42106	103457
三林镇	53358	133771
张江镇	27883	78918
北蔡镇	51459	131571
花木街道	48037	120134
金桥镇	11059	29247
高行镇	21561	55157
高东镇	14237	36796
高桥镇	34719	89670
川沙新镇	57126	153994
合庆镇	22939	57553
唐镇	17467	44628
曹路镇	25907	75628
惠南镇	46577	115466
周浦镇	32753	79856
新场镇	22326	53659
大团镇	29070	66979
南汇新城镇	9372	31918
航头镇	26474	64175
宣桥镇	19009	43353
祝桥镇	54662	138080
泥城镇	25028	57784

地　区	户　数	人　数
书院镇	22722	52194
万祥镇	10024	24852
老港镇	13429	33809
康桥镇	27561	70154
金山区	180414	517905
朱泾镇	31897	87863
张堰镇	10125	28415
亭林镇	26838	83931
吕巷镇	12896	41768
廊下镇	8914	31143
金山卫镇	15834	48761
漕泾镇	10173	31651
山阳镇	18974	46552
枫泾镇	20165	63476
石化街道	24598	54345
松江区	204469	605710
中山街道	14215	36780
岳阳街道	27958	72037
永丰街道	14392	41336
泗泾镇	11117	28506
车墩镇	11532	35937
新浜镇	8729	26607
石湖荡镇	8906	27209
新桥镇	11434	30406
洞泾镇	4294	13081
九亭镇	17780	46614
佘山镇	12418	38000
泖港镇	11384	38282
叶榭镇	15023	49030
方松街道	24671	62619
小昆山镇	6220	18148

地　区	户　数	人　数	地　区	户数	人数
青浦区	168139	469399	青村镇	19712	52559
夏阳街道	20598	52416			
盈浦街道	18689	46061	**崇明县**	299799	677792
朱家角镇	20866	59923	城桥镇	38795	91294
练塘镇	22074	54540	堡镇	27900	60495
金泽镇	24433	62586	新河镇	21398	44884
赵巷镇	7624	24084	绿华镇	3792	8606
徐泾镇	10387	31893	三星镇	17014	38458
华新镇	10732	35682	庙镇	24228	55388
重固镇	5594	16322	港西镇	12092	27128
香花桥街道	12758	41344	建设镇	13850	29592
白鹤镇	14384	44548	竖新镇	18023	39865
			港沿镇	22676	51257
奉贤区	200916	526911	向化镇	13773	30836
南桥镇	46491	117841	中兴镇	12839	30347
奉城镇	35428	86772	陈家镇	25829	60147
庄行镇	16225	45380	长兴镇	17836	42245
金汇镇	18278	55413	新海镇	5800	10606
四团镇	19817	50842	东平镇	6305	12713
柘林镇	15483	42512	新村乡	4548	10439
海湾镇	5262	10653	横沙乡	13101	33492

其中，闵行区总户数、总人口数中含除街、镇人口数以外的区直辖单位 9334 户、21305 人；宝山区总户数、总人口数中含除街、镇人口数以外的区直辖单位 3818 户、7596 人；嘉定区总户数、总人口数中含除街、镇人口数以外的区直辖单位 22889 户、64544 人；松江区总户数、总人口数中含除街、镇人口数以外的区直辖单位 4396 户、41118 人；奉贤区总户数、总人口数中含除街、镇人口数以外的区直辖单位 24220 户、64939 人。（楼哲）

特　　警

【概况】 2014年，市局特警总队以“理念上创新发展，实践中求真务实”为指导，聚焦亚信峰会安保工作，进一步强化底线思维，夯实特警工作基础，着力提高新形势下应对各种复杂环境的实战处置水平。全年全市特警共投入警力90771人次，先后完成突发事件处置、重大活动安保警卫和集中备勤等各类任务9612次，为确保城市公共安全和社会治安稳定发挥了积极作用。（江亮）

【完成亚信峰会安保任务】 市局特警总队围绕“四个绝对防止”和“五个坚决防止”、“三个确保”的工作目标，开展实战处置训练演练，强化联勤联动和武装巡逻防控，落实各项安保工作措施。严格执行安保实战24小时集中备勤超常规勤务，共投入警力2474人次，完成亚信峰会期间中外来宾要人警卫、领导住地安保、活动点现场武装备勤、空中水面武装巡逻、街面便衣打击行动，以及应对社会面处突备勤等12项安保任务，为确保亚信峰会的圆满、顺利、安全召开作出了积极贡献。（江亮）

【举行亚信峰会安保应急处突实战演练】 5月10日，市局特警总队在亚信峰会即将召开的关键时刻，经过1个月左右的准备，成功举行上海公安亚信峰会安保应急处突实战演练。郭声琨部长，白少康局长等各级领导亲临演练现场观摩，并对演练予以高度评价。通过演练，进一步检验和展示了上海公安特警近年来练兵比武训练成果和反恐防暴处突战斗力，为打赢亚信峰会安保这场大仗、硬仗奠定了扎实基础。（江亮）

【投入打防管控专项行动】 市局特警总队立足警种职能，进一步深化联勤联动工作机制，配合治安、刑侦等部门开展清查、临检、抓捕和便衣打击等专项行动，严厉打击各类突出违法犯罪活动。全市特警参与“打击夜窃”、“治安大整治”、“治爆缉枪”，以及“黄赌毒”、“五类车”整治等各类集中专项行动，共清查、临检场所7927处，盘查人员156858人、车辆79949辆，协助抓获违法犯罪嫌疑人2059人，缴获仿真枪3支、管制刀具115把、毒品38.1千克。（江亮）

设卡盘查 （江亮提供）

【处置各类突发性事件】 全年，全市特警处置各类突发案（事）件6877余起，比上年减少5.57%。其中，严重暴力性案件11起，群体性事件297起。先后处置杨浦"3·20"扬言自焚事件、闸北"4·24"火车站持刀劫持人质事件、奉贤"5·11"高速道路盗抢案等一批案（事）件，处置成功率达到100%。（江亮）

【严密社会面防控】 市局特警总队围绕社会治安防控"三张网"建设的总体部署，切实提高街面反恐防恐能力，在部分区域推行"一车多人"勤务模式，以"1、3、5"分钟处置为目标，强化特警武装巡逻的先期处置和快速反应能力，提高社会面见警率和威慑力。结合社会治安形势和分色预警机制，针对不同形势、不同任务要求，全市特警足额满员落实巡车、警力，突出巡逻防控重点，全年共执行一级勤务67天、二级勤务71天、三级勤务228天，累计出动武装巡逻车48252辆次、警力94154人次，共接处警19274起，抓获各类违法犯罪嫌疑人765人。（江亮）

【加强特警专业训练】 市局特警总队围绕公安部"公安特警五项"训练大纲，以练兵比武和实战演练牵引专业训练的长效机制，分批次组织开展全市特警实战技能练兵比武活动及会操演练，全市基层特警支、大队共计1147人次参加了7个课目的比武和会操活动。在此基础上，大力推进特警技战能等级考核工作，全年全市共有9018人（次）特警参加一、二能级考核，其中一能级合格率达100%。组织开展城市轨道交通反劫持、大（小）客车反劫持、要人武装护卫、综合格斗等一系列符合实战需求、实战针对性强的重点课目训练，增强特警队员"一招制敌、一击制胜"的攻坚处置能力。代表市局参加"全国大城市公安机关第六届警察体育三项比赛"，在25支参赛队中，取得总团体第三名、男子三项团体第二名、女子三项团体第三名和女子个人第一名的成绩。（江亮）

【开展跨区域拉动演练】 根据公安部的部署要求，全市特警先后出动警力425人次，动用车辆59辆次、武器装备60余种，总行程约1360公里，分别组织开展上海市境内，苏、浙、皖、沪警务合作区的两次成建制、大规模、远距离、全要素的特警跨区域拉动演练，检验和提高了特警远程快速机动作战和综合保障能力，进一步深化了跨区域增援和协同作战机制。(江亮)

【加强装备建设】 市局特警总队在市局警保部的支持和指导下，强化装备建设推进力度，加强对新型武器和装备车辆的引进使用，全年共采购数字化全骨传导通信装置、战术激光目标指示器等高、精、尖装备四大类96件，增配发电车、淋浴车等特种车辆。利用特警专业培训班积极开展特警装备应用实战培训，有效提高全市特警装备应用能力。(江亮)

特警综合格斗 (江亮提供)

出入境、边防管理

出入境管理

【概况】 2014年，全市出入境管理部门围绕公安中心工作和目标要求，全面深化理念创新、机制创新，夯实基层基础工作，提升队伍专业素质，为上海经济建设提供优质服务，为涉外领域的安全提供支撑和保障。全年查获并阻止法定不准出入境人员334人，查获网上在逃人员1人，查处各类出入境案（事）件11873起，其中处罚违法违章外国人10947人。签发各类出入境证件（含签注）5305339证次，比上年增加15.76%。其中，签发中国公民因私出国证件998916证次（含首次出国845764证次），比上年增加12.6%；签发内地居民往来港澳地区通行证（含签注）2814324证次，比上年增加2.71%；签发大陆居民往来台湾地区通行证（含签注）1268951证次，比上年增加71.82%；签发港澳台居民各类出入境证件（含签注）223148证次，比上年增加2.92%。办理外国人各类出入境证件（含签证、居留许可）222147证次，比上年减少5.21%。临时来沪境外人员6112627人次，比上年增加2.95%。在沪常住境外人员254894人，比上年减少1.95%。在沪外国和港、澳、台机构66517家，比上年增加3.14%。（郑琴）

【完成亚信峰会等重大活动安保任务】 市局出入境管理局从工作目标、部署原则、组织领导、实施步骤、安保措施、工作要求六方面制定亚信峰会安保工作方案，明确各自职责和任务，完善组织领导体系，细化工作措施。为提高实战能力，开展“跟班实训”、“短平快”、“送教上门”等多形式实战专题培训。成立18个行动小组及“社会面安保、重点区域安保、驻地安保指导协调”3个分队，形成快速处置突发事件的工作合力。其间，共出动警力1000余人次，顺利完成亚信峰会安保任务。同时，完成全国、上海“两会”，F1大奖赛、“田径黄金联赛”等重大活动及会议安保任务。（郑琴）

【推出13项便民利民措施】 市局出入境管理局推出13项便民利民措施：中国公民网上约时间、约地点、专窗受理出入境证件；办理

"护照、港澳通行证、大陆证"使用"三表合一"申请表格；多种出入境证件可网上合并预约受理；赴台探亲可办理1至3年多次签注；赴港澳台可单独办理港澳通行证件或大陆证；赴台团队旅游免交旅行社发票；16周岁以上中国公民一年内再次办理出入境证件可不再采集照片。本市户籍居民可在全市出入境受理点办理再次赴港澳台个人游签注自助受理、当场取证；赴港澳台单独签注办证时限从7个工作日缩短为5个工作日。启用自助填表机。台湾居民办证网上预申请，办证周期缩短至4个工作日。外国人居留许可延期可网上预受理、预审核、约定时间、当场取证。增设9家境外人员服务站。(郑琴)

媒体宣传报道便民措施 (郑琴提供)

【开展"平安上海"专项整治行动】 年内，全市公安出入境管理部门开展"迎峰会、保平安"打防管控、涉外整治专项行动。通过多渠道、细深挖、出重拳，侦破78起妨碍国(边)境管理案件，成功破获3起市局挂牌、2起部局督办案件。10月24日，市局境外人员管理工作领导小组召开"平安七号"打击整治外国人"三非"专项行动部署会，针对来沪境外人员数量大、情况复杂的特点，按照"突出重点、点面结合，分片整治"的原则，加强组织协调。先后开展20余次、5次定向清查整治行动，清查涉外公共场所5000余个，共查处"三非"外国人4417人次。(郑琴)

开展“平安七号”行动　　（郑琴提供）

【推进出入境信息平台建设】　市局出入境管理局在前期试点使用信息系统的基础上，不断完善信息项目，提高查询、预警、统计等功能，2 月正式启用在沪境外人员信息管理平台，并向市、区二级单位推广，开展培训及指导。此系统的应用，提升了对 72 小时过境免签外国人入境后的管理力度，全面、有效地掌握在沪境外人员遵守我国法律法规的信息，确保在沪境外人员住宿登记采集的准确率。截至年底，共有 22408 人次外籍人员过境免签入境，比上年增加 49.1%。（郑琴）

【推进“阳光警务”建设】　8 月，根据市局提出的“阳光警务”建设工作要求，市局出入境管理局在行政管理公开程度、办证系统信息化水平、服务热线及民警综合培训等方面改革创新，通过建立政务信息公开新机制，开辟网上信息公开通道，开发多媒体窗口办证辅助及自助引导系统，提高办证数字化智能化水平。运用“警校培训+岗位实训”、微课程等多种培训形式，提高民警的业务能力和服务水平。设立“阳光窗口”，开辟“绿色通道”，主动延伸服务触角，努力建成市局“阳光警务”示范点。（郑琴）

【启用 2014 版电子港澳通行证】　9 月 15 日，在公安部的统一部署下，市局出入境管理局正式启用 2014 版电子港澳通行证。新版电子港澳通行证采用多项物理防伪和数字安全技术，内嵌非接触式集成电路芯片，存储持证人个人资料、指纹及证件、签注签发管理等信息。（郑琴）

【宣传“出入境管理微信公众服务号”】　年初，“出入境管理微信公众服务号”正式上线运行。为扩大知晓度，市局出入境管理局联合腾讯大申网、新华网、《新闻晨报》等主要媒体开展官方微信系列宣传活动，腾讯 QQ 等 17 处网络平台分别介绍“出入境管理微信公众服务号”及其便捷功能，同时在公交候车亭和移动电视公共宣传平台滚动播放宣传视频。"出入境管理微信公众服务号"借助"上海发布"平台，推荐用户数量达20万。年底，市局出入境管理局获得"华东政务微信亲民服务奖"。(郑琴)

【推进基层出入境窗口建设】 市局出入境管理局为进一步完善出入境服务体系，规范基层窗口建设，在浦东临港地区新增出入境办证受理窗口。闸北、徐汇分局推出自助发证机试点工作，闸北、闵行分局增设台胞证受理业务，虹口等8个分局增设外国人证件办理业务。(郑琴)

【"中国（上海）自由贸易试验区出入境办证中心"揭牌】 11月27日，"中国（上海）自由贸易试验区出入境办证中心"暨"上海市公安局自由贸易试验区分局出入境接待大厅"正式揭牌。该中心以更高的视野定位出入境在自贸区制度创新中的职能，全力支撑先行先试的各项需求，在出入境服务能力、管理职能等方面体现新格局。(郑琴)

【开展基层基础工作调研】 市局出入境管理局以贯彻执行《中华人民共和国出境入境管理法》为契机，调研、破解工作中遇到的新问题，提高出入境管理系统的工作效能，提升整个系统的理性思考能力。印发2014年度上海公安出入境管理工作调研题目，从服务、管理、打击等方面入手，组织全市出入境管理部门开展调研，撰写各类调研文章35篇，从中择优选取7个课题完成相关调研报告，并将调研成果转化到实际工作中。(郑琴)

【2014年来沪外国人人数统计表】

总数4806740人次

亚洲2471832人次

日本	796613	巴基斯坦	15570	叙利亚	2847
蒙古	4571	印度	165359	伊拉克	3059
朝鲜	2407	孟加拉国	8583	黎巴嫩	3143
韩国	560508	尼泊尔	4566	约旦	3259
越南	31134	不丹	117	巴勒斯坦	474
老挝	1696	斯里兰卡	12346	以色列	21625
柬埔寨	3828	马尔代夫	1549	沙特阿拉伯	5415
缅甸	18758	阿富汗	1084	科威特	650
菲律宾	198854	伊朗	32159	巴林	631
泰国	67537	土耳其	30240	卡塔尔	371
马来西亚	166709	塞浦路斯	1057	阿联酋	1793
新加坡	170803	东帝汶	85	阿曼	671
文莱	1010	印度尼西亚	111962	也门	2433

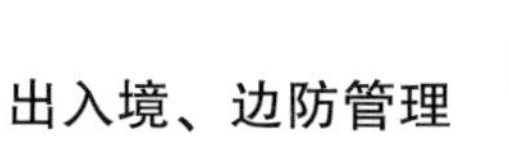

乌兹别克斯坦	3433	吉尔吉斯斯坦	1677	哈萨克斯坦	7025
塔吉克斯坦	943	土库曼斯坦	808	亚美尼亚	527
阿塞拜疆	1260	格鲁吉亚	683		

欧洲 1208481 人次

爱沙尼亚	1376	波兰	23182	法国	171560
立陶宛	2515	捷克	7344	荷兰	55086
挪威	13014	匈牙利	6305	比利时	23521
瑞典	43870	罗马尼亚	11437	卢森堡	1036
芬兰	23162	塞尔维亚	2716	瑞士	32179
丹麦	25790	保加利亚	5178	意大利	95953
冰岛	1046	阿尔巴尼亚	534	希腊	8554
俄罗斯	83860	德国	251137	西班牙	54589
波斯尼亚	1221	英国	179123	安道尔	64
乌克兰	24478	爱尔兰	12574	奥地利	22037
拉脱维亚	1671	列支敦士登	151	葡萄牙	9222
斯洛伐克	3111	摩纳哥	46	马耳他	506
白俄罗斯	3624	克罗地亚	3753	马其顿	0
斯洛文尼亚	1890	圣马力诺	66	梵蒂冈	0

大洋洲 195382 人次

澳大利亚	161943	瑙鲁	36	密克罗尼西亚	32
新西兰	31007	所罗门群岛	25	基里巴斯	577
图瓦卢	95	巴布亚新几内亚	270	汤加	78
瓦努阿图	63	阿鲁巴	740	斐济	495
塞班	21				

非洲 65532 人次

埃及	8683	多哥	284	索马里	145
苏丹	1475	贝宁	353	肯尼亚	2410
利比亚	643	尼日尔	458	乌干达	790
突尼斯	2076	尼日利亚	3002	坦桑尼亚	2737
阿尔及利亚	3251	喀麦隆	876	塞舌尔	236
摩洛哥	3252	赤道几内亚	132	毛里求斯	3679
毛里塔尼亚	222	圣多美	11	留尼汪	6

佛得角	90	中非	71	马达加斯加	698
塞内加尔	497	加蓬	164	莫桑比克	502
冈比亚	51	刚果（布）	431	马拉维	271
几内亚比绍	208	刚果（金）	386	赞比亚	645
几内亚	253	布隆迪	341	安哥拉	551
塞拉利昂	201	卢旺达	186	津巴布韦	107
利比里亚	159	埃塞俄比亚	6136	纳米比亚	491
马里	416	吉布提	104	南非	14684
加纳	1638	莱索托	89	科摩罗	160
乍得	137	斯威士兰	13	西撒哈拉	5
科特迪瓦	480	博茨瓦纳	266	布基纳法索	103
圣基茨和尼维斯	222	马绍尔群岛	55		

美洲 858854 人次

加拿大	135240	委内瑞拉	3618	阿根廷	9151
美国	609022	圭亚那	204	乌拉圭	1904
墨西哥	32803	苏里南	90	巴哈马	208
危地马拉	849	厄瓜多尔	2708	古巴	1040
萨尔瓦多	290	秘鲁	4591	牙买加	655
洪都拉斯	1053	玻利维亚	1130	海地	157
尼加拉瓜	252	巴西	29838	多米尼加	610
哥斯达黎加	1489	巴拉圭	329	格林纳达	98
巴拿马	1305	智利	7942	伯利兹	161
哥伦比亚	10099	巴巴多斯	115	厄立特里亚	201
波多黎各	4	圣卢西亚	106	特立尼达和多巴哥	582
马约特	0	摩尔多瓦	677	安提瓜	66
格陵兰	0	多米尼克	104	圣文森特	163

其他 6659 人次

（李斌）

边防检查

【概况】 2014年，上海边检总站进一步加强和改进新形势下边检工作，全面深化“新三大支柱”建设，以“五个先锋”为目标，全力维护国家安全和社会稳定，推动边检服务水平再上新台阶。全年，检查出入境人员3296.7万余人次，比上年增加12.9%。检查出入境交通运输工具22.6万余架（艘、列）次，比上年增加7.9%。检查出入境国际邮轮500余艘次，比上年增加38.3%。浦东机场共办理24小时直接过境免办边检手续旅客35.2万余人次；浦东、虹桥两机场共办理72小时过境免签证旅客2.2万余人次，比上年增加48.1%。(刘江萍)

【完成亚信峰会等重大活动边检及安保任务】 上海边检总站主动采取超常规举措，构筑口岸管控屏障，积极投入亚信峰会安保工作。组织各边检站212名业务部门领导和一线执勤队领导开展3期专项培训，着力提高各级人员组织指挥和处理突发事件的能力。与市局反恐等部门建立有关通报核查机制，协助市局文保分局等单位对犯罪嫌疑人实施紧急布控。铁路边检站与沪港直通列车沿途3个停靠站点公安机关建立协作机制，形成安保工作合力。亚信峰会期间，共为包括俄罗斯总统等11位国家元首、1位政府首相、10位国际组织领导人在内的82批次代表团办理入出境边检及礼遇手续。南京青奥会期间，边检总站在浦东、虹桥机场设置青奥会入出境专用通道，共为161个国家的3656名参加青奥会人员办理入境手续。同时，圆满完成全国“两会”、APEC峰会等重要会议安保和出入境边检任务。(刘江萍)

部署亚信峰会安保工作 (刘江萍提供)

【推进边检管理创新】 上海边检总站主动服务上海国际航运中心建设，在全国率先开展邮轮检查改革试点，简化外籍邮轮出入港手续和船员临时入境手续，对随原邮轮返回的中国内地居民免盖入境验讫章，对随访问港邮轮入境并随轮出境的外国籍和中国台湾旅客免加盖出境验讫章，上述举措已在全国推广。放宽长期登轮证件签发条件，参与上海国际贸易“单一窗口”平台设计开发，主动跟进上海临港区域战略部署，为产值近十亿美元的多艘钻井平台和船舶提供通关保障。对接上海航空枢纽港发展，建立完善与民航部门、安检机坪科等驻场相关单位共管协作机制，实现货运航班“快通关”和监管模式“大协同”。年内，将浦东机场入境边检自助查验通道由15条扩容至25条，通过自助通关方式入境的旅客超过43万人次，比上年增加149.8%。全年上海口岸出入境人数突破3000万，4个承担旅客检查任务的边检站旅客满意度电子评价系统，其满意度评价保持在99.94%以上。在2014年全球机场协会（ACI）旅客满意度测评中，涉及浦东机场边检的3项指标排名均位居前列。（刘江萍）

【狠抓执法规范化建设】 上海边检总站通过举办“边检法制讲坛”、执法示范单位经验交流座谈会、开展执法检查“回头看”活动等方式，深入查找和分析边检行政执法工作中的热点、难点问题，采取有针对性的工作措施。创新推出优秀执法制度推荐活动，评选和整理出适合推广和借鉴的优秀执法制度，供基层单位学习参考。对各类法律文书模板进行修改、完善和数字化导入，提高法律文书的制作质量和效率。结合口岸限定区域“颜色管理”制度，创设“边检法制课堂”，针对违法违规人员开展“一对一”边检法律法规专题教育，增强执法效果。年内，共查获、审理非法入出境人员300余人次，比上年增加40%以上；查获邮轮旅客境外脱团案件7起20余人次。在公安部“猎狐2014”专项行动中，排查发现多名漂白身份信息加入外国籍的在逃经济犯罪嫌疑人。7月，排查发现涉嫌合同诈骗案、案值达3600余万元，且已变换外籍身份的网上在逃人员，以及涉嫌贪污贿赂案、案值达100余万元的网上在逃人员，并于8月将2人抓获。不断完善法制监督，全年共办理行政案件5600余起，无一起有效行政复议案件。（刘江萍）

【加强对外信息服务工作】 上海边检总站在先后推出英文网站和官方微博的基础上，对互联网门户网站进行全新改版，自主开发建设公安网“文化新天地”边检职业文化信息平台和微信“订阅号”，及时发布最新出入境政策，答复旅客提问。目前，上海边检总站微博粉丝数量近70万。参与上海市公共信用信息平台建设，自3月起，定期向上海市公共信用信息服务平台提供经边检机关备案登轮单位、边检信誉管理“绿牌”诚信单位信息，以及违反边检法律法规人员信息。5月，加入中国（上海）自由贸易试验区管理委员会自贸试验区信息共享平台，为该平台提供自贸区内企业相关边检备案、监管类数据。同时，参与上海国际贸易“单一窗口”平台设计开发，为“单一窗口”申报平台第一阶段试点工作于6月18日在洋山口岸正式运行提供保障，第二阶段试点工作于年底正式运行。（刘江萍）

【提升队伍专业化水平】 上海边检总站组织开展全国边检机关普通级证件鉴别人员跟班培训，来自24个边检站的25名学员参加培训。

充分发挥“高波证研工作室”等业务带头团队的辐射效应，培养基层证研骨干。年内，已有高级证研员11人，中级证研员60人，初级证研员200余人，逐步形成专业化证研队伍。组织114名民警前往北京、深圳、汕头和海口边检总站开展学习交流活动，并接收来自广州、珠海、汕头和海口边检总站的民警来沪交流。落实轮岗交流机制，分4批对260余人进行跨站和岗位交流，进一步提升民警综合业务水平。（刘江萍）

举行2014年新警初任培训结业仪式　（刘江萍提供）

【强化队伍监督工作】　上海边检总站建立督察发现问题基础数据档案库，部署启用“党风廉政建设信息管理系统”和“清风学苑”廉政教育网站，逐步建立完善信息化大监督工作格局。围绕队伍突出问题隐患开展深度排查，制定涉及25个方面重点问题清单，对排查出的人员制定针对性帮教措施，并纳入信息系统跟踪管理。开展纪律作风专项整治和执法服务突出问题隐患专项治理活动，积极配合公安部直属单位巡视组开展巡视工作，组织特邀监督员代表赴边检口岸进行巡访。在总站组织的警务评议活动中，服务对象对总站执法服务满意率达98.52%。年内，总站信访举报、投诉以及内部违纪案件数量明显下降。机场边检站督察队被评为“全国公安机关警务督察工作成绩突出集体”，受到公安部通报表扬。（刘江萍）

【深化边检信息技术系统综合应用】　上海边检总站全面承担出入境人像比对系统的日常巡检工作，为全国公安出入境管理机关提供稳定可靠的人像比对服务。积极推动生物识别签证项目建设，全面调研国内外知名指纹识别系统算法和应用功能。启用海港综合应用整合系统，实现单一平台登录、共享数据存储、集中升级管理等功能。完成浦东机场12条通道多功能验证台试点改造工作，新增防漏检、信息发布、证件鉴别等七项功能，为检查员提供更加精密的辅助检查工具，为出入境旅客提供更加人性化的通关设施。开展梅沙系统升级、应急程序升级和应急方案调整工作，为人工和自助通道电子化查验中国电子普通护照、电子往来港澳通行证功能奠定基础。自主研发邮轮管控系统，实现船员、旅客梯口精确化管理和船员临时入境许可电子化，被公安部出入境管理局推广至全国使用。（刘江萍）

【加强边检特色的警营文化建设】 上海边检总站充分发挥由篮球、羽毛球、乒乓球、足球运动队，以及文学、影像、语言、书画兴趣社和文工团构成的“四队四社一团”警营文化高地示范带动作用，吸引超过1600名民警、职工及家属参与。参与上海文明口岸同创共建活动，承办上海口岸“主持与朗诵”文化艺术交流活动，增强与口岸单位及社会服务对象的横向互动交流。年内，总站7个集体荣获上海文明口岸同创共建创新服务奖及优秀组织奖，上海机场边检站荣获“全国文明单位”称号、“绮羽组”荣获“全国三八红旗集体”称号。（刘江萍）

边防管理

【概况】 2014年，上海边防总队坚持从严治警转作风，务实创新谋发展，层层问效抓落实，圆满完成各项工作任务。年内，共出动警力29800余人次，巡逻2500余次，检查船民137400余人次、船舶14900余艘次。调处各类矛盾纠纷455起900余人次，调处率达到100%。开展各类处突演练和视频拉动55次，开展实战演练20余次，发现并消除各类安全隐患60余起。抓获网上在逃人员11人。协助江苏、山东等边防部队侦办案件12起，联合辽宁总队侦破“9·12”特大偷渡案件，联合市局有关部门侦破“10·21”、“6·23”特大偷渡案件。全年，完成世界沙排巡回赛、迷笛音乐节等各类安保任务27项。总队2个基层单位获评“上海市青年文明号”，总队边防支队堡镇港边防派出所被公安部边防管理局评为“基层建设标兵单位”及“执法示范单位”，总队边防支队海湾边防派出所获评“爱民固边先进集体”。（杨智斌）

【完成亚信峰会边防安保任务】 上海边防总队认真贯彻上级决策部署，严格落实亚信峰会安保情报信息搜集研判、辖区重点卡口重点目标24小时巡逻防控、“环沪护城河”协作联动等工作机制，共出动一线警力450人，实现亚信峰会边防安保工作目标。大力推进平安边防建设，持续加强“四个实有”管理。开展“迎峰会、保平安”打防管控，“严打暴力恐怖活动”、户籍清理整顿等多个专项行动，抓获网上在逃人员11人。进一步健全综合治理防控体系，新建20支群防群治队伍。坚持“反恐”标准锻造精兵，持续加强对青草沙水库、化工区、长兴造船基地等诸多重要目标的防护，开展实战演练20余次，发现并消除各类安全隐患60余起。（杨智斌）

【深化推进爱民固边战略】 上海边防总队以熟悉群众、服务民生、化解矛盾、维护治安、管控边境为主题，持续深化“三访四见”活

动，制定十项便民利民措施和渔船民管理十五项措施，进一步提升警民双向熟悉率、群众满意度。建立边防派出所、村治保会等多方矛盾纠纷联动调解机制，调处各类矛盾纠纷455起，调处率达到100%。全面启动“爱民固边模范企业”创建活动，扎实推进横沙爱民固边模范岛、海湾爱民固边模范旅游区的市级层面命名工作。推动主官进班子工程，年内，边防支队、大队、派出所三级主官全部进入驻地同级政法委、综治委班子，5名民警兼任辖区村党支部副书记。（杨智斌）

【加强规范化、信息化和正规化建设】 上海边防总队落实新一轮执法规范化建设部署，完成部局年度达标任务。协调推动边防派出所全面承接办理辖区轻微刑事案件，修订边防行政案件处罚裁量标准；成立总队法律专家咨询委员会，举办法治教育系列讲座和执法骨干集训；开展执法突出问题排查整改和案卷评查活动，梳理纠正72个不规范问题，进一步完善执法制度。着力提高信息化实战能力，强化综合集成和信息化安全体系建设，全面推广综合指挥、一体化、办案办事等七大“网上工作平台”，日常工作实现“全警触网”。拓宽经费渠道，推动信息化项目申报工作。依照条令条例狠抓部队正规化建设，修订完善机关和基层两个正规化管理细则。召开上海公安边防派出所基层基础建设工作座谈会，强化“五个统一”模式。推进岗位技能练兵活动，先后组织机关干部集训、军事业务比武集训、公安业务等各类培训，累计700余人次参加。（杨智斌）

比武集训　　（杨智斌提供）

【加强思想政治工作】 上海边防总队组织两批次27名干部赴新疆边防总队基层一线挂职锻炼4个月，锤炼队伍艰苦奋斗、爱国奉献意识，提升队伍能力素质和精神面貌。落实部局重大任务中政治工作的意见，研究制定17项政治工作措施，为完成亚信峰会安保任务提供坚强的政治保证。承办部局第十期青干班、内陆总队营职以下干部培训任务。全面贯彻落实部局基层文化建设三年规划，大力加强警营文化建设。积极开展内外宣传工作，全年在各类新闻媒体上刊稿910篇。（杨智斌）

【加强后勤综合保障能力建设】 上海边防总队进一步拓宽经费保障渠道，全年共争取各类经费1.084亿元。推进部队基础建设，落实总队综合指挥中心征地工作，开工建设北堡港所项目，顺利进行船艇大队岸勤配套选址项目、基层新建项目工作。开展后勤管理规范化建设，修订完善公务接待管理规定等12项规章制度；开展公务接待费、会议费、培训费管理情况专项审计，先后3次进行团级领导干部经济责任审计和基本建设项目审计。加强装备保障建设，提高管装护装能力，完成206台车辆牌证申请及ETC设备安装调试。扎实为基层办实事，累计投入2000余万元加强基层“四化”（打防管控一体化、执法规范化、服务亲民化、管理精细化）建设，总改造面积2.7万平方米，基层营房面貌焕然一新，边防派出所食堂改造项目全部完成。开展“健康基层行”活动，组织地方医疗专家到基层一线巡诊医疗11次。（杨智斌）

【建立快速处置危险品绿色通道】 为提高边防辖区危险品处置速度，规范处置工作，上海边防总队推出上海市边防辖区危险品处置工作规范，建立快速处置绿色通道，确保处置流程简捷、处置方式安全。11月4日，《人民日报》（海外版）用较大篇幅刊出相关报道。（杨智斌）

【总队轮滑队成绩优异】 7月18日，上海边防总队轮滑队在第二十九届全国速度轮滑（场地）锦标赛暨第2014年亚洲轮滑锦标赛选拔赛中，轮滑队员庞晨获得一枚金牌，孙伟航、张鹏飞分获两枚银牌，其他队员分别获得三枚铜牌的好成绩。南京青奥会上，总队轮滑队教练宋杨、队员庞晨受到中国轮滑协会的邀请，成为参加本次青奥会的公安边防部队的代表入选展演赛。8月17日至27日，宋杨和庞晨与来自世界各地的顶尖高手，共同为现场观众进行了一场场精彩纷呈的表演赛。9月21日至24日，在第十六届亚洲轮滑锦标赛速度轮滑场地赛上，张鹏飞获得个人场地1000米争先赛铜牌，场地3000米接力铜牌，公路5000米接力银牌的好成绩。（杨智斌）

【姜平、白少康主持召开专题会议】 10月11日，姜平、白少康主持召开专题会议，研究支持公安边防总队建设等相关工作。市政府副秘书长陈靖，市局党委副书记、副局长陈臻出席，市委政法委、市发展改革委、市公安局、市交通委、市规划国土资源局、市财政局、市民政局等有关领导参加会议。姜平对上海边防总队一直以来在维护上海沿海地区安全稳定，服务地方经济发展做出的努力表示感谢，希望各相关部门要从捍卫国家主权权益的大局出发，站在维护国家海边防安全稳定的战略高度，继续加大对边防部队的支持力度，进一步帮助推动边防部队发展壮大。相关部门要抓紧调研论证，明确工作措施，加快推进边防部队综合指挥中心、船艇大队等基础建设和爱民固边模范创建命名表彰等工作。（杨智斌）

青奥会轮滑表演　　(杨智斌提供)

【徐宽宥副局长到边防总队宣布干部任职命令】 11月3日，上海边防总队召开宣布干部任职命令大会。公安部边防管理局副局长徐宽宥，市局副局长陈臻，总队机关全体干部及支队级单位主官参加会议。会议由市局政治部副主任兼现役办主任蔡胜主持。会议宣布了邹新华同志任总队政委的任职命令和党内任职的通知。(杨智斌)

道路交通管理

【概况】 2014年，全市交警部门以“走在全国前列、瞄准国际化大都市要求”为标准，以完成亚信峰会交通安保任务为驱动，继续紧扣“降违法、降事故、保安全、保畅通”核心任务，坚持“严格执法”思路和“问题管理”导向，持续深入推进交警系统执法规范化、管理人性化、服务优质化、措施科学化、队伍正规化建设，进一步提升符合上海特点的大城市道路交通管理服务水平，做好重要节假日、恶劣天气以及重点施工项目期间交通出行保障，持续缓解城市交通压力。

提升一线民警“见警率”、“管事率”，持续改善道路通行秩序。年内，共查获交通违法行为1162.6万余起，比上年增加15.8%。其中，机动车交通违法行为1005万余起、非机动车交通违法行为109.3万余起、行人交通违法行为46.5万余起，比上年分别增加10.1%、83.0%和188.6%。

完善“政府牵头、部门共管”的道路交通安全综合治理机制，确保全市道路交通安全形势持续平稳可控。全市发生道路交通事故（上报）1172起，造成902人死亡、624人受伤，比上年分别减少41.72%、1.31%和57.23%。

深化严格交通执法管理保障机制，加强执法规范化和“阳光警务”建设，增强交警队伍凝聚力、战斗力。强化主动服务理念，深化便民利民措施，不断提升市民群众满意度。（朱伟君）

【完成亚信峰会交通警卫任务】 市局交警总队以“科学布局、减少扰民、依托主线、设置共线”为原则，制定交通保障主要线路350余条、备用线路140余条、应急线路20余条，并先后组织开展8次模拟演练。亚信峰会期间，全市各级交警部门完成交通警卫任务62批、292批次，其中“三十秒间隔”交通警卫任务13批、90批次，各类线路警卫交通保障任务精准到秒、精确到米。同时，交警部门强化社会面宣传，落实道路管制和疏导分流措施，亚信峰会期间，全市未发生长时间、大面积交通拥堵，实现“既确保安全，又减少影响”目标。（朱伟君）

岗位练兵 （朱伟君提供）

【构筑进沪陆路通道环沪“安保圈”】 亚信峰会期间，市局交警总队会同有关分（县）局与江苏、浙江、安徽公安部门建立完善进沪陆路通道包干协作机制，分阶段梯次推进落实道口等级查控勤务和重点车辆圈层过滤措施，将一大批治安和公共安全隐患阻挡在市境道口之外。其间，上海包干的26个道口公安检查站共检查车辆69.4万余辆次、人员114万余人次，抓获网上在逃人员53人、吸贩毒人员370人，查获毒品371克、违法违规运输危险品88.8吨、管制刀具660把。（朱伟君）

【强化城市交通运行秩序管控】 全市各级交警部门进一步完善严格执法管理各类考核引导和保障机制，提高路面“见警率”、“管事率”。同时，结合“迎峰会、保平安”打防管控交通专项行动和“六打六治”打非治违专项行动等工作，持续整治“五类车”、机动车违法停放、行人和非机动车“二乱”等易引发交通拥堵、影响城市形象的交通“顽症”以及酒后驾车、“三超一疲劳”等严重影响安全的违法行为。全年共组织开展整治行动970余次，查获各类交通违法行为754.5万余起。其间，交警部门以“最严的要求、最严的执法、最严的管理、最严的处罚、最严的追责”为标准，从11月起开展严格交通执法管理“冬季战役”，集中整治违法停车等严重影响交通、市民反响强烈的交通“顽症”。（朱伟君）

【加强非法客运整治工作】 市局交警总队会同有关部门以“五类车”为重点，围绕市、区（县）两级重点整治区域，推进落实集中整治、日常固守等常态长效工作机制，持续推进“五类车”等非法客运专项整治工作。全年共查获“五类车”交通违法行为155.6万余起，暂扣车辆23.4万余辆，行政拘留违法行为人5400

余人，实现40处市级重点整治区域无回潮、无反弹。其间，8月1日本市非法客运新规新政出台后，全市各级交警部门对交通行政执法部门移交的涉嫌非法客运四轮机动车驾驶人依法予以暂扣驾驶证3~6个月处罚，共暂扣驾驶证2336本。(朱伟君)

【推进道路交通安全制度化建设】 市局交警总队进一步细化分解上海市贯彻实施国务院办公厅《贯彻落实国务院关于加强道路交通安全工作意见重点工作分工方案》的意见中，涉及各区（县）人民政府和市政府有关部门的工作，明确具体工作目标和任务职责。在此基础上，协同市安委办继续执行道路交通事故死亡人数控制指标、较大以上事故纳入区（县）政府政绩考核，推动落实道路交通安全属地化管理责任。同时，不断健全完善“政府牵头、部门共管”的道路交通安全综合治理机制，努力实现标本兼治。(朱伟君)

【推进公路交通安全防控体系建设】 市局交警总队制定实施上海交警推进公路交通安全防控体系建设三年规划实施方案，推进以道口检查站为核心的16项任务50条措施。通过在全市道口检查站推行标准安检操作流程，落实长途客车等级安检、逾期未年检车辆拦截查处等措施，进一步提高对公路通行车辆的检查效率。其间，全市道口检查站共检查车辆307.9万余辆次、人员310.1万余人次；抓获违法犯罪嫌疑人990人、网上在逃人员346人，查获毒品79.7千克、非法烟花爆竹620余箱、非法运输危险品3598吨。组织指导全市高速交警大（中）队依托与路政部门共享的1000余路高速公路视频监控资源，建立完善高速公路24小时视频巡逻工作机制，严查机动车超速、客运车辆站外上下客、长途客车凌晨2时至5时通行等重点违法违规行为。(朱伟君)

【提升交通监控指挥和应急处置能力】 全市各级交警部门加强对交通警情的分析研判，强化重点时段、重点路段、重点区域的视频监控巡查，顺利完成亚信峰会、南京“青奥会”等重大活动安保及清明、中秋、国庆等重要节点期间道路交通保障工作。全年共监控重大交通警情4.5万余起，实施干预指挥2760余次，完成1842批次交通保障任务。其间，市局交警总队进一步修订完善越江桥隧突发事件交通疏导、总队领导赶赴重大突发案（事）件现场指挥处置规程等工作方案，会同防汛、气象、交通等部门细化重要节假日、恶劣天气、突发事件等状态下的应急联动响应机制，并组织开展防汛、防台风模拟演练27次。(朱伟君)

【推进道路缓堵排堵综合治理】 市局交警总队组织排摸交通拥堵点129处，会同建设、交通等部门采取综合性缓堵排堵措施，完成20余处交通拥堵节点工程性改造任务和工程性小改小革措施。协同相关单位研究开发采用GPS授时、校正的信号机时钟，实现单点信号机精确协调控制，缩短路口及高架匝道出口车辆排队长度。结合市政重大工程周边道路交通实际，部署落实相关配套交通组织措施，强化对道路施工管理信息系统的运行管理，落实施工现场日常巡查监管2万余次，做好嘉闵高架等一系列重点工程配套交通组织工作。针对居住区、医院等周边“停车难”矛盾，新增道路停车场27处，停车泊位605个。(朱伟君)

【强化交通管理设施运维】 市局交警总队定

期组织开展道路交通管理设施安全大检查，推进落实两级监管机制。协调路政、绿化等部门着力解决交通管理设施视认干扰问题。完成127条道路、800余个建设项目的交通设计审核。年内，通过相关信息平台受理抢修任务1.5万余起，完成111个路口交通信号灯及配套设施改造，验收接管道路56条，增设、优化道路交通设施209处。其间，结合道路交通标线复划工作，在全市47所学校、幼儿园、少年宫门口试用防滑系数较高的双组份人行横道线。在全市设置交通标志381块，做好“黄标车”限行区域扩大配套执法保障工作。（朱伟君）

【完善事故多发道路分级排查治理机制】 市局交警总队依托上海道路交通事故分析预警系统，对全市事故情况进行跟踪，发布“预警建议单”2期。协调安监、建设等部门持续推进9处市级、23处区（县）级交通事故多发道路分级挂牌督办治理，强化“闭环”管理。全年，9处市级事故多发道路交通事故死亡、受伤人数比上年分别减少82.76%和6.53%；23处区（县）级事故多发道路交通事故死亡、受伤人数比上年分别减少82.61%和34.61%。（朱伟君）

【推动企业交通安全主体责任落实】 各级交警部门深入全市各专业运输单位检查企业交通安全制度建设、车辆安全状况、驾驶人学习教育、GPS监管等情况。全年共上门检查长途（旅游）客运、危化品运输、普通货运企业及客运场站3891家次，开具隐患整改通知书979份，通过全市18个交通安全短信平台向专业运输单位安全干部、车辆所有人、驾驶人发送交通安全提示短信656万余条。其间，对193家发生有责死亡事故的车辆单位上门开展“四不放过”（事故原因未查清不放过、事故责任人员未处理不放过、整改措施未落实不放过、有关人员未受到教育不放过）教育，进一步提升监管实效。（朱伟君）

【深化交通安全大检查】 全市各级交警部门依托市道路交通安全工作联席会议办公室平台，围绕“排查隐患漏洞、整治突出问题、落实监管制度”三个方面，会同建设、交通、安监等相关部门持续组织开展道路交通安全大检查活动，全力推进人、车、路和道路交通管理重点环节的隐患漏洞排查工作。全年共排查重点车辆1.1万余辆、驾驶人4.1万余人、企业522家次，挂牌治理并竖牌警示事故多发路段32处，督促整改动态监控隐患106处，调整监控参数设置122家次，发放处罚教育提示单12.27万张。（朱伟君）

【完善机动车、驾驶人管理机制】 市局交警总队结合贯彻实施公安部、质检总局《关于加强和改进机动车检验工作的意见》和公安部《机动车驾驶证申领和使用规定》、《机动车登记规定》，会同交通、质检、安监等部门联合开展机动车安全隐患检查，定期检查考评全市各机动车登记服务站、检测站及二手车交易市场，对6家违规发放机动车安全技术检验合格标志的检测站分别处以停业整顿3个月处罚。在全市推广实施考试员和考生身份信息“双盲”制度及计算机辅助评判措施。其间，各级交警部门配合教育、交通、环保等部门推进校车安全检查和“黄标车”淘汰等工作，年内，淘汰“黄标车”16万辆、注销3年未审验车辆1.2万余辆。（朱伟君）

安全检查　　（朱伟君提供）

【创新执法管理措施】　市局交警总队加快推进“电子警察”监控设备建设和使用，年内安装“电子警察”720套，使全市固定“电子警察”总量达3064套。其中，323套设备实现联网通信。新增公交专用车道“电子警察”115套，总数达到200套，初步建成公交车道非现场执法监控网。全年“电子警察”共查获各类交通违法行为195万余起，比上年增加7.6%。其间，总队与交通部门建立机动车动态监控信息共享机制，试点利用车辆GPS动态监控信息查处危险品运输车闯禁令和大客车超速等违法行为。相关交警支（大）队试点开展高速公路“电子警察”取证并由道口执勤民警现场拦截处罚工作，共查获相关违法行为1223起。（朱伟君）

【强化交通安全宣传教育】　市局交警总队联合市文明办制定实施2014年上海市“文明交通行动计划”重点工作，推进落实五方面20项具体措施。会同市总工会、团市委、市教委、市妇联、市司法局、市安监局、市交通工程学会、上海广播电视台等单位围绕“《道路交通安全法》颁布10周年”等主题，举办全市性大型宣传活动15场（次），并组织开展2014年度道路交通安全评优推先等活动，进一步提升交通安全宣传教育的针对性和实效性。全市各级交警部门会同相关部门深入客货运企业、街镇、社区文化中心、学校等开展社会面宣传活动5969场（次），设立集中宣传点2934个，展出交通安全宣传展板8155块，发放宣传资料228万余份，通过LED屏、户外媒体滚动播放交通安全宣传标语65.44万条次。其间，相关新闻媒体发布交通安全新闻稿件1930篇（件），开展采访160批次。（朱伟君）

【深化执法规范化建设】　市局交警总队制定实施交警系统推进执法规范化和“阳光警务”建设方案，细化、分解、落实总队涉及的39项执法规范化建设项目、21项“阳光警务”建设项目。组织开展严格执法管理“怎么

看”、“怎么办”系列讨论活动，并出台关于进一步规范保障公安交警严格执法的指导意见，进一步强化交警严管保障。其间，共查处妨碍交警执行公务行为74起，刑事拘留46人、治安拘留15人。推进核心职业能力培训，依托重点专业能力提升、亚信峰会安保专项培训等活动，组织开展交通违法纠处、事故快处、反恐等各类培训188批次、比武活动7场，完成年初确定的10项绩效增量指标。（朱伟君）

【加强队伍建设和管理】 市局交警总队严格贯彻执行领导干部党风廉政建设责任制“一岗双责”十项规定，形成一级管一级、一级带一级的责任分解机制。通过建设廉政教育“微基地”、开办“警钟长鸣”专栏、组织收看警示教育片等方式，不断提升民警拒腐防变意识。其间，开展亚信峰会交通安保队伍思想政治工作，评选并授予10名民警“亚信峰会交通安保先锋”称号，即时性表彰立功嘉奖集体10个、个人142人。年内，总队被市局授予集体二等功，总队机动支队连续获全国公安机关爱民模范集体、上海市“五一”劳动奖状等，一批交警系统优秀民警获市局、部局表彰。坚持开展集中慰问、工会送温暖活动，累计补助困难、伤病民警及家属742人次，发放慰问费127.4万余元。（朱伟君）

【提升为民服务意识和能力】 市局交警总队面临“12345”市民服务热线承办量占市局受理量二分之一的压力，建立热线办理每月例会等10余项制度，并进一步规范处理流程和操作细节，妥善处理5325件。继续深化高架道路“电话预处警”和交通警卫二轮摩托车开道工作机制，减少对正常道路交通秩序的影响。推出机动车网上预约验车、多起交通违法未处理短信提示告知等4项便民利民措施，方便市民群众办理相关业务。其间，总队完成全市交警“警务通”增配“刷银行卡打印机”功能，进一步提高一线交警执法效率和执法质量。（朱伟君）

【驾车捡拾手机致6人死亡】 11月3日10时8分，赵靖良驾驶沪D-23347大型客车搭载48名乘客沿洋山岛东海大道由西向东超速行驶至能源路以西约300米处时，因捡拾掉落的手机，致使车辆右侧车轮碰擦道路右侧缘石后失控侧翻，造成6人当场死亡、43人受伤。（朱伟君）

【多起违法致2人死亡】 10月14日9时34分，周怀喜驾驶沪A-MD769小型普通客车沿外环线外圈，由南向北行驶至五洲大道出口处附近停车且向右变道时，与后方超速行驶的小型越野客车发生碰撞，致小型普通客车倾翻，造成2人死亡、3人受伤。（朱伟君）

【渣土车违法致2人死亡】 7月27日11时30分，孙亮夏驾驶超载的沪B-G7829重型自卸货车沿文翔路，由东向西行驶至东胜港路口时闯红灯，与沿东胜港路由南向北行驶的小型轿车发生碰撞后，重型自卸货车装载的泥土倾覆在小型轿车上，造成小轿车内2人死亡。（朱伟君）

消防管理

【概况】 2014年，上海消防总队主动对接上海城市发展战略，以推进消防治理体系和治理能力现代化为总目标，不断强化消防铁军、责任体系、治理模式、服务平台、联勤格局和综合保障现代化建设，实现火灾和队伍形势双稳定。全年，共发生火灾5846起，造成59人死亡、55人受伤，直接经济损失7428.1万元，比上年分别减少39%、19.2%、30.4%和40.2%，未发生重大以上火灾事故，重点区域、敏感场所未发生有影响火灾。全市公共消防站增至127个，新增各类消防车辆26辆、消防器材10万余件（套），消防经费总量比上年增加10.3%，消防无线通信覆盖率上升至96%，市政消火栓完好率达98%。完成亚信峰会、全国学生运动会、国庆等重大活动、节日消防安保任务，处置各类灭火和应急救援任务8.6万余起，疏散抢救被困人员13439人，保护财产价值12亿元。（陶友恒）

【韩正除夕夜视察慰问消防部队】 1月30日，中共中央政治局委员、上海市委书记韩正在市委常委、政法委书记姜平，市委常委、秘书长尹弘等领导的陪同下，到市应急联动中心，听取白少康关于春节安保有关工作汇报，询问上海消防总队负责人有关当晚火灾、接处警和烟花爆竹管控情况，对消防力量部署到位、防控措施成效显著尤其是火灾起数较往年同期大幅下降表示满意和肯定，并通过视频系统，向全市公安民警、消防官兵及其家属致以节日问候，要求上海公安消防部队再接再厉、全力以赴，确保市民群众欢度安全、祥和、快乐的新年。（陶友恒）

【完成亚信峰会消防安保任务】 上海消防总队坚持反恐标准，采取“突出重点、以面保点、团队运作、从严管控”的安保方略，建立健全“6+1”消防安保指挥体系，梯次采取“隐患清剿、等级备勤、贴身布控”等超常措施，进驻21支“防消联勤”核心安保团队，组建46支“网格化”周边巡控力量，提前落实“5个100%”防范措施，制作完善22个应急预案；轮番推进“迎峰会、保平安”、“清剿火患”、“雷霆”行动等消防安全专项行动，累计检查社会单位34万余家次，临时查封单位600余家，责令“三停”单位601家，行政拘留711人；全市1.2万名消防指战员、专职消防队员和630辆战备车辆高度戒备，开展演练，完善与苏、浙消防部队的环沪“护城河”跨区域增援机制，妥善处置7000余起救援任务；组建21个安保执勤点临时党支部，调派

49名团以上领导、72名科以上干部蹲点增援一线，增配大型消防直升机、35辆高新消防车、6.5万多件（套）“高、精、尖”装备，与33家社会联保单位联勤联动，成功实现亚信峰会期间“点上不发生冒烟起火事故，重点保卫对象、地标性建筑、敏感场所及周边不发生有影响火灾，全市不发生较大及以上火灾”的消防安保目标。（陶友恒）

【完成青奥会“环苏”消防安保任务】 第二届夏季青年奥林匹克运动会（以下简称青奥会）举办期间，上海消防总队严格按照上级统一部署，狠抓社会面火灾防控和跨区域应急救援准备，紧密结合重大隐患、“群租房”等集中整治行动，检查单位8671家，发现并督改火灾隐患174375处，拘留人员150人，临时查封单位150家，责令“三停”单位164家；联合相关部门在中央及本市主流媒体刊播宣传稿件、公益广告33条（次），在各级电视台播出消防提示字幕5040条（次），发送消防安全提示2700万条，发放各类消防安全宣传资料10万份；全面落实“环苏护城河”消防安保各项措施，青奥会开、闭幕式当日，全市122个消防中队、700多辆消防车、9000多名消防官兵严格执行二级战备要求，实行“四定”措施。松江、青浦、嘉定、宝山、崇明等环苏护城河区域消防部队24小时强化作战，随时做好出动准备。全市149家政府、企业专职消防队和1100余家人员密集场所志愿消防队作为应急调用力量，随时听命调遣，确保重点目标、敏感场所、地标性建筑“零火灾”，全市火灾形势持续平稳受控。（陶友恒）

【创新消防治理能力】 率全国之先推动出台《上海市社会消防组织管理规定》，从市级政府层面对乡镇、街道和企业单位建立基层消防力量的标准、要求、程序作出刚性规定。加紧制（修）定《公共建筑特殊防火设计规程》、《建筑消防设施特殊技术规程》等地方性消防法规和规范标准。修订出台《上海市公安派出所消防监督工作规定》及消防业务培训教材，制发简易消防工作手册。加快消防监管服务模式创新，再推简化“本市消防设计审核、消防验收及其备案的申报资料”便民利民措施。（陶友恒）

【完成市政府消防实事项目】 市政府连续第四年将消防安全纳入政府实事工程，分级筹措、集中投入专项经费7340万元，为100个老旧居民小区、5122幢住宅楼实施消防安全专项改造，增设安全指示标识，共增配灭火器1.5万个，张贴防火公告9395处，更换老旧电气线路64万米，安装简易喷淋1.89万个，指导全市9214个居民小区、63.3余万名群众开展逃生疏散演练。（陶友恒）

【整治城市消防管理顽症】 上海消防总队开展消防安全大排查大整治，累计排查社会单位100余万家次，督改火灾隐患117.2多万处，查封、“三停”单位1219家，行政拘留1362人。积极借力区域综合治理、产业结构调整、外来人口管理，以火灾隐患为切入口，主动靠前，协同治理“城中村”、群租房、老旧居民小区、违法违章建筑等城市管理顽症。全年，共整治市级督办消防安全重点区域43处、重大火灾隐患挂牌单位470家，拆除违法建筑400余万平方米，清退群租人员6万余人。（陶友恒）

开展“群租”专项整治行动（陶友恒提供）

【加强公共消防硬实力建设】 上海消防总队推动落实“规划引领、多方协调、专班推进”工作机制，建成投用徐镇、洪庙、搜救犬队和朱家角4个新（迁）建站，开工建设金汇、春潮、西工一、迪士尼、惠南5个新（迁）建站，完成嘉定新城、恒丰2个消防站施工招标以及上海消防特种车辆装备维修中心项目厂房主体结构施工。协调市财政局制定区（县）消防装备保障标准。推进公安部消防局“云计算”试点，完成信息中心一体化、系统服务器和存储设备升级扩容。升级数字化调度指挥辅助决策系统，实化运作浦东、崇明、金山3个支队级作战指挥中心。（陶友恒）

【提升消防综合打赢能力】 上海消防总队参与组织2次市级综合应急救援演练，磨合完善“3+X”应急救援联勤机制。开发“六熟悉”调研模块，更新维护消防GIS基础数据2万余条，复核预案1000余家。持续改进模拟化、基地化、实战化练兵模式，突出灭火救援安全行动专项教育，优化基层指战员等级评定考核，深入调研易燃易爆、地铁车站、公交枢纽等高危单位，加强化工、地铁、空勤、水域、搜救犬等灭火和应急救援专勤训练，发展壮大“保消合一”和多种形式消防队伍。全年，成功经受“4·9”崇明在建液化气船火灾、“5·4”虹口居民楼倒塌、“7·25”上海石化油罐爆燃、“9·30”宝钢冷轧厂火灾、“11·3”洋山客运大巴侧翻等应急救援考验。（陶友恒）

消防练兵比武　　　　(陶友恒提供)

【完成政府首次消防工作考核】 4 月 14 日至 16 日，公安部消防局副局长杜兰萍率国务院消防工作第六考核组对上海市政府 2013 年度消防工作进行考核，先后听取白少康、黄浦区政府领导所作的工作汇报，查阅有关资料台账，检查黄浦、杨浦、闵行、浦东、静安、奉贤 6 个区的 4 家社会单位、1 个街道办事处、1 个居民委员会、1 个公安派出所、2 个消防队站和 1 个政府专职消防队，以及市应急联动中心、消防培训基地、黄浦区市政署等单位。经考核，上海 2013 年度消防工作排名全国第二、直辖市第一。2013 年 12 月 25 日至 2014 年 1 月 13 日，市消防委成立由白少康、市政府副秘书长黄融、市局副局长朱伟明等领导带队的 14 个考核组，对 17 个区（县）政府、化工区管委会、申通集团 2013 年度消防工作情况进行考核验收。(陶友恒)

【启动上海市新一轮中长期消防规划编制工作】 年初，根据市政府先后印发的新一轮城市总体规划（2020—2040 年）编制工作指导意见和实施方案，消防规划被列为 28 个市级专项规划之一。上海消防总队于 10 月 30 日、11 月 4 日、11 月 11 日分别召开上海新一轮消防专项规划（2040）评估报告和工作大纲分组讨论会，并制发编制工作实施方案，制订任务书、时间表，明确工作专班、参加部门和重点任务，落实专项经费保障等工作，计划用时 14 个月完成编制工作。(陶友恒)

【攻关“城市感知消防”项目】 上海公安消防部门就城市创新驱动发展、经济转型升级对城市消防管理能级提出的新问题、新挑战，积极会同公安部上海消防研究所、公安部第三研究所等单位组建科研专班，历时两年攻关“城市感知消防支撑体系研究与单兵感知系统示范”研究，形成 2 个配套报告，先后发布学术论文 7 篇（期刊论文 2 篇，会议论文 5 篇），并申请“消防员追踪定位系统腰间固定装置”、“带语音视频功能的移动警务平台及其实现方法”等 8 项专利。其中“消防单兵姿态传感装置”、“消防用数字多媒体记录仪”、“消防单兵三维定位装置”3项专利已获专利证书，《消防员火场追踪定位侦察系统 V1.0》获得软件著作权。（陶友恒）

【开展上海—马赛第八次友好交流】 6月3日至8日，法国马赛消防局最高指挥官埃纳夫将军率团一行4人来沪访问交流。在沪期间，白少康、市政府副秘书长陈靖、朱伟明和上海消防总队领导会见代表团一行。代表团一行与上海消防总队签署2015年上海—马赛消防交流备忘录，深入交流地铁火灾的预防和灾害事故处置、火灾原因调查、太阳能技术应用的火灾防控、F1赛事的消防安全保卫工作等课题，并赴杭州与浙江消防部门交流木质结构建筑火灾防控措施和城市消防应急指挥调度工作。（陶友恒）

【开展消防宣传教育培训】 上海消防总队推动将消防安全纳入基础教育、职业培训、弱势关爱体系，分区拓展消防博物馆、培训基地、流动宣传车、消防体验馆等阵地，精心筹办“119消防周”、“九九消防平安”等系列宣传活动，累计培训重点岗位从业人员5.7万余人。完善落实警媒协作、随警作战机制，在主流媒体开辟专版专栏23个，曝光火灾隐患150余处，推出消防专题节目60余期。（陶友恒）

【提升队伍管理水平】 上海消防总队举办师团职领导干部专题轮训班，开展团职领导干部当兵锻炼，开展“牢记强军目标、献身强军实践”主题教育和“学英雄、见行动、保平安”、车站中队命名15周年纪念、“十佳好军嫂”评选等典型培树活动。年内，共有5人记个人二等功，339人记个人三等功，4个集体被命名为上海市“青年文明号”。开展“尊干爱兵、兵兵友爱”专题教育，培养心理咨询师和观察员190余人，举办“卫士杯”文体系列赛事，文工团文艺小分队基层巡演等警营文化活动。制定出台加强和改进士兵队伍建设“八项措施”，组织11批官兵家庭疗休养活动，为93名干部家属办理随军随调。开通“士兵心声”网络交流平台，梳理明确41项硬件、15项软件正规化建设标准。开展执法腐败问题集中整治和廉政预警防控机制建设，每季度开展财经监管联查联审。（陶友恒）

【周渡消防中队荣获上海市第三届“平安卫士”等荣誉称号】 1月14日，在由中共上海市委宣传部、上海市总工会、上海市公安局联合举办的第三届“平安卫士”评选活动中，浦东新区公安消防支队周渡中队当选第三届“平安卫士（集体）”。6月20日，在公安部政治部举办的先进基层党组织评选活动中，周渡中队获公安现役部队“先进基层党组织”荣誉称号。8月5日，在共青团上海市委员会举办的“青年五四奖章集体”评选活动中，周渡中队获上海市“青年五四奖章集体”荣誉称号。（陶友恒）

【处置“5·24”上海联仕电子化学材料有限公司三氧化硫泄漏事故】 5月24日10时48分，上海联仕电子化学材料有限公司发生三氧化硫泄漏事故。市应急联动中心接警后，先后调派吴淞、宝三、宝二等7个消防中队的23辆消防车、200余名指战员赶赴现场救援，于20时40分完成事故处置，共疏散人员200人，抢救财产价值1000万元，并防范次生灾害发生。事故未造成人员伤亡。（陶友恒）

【处置“11·3”洋山港客运大巴侧翻事故】 11月3日10时许，一辆客运大巴在洋山

港东海大道上突发侧翻事故，车内近50名乘客亟待救援。市应急联动中心接警后，迅速调集南汇支队全勤指挥部及芦一、芦二、申江3个消防中队的7辆消防车、60余名指战员赶赴现场处置，救出43名伤员和6名遇难乘客。（陶友恒）

【处置“12·4”浦东新区上南路5257号健龙宝海绵沙发制造有限公司火灾事故】 12月4日18时10分，浦东新区上南路5257号健龙宝海绵沙发制造有限公司发生火灾，过火面积3500平方米。市应急联动中心接报后，共调派永泰、周渡、周浦等17个消防中队、43辆消防车、270余名指战员赶赴现场扑救，于19时36分控制火势、20时9分扑灭火灾，有效保护了周边居民楼和危化品厂房。火灾未造成人员伤亡。（陶友恒）

【2014年全市万人火灾发生率】

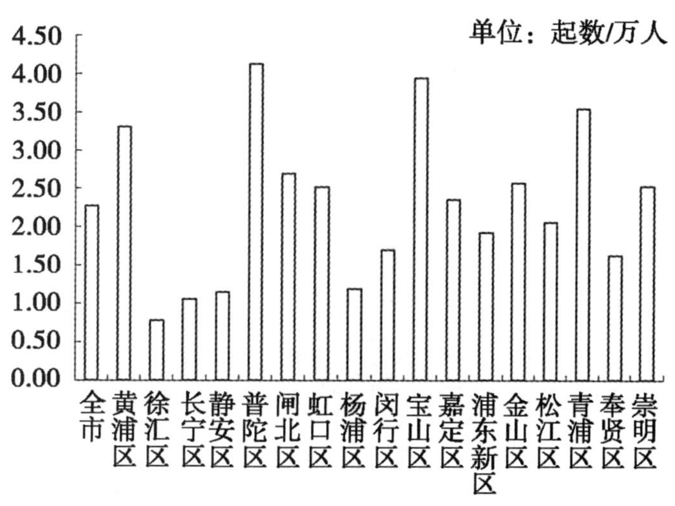

（王国磊）

【2014年全市人均火灾损失】

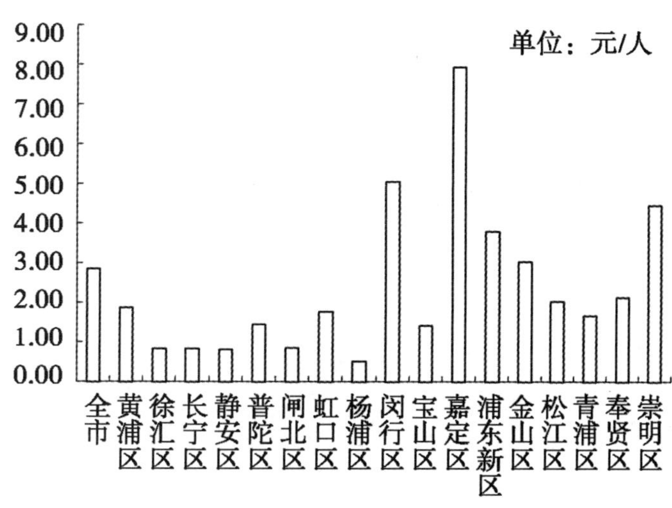

（王国磊）

【2014 年次均火灾损失】

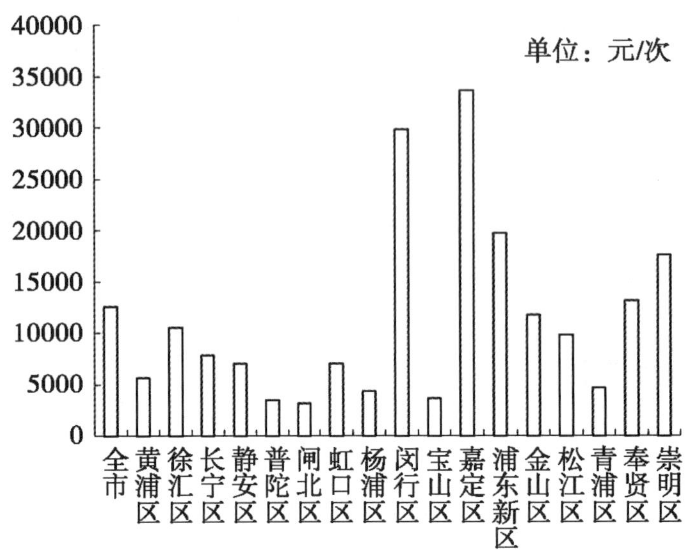

（王国磊）

【2014 年每月火灾死伤人数】

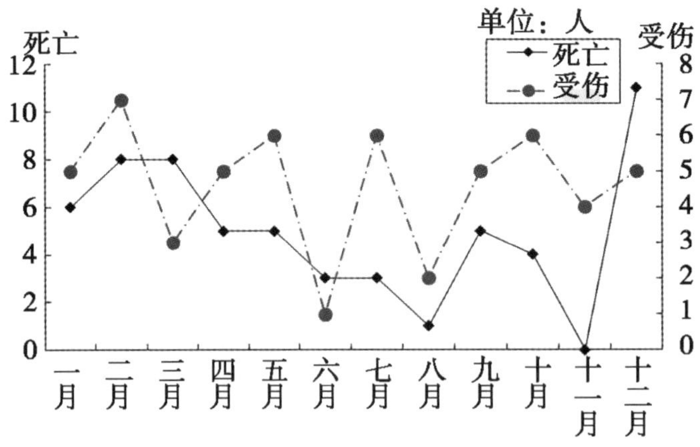

（王国磊）

【2014 年每月火灾起数】

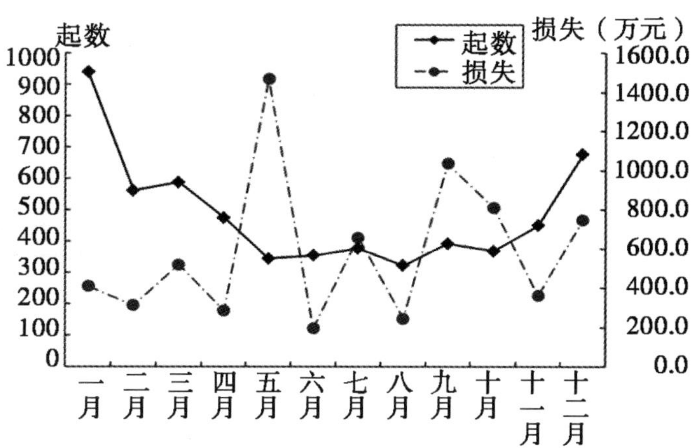

（王国磊）

【2014 年分地区火灾四项数值】

	火灾概况					
	起数	死人	伤人	损失		
				直接经济损失（元）	烧毁建筑（平方米）	受灾户数
合计	5846	59	55	74280872	108416	617
黄浦区	391	0	3	2205220	551.4	140
徐汇区	100	5	1	1059065	849.2	18
长宁区	95	1	3	745960	331	20
静安区	45	0	0	318953	133	6
普陀区	519	4	0	1823379	1741.4	6
闸北区	245	2	2	771104	1126.4	4
虹口区	246	4	2	1731906	1160.5	15
杨浦区	165	1		719076	1772	4
闵行区	410	9	7	12218626	10719	5
宝山区	728	11	5	2624952	8747.7	14
嘉定区	377	1	3	12686625	6550.7	80
浦东新区	1063	7	15	20974382	34271.9	162
金山区	215	3	4	2533722	4432.5	49
松江区	410	4	8	4824653	4681.6	35
青浦区	423	2		1994179	11090.1	25
奉贤区	191	2	1	2504918	9421.5	23

	火灾概况					
	起数	死人	伤人	损失		
				直接经济损失（元）	烧毁建筑（平方米）	受灾户数
崇明县	210	3	1	3701188	9487.1	8
化工区	3	0	0	98280	21	0
市重点处	2	0	0	501	2	1
水上支队	8	0	0	744183	1326	2

（王国磊）

【“1·1”宝山通河八村居民住宅较大火灾】 1月1日3时16分，上海市宝山区通河八村169号104室居民住宅发生火灾，过火面积约10平方米，造成3人死亡。经查，起火原因是由电器线路故障引发。（王国磊）

【“3·5”宝山祈骆路杂货店较大火灾】 3月5日3时7分，宝山区祁骆路310号杂货店发生火灾，过火面积约20平方米，造成3人死亡。经查，起火原因是由电气故障引发。（王国磊）

【“10·19”闵行东川路门面房较大火灾】 10月19日1时7分，闵行区东川路2045号门面房发生火灾，过火面积约50平方米，造成3人死亡。经查，火灾原因是由电线短路引发。（王国磊）

安全保卫

警卫工作

【概况】 2014年，市局警卫局以习近平主席对警卫部队提出的“四个必须”（必须做到绝对忠诚、必须做到万无一失、必须做到业务过硬、必须做到严格自律）为统领，会同各级公安机关、武警执勤部队和有关保卫部门，积极探索动态化条件下警卫工作新规律、新特点，立足反恐标准，强化底线思维，坚持以面保点，严守安全防线，全年顺利完成各类警卫任务463批，实施住地警卫勤务2298天、现场警卫勤务4956场次。同时，保证了市委等市级领导机关和警卫对象在沪住地的安全。此外，选派6名干部赴北京支援APEC会议警卫执勤和防爆安检工作。（朱海铁）

【完成241批来沪党和国家领导人安全警卫任务】 市局警卫局执行来沪中共中央政治局常委级首长重大警卫任务13批；中共中央政治局委员、书记处书记、全国人大常委会副委员长、国务院副总理、国务委员、全国政协副主席、最高人民法院院长、最高人民检察院检察长和其他警卫对象228批次，合计在沪1478天，执行现场警卫勤务1718场次。根据中央警卫部门要求，市局警卫局会同各执勤单位，突出政治意识、责任意识，严密各项安全警卫措施，不断改进警卫形式，确保了中央领导在沪安全。（朱海铁）

【完成96批重要外宾在沪期间安全警卫任务】 市局警卫局执行来沪访问的外国国家元首和政府首脑级外宾有丹麦女王，俄罗斯、保加利亚、葡萄牙、爱尔兰（2次来沪）、阿塞拜疆、阿富汗（2次来沪）、伊朗、乌兹别克斯坦、哈萨克斯坦、吉尔吉斯斯坦（2次来沪）、塔吉克斯坦、蒙古（2次来沪）、巴基斯坦（2次来沪）、斯里兰卡、刚果（布）、布隆迪（来沪和过境各1次）、斐济、墨西哥总统，柬埔寨（2次来沪）、西班牙首相，特立尼达和多巴哥、新西兰、意大利、澳大利亚、纳米比亚、阿尔巴尼亚总理等一级警卫任务34批、1692人次。还有52个国家的副总统、副总理、议会正（副）议长、重要政府部长及有关国际组织的重要外宾共98批次。市局警卫局会同有关单位采取严密警卫措施，执行住地警卫勤务358天，现场警卫

勤务 978 场次，确保重要外宾在沪期间安全。(朱海轶)

【完成196场次重要会议和重大活动警卫任务】 年内，市局警卫局会同有关单位，认真落实各项警卫措施，完成亚信峰会，中国共产党上海市第十届委员会第六、七次全体会议，上海市第十四届人民代表大会第二次会议，中国人民政治协商会议上海市第十二届委员会第二次会议，太湖世界文化论坛第三届年会，2014 浦江创新论坛，第 26 次上海市市长国际企业家咨询会议等重要会议，以及春节、五一、国庆等重要节日期间重大活动警卫任务，确保了安全。(朱海轶)

浦江创新论坛安检现场　　(朱海轶提供)

【完成亚信峰会要人警卫任务】 市局在亚信峰会安全保卫工作领导小组框架内成立了要人警卫工作组，下设八个专班，稳步推进各项筹备工作。5 月 17 日至 24 日，市局警卫局会同有关单位共完成现场警卫勤务 322 场次，涉及全市 14 个区。其间，坚持以领导人集体活动现场和住地为峰会要人警卫工作的重中之重，实施多层次严密警戒；加强人员审查和安全检查；审核发放各类证章 34306 张(枚)，并配合实施智能验证 6 万余人次；对 3243 幢可视制高点实施控制。根据市局主要领导“既要确保警卫路线安全畅通，又要避免城市交通大面积拥堵”的要求，加强路线警卫的同时，通过多种手段实时提示引导，取得良好效果。(朱海轶)

【完成上海市“两会”警卫任务】 1 月 17 日至 23 日，中国人民政治协商会议上海市第十二届委员会第二次会议在市委党校和上海世博中心举行。1 月 18 日至 24 日，上海市第十四届人民代表大会第二次会议在上海世博中心举行。市局警卫局会同各执勤单位，立足防范暴恐袭击和群体性事件，扎实推进筹备工作，提前进行专项安全检查，严密实施会

场警戒。针对会场周边世博源和施工工地情况，落实会场周边治理和社会面维稳工作，强化应急处突工作。在确保安全的同时，进一步优化工作方法、改进警卫形式，维护社会正常秩序，确保“两会”安全顺利举行。(朱海轶)

两会安保　　(朱海轶提供)

【完成太湖世界文化论坛第三届年会警卫任务】　6月18日至19日，以“加强文化软实力互动，促进世界和平与发展”为主题的太湖世界文化论坛第三届年会在上海国际会议中心举行。中共中央政治局委员、国务院副总理刘延东出席开幕式并作主旨讲话。中共中央政治局委员、上海市委书记韩正出席开幕式并致辞，中外专家学者及相关人士近600人出席论坛活动。市局警卫局会同各执勤单位，反复踏勘各会议场所，制定完善警卫方案和预案。以开幕式、欢迎午宴等警卫对象出席场次为重点，针对全体大会，主题论坛特点，加强会场的警戒控制措施，并严密警卫对象近身警卫，对会场和元首级外宾住地采取“大安检”工作模式，落实各项预案措施，确保了本次论坛顺利举行和与会警卫对象的安全。(朱海轶)

【基层基础建设取得阶段性成果】　2014年，是公安部部署警卫基层基础建设一抓三年的攻坚年，上海各级公安机关和警卫部门在市局党委统一领导下，认真规划、稳步推进。进一步完善警卫基础调研、勤务运作、情报信息搜集、监督考核等机制，确保警卫任务顺利完成。同时，认真贯彻执行中央八项规定，结合上海国际化大都市特点，以现场和路线警卫工作为重点，加强研究，细化具体措施，进一步改进警卫形式，努力实现安全效果、政治效果和社会效果的统一。市局印发关于本市公安机关警卫机构和警卫工作联络员工作职责的规定，全面推进警卫机构力量建设，各分（县）局在完成警卫科组建的基础上，明确经常涉及警卫任务321个基层科所队的警卫工作分管领导和联络员，并建立经过专业培训和实战检验的安检队伍和警卫执勤预备力量共计1095人，基本形成横向到边、纵向到底的警卫工作网络。全市各级公安机关同步跟进配套建设，完成“十二五”警卫装备建设大部分项目，不断增强综合保障能力。年内，浦东、黄浦、徐汇、长宁、静安分局被公安部评为“全国公安警卫基层基础建设先进单位”，受到通报表扬。（朱海轶）

【推进“全警大练兵大比武”活动】 年内，根据市局和上级警卫部门部署，市局警卫局成立领导小组，制定实施方案，开展为期一年的“全警大练兵大比武”活动。坚持从实战出发、从难从严、全员参训、分类施训原则，开展警卫业务研究和专项岗位技能、体能、游泳、射击、警卫搏击、警卫战术和队列等专训集训，进一步提升训练水平，为保障警卫任务安全夯实基础。下半年，市局警卫局选派骨干赴湖北武汉参加全国警卫应急防护分队和“大练兵大比武”教员骨干集训，并在考核中取得较好成绩。集训结束后，市局警卫局牵头组织并顺利完成全国公安警卫部队军事业务训练汇报演练中的“防枪击、防人体炸弹袭击”课目演示，取得良好效果。（朱海轶）

【2014年访（来）沪重要外宾一览表】

来访外宾	国家（地区）	人数	日期	活动内容
普列夫内利耶夫	保加利亚总统	80	1月14—15日	出席媒体见面会，赴上海社科院国际创新基地出席中国—保加利亚上海经贸论坛并致辞，参观东方明珠广播电视塔等
侯赛因	巴基斯坦总统	31	2月21—22日	参观上海城市规划展示馆和东方明珠广播电视塔等
卡姆拉·珀塞德—比塞萨尔	特立尼达和多巴哥总理	28	2月26日—3月1日	参观复旦大学附属儿科医院、浦东红星美凯龙和天平路真丝大王，出席“特立尼达和多巴哥投资论坛”
约翰·基	新西兰总理	35	3月19—20日	接受中外媒体采访，赴外滩游艇会和“新西兰之窗”出席商务午宴、投资及旅游推荐会和媒体见面会
阿博特	澳大利亚总理	110	4月10—11日	出席企业家签字仪式和早餐会，赴上海世博中心出席“澳大利亚周”活动
根哥布	纳米比亚总理	36	4月12—14日	出席企业家答谢晚宴，赴上海大酒店出席中国—纳米比亚企业家论坛
玛格丽特二世	丹麦女王	41	4月27—28日	出席丹麦商务招待会、丹麦—中国创新与投资论坛和记者招待会，参观丹麦共和设计公司、天平路真丝大王，并乘船游览黄浦江

来访外宾	国家（地区）	人数	日期	活动内容
席尔瓦	葡萄牙总统	114	5月12—14日	出席早餐会，赴东方艺术中心出席招待酒会并观看演出，赴上海外国语大学虹口校区活动，参观张江药物研究所并签约，乘游船游览黄浦江
阿塔姆巴耶夫	吉尔吉斯斯坦总统	60	5月17—21日	出席亚信峰会及欢迎晚宴、文艺晚会等相关活动，与中国国家主席习近平出席国事活动，赴上海政法学院与孟建柱共同出席培训基地工地揭牌奠基仪式，参观上海城市规划展示馆，上海博物馆、东方明珠广播电视塔，乘游船游览黄浦江
拉赫蒙	塔吉克斯坦总统	36	5月18—21日	出席亚信峰会及欢迎晚宴、文艺晚会等相关活动，与中国国家主席习近平出席国事活动，赴中华艺术宫出席国际和平艺术家作品展等
卡尔扎伊	阿富汗总统	39	5月18—21日	出席亚信峰会及欢迎晚宴、文艺晚会等相关活动，与中国国家主席习近平出席国事活动等
洪森	柬埔寨人民党副主席、政府首相	53	5月18—25日	出席亚信峰会及欢迎晚宴、文艺晚会等相关活动，与中国国家主席习近平出席国事活动，会见孟建柱、王家瑞等中国领导人；出席治国理政经验交流会议，参观中国商飞设计研发中心和崇明东滩湿地公园等，赴上海商城剧院观看杂技表演
额勒贝格道尔吉	蒙古总统	20	5月18—22日	出席亚信峰会及欢迎晚宴、文艺晚会等相关活动，与中国国家主席习近平出席国事活动
纳扎尔巴耶夫	哈萨克斯坦总统	50	5月19—21日	出席亚信峰会及欢迎晚宴、文艺晚会等相关活动，与中国国家主席习近平出席国事活动，会见企业家
侯赛因	巴基斯坦总统	28	5月19—22日	出席亚信峰会及欢迎晚宴、文艺晚会等相关活动，与中国国家主席习近平出席国事活动，赴复旦大学美国研究中心出席中文/乌尔都语辞典首发仪式
阿利耶夫	阿塞拜疆总统	53	5月19—21日	出席亚信峰会及欢迎晚宴、文艺晚会等相关活动，与中国国家主席习近平出席国事活动
卡里莫夫	乌兹别克斯坦总统	49	5月20—21日	出席亚信峰会及欢迎晚宴、文艺晚会等相关活动，与中国国家主席习近平出席国事活动
普京	俄罗斯总统	250	5月20—21日	出席亚信峰会及欢迎晚宴、文艺晚会等相关活动，与中国国家主席习近平出席国事活动和“中俄海上联合——2014”军事演习开幕式

来访外宾	国家（地区）	人数	日期	活动内容
拉贾帕克萨	斯里兰卡总统	64	5月20—21日	出席亚信峰会及欢迎晚宴、文艺晚会等相关活动，与中国国家主席习近平出席国事活动，会见巴基斯坦总统，赴上海国际问题研究院演讲
鲁哈尼	伊朗总统	120	5月20—22日	出席亚信峰会，与中国国家主席习近平出席国事活动，与中国专家共进早餐，举行记者招待会
伦齐	意大利总理	23	6月10日	会见中意企业界代表
萨苏	刚果（布）总统	126	6月17—19日	赴上海国际会议中心出席太湖世界文化论坛第三届年会开幕式、欢迎午宴等，并会见企业家，参观中国商飞设计研发中心，会见留学生
恩库伦齐扎	布隆迪总统	25	8月15日	过境上海赴南京出席第二届夏季青年奥林匹克运动会开幕式等活动
			8月18—19日	在沪休息
奈拉蒂考	斐济总统	7	8月17—19日	出席斐济驻上海总领馆开馆仪式
拉马	阿尔巴尼亚总理	14	9月12—13日	参观华为技术有限公司上海研发中心并座谈，参观东方明珠广播电视塔等
拉霍伊	西班牙首相	35	9月24—25日	出席中西企业家峰会
培尼亚	墨西哥总统	100	11月11—12日	出席企业家见面会和墨西哥白银文化展，乘坐磁浮列车
希金斯	爱尔兰总统	65	12月11—12日 12月14—15日	出席爱尔兰食品推介会、旅游推介会和招待晚宴，参观孙中山故居、上海城市规划展示馆、和平饭店等，赴复旦大学邯郸路校区演讲与师生互动交流，并会见中爱留学生，接受媒体采访

（朱海轶）

【2014年部分重要会议、重大活动一览表】

名称	地点	日期	人数
“蓝天下的至爱”慈善晚会	东视剧场	1月12日	1000
2013年度上海市重点工程实事立功竞赛表彰大会	上海展览中心	1月16日	1000
上海市政协十二届二次会议	市委党校、上海世博中心	1月17—22日	1020
上海市第十四届人大二次会议	上海世博中心	1月18—23日	1200
上海市党的群众路线教育实践活动 第一批总结暨第二批部署电视电话会议	上海展览中心	1月25日	400

名称	地点	日期	人数
市政法工作会议	市委党校	1月27日	400
上海市老干部新春茶话会	上海展览中心	1月28日	500
上海市各界人士春节团拜会	上海展览中心	1月29日	1000
市纪委二次全会第一次会议	上海展览中心	2月10日	1100
上海市宣传思想文化工作会议	上海展览中心	2月14日	1250
上海市审计工作会议	上海展览中心	2月26日	500
上海市信访工作会议	上海展览中心	2月28日	1100
市领导参加全民义务植树活动	同普公共绿地	3月18日	80
上海市对台工作会议	上海展览中心	3月26日	300
上海市科学技术奖励大会	上海展览中心	4月1日	1000
市领导接见劳模先进代表	上海展览中心	4月30日	200
亚信峰会欢迎晚宴	上海国际会议中心	5月20日	360
亚信峰会文艺晚会	上海大剧院	5月20日	1100
亚信峰会	上海世博中心	5月21日	250
亚信峰会配偶活动	豫园	5月21日	20
少先队上海市第七次代表大会	文化广场	6月1日	1500
第17届上海国际电影节开幕式	上海大剧院	6月14日	50 （出席领导）
太湖世界文化论坛第三届年会	上海国际会议中心	6月18—19日	600
建党93周年座谈会	上海展览中心	7月1日	320
中共上海市委十届六次全会	上海世博中心	7月16—17日	500
市十四届人大常委会第十四次会议（扩大）	上海世博中心	7月23日	1800
第十二届全国学生运动会开幕式	东方体育中心	7月28日	50 （出席领导）
上海市庆祝中国人民解放军建军87周年军民座谈会	上海展览中心	7月31日	300
上海市纪念邓小平同志诞辰110周年座谈会	上海展览中心	8月22日	250
上海市纪念人民代表大会成立60周年大会	上海展览中心	9月12日	500
上海市各界人士庆祝人民政协成立65周年大会	上海展览中心	9月24日	450
上海市迎国庆65周年大型交响合唱音乐会	上海交响乐团音乐厅	9月25日	1200
市领导参观“百舸争流”——上海改革开放回顾与展望展览	上海展览中心	9月29日	150

名称	地点	日期	人数
上海市各界人士向人民英雄敬献花篮仪式	龙华烈士陵园	9月30日	700
上海市庆祝中华人民共和国成立65周年招待会	上海展览中心	9月30日	800
2014上海网球大师赛	旗忠森林体育城网球中心	10月4—12日	30 （出席领导）
上海市党的群众路线教育实践活动 总结大会电视电话会议	上海展览中心	10月10日	350
上海市第十五届运动会开幕式	东方体育中心	10月11日	50 （出席领导）
2014浦江创新论坛	东郊宾馆	10月25—26日	1500
第二十六次上海市市长国际企业家咨询会议	上海国际会议中心半岛酒店	11月1—2日	1000
第十六届中国国际工业博览会巡馆活动和开幕式	上海新国际博览中心嘉里酒店	11月4日	200
第十六届中国上海国际艺术节闭幕式	文化广场	11月16日	1700
长三角区域大气污染防治协作小组第二次会议—— 2014长三角地区主要领导座谈会	瑞金宾馆	12月1—2日	300
第六届上海文学艺术颁奖典礼	上海大剧院	12月17日	1600
中共上海市委十届七次全会	上海世博中心	12月22—23日	500
2015上海新年音乐会	上海交响乐团音乐厅	12月31日	1200

（朱海轶）

网络安全保卫

【概况】 2014年，上海公安网安部门以深入贯彻落实党的十八届四中全会精神和习近平总书记关于公安工作的一系列重要指示为指引，充分履职、主动作为，全力做好维护上海网络环境、打击网络犯罪、保障网络与信息系统安全等各项工作。全年侦破各类案件5740起，比上年增加19.5%；抓获各类违法犯罪嫌疑人6064人，比上年减少4.6%。持续开展全市联网单位清理整顿工作，共清理违规网站1万余家，依法处罚违规网站3301家次，清理违法信息5万余条。深入推进全市基础骨干信息系统安全防范工作，完成2390个重要信息系统的等级保护定级备案工作，发现各类安全隐患1700余个。全面加强市、区两级电子数据检验鉴定实验室建设，市局电子数据检验鉴定中心通过公安部一级实验室的现场验收，全市16

家电子数据检验鉴定实验室被评为“优秀”。创新网安教育培训平台，在上海公安高等专科学校建立网安教研室。（孟祥龙）

【打击涉网违法犯罪】 全市网安部门围绕网络诈骗、网络盗窃、网络赌博、涉枪涉爆、侵犯公民个人信息等群众反响大、社会危害大的突出网络违法犯罪活动，精心组织部署，重拳打击处置，全年，累计侦办各类网络违法犯罪案件4006起，抓获犯罪嫌疑人4022人。年内，先后破获“今生缘”特大网络吸贩毒案、“北方联盟”非法销售气枪案、“10·16”特大网络赌博案等一批大要案。（孟祥龙）

【开展打击黑客攻击破坏违法犯罪专项行动】 全市网安部门以保障上海重点网站、重要系统为目标，组织开展集中打击黑客攻击破坏违法犯罪专项行动，全年破获黑客类案件44起，抓获犯罪嫌疑人76人，比上年分别增加118%、132.1%。（孟祥龙）

【强化信息安全监督管理工作】 全市网安部门以全面落实重要信息系统等级保护为抓手，深入推进全市基础骨干信息系统安全防范工作，完成2390个重要信息系统的等级保护定级备案工作。通过对区（县）政府二级网站以及第三方支付、快递行业、电视台网站等开展信息安全技术检测、远程渗透测试等工作，发现各类安全隐患1700余个，并对存在严重安全隐患的单位进行约谈，督促其整改，确保全市重要信息系统始终保持安全稳定运行。（孟祥龙）

【推进网络与信息安全通报工作】 全市网安部门按照“一案一通报、一事一通报”的工作原则，建立黑客类案件和热点安全问题分析机制，对发生的黑客类案件及网络安全热点事件中出现的相关安全问题及其原因进行深入分析，及时提高各相关单位对安全隐患的重视。同时，针对重点行业、领域开展专项工作，发现各类漏洞800余个，并对存在严重安全隐患的单位进行约谈，保障全市重要信息系统安全稳定运行。（孟祥龙）

【加强网络安全管理】 全市网安部门以“分级管理、属地为主、依法监管”为原则，以规范网安警务室日常指导、安全检查、安全防范、应急处置等工作为重点，全面加强重点网站安全管理和监督检查，对全市交互式网站、基础运营商、公共上网场所开展持续性清理整顿工作，全年共检查网站4000余家次、互联网接入服务单位和基础运营商300家次、公共上网场所6000家次；处罚网站3301家次、互联网接入服务单位和基础运营商178家次、公共上网场所921家次；停机（业）整顿网站68家次、互联网接入服务单位60家次（其中8家单位全部服务器停机整顿）、公共上网场所21家次。全年共清理违法信息5万余条，关闭网站栏目600余个。（孟祥龙）

【加强电子数据检验鉴定工作】 市局网安总队立足公安实战，全面加强市、区两级电子数据检验鉴定实验室建设，全年共勘验鉴定各类存储介质2217件，其中手机682部、服务器7台、电脑主机999台、笔记本电脑184台、硬盘69块、U盘95个、光盘2张、SD卡等其他存储介质179件，出具鉴定报告430份。（孟祥龙）

【开展网络安全宣传周微博互动活动】 市局网安总队在公安部和市局统一部署下，积极配合开展主题为“共建网络安全共享网络文明”的首届国家网络安全宣传周活动，总队推送的“上海网警形象宣传片”、“网警故事——神秘的Ω”、“QQ诈骗案”、“淘宝兼职诈骗案”、“小破孩公益短片”5部公益短片被公安部作为优秀网络安全公益片参加展映。搜狐、乐视、爱奇艺、酷6等视频网站同时展映推送，累计点击量达1000万余次。同时，以市局@警民直通车—上海官方微博、网安总队@上海网警官方微博等平台，开展“共建网络安全共享网络文明”为主题的网上宣传互动交流活动。(孟祥龙)

总队长为新警上入职第一课　　(孟祥龙提供)

【评选2014年上半年度暨首届网安“十佳精品案件”】 8月7日，市局网安总队召开2014年上半年度暨首届上海公安网安部门“十佳精品案件”评审会，市局领导及经侦、治安、刑侦总队，文保分局等市局单位主要领导，各分（县）局分管网安工作的领导和网安支队长参加会议。经过现场打分、专家评审，评选出网安部门侦查破案工作的“十佳精品案件”（含并列）。

十佳精品案件：

侦破“3·31”非法入侵上海事业单位招考网站获取考生信息案（浦东分局）

侦破恺英公司计算机信息系统被非法控制案（徐汇分局）

侦破“5·27”网络开设赌场案（闵行分局）

侦破“4·10”特大网络赌博案（松江分局）

侦破“4·3”网上制造、贩卖仿真枪团伙案（浦东分局）

侦破“北方联盟”网络贩卖仿真枪支案（徐汇分局、虹口分局）

侦破“五洲国际物流网”系列网络诈骗案（松江分局）

侦破上海圆通速递被敲诈勒索案（青浦分局）

侦破“1·15”刘惠珍钱款被骗案（崇明县局）

侦破“4·24”特大团伙系列网络诈骗案（奉贤分局）

侦破“2014-290”特大网络吸贩毒案（嘉定分局）

侦破“3·26”侵犯知识产权（长宁分局）

侦破“3·18”非法出售、提供公民个人信息团伙案（闸北分局）

侦破张远军团伙生产销售“伪基站”案（金山分局）

（孟祥龙）

【侦破“2014-290”特大网络吸贩毒案】 市局网安总队会同嘉定分局侦破“2014-290”特大网络吸贩毒案，涉案吸毒人员通过“今生缘”视频聊天网站在线播放吸毒过程、交流吸毒感受。在全国各省市公安机关的支持配合下，历时7个月的侦查，于6月20日发起全国集中收网行动，共抓获305名涉毒人员；破获涉毒刑案60起（其中千克及以上案件3起），缴获各类毒品24.44千克、毒资3.46万元，查扣3辆涉毒车辆。（孟祥龙）

【侦破“北方联盟”网络贩卖仿真枪支案】 市局网安总队会同徐汇、虹口分局经过2个多月的深入侦查，辗转浙江、新疆等6省区10地，成功捣毁一名为“北方联盟”（www.bflm.cc）的全国性气枪爱好者交流论坛及气枪销售平台（服务器位于境外），抓获网站创始人余湃（男，28岁，新疆维吾尔自治区奎屯市人）等2人，贩卖气枪犯罪嫌疑人过炜聪（男，26岁，浙江省绍兴市人）等2人及张力文（男，25岁，上海市人）等32名在网上销售、购买气枪的犯罪嫌疑人，缴获各类具有杀伤力气枪100余支。（孟祥龙）

【侦破“3·31”非法入侵上海事业单位招考网站获取考生信息案】 市局网安总队会同浦东分局侦破“3·31”非法入侵上海事业单位招考网站获取考生信息案，于4月17日在贵州省遵义市抓获犯罪嫌疑人杨洪（男，22岁，贵州省遵义市人），4月25日，在湖南省衡阳市抓获犯罪嫌疑人肖海成（男，27岁，湖南省衡阳市人），缴获手机、笔记本电脑等作案工具。（孟祥龙）

【侦破“1441”特大非法生产销售助考作弊器材案】 市局网安总队会同闵行分局于11月中旬成功侦破涉及全国29个省市的特大非法生产销售窃听、窃照专用器材案，打掉多个跨地域犯罪团伙，抓获犯罪嫌疑人韦春龙（男，26岁，河南省社旗县人）、邓秋华（男，31岁，广西壮族自治区贵港市人）等10人，捣毁多个生产、销售、维护相关器材的不法窝点，缴获非法器材1217套，关闭一批非法助考网站，切断一条通过网络勾连、网上销售、物流寄递等途径产销高科技助考作弊器材犯罪产业链，维护了国家公务员考试等考务活动秩序。（孟祥龙）

【侦破“五洲国际物流网”系列网络诈骗案】 市局网安总队会同松江分局由一起网络诈骗个案着手，成功侦破“五洲国际网”系列网络诈骗案，捣毁一个打着“五洲国际”物流网幌子，以低价销售iPhone手机为名实施网络诈骗的犯罪团伙。2月下旬先后于山东、广东、湖北、江西等地抓获犯罪嫌疑人刘明湖（男，23岁，山东省济宁市人）、赵星宇（男，21岁，浙江省温州市人）等9人。该案涉及被害人近千人，涉案金额1300余万元。（孟祥龙）

文化系统安全保卫

【概况】 2014年，市局文保分局以党的十八大精神为指引，坚持着眼大局、融入大局、服务大局，以亚信峰会安保、高校维稳工作为中心，着力推进“平安高校”建设，着力优化文保现代警务机制，圆满完成亚信峰会安保工作，确保全市高校、文化领域持续安全稳定。全年侦破刑事案件341起，其中破获盗窃案件308起，盗窃案件破案率50.1%，盗窃案件追赃率48.2%，抓获犯罪嫌疑人131人。处置各类不稳定因素、群体性事件隐患15起。完成警卫任务110批115次，比上年分别增加32.5%和26.4%。全年文化系统未发生重大治安灾害事故和影响社会稳定的重大刑事案件。（刘晓峰）

【开展“迎峰会、保平安”打防管控专项行动】 根据市局部署，市局文保分局以高校公共场所扒窃拎包、入宿舍盗窃、网络购物诈骗等多发性侵财犯罪为打击重点，全面开展全市高校、文化系统“迎峰会、保平安”打防管控专项行动。其间，破获各类刑事案件184起，快速侦破“冒充香港人系列诈骗案”、“3·2”高校系列盗窃案等一批突出案件。市局文保分局在全市各高校集中开展为期一个半月的“法制宣传校园行”安全防范宣传系列活动，在上海交通大学、上海大学、东华大学等高校开展各类宣传活动20余次，受众5万余人。亚信峰会期间，辖区高校刑事案件发案数27起，比上年同期减少65.2%。抽查高校外来人员6000余人，“三小”（小作坊、小餐饮、小食品店）单位400余家，发现并整改各类治安隐患29处。（刘晓峰）

为新生开展法制宣传 （刘晓峰提供）

【全力做好亚信峰会安保工作】 根据市局亚信峰会安保工作的总体部署和要求，市局文保分局围绕“五个坚决防止、三个确保”的工作目标，立足实际、把握重点、细化措施、狠抓落实，圆满完成全市高校文化领域亚信峰会安保工作任务。其间，共出动警力218人次，先后完成国际会议中心音乐伴宴、上海大剧院文艺晚会、豫园古戏台演出、警卫沿线7个校区、5个文化单位制高点控制和巴基斯坦总统访问复旦大学、联合国秘书长访问复旦大学、柬埔寨首相赴上海商城剧院观看杂技表演等要人警卫安保任务。(刘晓峰)

群体性事件处置演练　　(刘晓峰提供)

【推进“平安高校”建设】 市局文保分局着力打造“高校治安立体防控”工作体系，以完善高校“三网”建设为主线，指导、督促辖区各高校更新升级校内技防、物防设施，加强对高校重点校区、要害部位、特定场所的重点排查，积极整合高校现有安保资源，强化高校门卫管理和校园面上巡控；推进高校安全示范点建设，会同市教委搭建推优平台，对全市12个安全示范点正式授牌；全面推进高校保安队伍监督管理，进一步规范和完善高校保安服务市场，协同市教委建立全市高校安保工作规范；全年开展安全防范宣传40余次，师生受众30万余人。加强以“便衣队”为基础模式的“现行打击组”力量，在复旦大学、上海大学、上海师范大学、华东理工大学等7所高校8个校区成立便衣队，及时打击各类违法犯罪活动，共抓获犯罪嫌疑人18人，比上年增加100%；破获刑事案件40起，比上年增加36%。(刘晓峰)

【深化高校派出所警务运作机制改革】 为适应新形势下文保现代警务机制建设，市局文保分局进一步厘清警校双方工作职责，严格实行非警务活动审批报备制度。以打击破案、治安管理为抓手，借助高校治安综合指数评估机制、高校治安例会等工作载体和平台，推动高校保卫部门切实承担起高校内保工作职责。进一步改进和完善高校派出所警务运作机制，重点围绕110接处警、基层基础工作、治安防控等8个方面，做好100余项机制的“废、改、立”，严格机制运行管理，切实提升高校派出所警务工作的规范化和工作效率，促进高校派出所民警在工作理念、内容、方式上符合高校警务工作要求。（刘晓峰）

【加强信息化建设和应用】 市局文保分局全面推进文保综合业务系统和文保基础信息系统应用，完善运行规范，定期对系统数据录入质量进行检查通报，推动信息化系统与基础工作相互促进、共同发展。文保综合业务系统已录入业务数据2万余条，文保基础信息系统已录入数据1万余条。市局文保分局在运用文保基础信息系统子系统涉案视频库和历史对象数据库中，视频破案发挥作用率超过70%，通过历史对象数据串并侦查，破案80余起，抓获犯罪嫌疑人11人。（刘晓峰）

【加强队伍正规化建设】 年内，市局文保分局全面推进队伍专业化、正规化、职业化建设。制定文保分局青年民警培养工作实施细则，启动青年民警培养“1+3”工作模式。深化惠警激励效能，分局党委和各基层党支部分层落实优抚慰问措施，为2个集体和32名民警送奖上门，走访慰问民警196人次，发放慰问金5.9万余元，组织开展全警体检、高温期间“送清凉”等活动。创新开展“文保全明星”评选活动，挖掘报道400余人次的典型事迹，有5个集体被授予上海市“青年文明号”、市局“争创人民满意”活动先进集体等荣誉，5名民警被授予市局优秀带教民警、市局优秀青年等荣誉称号。全年收到群众感谢信26封、锦旗8面。（刘晓峰）

【侦破“10·9”复旦光华楼盗窃案】 10月9日凌晨，复旦大学光华楼西主楼22间办公室被盗。市局文保分局接报后迅速成立专案组开展侦查。10月11日15时许，抓获江苏滨海籍犯罪嫌疑人王战（男，49岁），追回大部分赃物（笔记本电脑10台，硬盘4只，香烟4条，韩币28万余韩圆），涉案价值人民币8万余元。（刘晓峰）

水上安全保卫

【概况】 2014年，市局水上公安局以维护水上辖区政治安定和治安稳定为目标，严格落实各项工作措施，严厉打击涉水违法犯罪活动，不断创新水域治安管理模式，健全完善水上反恐机制建设，全面提升水警队伍的整体素质，圆满完成亚信峰会、青奥会等重大水上安保任务，为上海水域经济平稳较快发展创造和谐稳定的水域社会环境。

维护水域和谐稳定。按照“早预警、早介入、早化解”的原则，加强矛盾纠纷排查，坚持信访问题跟踪督办、回访，全年受理并办结信访件17件，办结率100%。

持续开展打击水上“盗、运、销”、“打盗抢、抓逃犯”、“网上打假”、“全警消防”等专项行动，全年侦破各类刑事案件139起，刑事拘留122人，逮捕59人，比上年分别增长6.9%、10.9%和减少20.3%；查处各类行政案件381起，比上年减少0.1%；查处消防案件329起，罚款41.5万元，比上年分别增加13.4%和9.2%。(凌云冰)

【完成亚信峰会水上安保工作】 亚信峰会期间，市局水上公安局设立吴淞水上检查站和东嫩、其秦、川杨河口水上检查线，联手海事管理机构对黄浦江实行分段管控，对入沪船舶及船员实施“信息核查、逢疑必查”等安检措施。出动安保力量1998人次、公安艇148艘次，检查船舶764艘次，核查船民信息4587人次。同时，在轮渡站、崇明“三岛”航线客运码头、游览码头以及黄浦江核心水域沿江码头和重点单位安排警力2600余人次，加强客货运码头、重点单位的查控力度。其间，共检查可疑包裹734件，查获危险品158件，查获无牌无证车辆8辆，行政拘留4人。(凌云冰)

对来访军舰开展警卫工作　　(凌云冰提供)

【做好青奥会“环宁”水上安保工作】 市局水上公安局按照“全面防控、重点管控、源头稳控”的原则，牵头全市水上公安机关全力做好始发港源头安检和进宁船员审核备案工作。其间，各任务单位共出动公安艇716艘次，警力1378人次，向南京青奥会安保工作团队报送经停南京水域的船舶安检信息219份，其中7艘为危化品船舶，审核船员信息1732份，严密构筑南京外围水域安全屏障。(凌云冰)

【打击涉水违法犯罪活动】 市局水上公安局结合辖区实际，以群众反映强烈的治安突出问题为切入点，综合运用各种刑侦手段，不断加大打击攻坚力度，成功侦破“1·26”非法经营案、“6·14”招工诈骗案、“7·4”销售假冒注册商标的商品案、“9·4”油品走私案、“9·

24”贩毒案、黄浦江系列破坏交通设施案等一批大案要案，打掉12个犯罪团伙。(凌云冰)

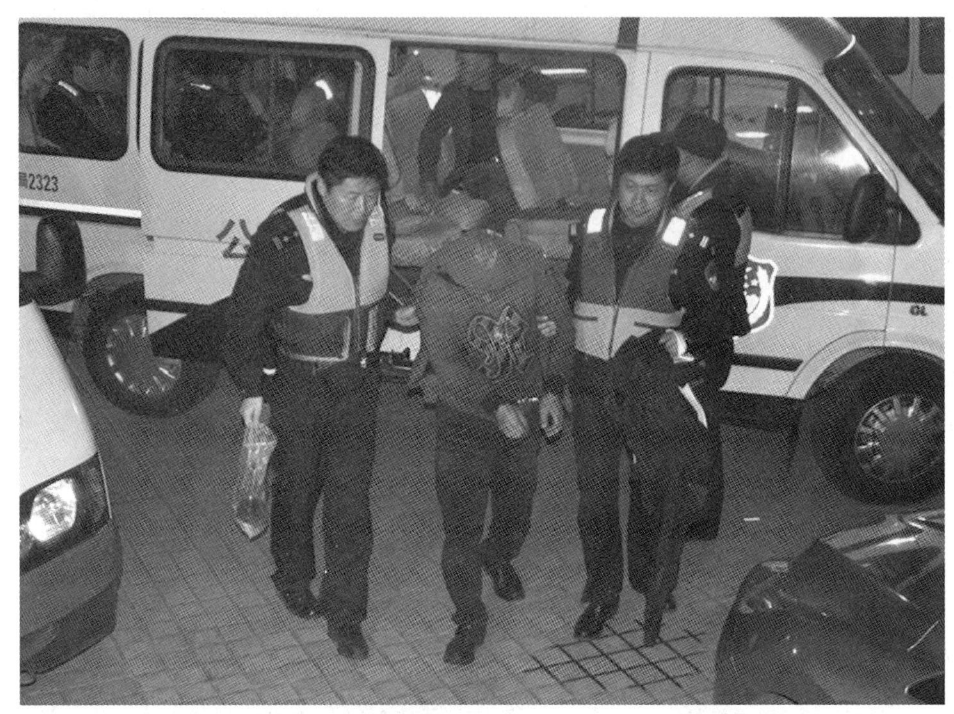

押解犯罪嫌疑人归案　　(凌云冰提供)

【开展“查漏洞、找隐患、强措施”安全检查专项行动】　加大轮渡等客运码头安防力度，推动企业主体责任和交通部门行业监管责任落到实处。其间，共检查客运码头420座次，检查乘客71689人次、车辆4633辆，查获危险品1550件（其中，汽油120公升，油漆82千克，各类液化气瓶31罐，鞭炮4万余响），开具上海企业事业内部治安保卫工作监督检查情况单83份，查处违法犯罪案件5起，刑事拘留1人，行政拘留2人，行政罚款1人，行政警告1人。(凌云冰)

【推进“全警消防”工作】　组织开展水上“迎峰会、保平安、清隐患、除顽症”、“火灾隐患集中整治”等专项行动，对辖区358家消防三级管辖单位消防安全进行检查，全年共检查内保（租赁）单位2688家次，船舶5713艘，查处消防行政案件329起，行政拘留5人，责令停产停业4家，罚款41.5万余元，开具上海市消防监督检查意见通知书1428份。(凌云冰)

【加大水域治安管控力度】　市局水上公安局组织开展“水上缉枪治爆”、“秋季禁赌”等专项行动，查处治安案件381起，行政拘留60人。积极参与“鳗苗捕捞综合整治”、“打击非法捕捞”等联合执法行动，进一步织密全市内河及长江水域治安网络，查处各类非法捕捞案件142起，刑事拘留8人，取保候审8人，罚款49740元，收缴各种非法网具、工具1860余顶（台、套）。(凌云冰)

【强化省际交界水域治安防控】　10月，市局水上公安局牵头上海嘉定、苏州昆山公安机关和地方海事局在苏申内港线建立省际水上联合执勤点。日常工作中，沪、苏水上公安、地方海事局充分依托联动联勤机制，密切配合，多方协作，全面落实沪、苏交界水域社会治安、通航堵截工作措施，有效提高了应对水上突发事件的应急联动处置能力。(凌云冰)

【侦破黄浦江系列破坏交通设施案】 年内，市局水上公安局连续侦破多起采用运输船舶、泥浆中转码头向黄浦江倾倒建筑渣土（泥浆）破坏交通设施案件，先后共破获案件28起，查获涉案船只15艘，打掉犯罪团伙6个，抓获朱春林（男，46岁，安徽省巢湖市人）等犯罪嫌疑人28人，案件共涉及违法倾倒建筑渣土（泥浆）6000余吨。该系列案的侦破工作在2014年度“刑警803破案奖”评比中被评为“铜奖”。(凌云冰)

【外轮、海员来沪情况表】

类别 \ 项目	国家、地区	艘　次	人　数	比上年增减（±%）	
外轮	81	15022	532790	艘次	2.4
				人数	14.9
海员	外籍		359158		11.4
	香港		385		42.1
	台湾		7990		5.1
	国内外派		165257		23.8
查处涉外案（事）件	45起，涉及15个国家和地区				

(凌云冰)

【外国军舰访沪情况表】

单位：人

国籍	时间	舰型	来访人数
俄罗斯	5月18—22日	俄罗斯军舰编队	1000
俄罗斯	5月25—27日	俄罗斯军舰编队	1000
加拿大	8月27—31日	“里贾纳”号护卫舰	250

(凌云冰)

【上海水上浮尸情况表】

单位：人

类别	数据\项目	无名尸	家庭纠纷	恋爱纠纷	职业问题	因病厌世	醉酒	失足落水	海损事故	精神病	他杀	弃婴	其他	小计	占总数(%)	比上年增减(±%)
死亡	男	17	1	2	4	3	1	3	2	10		1	20	64	72.73	−18.18
	女	2	2	1	1	4				7			7	24	27.27	−11.36
年龄	婴儿	1										1		2	2.27	2.27
	18岁以下												2	2	2.27	−1.14
	19~35岁	9	2	2	5			3		6			12	39	44.32	−9.09
	36~55岁	8	1	1					1	5			9	25	28.41	−19.32
	56岁以上	1				7	1		1	6			4	20	22.73	−2.27
职业	干部													0	0	0
	职工		1	3	2		1			2			9	18	20.45	9.09
	学生									1			3	4	4.55	4.55
	待业、无业	1	2		3			1		9			11	27	30.68	−1.14
	船员、农民工							2	2				4	8	9.09	−2.27
	退休	1				5				5				11	12.5	2.27
	其他	17				2						1		20	22.73	−42.05
户籍	上海市		1	1		6	1			12			3	24	27.27	−9.09
	外省、市	1	2	2	5	1		3	2	5			21	42	47.73	2.27
	不明	18										1	3	22	25	−22.73
合计		19	3	3	5	7	1	3	2	17	0	1	27	88	100	−29.55

（凌云冰）

轨道公交安全保卫

【概况】 2014年，市局轨道公交总队以确保轨道公交公共安全为目标，围绕“打击有力、防范严密、管理高效、处置及时、队伍专业”的指导思想，创新完善轨道公交公共安全长效机制建设，保持严厉打击各类犯罪活动高压态势，着力推进轨道公交公安队伍职业化和专业化建设，确保轨道公交公共安全和治安秩序平稳有序。全年，轨道交通15条线共安全运送乘客28.2亿人次（日均客流773.6万人次），比上年增加12.4%。轨道区域安检收缴各类危险、违禁品3.3万余件，盘查抓获在逃人员239人，查处“五类车”违法行为4130余起，排查整改消防等各类安全隐患4.5万余处；持续推进全市1.69万辆公交车人防、物防、技防建设，在10家一、二级长途客运站建立常态化“双向安检”机制。开展多课目、多层面演练1390余次，妥善处置各类突发事件31起。（任家鑫）

【完成亚信峰会轨道公交安保工作】 市局轨道公交总队结合实际，按照“最高标准、最强措施、最严要求”，组织民警、武警、保安、志愿者13.3万人次投入亚信峰会安保工作，确保亚信峰会期间轨道公交社会面治安秩序平稳有序。其间，牵头成立“公安、交通、企业”三方共同派员驻守的联合指挥体系，以亚信峰会会场、活动点和住地为重点，将全市轨道、公交线路、车站划分为“核心控制、重点控制、外围控制”三个安保层面，在127座轨道车站、84条公交线路、72个公交站点等核心、重点区域，每日叠加投入456名武警、210名机关民警和5600余名志愿者等增援安保力量，全面加强轨道公交公共安全防范，逐级推进安保措施落实。轨道区域共安检物品1754万件次，收缴各类危险、违禁品1942件，比上年同期分别增加53.2%、186.4%；民警、武警联合巡逻盘查可疑人员3.2万人次，查获布控案犯7人。公交区域组织近4.8万名公交司售人员统一佩戴红袖章加强车厢安全检查，并在84条重点公交线路组织1900余名安全员开展“起讫站驻站检查”、“重点区段跳车巡检”等工作，在72座重点公交车站发动376名平安志愿者进行值守。轨道公交志愿者识疑检查9100余人次，发现查堵危险、违禁品57件；抓获各类犯罪嫌疑人58人，破案131起，报警类案件接报数比上年同期减少63.4%。（任家鑫）

【筑牢轨道交通公共安全防线】 坚持轨道交通安检“大包必查、小包抽查、逢疑必查”原则，加大平峰时段安检力度，强化安检督导检查，着力提高安检管理标准化。全年共查堵各类危险、违禁品3.3万余件，其中易燃液体2730余升、管制刀具1.03万把、仿真枪418支。强化车站执勤民警巡逻盘查制度，建立特警巡逻、携犬巡检为叠加多警种巡防体系，推进落实公安、保安、车站员工“三合一”联巡机制，提高识疑盘查工作能力。年内，应用PDA盘查可疑人员890余万人次，抓获网上在逃人员239人，拘留吸毒、涉毒人员250人。（任家鑫）

【固化公交“三防”机制】 以公交车厢“人防”措施为切入口，完善车厢“物防”、“技防”设备配置，推进形成由“行业主导、企业实施、公安监管”的公交安保工作“三联合”格局。年内，将公交车“物防”、“技防”标准纳入《上海公交客车通用技术要求》、《上海公共汽车和电车客运管理条例》，全市1.69万辆公交车均完成逃生窗改造；公交车厢共配置灭火器3.85万只、救生锤6.68万把，安装视频监控探头6.84万个，覆盖率达100%。会同市交通委督促公交运营企业严格履行“一程一检”、“进出场站必检”、“离车拔钥匙”等安全管理制度，实行全体司售人员佩戴红袖标上岗，并组织“跳线巡检”，加强车厢安全检查，落实公交起讫站安全员对乘客携带的物品进行询问检查，严防危险、违禁品上车。会同市交通委督促全市33家长途客运站按照“逢包必检、逢疑必查”的原则，在10家一、二级长途客运站配备安检人员和X光检测仪等安检设备，开展常态化“到达安检”工作。全年共查获危险、违禁品

2万余件。(任家鑫)

【开展全市轨道公交集中临检专项行动】 根据市局统一部署，市局轨道公交总队9次牵头各分（县）局开展轨道公交集中临检专项行动，组织民警、保安（辅警）在全市公交站点、长途客运站、轨道车站开展集中临检，进一步加大安全防控力度。其间，在公交（长途）场站检查车辆5596辆次、乘客15857人次，收缴危险、违禁品184件，发现整改安全隐患97处，督导司售人员规范履职915人次，发放各类防范宣传品4054份；轨道区域盘查可疑人员34700人次，比对查获涉毒、盗抢前科等重点人员269人次，有效发挥“多点巡逻、多点盘查、多点临检、多点震慑”效应。(任家鑫)

巡特警队员在车站执勤　　(任家鑫提供)

【组建最小作战单元】 市局轨道公交总队遵循“平战结合”原则，进一步整合日常安全防控和突发事件先期处置力量，通过细化明确站区民警、保安、车站员工岗位职责和工作要求，组建以车站民警和站长为主导，以安检员、站务员、保安员、保洁员“四员”为基础的应急处突最小作战单元，形成车站安全防范和应急处置的战斗实体。全年，轨道车站最小作战单元共开展培训48次，参训人员1700余人次，组织针对车站大客流、暴力恐怖事件等各类演练450余次，成功处置各类突发案(事)件20余起。(任家鑫)

【开展“查漏洞、找隐患、强措施”安全大检查】 7月底至10月，市局轨道公交总队根据市局统一部署，牵头各分（县）局，开展为期3个月的轨道公交“查漏洞、找隐患、强措施”安全大检查专项行动。其间，会同各分（县）局共检查轨道车站950余座次、公交车站点5140余个次、长途客运站187家次，公交车辆1.1万余辆，查获各类危险、违禁品4600余件，排查整改各类安全隐患1.1万余处，组

织开展应急处突演练260余次，确保上海轨道公交公共安全和治安秩序稳定。(任家鑫)

【加大违法犯罪打击整治力度】 通过开展"城交"系列等专项行动，保持对违法犯罪的打击高压态势。依托"地区联动"、"所所联动"、"所队联动"等工作机制，在治安形势严峻和案件高发时段、区域投入优势警力，持续开展集中性、专项性打击整治行动。年内，共捣毁扒窃犯罪团伙44个，抓获各类犯罪嫌疑人1532人（移送地区分局477人），提请批准逮捕、移送起诉936人，破案1392起；查获"四乱"违法人员3.8万余人次，其中行政处罚1.8万余人次。(任家鑫)

【推进"五类车"整治工作】 市局轨道公交总队围绕22座重点车站和13座次重点车站，坚持"定期排摸、预警研判、日常管理、突击整治"等手段，建立完善"GIS巡查、实兵巡逻、视频巡逻、电子警察车巡逻"相结合的"四合一"巡查机制，会同地区交警、派出所、城管等部门开展不间断的联动整治。年内，共查处各类"五类车"违法行为4130余起，其中移送地区分局暂扣车辆1840余辆。(任家鑫)

【完成增援南京青奥会和北京APEC会议安保工作】 根据公安部、市局统一部署，8月2日至16日，市局轨道公交总队抽调警犬支队10人10犬赴南京增援青奥会安保工作。其间，会同华东五省一市兄弟单位对青奥会期间21个相关场馆、30万平方米场地开展搜爆巡检工作，出动106人次，共查获各类易燃易爆危险品和管制刀具1736件。10月8日至11月12日，再次抽调10人10犬增援北京APEC会议安保嗅检搜爆工作。其间，会同各地警犬安保力量，加强协作配合，出动16批次、170人次，对会议场馆、公路、山地、草地等58处核心安保部位安检搜爆，累计安检区域面积942.7万平方米，查获易燃易爆等危险品7452件。(任家鑫)

10月31日警犬支队民警开展APEC会议现场搜爆工作　(任家鑫提供)

【**强化突发事件应急处置演练**】 市局轨道公交总队加强与地区公安分局、运营企业的协调对接和培训演练，实现“站外地区联动”和“站内警企联动”。与14个地区公安分局及属地派出所对接，将地区街面武装巡逻警力作为轨道突发事件先期增援处置力量，并会同地区公安分局、铁路公安在上海火车站、上海南站、虹桥火车站建立三方联勤联动机制，进一步明确组织指挥、力量调集、装备配置等工作。会同申通集团每月开展客流安全评估，及时发布大客流预警信息，全年启动一、二、三级大客流响应措施50次。持续做好早、晚高峰时段常态限流工作，并在春节、“五一”、“十一”、元旦等重要节日期间，协调武警增援人民广场站等重点车站加强客流疏导。加强突发事件应急处置演练，细化完善“一站一预案”。年内，共开展初起火灾先期处置、大客流应急处置、可疑无主箱包处置等课目演练1390余次，其中4月11日在地铁十号线新江湾城站联合开展核化生恐怖事件军地演习，进一步提升突发恐怖事件应急联合处置能力。(任家鑫)

【**加强队伍正规化管理**】 市局轨道公交总队通过组织开展主题宣讲活动和学习张宝发同志先进事迹等形式，把培育和践行社会主义核心价值观融入队伍建设全过程，以“回头看”活动为契机，进一步巩固深化党的群众路线教育实践活动成果，落实整改措施，不断完善制度建设。“守望，只为那一片美丽的安宁”一文入选公安部党的群众路线教育实践活动领导小组办公室选编的主题征文集。规划青年民警队伍成长，为其职业发展提供制度保障和搭建平台，为995名青年民警创建成长电子档案，并全面推行青年民警积分培训制。年内，对遭受不法侵害及因公负伤民警开展慰问71起（84人次），发放慰问金47300元，完成民警工伤申报44起。丰富警营文体生活，组织开展足球、羽毛球、乒乓球和篮球比赛，成立太极拳、摄影、影评、烘焙等12个兴趣小组，进一步增强队伍凝聚力，并在2014年上海公安系统足球赛中获得冠军。(任家鑫)

上海化工区安全保卫

【**概况**】 2014年，上海化工区坚持创新驱动发展，经济转型升级，主动适应经济新常态，有序推进年初预定的各项重点工作，较好完成全年预定的目标任务，保持园区经济平稳发展和社会和谐稳定。全年实现销售收入1005.3亿元，工业总产值970.8亿元，招商引资20亿美元，上缴税金53.4亿元，完成固定资产投资120.4亿元，比上年分别减少0.8%、2.2%、7.4%、3.6%和增加48.3%。

市局化工区分局紧密结合实际，围绕年初制定的“四个确保”、“六个不发生”的工作目标，践行“上海现代警务机制升级版”和“阳光警务”发展理念，以亚信峰会安保等重点工作为中心，坚持服务化工区发展大局，推进封闭式管理、“迎峰会、保平安”打防管控专项行动、企事业单位内保、交通消防安全管理等工作，确保园区安全稳定和运行安全。党风廉政建设责任制考核，在市局各单位中连续三年位

列“优秀”等次。妥善处置不稳定因素，化解矛盾纠纷104起，比上年增加55.2%。全年处警379起，比上年增加23.9%；劝阻电信诈骗案件3起，与去年持平。全年共立刑事案件7起、破案3起，受理治安案件19起、办结8起，比上年分别增加16.7%、50.0%和减少44.1%、46.7%；全年发生死亡交通事故1起，死亡1人。依法处理各类交通事故275起，比上年增加44.7%。查处交通违法行为777起，依法暂扣机动车辆72辆，审批保卫大件运输145批次，比上年分别增加41.5%、176.9%和158.9%。全年未发生亡人、伤人火灾事故，未发生危险化学品被盗、丢失等问题。(付震)

【完成亚信峰会安保任务】 市局化工区分局根据市局总体部署，结合区域特点，精心拟制相关方案、预案，从严从紧落实亚信峰会安保各项工作措施。深入开展“迎峰会、保平安”打防管控专项行动；“治安大整治”集中临检行动以及卡口查控、“三方三联”巡逻巡控，以面保点、以点促面，维护园区社会稳定和运行安全。其间，辖区刑事案件“零发案”、消防火灾及重大交通事故“零发生”，治安案件同比、环比均下降60%。(付震)

管委会领导慰问民警及武警官兵 (付震提供)

【推进封闭式管理软硬件建设】 市局化工区分局严格封闭式管理，全年共办理临时通行证165360张，阻止无证人员进入10114人次、无证车辆进入18956辆次，收缴证号不符通行证24张、伪造通行证1张，有效发挥现有设施的“屏障”与“滤网”作用。同时，加强与管委会职能部门沟通协调，完成数字视频监控、出入口门禁、执勤岗亭等项目建设，报请管委会审定印发新的封闭式管理区域出入口安全管理通告和人员及车辆通行证申领使用管理规定（暂行），并成立工作专班，完成通行证申领使用管理普训及通行证件制发等硬件设施启用前相关准备工作。(付震)

【举行火灾事故应急处置综合演练】 11月6日，市局化工区分局牵头举行化工区“119消防周”活动启动仪式暨火灾事故应急处置综合演练，模拟赢创特种化学（上海）有限公司MUSC CSO工厂装卸区一辆氯甲烷槽车，由于误操作致易燃物料泄漏遇静电轰燃事故，启动火灾应急处置预案及区域警务合作应急处突联动机制，调集公安治安、交通、消防及环保、医疗等力量联动处置，协调金山、奉贤公安机关在与化工区交界区域紧密协作，最终控制灾情危害程度和影响范围，成功排除险情。（付震）

【加强危化物品管控】 市局化工区分局深入开展缉枪治爆、“六打六治”、“硝酸铵专项治理”等专项行动，通过完善各环节领用登记台账管理，严格使用人员信息、数量、用途去向登记，每月组织开展联合检查整治，加强对园区散装汽油及危化品各环节的监管。其间，检查单位451家次，采集、核查相关从业人员信息1048名，开展防范宣传30次；办理易制毒化学品购买备案证明775张、运输备案证明156张、售后备案证明167张；审核剧毒化学品运输1201批次（共22635吨）、办理剧毒品购买证220张。（付震）

【加强道路交通安全管理】 市局化工区分局建立实施区内企业交通事故通报机制，年内，共通报交通违法和事故470起，有效督促了企业相关责任落实。完善公安交通、消防与政府安监、交通委联合执法检查以及交警部门与消防支队联勤联动机制，加大对危化品运输车辆的检查、整治力度。完成园区停车区域设置规划调研并上报管委会；配合有关部门加强道路交通设施建设，加大设施巡查与故障修复工作力度，全年共排查检修交通信号灯19处、路牌17处。（付震）

【夯实火灾防控基础】 市局化工区分局结合区域特点，深化“全警消防”、“户籍化管理”、企业单位“四个能力”工作机制建设，推进“迎峰会、保平安”、第二次清剿火患战役、重大火灾隐患集中整治等消防专项行动。其间，检查单位783家次，排查整改火灾隐患、违法行为997处（起），行政处罚20家。（付震）

【加强边防治安防控】 市局化工区分局报请管委会，成立化工区海防委和海防办，实现海防办实体化运作，强化海防工作组织领导，并协助市海防办完成园区海防视频监控项目布点选址、方案审定、征询意见等前期工作。完善“艇所联动”机制，加强园区海岸线携枪巡逻巡控，强化码头安全隐患排查整治，加大沿海区域治安管控力度。其间，开展海上联合执法12次、码头联合检查8次，检查船舶135艘、车辆2700辆次、人员4350人次，整改安全隐患19处，劝阻无关人员50人，清除网具20具，救助3人。（付震）

【成立分局团支部】 市局化工区分局根据团员青年从无到有的实际，在市局团委的指导下，召开共青团上海市公安局上海化学工业区分局支部委员会第一次团员大会，审议通过分局团支部委员会筹备组工作报告，通过民主选举产生第一届团支部委员会。王长恩同志当选团支部书记、徐晨同志当选团支部委员。（付震）

团支部第一次团员大会　（付震提供）

航空安全保卫

【概况】 2014年，上海空港起降航班65.55万架次，完成旅客吞吐量8962.20万人次，比上年分别增加6.56%和8.25%；完成货邮吞吐量361.02万吨。市局机场分局坚持以党的十八大、十八届三中、四中全会和习近平总书记重要讲话精神为指导，以服务机场改革发展大局、服务广大旅客群众和驻场单位为契机，围绕亚信峰会等重大安全保卫任务，推进“平安机场建设”等专项行动，深入开展“打盗抢、防诈骗、严管理、保平安”、“迎峰会、保平安”打防管控等专项整治行动，维护上海机场地区的社会稳定、治安安定和空防安全，实现上海机场第十五个安全年的工作目标。全年侦破刑事案件140起，比上年增加6.9%；打击处理违法犯罪嫌疑人87人，比上年增加14.5%；查处治安案件3520起，行政拘留345人。落实上海机场地区消防安全“四个标准”，深化消防安全网格化、户籍化管理，消除消防安全隐患559处。持续开展“五类车”、“三超一疲劳”等交通违法行为集中整治行动，查处交通违法行为76564起。加大对上海机场飞行区、航站楼、货运区的空防安全检查力度，落实控制区封闭式管理、客货运安检、不停航施工监管等工作措施，查处各类违反空防安全管理规定的案（事）件1838起。未因公安管理责任原因发生劫机、炸机事件和航空地面事故或事故征候。完成亚信峰会、南京“青奥会”、“春运”、“两会”、“亚洲商务航空大会和展览会”等重大活动安全保卫任务，完成各级警卫任务573批次。（龚慧静）

【完成亚信峰会上海机场安全保卫任务】 亚信峰会在上海举办期间，市局机场分局精心组织、严密部署、全力以赴，严格落实要人警卫、口岸查控、社会维稳、治安防控等各项安保措施，圆满完成91批中外政要抵、离沪警卫任务。（龚慧静）

【推进“平安机场建设”专项行动】 市局机场分局按照上海机场地区“平安机场建设”专项行动总体方案，建立健全网格化治安联防、航班延误处置联动以及京、沪机场警务协作等工作机制，指导上海机场虹桥、浦东两场公司新增视频监控312路，确保航站楼公共区域及重点部位视频监控的全覆盖，实现“六个不发生”的目标，在民航局考评中获得A级。（龚慧静）

【保障上海机场重大工程建设】 市局机场分局研究制定虹桥机场东区综合改造安保工作总体方案，圆满完成虹港大酒店拆除工程公安保卫工作。同时，加强浦东机场T1、T2航站楼商业模块及南航站区施工现场的空防、治安、交通、防火等监督管理和法制宣传，确保虹桥、浦东机场边建设边运营期间的安全稳定。（龚慧静）

消防培训 （龚慧静提供）

【严格机场控制区通行证管理】 市局机场分局深入推进上海机场控制区通行证网上办证系统的推广应用，修订完善民用机场控制区通行证分值管理实施细则，建立控制区通行证分值管理情况通报机制，按时完成一年期人员短期通行证换发、持证人员行为准则培训等工作，并积极推进通行证管控机制调研工作，编写完成民用航空运输机场控制区通行证管理规定（征求意见稿），不断提升上海机场控制区通行证管理水平。（龚慧静）

【加强指挥中心建设】 市局机场分局建立健全重大突发案（事）件现场指挥处置工作机制，从领导靠前指挥、动态信息报送以及发挥

指挥中心作用等方面对相关工作进行规范。加强演练培训，通过综合实战、桌面推演等形式，进一步检验和完善应急处置工作预案的实效性和可操作性，有效提高各单位应急反应能力。(龚慧静)

【开展联合打击整治工作】 市局机场分局针对虹桥枢纽公安管辖界面交叉的特点，研究制定虹桥枢纽核心区域治安秩序专项整治工作方案。协调闵行、轨交、铁路等公安机关和交通执法部门，从4月1日起开展为期2个月的治安专项整治行动。其间，共出动警力70人次，交通执法人员50人次，组织联合执法行动11次，查获并移交“黑车”100余辆。(龚慧静)

多警种联合执法 (龚慧静提供)

【侦破“7·8”特大盗窃案】 7月9日，市局机场分局接到报案称，海关工作人员在清点暂保管物品仓库时，发现外币现金和名贵手表被盗。分局即成立专案组开展侦查。7月24日，在市局刑侦、经侦等总队的支持下，抓获犯罪嫌疑人毛思朋（男，29岁，安徽省宿州市人），追回赃款、赃物（价值230余万元）。(龚慧静)

域外农场安全保卫

【概况】 2014年，市局农场分局围绕市委、市政府发展域外农场经济战略部署，积极适应域外农场改革发展。严厉打击各类违法犯罪行为，严格依法行使内保、交通、消防等公安行政管理职能，深入推进“平安农场”建设，圆满完成亚信峰会安保等各项工作任务。以“六项重点建设任务”为牵引，推进公安基层基础建设，全力夯实信息化、实战化基层基础工作。以打造“五个过硬”的农场公安队伍为目标，严明政治纪律和政治规矩，深化队伍职业化、专业化建设，加强警务综合保障。

坚持“以打促防、以防促管、以管促保”理念，依托每季“平安”系列行动，严厉打击涉农、涉工地等突出违法犯罪行为，辖区内未发生街面犯罪。全年共侦破刑事案件9起，破案率40.0%。查处行政案件26起，比上年增加100%。在农场居民安全感满意度测评中，“非常满意”率达98.41%，“非常安全”率达94.9%，比上年分别增加0.17个和1.21个百分点。（洪道铖）

【完成亚信峰会域外农场安保工作】 市局农场分局立足辖区特点，围绕“四个绝对防止”的工作目标，精心组织开展亚信峰会域外农场安全保卫工作。在安保工作实战阶段，全体民警连续40天全勤上岗，以“最高标准、最强措施、最严要求”，狠抓社会面治安防控及交通、消防等公安行政管理工作，并抽调10名精干警力，支援亚信峰会水上安保工作。严厉打击各类违法犯罪行为，侦破刑事案件4起，查处行政案件9起。组织开展集中清查行动15次，累计排查来场车辆1000辆、核对人员信息2100条。及时启动一级、二级巡逻勤务，投入警力800余人次。以人员密集场所、危棚简屋、独居老人、工程工地等处为重点，清除重大火灾隐患34处。亚信峰会安保期间，域外农场刑事案件破案率100%，未发生各类灾害事故。（洪道铖）

【完善社会面治安防控机制】 市局农场分局统筹内外部治安防控资源，完善社会面治安防控机制。坚持“区分等级、突出重点、专群结合、警力叠加、全面覆盖”的工作原则，建立等级化巡控与社会治安分级分色预警相结合的工作模式，根据区域内发案情况、报警类警情数量，及时启动预警，并有针对性地投放巡逻警力和群防群治力量参与社会面防控。加强与武警上海市总队第八支队合作，在重大安保任务中，以及“三夏”、“三秋”农忙保卫期间，试点开展域外农场公安武警联合武装巡逻工作，提升辖区应急处突能力。（洪道铖）

【推进公安信息化建设】 市局农场分局以适应和服务域外农场发展为目标，推进基础工作信息化。对照市局相关信息平台要素和标准，采用“模块移植”的办法，完善分局信息平台建设，年内，共享、应用各类警务信息35万条。积极争取上级部门的指导和支持，投入150余万元，在辖区公共区域建设25个视频监控探头。指导农场及相关企事业单位投入资金

700余万元，新建视频探头385个。协调市局科技部门和农场属地公安机关，克服地理因素造成的技术困难，建立分局350兆无线电通信系统，并加强无线电使用管理。(洪道铖)

光明食品（集团）有限公司吕永杰董事长赴黄山所慰问民警　（洪道铖提供）

【深化苏皖环沪农场公安警务合作】 市局农场分局依托苏皖环沪农场公安警务工作平台，进一步加强与大丰市公安局、黄山市公安局黄山分局、歙县公安局的紧密合作，年内，共完成各类合作事项34项，比上年增加21.5%。完善突发事件处置机制，针对派出所“小、远、散”的情况，与属地公安机关联合制定工作预案，提升域外农场应对暴力恐怖袭击、重大突发案事件、重大灾害事故的处置能力。完善信息平台共享机制，进一步规范农场派出所使用合作单位信息平台的流程，确保信息流转及时畅通。与大丰市公安局联合调研“沪苏大丰产业联动集聚区”，以及农场、地方政府间土地置换中的公安工作需求，提前介入，扎实做好防范措施，确保相关区域始终安全稳定。(洪道铖)

【提高警民双向熟知率】 市局农场分局以提高民警、居民间双向熟知率为抓手，打牢群众工作基础，深入推进社区警务。将双向熟知率作为派出所综合考评及民警岗位考核的重点，提升社区、治安等警种民警深入基层的频率和工作实效，扎实开展入户走访、信息采集、安全检查、防范宣传、调解纠纷等工作，提升实有人口服务管理效能。(洪道铖)

【组建分局执法办案组】 市局农场分局针对刑侦专业力量薄弱的情况，以打造执法工作“标杆”为重点，采取“体制不变、机制先行”，组建分局执法办案组（隶属于分局侦查办案科）。先后完成人员选拔、技术员培养、工作规范制定、专门用房落实，以及车辆、警械配备等工作，切实发挥刑侦专业优势，加大对各类犯罪行为特别是入室盗窃等农场群众反映强烈案件的侦查打击力度。成立后的1个月内，执法办案组破获刑事案件2起。（洪道铖）

【推进执法规范化建设】 市局农场分局围绕新一轮执法规范化建设要求，以“阳光警务”建设为引领，立足农场实际，推进执法规范化建设。研究制定“阳光警务”工作方案，以“应公开尽公开”为原则，进一步明确警务信息公开范围，制定集约化、便捷化公开措施。建立完善分局“执法办案场所使用报备制”，及时掌握域外派出所办案场所使用情况，并通过视频监控系统全程监控相关执法活动，年内未发生涉及执法执勤的有责投诉和责任事故。（洪道铖）

【开展创建“治安安全合格单位”活动】 市局农场分局以开展创建“治安安全合格单位”活动为抓手，督促农场企事业单位认真履行内保职责，稳控域外农场安全风险。加强单位内保组织建设，协调光明食品（集团）有限公司和域外农场综治部门，构建起一个具有45支队伍、800余名固定人员、覆盖超过辖区80%企事业单位的群防群治体系，开展常态化的护场巡逻和“邻里守望”工作。加大治安隐患检查整改力度，共检查相关单位300余家次，纠正、改进防范措施不到位139处。（洪道铖）

【启用海丰、练江农场派出所新建办公用房】 市局农场分局主动争取上级部门指导、支持，年内，先后完成了海丰、练江农场派出所办公用房建设和开办工作。按照公安部相关规定，规范设置了接待区域、办案区域、执法区域、生活区域，并通过了市局验收。立足辖区特点，在海丰农场派出所探索建立“江苏片派出所综合指挥室”，实现管理统筹资源、管理前移职能，进一步提升警务实战效能。（洪道铖）

【建立民警积分管理办法】 市局农场分局积极探索新形势下队伍管理的科学办法，在充分调研队伍管理现状、学习有关分局成功经验的基础上，制定实施民警积分管理办法。鼓励基层民警提升岗位技能，加强岗位履职，实现岗位成才，完善民警职业规划，有效激发队伍斗志和活力，完善队伍管理和保障工作制度化。（洪道铖）

【侦破海丰农场“4·30”系列盗窃案】 4月30日11时许，海丰农场桃园大队发生一起盗窃案件，被害人宋某放置于3号楼下的1台水泥搅拌机、1台柴油发电机、5000个水泥预制板模具、13捆防水土工布被盗，价值1.3万余元。市局农场分局即成立专案组，在大丰市公安局刑侦部门的协助下，于5月16日抓获犯罪嫌疑人张春（男，27岁，江苏省大丰市人），并顺藤摸瓜，一举侦破许广干（男，38岁，江苏省大丰市人）等人及张继和（男，57岁，河南省光山县人）先后对该址实施的盗窃案件2起，共抓获犯罪嫌疑人7人。（洪道铖）

自贸区安全保卫

【概况】 2013年10月下旬，为理顺中国（上海）自由贸易试验区公安管理体制，市局成立由政治部、法制办、浦东分局等单位和部门领导组成的中国（上海）自由贸易试验区公安机构（筹建）调研小组，就自由贸易试验区公安机构的功能定位、职责任务、管理体制、运作机制进行深入调研。通过调研，调研小组建议组建市公安局直属的自贸试验区分局。

5月19日，经市机构编制委员会批准，上海市公安局自由贸易试验区分局（以下简称自贸区分局）正式成立，机构为市局直属正处级单位，下设指挥处、政治处（与监察室合署办公）、刑事侦查支队、治安支队、出入境管理支队、交通警察支队、网络科技支队7个机构和外高桥保税区治安派出所、外高桥保税区物流园区治安派出所、机场综合保税区治安派出所3家治安派出所。在开局起步之年，自贸区分局在市局党委和自贸区管委会的领导下，围绕“创建平安保驾经济领跑，创新机制服务标杆亮丽”的发展定位，将机制创新作为核心任务，将争当公安改革排头兵和警务机制创新先行者作为最重要实践方向，全警同心、聚势攻坚、超常运作，较好完成维护自贸区政治安定和社会治安稳定等各项任务，初步奠定自贸区公安工作发展基础。

9月27日，市局举行自贸区分局成立揭牌仪式。市委常委、市委政法委书记姜平和副市长、市局党委书记、局长白少康出席揭牌仪式并为分局揭牌。市政府副秘书长陈靖、自贸区管委会副主任王靖、市编办领导参加揭牌仪式。

自贸区分局揭牌仪式　　（徐俊俊提供）

12月25日，自贸区分局召开干部任职大会暨2014年度分局领导班子和领导干部年度述职会议。市局政治部及分局领导分别宣读分局副处级、科级领导干部任免决定。分局通过加强队伍建设、业务建设和基础建设，确保分局各项开局工作的顺利开展。（徐俊俊）

【出入境大厅挂牌运转】 为更好地服务自贸区发展建设，提升自贸区出入境窗口水平，11月21日上午，自贸区分局举行“自贸区出入境办证中心暨自贸区分局出入境接待大厅”启用揭牌仪式。从挂牌之日至12月31日，出入境大厅共受理出入境证件7576证次，其中护照2485证次，港澳通行证1995证次，港澳自助签注1379证次，大陆居民往来台湾地区通行证1614证次，外国人签注及居留许可91证次，台胞证8证次，华侨暂住证4证次。（徐俊俊）

【组建警务巡逻队上街执法】 11月3日，自贸区分局启动警务巡逻队巡逻机制，推动警力下沉和职能延伸。巡逻队由治安民警、交通民警、派出所管段民警及保安队员组成。每日共安排55名巡逻、盘查力量（民警12人、保安43人，警车3辆）开展巡逻，其中治安民警及交通民警按照三大分区划分，以车巡、步行相结合的方式进行复合巡逻，维护园区的安全和稳定，提高园区街面全方位的管控力、接处警效率及震慑犯罪效果。（徐俊俊）

交通整治 （徐俊俊提供）

【开展“降警情、控事故、保畅通”交通大整治活动】 为打造“最平安、最干净、最有序”园区，自贸区分局针对园区“黑车”顽症，制定专门工作方案，调集各业务条线优势兵力合力出击，以强力整治与探索管理新途径相结合，力促园区及周边地区治安顽症有效整治，并会同市交通委、自贸区综合执法大队查获3辆非法营运车辆，对3名驾驶员作出各处1万元罚款及暂扣驾驶证3个月的处罚。针对自贸区内企业激增而日趋严重的“停车乱，乱

停车”问题，自贸区分局立足区域交通管理实际，在全市开展严格交通执法管理冬季战役的基础上，自主开展“降警情、控事故、保畅通”交通大整治行动，自贸区分局党委成员全员一线随警督战，在5次全区性集中整治中，共查处非机动车违法行为508起、机动车违法行为48起，扣车18辆，开具违法停车告知单261张，行政拘留1人。(徐俊俊)

【侦破李强特大信用证诈骗案】 4月初，自贸区分局在对辖区富特西一路115号的上海仓吉物流有限公司仓库一起疑似“提货”纠纷甄别中发现，犯罪嫌疑人李强伙同叶种于2013年9月底至2014年4月间，以其名下的公司名义，采取伪造仓储企业出具的货权证明文件、入库单或货权货物承诺书的手法，虚构事实，骗取外高桥国际物流有限公司等十余家企业通过国际信用证方式支付的货款，合计2.07亿元，涉案聚碳酸酯等物资3000吨后逃逸。案发后，自贸区分局在市局相关部门的支持配合下，于2014年10月17日在四川省绵阳市抓获浙江慈溪籍犯罪嫌疑人李强（男，42岁）、叶种（男，32岁）2人，查证涉案金额2.07亿元，扣押聚碳酸酯等涉案物资3000吨，该案系自贸区成立以来案值最高的经济案件。(徐俊俊)

【侦破遁甲公司特大非法集资案】 自10月24日起，陆续有被害人报案称，被上海遁甲资产管理有限公司（以下简称遁甲公司)，以从事外汇交易每月能返利12%至16%为诱饵骗取资金，涉案被害人共10人，涉案金额3000余万元。自贸区分局即成立专案组开展侦查，在市局有关部门的支持下，于12月30日，在浦东新区万安街190号312室内将犯罪嫌疑人路旺(男，25岁，河北省保定市人）抓获，冻结涉案资金500余万元。经审讯，路交代自2014年3月起，其在自贸区基隆路1号汤臣大厦1118室注册成立遁甲公司，后勾结他人，以获取高额利润（月息12%）为诱饵骗取多名投资人资金，合计人民币3000万余元。(徐俊俊)

保安服务

【概况】 2014年，全市30家市、区、县、专业保安公司（以下简称30家公司)，坚持稳中求进、改革创新，坚持社会效益和经济效益并举、社会责任为先，以亚信峰会安保工作为首要任务，进一步优化业务结构、完善管理机制、提高队伍素质、增强综合实力，较好地完成各项目标任务。全年完成营业总额52.04亿元，比上年增加21.76%；上交国家税金2.04亿元，比上年增加3.0%。30家公司从业人员66409人。派驻客户单位总数6174家，派驻保安员59106人，比上年增加1787人。承接展览、展销、文艺体育等大型活动保安服务908次，投入保安力量52624人次。承担专项保安服务480批，投入保安力量18935人次。保安区域联网报警系统入网用户52652户，比上年净增用户332户。入网用户防区总数达262738个，比上年净增防区4393个。全年“电子警察”监控系统收集交通违法信息4056260条，比上年增加52113条。承接技防综合工程项目668个，比上年增加74个，完成工程营业额2.42亿元。投入押运车941辆，承接金融网点10328个，承接上门收款客户6427家，守护金库44个。保安员为客户消除各类事故隐患和不安全因素19476起，扑灭火警489起，投入扑救人员1282人次。在门卫执勤中，保安员查获无证人员进入责任区181559次，堵截无证物资出门6520次，制止违法犯罪活动1138起，抓获违法犯罪嫌疑人1470人。经保安区域联网报警系统报警，处警人员抓获违法犯罪嫌疑人11人，制止现行偷盗等违法犯罪活动698起。保安员为客户做好人好事35326件，抢险救灾、救危解困2078起。（凌奇）

【做好亚信峰会安保工作】 市保安服务总公司等30家公司围绕“四个绝对防止”、“五个坚决防止”和“三个确保”的总体目标，立足保安岗位，切实落实保安人防、技防、联网报警、押运等工作措施，坚持“以面保点”，以重点单位和要害部位为关注重点，举整体之力确保全市社会面6000余家人防客户、52000余户联网报警用户、900余辆押运车等的安全。峰会期间，电力保安支队荣获上海市“工人先锋号”称号。（凌奇）

参加第14届上海公共安全产品国际博览会　（凌奇提供）

【强化企业内部管理】 市保安服务总公司等30家公司有序推进组建上海市保安服务集团的相关工作。同时，开展ISO质量管理体系内、外审工作，并顺利通过ISO9001：2008质量管理体系监督审核。分步骤将会计科目进行比较、分析、替换，对2012年和2013年会计报表中部分业务进行追溯调整。修订完善上海市保安服务总公司中层管理人员聘用及管理办法，进一步加强和规范中层管理人员选拔、聘用和考核等管理工作。深化校企合作机制下的实习生引进工作，不断探索和完善主管后备人员和员工职业生涯培育途径，加快人才储备与培养。围绕新版VI系统应用，做好押运、联网报警等业务板块特种车辆标识设计和办公环境标识制作相关工作，策划制作总公司对外形象宣传短片和六大业务板块推介系列短片。参

加第十四届上海社会公共安全产品国际博览会，总公司获上海社会公共安全产品国际博览会组委会颁发的“2014 年度上海安防行业最具信誉安防工程商”荣誉称号和中国安全防范产品行业协会颁发的“平安建设”推荐优秀安防工程企业荣誉证书。(凌奇)

【优化人防业务结构】 市保安服务总公司等 30 家公司加大人防保安市场拓展力度，不断减少低端客户、充实中端客户、扩大高端客户、发展品牌客户，努力优化业务结构，先后承接莫奈特画展、2014 年国际动漫展等重要文化活动的护卫任务。同时，以大力开展“五个规范”活动为抓手，不断完善保安队伍管理，通过规范行为举止、仪表仪容、执勤记录、考勤制度、操作流程，进一步提升保安员履职能力，提高保安服务质量，提升人防保安整体素质。(凌奇)

【增强技防市场竞争力】 市保安服务总公司等 30 家公司成功中标 2014 年新增“电子警察”项目。继续推进综合工程建设，先后承接援疆安防、松江看守所技防改造等工程项目。主动开拓各大专院校和消防系统的技防市场，签订一批相关器材采购合同。通过强化技术创新，成功申领“便携式智能信息分析处理装置”、“基于 RFID 技术和智能视频识别的门禁管理系统”、“基于 RFID 技术的车道识别装置”、“固定违法占用专用道记录仪”、“违法滞留行为记录仪”、“执法记录仪”和“基于卫星定位的车辆违法行为记录装置”7 项专利证书，“违法占用公交专用道固定监测系统”和“违法占用专用车道移动监测系统”顺利通过检测。“违法占用专用车道移动监测系统”荣获上海市高新技术成果转化项目证书。2014 年，总公司工程分公司数据采集部荣获上海市“巾帼文明岗”称号。(凌奇)

【拓展联网报警业务】 市保安服务总公司等 30 家公司通过招投标、参与邀标等形式，与农行、建行、海通证券等重点用户签订服务合同。拓展银行钥匙保管、派送新业务，全年承接全市 107 家建行网点的相关服务。设计、印制全市联网报警用户各类现场标识，并于 4 月中旬启动标识张贴工作。会同软件开发公司围绕联网报警系统“双路由、双报告”联网方式和 IP 网络化等监管要求和发展趋势，对市、区两级联网报警中心平台相关升级改造工作进行专题研究。尝试涉足智能家居领域，完成网络智能摄像新产品开发的前期策划工作，并步入正式推进阶段。(凌奇)

【加快押运业务发展】 市保安押运有限公司成功中标浦发、宁波等商业银行 ATM 自助设备外包业务，并承接带箱业务和长途埠际押运、危险品押运等业务后，坚持“安全第一、预防为主”方针，狠抓车辆管理，在押运车上试点加装前后左右全方位摄像头，为新型押运车重新设计车载报警开关和保护套，提升车辆安全性能。严格枪支管理，按照“从严管理，规范使用”的原则，围绕台账管理、技防设施、物防措施、人员情况、制度落实等内容，开展逐室逐枪、逐人逐岗、逐项制度和逐条措施全方位检查，深入查找安全隐患、管理漏洞，坚决杜绝公务用枪漏管失控。同时，制定押运车组留行时段枪支管理补充规定，在外派车组临时存枪点试点安装监控设备，强化临时存枪点枪支安全管理。(凌奇)

【拓宽交通设施业务】 宝航公司成功中标并

顺利完成前滩一期工程路名牌施工任务，参与浦东重大项目招投标，中标中环线浦东延伸段19标668万元的标志标线新建工程。承接闸北、虹口、杨浦、浦东北片区SCATS信号灯3年抢修养护和闸北、普陀、浦东南片区交通设施3年抢修养护任务。开拓江苏连云港和安徽蚌埠、利辛交通设施市场，进一步巩固江西南昌交通设施市场，并成功获得江西南昌红谷滩3年交通设施维修项目。此外，顺利获得质量、环境、职业健康安全三体系证书，并以涂料销售业务突破为纽带，不断优化产品成本，销售常温型漆涂料300吨。(凌奇)

【提升保安培训质量】 市保安职业技能学校在具备国家保安员一至五级完整培训体系，并获得上海市民办职业培训机构办学质量和诚信等级A级资质基础上，又荣膺上海市社会组织规范化建设最高等级——5A级和全国职工教育培训优秀示范点。通过建立分校，有效利用区域政策优势，充分展现品牌影响力，实现社会效益和经济效益同步增长，并灵活运用多种培训项目、多类培训证书结合叠加所产生的培训效应，缓解培训工学矛盾和减少成本支出。此外，为加强反恐安全防范意识教育，先后组织3次反恐形势和安全防范专题教育培训。(凌奇)

【完成重要节日和专项活动安保任务】 市保安服务总公司等30家公司做好元旦、春节、“五一”和国庆期间安全保卫工作，全力协助公安机关维护社会治安，确保客户安全。节日期间，各单位认真制定、完善各类安保工作方案和突发事件处置预案，组织开展防火、防盗、防事故安全大检查。各级领导深入基层，督促指导保安工作，慰问基层一线员工。广大驻点保安员、押运守护人员和技防接、处警及维修人员坚守岗位，确保保安驻点单位、押运守护标的和技防用户安全。(凌奇)

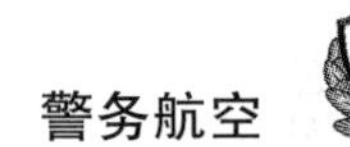

警务航空

【概况】 2014年，市局警务航空队以服务公安大局为重点，以飞行安全为出发点，加强警航战斗力建设，扎实推进落实各项工作。强化警用直升机参与公安实战和城市管理的实效性，协同市局交警总队开展快速干道、高速公路、重点墓区以及重大道路建设工程的空中巡逻监控；配合边防总队对青草沙水库进行空地联动巡逻监控；协同边防舰艇对长江入海口水域开展海空联合巡逻；配合消防总队开展除夕、元宵节烟火燃放空中监控；协同特警、武警、消防等警种组织开展应急处突演练和消防灭火救援演练。同时，与市交通委、市水务局、市环境保护局、上海海事局、上海电力公司等单位形成联动机制，加强城市安全运行监控和城市综合管理。全年飞行184场次、3787架次、1410小时，执行应急任务14架次、日常巡逻任务170架次。（程刚）

【完成亚信峰会空中安保任务】 市局警务航空队围绕亚信峰会安保准备、临战和实战三个阶段工作，从1月1日至5月27日，开展安保训练、安保演练和安保巡控，共飞行1372架次、569小时，其中安保任务飞行83架次、105小时。警用直升机作为空中安保力量之一，担任处置“低慢小”目标和亚信安保核心区空中警戒巡逻任务。峰会期间，搭载特警队员的警用直升机，与空军直升机一起，在安保核心区及其外围，分区域、时段开展空中警戒巡逻，共同构筑起水陆空立体防护网。（程刚）

【协同打击水上犯罪活动】 4月18日，市局警务航空队出动1架警用直升机，运用机载强光搜索灯、警用喇叭，配合水上公安机关地面警力和公安执法艇，在上海长兴岛附近水域当场查获正在进行柴油非法交易的涉案船只2艘、抓获涉案船上的嫌疑人11名，缴获涉案柴油500余吨。（程刚）

【消防直升机列装】 4月17日，市局从俄罗斯直升机公司购置的1架KA32消防直升机运抵上海。市局警务航空队与俄方专家紧密配合，完成接机、组装、试飞、交付等工作，并于5月4日列装。（程刚）

KA32 消防直升机列装　　　　（程刚提供）

【开展应急处突实战演练】 5月10日，市局警务航空队举行亚信峰会应急处突实战演练，共派出3架警用直升机，其中2架警用直升机开展“空中火力压制”和“空中索降快速运兵”演练，另1架KA32型消防直升机实施“水炮喷水灭火”和“水箱投水灭火”演练。12月25日，在市局统一组织下，市局警务航空队协同特警、海警和武警等警种，以恐怖分子强行登岛并实施破坏为模拟背景，出动3架警用直升机，围绕“兵力运送、空中侦察、空中火力压制”3个课目，在金山区大金山岛举行空地协同实兵反恐演练。（程刚）

【消防直升机首次投入灭火实战】 5月27日16时10分许，位于闵行区澄江路855号的津沛冷链有限公司空置厂房发生火灾。根据指令，市局警务航空队随即调派KA32消防直升机紧急起飞，于16时31分飞抵火灾现场，实施黄浦江取水、空中投水的灭火方式，共往返5次、投水约15吨，配合地面消防警力控制火情。（程刚）

【开展飞行安全大检查】 6月12日至17日，在市局警务航空队自查自纠的基础上，公安部飞行安全大检查工作组对市局飞行安全工作进行检查。共涉及飞行安全管理、飞行人员素质、航空装备保障三大类14个小项、131条内容，并对飞行技术、飞行法规、航空理论、空勤人员体能进行考核。考评结果位列全国各警航队前茅。（程刚）

公安部检查上海警航飞行安全　（程刚提供）

【秸秆禁烧空中执法巡查】 市局警务航空队于10月25日至11月17日出动8架次警用直升机，搭载环保执法人员先后对崇明、金山、奉贤、松江、青浦、嘉定、闵行、宝山、浦东9个地区水稻种植区域的秸秆燃烧情况进行空中巡查，共排查焚烧秸秆区域100余处。（程刚）

【交通事故应急救援】 11月3日10时27分许，1辆载有49名乘客的沪牌大客车在洋山深水港外道路东海大道、能源路口意外发生侧翻，造成6人死亡、43人受伤（重伤12人、轻伤31人）的重大道路交通事故。事发后，根据市局指令，市局警务航空队迅速出动3架直升机前往事故现场救援，共飞行5架次、2.5小时，先后将4名头部、颈椎、腰椎和肋骨受伤的伤员运送到华山、瑞金医院进行抢救。（程刚）

【加强飞行训练工作】 按照警用直升机训练考核大纲要求，市局警务航空队通过驻训、出国培训等方式，加强机长飞行员在各种复杂气象和环境条件下执行各类任务的训练力度，着力提高楼顶、狭小地带起降、特情处置等实战能力。加强飞行员与任务员协同训练，着力提升任务员的索降、游绳、水上救生等实战技术训练。截至年底，训练飞行1194小时，并组织13批48人次出国培训。（程刚）

监所管理

【概况】 2014年，上海公安监管部门紧紧围绕亚信峰会安保等中心工作，全面部署和推进看守所“五化建设”和拘留所“三项重点工作”，深入推进执法规范化建设，履行监管职能，始终将监所安全放在首位，落实公安监所安全管理责任，实现全年监所安全无重大责任事故，全力服务公安大局。全年，全市看守所收押犯罪嫌疑人员49408人次，拘留所收拘60194人次，收容教育所收教59人次，强制隔离戒毒所收戒6907人次，强制医疗所收治78人次，合计116646人次。全年共制止被监管人员企图自杀、自伤自残、脱逃等38起，处置被监管人员突发性疾病178起，对不宜继续关押的61名被监管人员变更或解除强制措施。(周丽蓉)

【规范监所执法工作】 市局监管总队围绕监管部门新一轮执法规范化建设的要求，提高规范执法能力和公信力，积极将公安监所打造成安全规范管理、展示法治文明的窗口。根据公安部等级评定办法，全市评出一级看守所7个、二级看守所13个；一级拘留所4个、二级拘留所7个、三级拘留所5个；一级强制戒毒所1个；一级收容教育所1个。(周丽蓉)

【推进全市看守所“五化建设”】 市局监管总队根据公安部关于开展看守所“五化建设”工作的通知精神，制定上海看守所“五化建设”工作实施方案及上海看守所“五化建设”标准，明确至2015年底全市看守所全部达到“五化建设”标准（完善岗位设置和勤务机制，实现勤务模式科学化；完善执法制度和执法体系，实现执法行为规范化；创新管理制度和落实管理方式，实现管理工作精细化；加强信息技术建设和实战应用，实现监管手段信息化；改善基础设施和装备条件，实现设施保障标准化）的工作目标。年内，共有12个看守所通过检查验收，其中上海市第三看守所、闵行区看守所被公安部监管局评为全国看守所“五化建设”示范单位。(周丽蓉)

【开展拘留所“三项重点工作”】 市局监管总队根据公安部监管局关于开展拘留所“三项重点工作”推进落实活动的通知精神，制定上海拘留所深入开展“三项重点工作”活动实施方案及上海拘留所“三项重点工作”验收评定标准，力争通过为期两年的“三项重点工作”（全面加强拘留所执法规范化建设，深入推行管理教育新模式，积极开展社会矛盾化解工作）推进活动，把上海拘留所建设成“安全文

明、规范的监管场所、教育矫治违法人员的特殊学校”。年内，共有16个拘留所通过检查验收，其中，浦东新区拘留所、上海市拘留所被公安部监管局评为全国拘留所“三项重点工作”示范单位。全年，全市拘留所共调处各类矛盾720起，成功化解社会矛盾546起，化解成功率75.8%。（周丽蓉）

【组织看守所思想纪律作风专项整顿活动】 10月下旬至2015年1月底，上海公安监管部门根据公安部“在全国公安机关开展看守所思想纪律作风专项整顿活动”部署要求，强化监管工作基础，夯实民警队伍思想防线，筑牢监管安全底线。市局监管总队开展9次突击夜查，共涉及27个监管场所，重点强化对监所夜间值班领导和民警履职情况的督导，对检查中发现的问题督促落实整改措施。（周丽蓉）

【推进“阳光警务”建设】 年内，全市公安监所均在家属接待大厅、收押大厅等对外接待区域以展板、电子触摸屏、警务公开栏等形式，对监所简介、管理制度、监督渠道、个人信息等相关政务工作予以公开。推行律师会见网上预约平台，实行办案单位提讯、律师会见预约制度；建立被监管人员家属视频单、双向会见机制。邀请新闻媒体、公众人物对全市公安监管工作进行跟踪采播，多家知名媒体记者先后受邀参加看守所特邀监督巡查活动。（周丽蓉）

【加强监所信息化建设】 年内，市局监管总队推进全市公安监所基础设施“十二五”规划和公安部“210工程”建设工作，加大信息化建设应用力度，推广建设监所指挥室，试点应用监所多媒体智能系统、被监管人员财务管理软件，开发监所管理预警系统，实现安全风险等级的即时判别。根据公安部监管局要求，完成公安监所监控联网一期建设，全市已有18个单位完成视频网与公安网的整合工作，年内上传视频图像2195个。（周丽蓉）

【全国看守所“五化建设”工作现场会在沪召开】 8月29日至30日，公安部在上海召开全国看守所“五化建设”工作现场会。公安部监管局局长赵春光，副局长郭振久，市局党委书记、局长白少康，各省、自治区、直辖市、新疆生产建设兵团以及铁路、交通、森林公安厅（局）分管厅（局）长，监管总队总队长、看守所业务指导支队支队长（处长），省会市、计划单列市分管局长和监管支队支队长，中国警察网、人民公安报记者，市局监管总队以及各分（县）局分管领导，全市看守所所长共240余人出席会议。（周丽蓉）

全国看守所“五化建设”工作现场会 （周丽蓉提供）

上海市第四看守所揭牌仪式 （周丽蓉提供）

【举行上海市第四看守所揭牌仪式】 7月2日，市局举行“上海市第四看守所”揭牌仪式。市局副局长陈臻出席揭牌仪式，并为“上海市第四看守所”揭牌。上海市第四看守所机构级别为正处级，为市局监管总队内设机构，主要负责集中羁押拘役犯和刑期在3个月以下的轻刑犯。（周丽蓉）

【深挖协破刑事案件4629起】 市局监管总队充分发挥公安监所“违法犯罪信息库”资源优势，强化教育感化深挖犯罪，为打击破案提供有力支持。全年深挖犯罪线索8224条，协破各类刑事案件4629起，比上年增加83起，其中协破八类案件24起，查获在逃人员63人，协助办案部门侦破重大疑难案件41起。（周丽蓉）

科技工作

【概况】 2014年，上海公安科技部门以“加强公安机关核心战斗力建设”为导向，重点抓好亚信峰会安保科技保障，最大限度满足一线实战和广大基层民警对信息资源的应用需求。

提升市局信息办协调、指导、服务水平，推动新技术应用研究与实践。年内，审核15家单位、134张数据表的信息共享需求；审核各类信息化项目需求、合同185份；组织开展2015年度信息化项目的申报、初审工作。全局共申报信息化项目92个。

发挥基层基础信息化建设效能。上海公安科技部门以“紧贴实战、服务基层”为目标，努力为基层实战提供优质、高效的服务支撑。结合移动警务终端更新换代，优化安全接入链路，并探索建立公安内部App-store（应用软件商店）模式的开发应用环境。年内，建成“图像信息摘要处理系统”，增加图像信息摘要等智能化手段；新增图像监控探头6500个和治安卡口断面147个，健全图像智能应用体系。年内，浦东、徐汇、闸北、杨浦、普陀、宝山、金山、青浦8个单位被评为上海市公安局一级信息中心。（柴珏）

【完成亚信峰会安保科技保障工作】 市局科技处通过推进现场指挥所信息通信和完善各类监控及查控系统，建设与亚信峰会安保工作相适应的信息通信保障体系。峰会期间，开通公安网、图像网、指挥网等11类网络和244个信息点，提高图像监控覆盖水平；排查图像监控探头总数约2.1万个、整改问题监控探头509个，有效确保图像监控的清晰可见和随时调阅。（柴珏）

【完成上海公安下一代数据中心体系架构研究】该课题由市局科技处与同济大学共同承担研究。年内，课题组对市局数据中心现状、下一代数据中心核心技术、配套保障机制、示范应用方案等进行调研。年底，制定完成上海公安下一代数据中心体系架构研究报告、上海公安大数据应用总体规划、上海公安数据中心现状调研报告等调研报告5份，发表论文2篇、申请专利1项。（柴珏）

亚信峰会安保工作　　（柴珏提供）

上海公安下一代数据中心建设专题培训　　（柴珏提供）

【华东地区公安科技信息化工作座谈会召开】 10月，华东地区公安科技信息化工作座谈会在沪召开。公安部科技信息化局局长厉剑，市局党委副书记、副局长陈臻，华东地区六省一市公安厅、局科信部门主要负责同志参加会议。与会代表围绕加强和改进公安科技信息化工

作、全面推动基础信息化建设，公安信息化支撑和服务反恐实战，以及公安机关大数据应用等进行研讨。(柴珏)

【科研成果】 市局刑侦总队研发“大容量真空智能潜在痕迹显现设备”，将加温加湿和自动化控制技术有机结合，突破以往在常压环境下的熏显方法，提升了案件现场物证痕迹的提取率，为锁定犯罪嫌疑人提供有力证据。市局消防总队研制“复杂建构火场无线通信支援组件”，解决了在大型船舶、地下人防设施等复杂环境下，传统大功率设备信号快速衰减的问题，填补了复杂场景救援现场通信设备的空白。(柴珏)

【立科研项目 28 项】 年内，全局获准部、市、局级立项的科研项目 28 项，资助项目经费 657 万元。其中部级科技强警基础工作项目 1 项，部级技术研究计划重点项目 1 项，部级技术研究计划一般项目 1 项，部级软科学研究项目 1 项，市级重点项目 1 项，市级保密专项 5 项，局管基金项目 18 项。有 27 项科研项目通过专家验收。(柴珏)

【2014 年部分获奖项目一览表】

项目名称	主要完成单位	主要完成人（限额内）	获奖等级
毒物分析中样品前处理关键技术研究	刑侦总队	梁晨、张玉荣、叶海英、丁敏菊、汪蓉	公安部三等奖
法庭科学毒物分析平台关键技术研究	刑侦总队	陈连康、倪春芳、曾立波、郑水庆、汪蓉、吴忠平、曹芳琦、龚飞君、严松茂、王威	市局一等奖
特警城市作战模拟训练基地	公安专科学校	庄禄虔、刘兵兵、赵蔚、朱斌翔、赵玉申	市局一等奖
多用途潜在痕迹物证专业显现设备	刑侦总队	糜忠良、张伟方、李玮、虞静、曹斌、梁彦林、徐军海	市局二等奖
上海市公安局数据目录查询系统	科技处	陈明洁、金碧芳、朱鑫巍、梁昌明、郑鸣、俞强	市局二等奖
上海市公安局信息中心数据同步与监控项目	科技处	陈明洁、金碧芳、梁昌明、周美娟、郑鸣、朱鑫巍	市局二等奖
刑事案件物证综合应用平台	刑侦总队	陈连康、蔡伟思、孙胜军、张伟方、俞援朝	市局三等奖
虹桥综合交通枢纽快速解散道路标志系统设计研究	交警总队	左天福、秦丽玉	市局三等奖
基于物联网的公安装备管理关键技术研究	警保部	吴国芳、裴华明、罗震、王涛、刘博文	市局三等奖

(柴珏)

法制建设

【概况】 2014年，全市公安法制部门以推进新一轮执法规范化建设和“阳光警务”建设为重点，坚持“抓机制完善、抓贯彻执行、抓问题整改、抓能力提升”，推动严格、规范、公正、文明执法，为全面完成公安工作各项任务提供坚实法制保障。充分发挥行政复议和解、行政诉讼和解，以及国家赔偿化解矛盾的作用，主动加强与各级政府法制部门的沟通协调。推进公安机关执法规范化建设、打造上海现代警务机制升级版，推动与检、法机关沟通协调的常态化和机制化。举办二期法制岗位民警专业提高培训班，共145人参训。组织上海公安机关人民警察初级和高级执法资格考试，共3000余人参加。(金逸)

会同市高院召开第一次公法联席会议 (金逸提供)

【为亚信峰会安保提供法制保障】 市局法制办立足亚信峰会安保社会面防控工作需要，做好烟花爆竹安全管控等8件行政规范性文件的制定、审核工作，并加强与市政府法制办的沟通协调，推动相关规范性文件及时出台。开展民警依法使用武器专项培训，主动上门送教，累计培训民警千余人次；强化对重大案（事）件的应急处置，成立 7 支应急处置小组，提供法制应急服务和执法指导。梳理基层执法遇到的突出、疑难问题 36 项，研究制定 27 项具体应对措施或法律适用意见。（金逸）

【深化执法规范化建设】 年内，市局法制办制定上海公安机关深化执法规范化建设 2014—2016 年度工作规划以及上海公安机关深化执法规范化建设工作任务书，明确工作目标、重点内容、牵头单位及实施步骤，以项目化方式深入推进执法规范化建设。年内，黄浦、宝山分局以及 6 个基层所队被公安部命名为新一轮执法示范单位。（金逸）

【推进“阳光警务”建设】 市局法制办制定上海公安机关推进“阳光警务”建设方案等文件，明确 4 大类 21 项工作任务，逐项明确工作目标、牵头单位和时间节点。确定在分（县）局、基层派出所、业务支（大）队三个层面开展示范点选树工作，浦东、黄浦、宝山、奉贤 4 个分局，黄浦分局南京东路派出所等 30 个派出所，宝山分局治安支队等 15 个业务支（大）队提出申报。（金逸）

“阳光警务”建设宣讲会 （金逸提供）

【加大执法信息公开力度】 市局法制办在市局门户网站开辟 8 个专栏，对执法依据、执法标准、执法过程、执法结果等内容在网站上予以公开。除法律、法规规定不予公开的情形外，对每一起网上办理案件，都通过互联网平台向特定对象提供案件查询进展服务，并通过手机短信等方式告知案件进展情况。（金逸）

【开展执法办案大检查】 年内，市局法制办修订上海公安机关执法办案场所办案区使用管理规定，共检查派出所 54 个、集中办案场所 10 个，发现并督促整改执法问题 123 个，制发

问题通报 17 份。通过联网实时监督系统，对各单位办案区的规范使用情况开展视频巡查，先后制发执法问题提示单 20 份、责令整改通知书 3 份。（金逸）

【加强行政执法制度建设】 年内，市局法制办提请市政府制定发布上海市社会消防组织建设和管理规定，起草上海市大型群众性活动安全管理办法（草案）等规范性法律文件。制定上海市道路交通安全违法行为处罚裁量标准、上海市公安局出入境违法行政行为处罚裁量标准、上海市消防局关于消防行政处罚的裁量标准（试行）、上海市公安局网安行政处罚裁量标准等，进一步规范公安行政执法行为。（金逸）

宣传文化

【概况】 2014年，上海公安宣传文化工作以党的十八届三中、四中全会精神和习近平总书记系列重要讲话精神为指导，深化“为何从警、如何做警、为谁用警”大讨论活动，以改革创新的思路，努力加强典型选树和网上网下一体化宣传，围绕中心，服务大局，为各项公安中心工作的顺利开展提供强有力的思想保证、舆论支持和精神动力。(陆敏彝)

【开展亚信峰会安保宣传工作】 全市公安宣传部门围绕亚信峰会安保工作重要节点和措施，有效提升新闻鲜活度和传播影响力。年初，紧扣“迎峰会、保平安”打防管控专项行动，按照“一周一主题”的节奏，连续组织打击伪基站、非法客运、涉医违法犯罪等系列专题宣传；临战阶段，组织记者随警采访，报道治安大整治及打击夜间违法犯罪联合查堵行动；实战前夕，将“三张网”建设、处突实战演练、地方与铁路公安率先联合武装巡逻等作为报道重点，在中央和本市主要新闻媒体重要栏目以及100余家新闻和商业网站显著位置集中刊播。亚信峰会期间，开展“大数据”平台提升街面反扒打击能力、应急处突机动突击队等主题宣传。至亚信峰会结束，中央和本市11家主要新闻媒体报道亚信峰会安保工作800余篇次，其中头版整版177篇次。(庄莉强)

【深化“三个联动”集群式宣传模式】 各级公安宣传部门不断加大在中央媒体上宣传上海公安的力度，形成中央媒体策动、本地媒体跟进的集群式宣传格局，以“央地联动”拓展宣传广度；不断磨合与媒体之间的沟通，共同策划推出一系列体验式、嵌入式的采访活动，以“警媒联动”提升宣传高度；探索实践媒体记者与微博团队共同采访、同步发布、携手推送的新模式，以“网报联动”增强宣传深度。“三个联动”推动公安宣传模式再升级。年内，在中央和本市主要媒体上刊播新闻报道近8000篇次。其中，中央媒体600余篇次、头版160余篇次；本市主流媒体头版、整版800余篇次。(庄莉强)

【开展以“做群众贴心人，铸上海平安城”为主题的爱民实践活动】 为进一步巩固党的群众路线教育实践活动成果，培育和践行社会主义核心价值观，市局制定下发关于开展以“做群众贴心人，铸上海平安城”为主题的2015年爱民实践活动意见，并先后推出活动专栏和专题简报。全市各级公安机关围绕活动主题，对标市局党委提出的“六项重点建设任务”，

积极回应市民群众对公安工作的新期待，把爱民实践活动作为增进警民理解、融洽警民关系的有效载体，进一步深化和谐警民关系建设。（陆敏韡）

【深化“为何从警、如何做警、为谁用警”大讨论活动】 8月20日，市局党委下发关于进一步培育和践行社会主义核心价值观的实施意见，在上半年进一步深化“为何从警、如何做警、为谁用警”大讨论活动的基础上，提出突出政治建警、培育职业精神、坚持惠民服务、加强文化建设四方面九项内容，以及数十个重点工作项目，指导各单位重点面向领导干部、热点岗位、转岗人员、公安新警等不同群体，实现有针对、重实效的分类化教育。（窦庆）

【开展公安先进典型宣传】 4月30日，市局制定下发关于进一步加强上海公安先进典型选树工作办法，以建立先进典型的全过程跟踪管理机制为目标，逐步完善典型数据库建设，推进先进典型积分制探索，以量化数据推动先进典型的全警种覆盖，从源头上规范先进典型的挖掘、选树、培养等工作环节，全面加强和规范先进典型选树工作。10月，习近平总书记会见全国公安机关爱民模范代表，上海公安3个集体、3名同志获表彰。11月，中央政法委书记孟建柱同志会见第五届“我最喜爱的人民警察”评选活动全体获奖民警，张宝发等3名同志分获不同奖项。11月11日，上海市委书记韩正、市长杨雄同志会见上述获奖代表。市局抓住契机，以报告会、交流会、媒体集中采访等形式，全面开展向张宝发同志学习活动，再掀上海公安先进典型宣传高潮。（窦庆）

【组织微电影创作比赛】 市局政治部为适应“微”时代公安宣传思想工作新要求，运用网络新媒体唱响公安思想文化主旋律，从6月起，组织开展“上海公安微电影创作比赛”。截至年底，共征集到30个单位的参赛作品85部，其中精选的15部作品分别报送公安部政治部“我奉献，我快乐——全国公安微电影大赛”和市委宣传部“中国梦·申城美——追梦人故事微电影大赛”。（王继伟）

【“@警民直通车·上海”获“全国十大政法微博”等荣誉】 年内，以市局官方微博、官方微信“@警民直通车·上海”为龙头的全局744个公安微博、200个公安微信，发布了60余万条微博、微信。在公安部政治部举办的“我奉献·我快乐”公安民警微博微信大赛中，市局报送的公安微博微信作品荣获一等奖1个，二等奖2个，三等奖2个，上海市公安局获大赛“优秀组织奖”。市局官方微博“@警民直通车·上海”当选“2014年度全国十大公安微博”，并在2014年度人民网、新浪网、腾讯网、中国人民公安大学分别组织的全国政务微博、微信系列评比中，先后荣获“2014年度全国十大政法微博”、“2014年度上海十强政务微信”、“华东政务微博传播力奖”、“微警务管理创新奖”等奖项。（王继伟）

【推进《人民警察》、《东方剑》移动终端APP建设】 围绕市局党委提出的打造上海公安现代警务机制升级版的总要求，以及推动上海公安传统媒体和新兴媒体融合发展的工作思路，市局政治部从下半年起开始筹划建立《人民警察》、《东方剑》两本杂志的新数字媒体平台（APP）。12月30日，基本完成首期开发工作。（陈展方）

【制定上海公安文化建设发展三年（2015—2017年）纲要】 上海公安文化建设发展三年（2015—2017年）纲要分指导思想、基本原则、建设目标、重点任务四个部分。市局将通过开展文化建设，打造一支政治过硬、业务过硬、责任过硬、纪律过硬、作风过硬的公安队伍，力争继续走在全国公安前列。（张佳莹）

【组织开展全局性文化体育活动】 自4月起，在各分（县）局、市局各单位广泛开展“我参与我锻炼我健康——上海公安系统广播操比赛”，共产生机关处室、派出所、支大队、现役单位四个组别的金、银、铜奖；7月7日，上海公安艺术团合唱团与上海老年合唱艺术团在公安博物馆开展了题为“警民同歌——快乐的聚会”合唱交流活动。10月18日，“2014上海公安系统足球比赛”开赛，历时一个月。全局42个单位34支代表队、800余名民警、现役官兵、文职、职工参加了小组赛、复赛和决赛三个阶段的86场比赛。轨道公交总队荣获冠军，普陀分局获亚军，宝山分局获季军。（张佳莹）

【参加各类文体赛事活动获佳绩】 3月，公安部举办第十二届全国公安系统“金盾文化工程”优秀作品评选活动。市局推送的报告文学《尖刀上的刀尖》（作者：方培）、小说《致爱丽丝》（作者：张蓉）获金盾文学奖；电视连续剧《外滩警事》、电视纪录片《心结》获金盾影视奖；小品《心中的微光》、歌曲《向祖国报告平安》、滑稽戏《今天他休息》、广播剧《刑警803之力破沉案》获金盾艺术奖。9月下旬，在公安部举办的“为祖国放歌——2014年全国公安系统文艺创作汇演”中，经专家评审，市局参演的原创微音乐剧《等待》、男声独唱《一个都不能少》获金奖，男子舞蹈《枪》获银奖，音乐视频秀《歌声与光荣》获铜奖，男声独唱《石头缝中的绿花》获作曲创作奖，微音乐剧《等待》获导演奖。10月29日，在中国前卫体协举办的“全国大城市公安机关第六届警察体育三项比赛”中，由特警总队6名队员组成的市局代表队取得总团体第三名、男子三项团体第二名、女子三项团体第三名佳绩。陈程荣获女子三项个人第一名，王彬荣获男子三项个人第四名。（张佳莹）

【滑稽戏《今天他休息》赴公安部汇报演出】 4月3日，以上海优秀社区民警先进事迹为题材，结合党的群众路线教育实践活动和深入开展“为何从警、如何做警、为谁用警”大讨论活动，并由市局联合上海市人民滑稽剧团共同创作的大型滑稽戏《今天他休息》赴公安部汇报演出。郭声琨、杨焕宁、夏崇源、白少康、中国文联党组书记赵实、中国曲艺家协会主席姜昆、中国曲艺家协会党组书记董耀鹏，以及公安部党的群众路线实践教育活动办公室领导和中国人民公安大学1000余名学生一起观看了《今天他休息》。（张佳莹）

【举行2014年上海公安青年龙舟赛】 9月21日，由市局政治部主办、市局团委承办的“团聚青春　奋勇争先”2014年上海公安青年龙舟赛在上海水上运动中心举行。全局共有45支队伍、1000余名运动员参加比赛。消防总队获得冠军，长宁分局获得亚军，边检总站获得季军。（盛国辉）

队伍管理

【概况】 2014年，上海公安政治工作按照政治过硬、业务过硬、责任过硬、纪律过硬、作风过硬的要求，以坚定理想信念为根本，以全面深化改革为主线，以提高能力素质为核心，努力打造一支信念坚定、执法为民、敢于担当、清正廉洁的公安队伍，为圆满完成亚信峰会安保等各项公安中心工作提供坚强有力的思想组织保证。(叶建荣)

【巩固党的群众路线教育实践活动成果】 坚持两批党的群众路线教育实践活动单位教育联动深化、问题联动查纠、措施联动制定、压力联动传导，切实做到以上带下、以下促上，相互配合、共同推进。制定贯彻公安部党委关于公安机关领导干部直接联系群众八项制度的实施意见，以及贯彻公安部关于进一步继续完善公安机关和公安民警经常联系群众制度的指导意见的实施意见，进一步完善市局党委成员直接联系分（县）局基层所队制度，以及市局业务条线部门走访一线实战单位、联系群众的机制，及时发现带有普遍性、全局性问题，做到问题整改整体考虑、统一谋划、上下联动、前后衔接。(钟灵)

【举办“学习贯彻习近平总书记系列重要讲话精神”研讨班】 年内，市局连续举办“学习贯彻习近平总书记系列重要讲话精神”研讨班，对全局1247名处级以上领导干部分批开展集中培训，引导党员干部树立进取意识、机遇意识、责任意识，增强全面深化改革的思想和行动自觉。(钟灵)

【配强各级领导班子】 年内，市局党委配合市委组织部调整局级领导干部29人，其中提拔12人、交流5人、免职12人；在市局党委审批的处级领导干部层面，全年共调整28人，其中提拔2人、交流9人、免职17人；在市局政治部审批的领导干部层面，全年共调整99人，其中提拔29人、交流41人、免职29人。(钟灵)

【开展亚信峰会安保期间干部履职情况考察工作】 为及时了解干部在重大任务中的现实表现，进一步发现储备培养一批优秀干部，根据市局党委部署，市局政治部牵头成立8个考察组，围绕亚信峰会安保工作，赴全局45个基层单位对领导班子及班子成员开展战时干部履职情况考察，从而对各单位领导班子的运作状况，领导干部的工作特点、工作状态有更加深入、动态的了解。(钟灵)

亚信峰会期间干部履职考察工作动员　（叶建荣提供）

【探索实行年轻干部培养新模式】 为提高年轻干部培养的针对性，探索实行“集中培训+实战锻炼+专题调研”的模式，市局选派50名科、所、队长到北京市公安局执法一线跟班学习暨举办市局第五期青年干部培训班。（钟灵）

【开展干部人事档案升级达标工作】 年内，市局政治部组织开展干部人事档案升级达标工作，黄浦分局的干部人事档案通过达标审核、验收工作，全局44家管档单位已有43家顺利通过审核、验收工作。（钟灵）

【招录新警及公安学员1396人】 年内，市局招录新警和上海公安高等专科学校“二专科”学员共计1396人，其中新警653人（地方院校毕业生574人、公安部属院校毕业生79人），二专科学员743人。（杨帆）

【启动市局机关精简工作】 为进一步优化警力配置，推进警力资源的无增长改善，市局政治部根据市局党委部署，于年底启动市局机关精简工作，精简市局指挥部、政治部、警保部、纪委和法制办5家单位10%的警力。（杨帆）

【接收安置军转干部112人】 年内，市局共接收军转干部112人，其中男性103人、女性9人；副团职4人，正营职及以下108人，并全部安置在郊区分（县）局工作。（杨帆）

【规范工资收入管理】 按照本市统一部署，市局政治部顺利完成市局单位民警调整津贴补贴、事业单位人员实施绩效工资以及相关补发工作。及时完成2013年度绩效考核奖等专项奖金的发放工作。根据民警职务晋升和年度考核情况，完成局级干部工资晋升审核19人次，处级干部工资晋升审批387人次，工资、津补贴正常晋升2455人次。（管靖刚）

【开展优抚帮困送温暖活动】 年内，市局审

批确认因公牺牲民警3人，因公负伤民警162人，共向公安优抚对象发放特别抚恤金、一次性优抚金、一次性抚恤金、伤残保健金等各类抚恤补助金合计3951.4万余元。元旦、春节期间，集中走访慰问烈属、因公牺牲民警遗属、因公致残民警、公安英模、援藏援疆民警、特困民警家庭901人（户），发放各类慰问金140万余元。继续实行伤病民警即时慰问工作机制，全年市局共走访慰问因公负伤、在岗突发严重疾病和家庭遭遇重大变故民警83人次，发放慰问金18万元。（管靖刚）

【加强专业技术人员队伍建设】 市局组织164人参加2014年度刑事科学技术和技术侦察专业考试。完成年度刑事技术和技术侦察专业技术资格评审，30人获得高级专业技术资格，42人获得中级专业技术资格，66人获得初级专业技术资格。围绕省、部共建重点实验室筹建工作，推进市局科技人才培养，市局1位同志领军人才中期考核评定为优秀，获得市人社局资助科研经费15万元。推荐1人参加教授级高工评选并当选。开展专业技术应用绩效评选工作，评选出年度技术应用绩效一等奖1个，二等奖3个，三等奖9个，优秀论文2篇，优胜论文10篇，论文发表奖19篇。继续优化公安内网职称评审系统，共5人获得高级工程师任职资格，18人获得工程师任职资格。组织10位高级专家赴厦门进行学术交流。推进“专技人员学术交流沙龙”机制，全年共组织3批200余人次进行学术交流活动。（陈谱良）

【做好警衔管理工作】 年内，全局共选升一、二级警监警衔6人，三级警监警衔135人；授予、晋升警督警衔3458人，警司警衔5199人。（陈谱良）

【开展“增强党性、严守纪律、廉洁从政”专题教育活动】 8月28日，市局党委转发中共公安部委员会关于在全国公安机关开展“增强党性、严守纪律、廉洁从政”专题教育活动的通知，要求各单位结合培育和践行社会主义核心价值观，通过理论宣讲队巡回宣讲、大力开展典型宣传等抓手，迅速掀起教育活动高潮。年内共组织巡回宣讲37场，直接听众1.2万余人。理论宣讲队连续两年当选“上海市基层理论宣讲先进集体”。11月14日，市局举行宣讲队阶段性小结暨党的十八届四中全会精神辅导讲座。（窦庆）

【加大爱警惠警力度】 市局政治部组织全局英模、因公负伤民警、优秀民警共900余人开展集中短期休整活动。开展夏季高温慰问活动，向一线民警发放慰问金135万元、慰问品1300份；为市局单位部分艰苦岗位约2800名民警订购牛奶；通过“民警健身、单位补助”的方式为市局单位1661名民警办理了健身体锻卡；继续为市局单位全体民警投保了个人保额最高为21.6万元的团体补充医疗保险；为全局民警、文职及相关事业职工购买为期1个月的亚信峰会安保工作意外伤害保险。7月至8月暑假期间，组织“放心家园”安心暑托班，全局共有252名民警及文职子女参加。为荣获全国、市、局表彰的优秀女民警、女干部提供话剧、舞台剧、音乐剧等活动的菜单式服务200多人次。8月5日，慰问28名受助民警子女代表，赠送学习用品、发放助学金。在110报警服务台筹备建设“爱心妈咪小屋”，为女性文职人员和女民警提供更加人性化的服务。中秋节日期间，上海公安金盾基金会组织理事走访慰问烈士家属，送上节日问候。（管靖刚、王海燕、杨智瑜）

【开展文职制度10周年系列纪念活动】 2014年是上海公安文职制度实行10周年。市局组织开展以“光华十载 笃行致远”为主题的“五个一”系列纪念活动。通过召开纪念座谈会、开展第二届上海公安“十佳文职人员”评选活动、制作文职制度汇编、出版《人民警察》文职专刊等活动，回顾总结上海公安文职制度10年发展历程，全面梳理、完善相关规章制度，探索上海公安文职制度下一步总体规划和发展方向。(章璐)

【深化文职队伍管理】 紧密围绕亚信峰会安保中心工作，以战时思想发动、人员保障、宣传激励、教育培训等重点工作为抓手，明确文职队伍管理的工作要求和措施，最大限度地调动文职人员的积极性和参与度。以突出战时需求为目标，组织开展110接线、警犬训导岗位的定点招聘28人，内部交流21人，全局新聘文职人员213人，确保人员保障及时到位。根据战时任务和实战需求，有针对性地开展战前训练和边战边训工作，开发、制作核心微课程授课视频供全局文职人员自主学习。建立宣传素材即时报送机制，开设“文职队伍管理特色工作法”、“亚信峰会我们准备好了”等专栏。进一步完善梯次表彰工作，建立即时表扬、通报表扬及专项表彰机制，持续激发队伍士气。(章璐)

【制定公安消防警卫部队正团职干部选拔任用等相关规定】 年内，市局党委制定印发上海市公安消防部队支队级领导班子和领导干部考核评价实施办法（试行）、上海市公安消防警卫部队机关团职领导干部考核评价实施办法（试行）、上海市公安消防警卫部队后备干部选拔工作规定（试行）、上海市公安消防警卫部队正团职领导干部选拔任用工作程序规定（试行）等文件，为全面、客观、公正、准确评价领导班子和领导干部，进一步加强干部队伍建设提供依据。(张赟)

【举办第三届“上海公安十大优秀青年”评选活动】 9月，市局政治部举办第三届“上海公安十大优秀青年”评选活动。活动由市局团委、市局政治部宣传处、上海公安书刊社联合承办。活动得到全局各级党政组织和广大民警的广泛关注和积极参与。(盛国辉)

【开展巾帼建功主题实践活动】 市局妇委会以基层女性集体、班组为重点，推荐指挥部、刑侦总队、出入境管理局、交警总队、特警总队、轨交总队、公专7个市局三八红旗集体参加上海市巾帼文明岗的创建活动。各级妇女组织开展多项岗位练兵活动，提高服务保障亚信峰会安保的综合素质和能力，组织110接警、治安、交警、出入境、监管、科技等多警种、多部门的女民警、女文职人员开展岗位练兵和岗位能手技能竞赛活动。三八妇女节前夕，上海公安机关举行纪念“三八”国际劳动妇女节104周年表彰暨先进事迹报告会，来自基层的5名优秀女民警代表作事迹报告；8个集体14名个人受到全国妇联和市妇联、市总工会的表彰。(王海燕)

【开展全局双警家庭情况摸底调研】 市局妇委会深入开展全局双警家庭情况摸底调研（以女民警为准），截至2014年4月，全局双警家庭共1866个，其中市局单位518个、分局单位1348个。(王海燕)

教育培训

【概况】 2014 年，上海公安教育训练工作围绕亚信峰会安保等重点，坚持“面向实战、讲求实用、追求实效”的原则，组织开展各类民警教育培训。上海公专深化公安职业教育改革，努力提高教育办学质量和理论科研水平，为提升上海公安民警的实战能力和综合素质提供有力支撑。年内，共举办各类培训班 219 期，培训学员 1.32 万余人次。其中，举办处级领导干部培训班 8 期、培训 575 人次，各警种专业岗位警衔晋升培训班 57 期、培训 2344 人次，各警种专业岗位“轮训轮值”培训班 39 期、培训 1805 人次，其他各警种专业岗位培训班 78 期、培训 6045 人次。新录用民警（基础勤务岗位）培训班 2 期、培训 1119 人次；各分（县）局训练基地举办“轮训轮值”培训班 91 期、培训 5573 人次，岗位专业培训班 338 期、培训 6743 人次，各类短平快培训 1843 班次、培训 9.67 万余人次。受公安部委托，为境外警方举办高级外警培训班 7 期、培训 196 人次，举办全国公安机关和公安院校业务骨干和师资培训班 30 期、培训 2267 人次。第二专科、本科毕业学员 1082 人。（李刘江、丁晓丹）

【完成亚信峰会安保专项培训工作】 市局政治部深入各单位收集汇总安保岗位战时培训需求 110 余项，细化梳理包括安保专业力量培训、“以面保点”安保业务培训以及全局民警普训三个模块的 32 个培训项目，制定亚信峰会安保专项培训工作方案。根据任务性质，分层次开展各类培训 523 批次，培训民警 8.67 万余人次。赴苏、浙、皖的 15 个重点公安道口征集培训需求和建议。选派专业师资、业务骨干、青年岗位能手赴基层一线开展 883 批次“送教上门”活动，在岗培训民警 3.76 万余人次，确保发现问题“快”，解决问题“快”，落实培训“快”，落地见效“快”。针对安保工作岗位要求和工作特点，组织精干师资，分批编制道口查控、安检实务等 4 大类 21 册培训教材，开发专题课程 268 门，向全局参战民警累计发放各类教材 7.07 万余本。同时，建立战时心理健康服务保障机制，组建心理健康服务队，为全局 9980 余人次的参战民警提供 475 批次的战时心理健康服务。（李刘江、丁晓丹）

【推进重点专业能力提升活动】 市局政治部组织市局各业务单位继续开展问题导向的重点专业能力提升活动，确定 30 余项警种岗位民警亟须提升的能力短板，明确实战绩效增量目标。指导各业务单位、分（县）局及公专深化开展培育点三方共建，全局50个培育点先后开发完成涵盖重点人管控、街面犯罪侦查等课题内容的实战培训教材37册、专业课程（微课程）132门，检验完善警种岗位标准25项，并在经侦、刑侦、出入境等条线试点推行示范培育点创建工作。（李刘江）

【开展分（县）局训练基地示范创建活动】 市局政治部制定分（县）局训练基地评估方案，聘请资深专家组建评估指导组，不定期开展过程督导，并开展年度评估工作，进一步提升各训练基地软硬件实力。11月初，组织开展申报创建民警训练示范基地评审工作，浦东、黄浦、徐汇、金山、青浦、奉贤分局6家单位参评，通过方案初审、实地验收和现场答辩等环节，最终选拔在领导能力、基础条件、改革创新、专业建设、服务实战等方面处于领先地位的浦东分局训练基地作为示范创建单位，力图通过两年的示范创建，使其成为分（县）局训练基地的典范和标杆，带动全局教育训练实力共同提升。（李刘江）

【加强课程教材建设】 市局政治部制定2014年优秀课程评审标准，按照校局联动、突出实战需求等要求，经过“网络初审、专家评审、网上公示”等程序，从全局各单位申报的208门课程中，评选出93门优秀课程。制定“一季一百”建设目标，编制微课程设计制作标准和2014年度微课程开发制作课题指南，指导经侦等13个业务条线，梳理反恐背景下实战急需的业务知识技能，开发涵盖通用警务技能和相关公安专业的19个板块共400余门微课程，评选出103门优秀微课程。同时，将优秀课程、微课程充实市局远程教育平台和微课程资源库，推动全局共享，不断提升一线民警的岗位业务技能和核心战斗力。（李刘江）

【开展反恐防暴和依法使用武器警械专项训练活动】 市局政治部制定下发实施方案，按照“统分结合、齐抓共管”的原则，依托“三级”培训体系，举办2期专题培训班，培养骨干师资120名；各分（县）局依托经市局集训的教官，开展分局兼职教官和基层所队助理教官短训，并采取“轮训轮值、战训合一”模式，组织基层一线民警集中培训和开展考核；各基层所队助理教官和小教员通过“四随”练兵、边战边训、岗位练兵等形式，组织民警开展日常巩固训练，推动专项训练活动的有序开展。全局共4.2万余名民警参加专项训练和考核。组织全局120名警务实战类教官，开展武器警械技战术考核、教学能力测试、心理测试和面试4个项目10个课目的比武竞赛；结合一年一度的“比实战本领、比执法水平、比履职能力”活动，举办全局“反恐防暴”警务实战技能比武。（李刘江）

【深化素质强警合作交流】 市局政治部继续会同河北、山西、新疆生产建设兵团公安机关，围绕“建立长效合作机制、加大交流合作力度、注重骨干人才培养、深化送教上门服务、做强院校基地交流、拓展信息化合作领域”六个方面，完善交流合作长效机制，重点加强与新疆生产建设兵团公安局在反恐防暴、应急处突、核心战斗力建设等方面的合作力度，推动素质强警交流合作工作效能的最大化。全年共接收38名干部挂职锻炼，121名业务骨干跟班工作；派出16名教官赴新疆生产建设兵团、山西公安机关送教上门；为三地公安机关举办派出所长、刑事技术、网络安全、群众工作法、教官等专题培训班6期，接待

255 名三地公安机关业务骨干和教育干部来沪培训；四地相互安排 180 名业务骨干、政工干部等学习交流。上海公专重点与新疆生产建设兵团公安局在师资培训、训练基地建设、警校学科发展等方面加强交流合作。同时，围绕教官教师跟班学习、学术研讨、教材课件共建等项目与三地公安院校结对交流。（李刘江）

【取得多项教学成果】 上海公专的特警专业教学资源库通过教育部验收，成为全国政法院校中唯一一个国家级高等职业教育教学资源库，6 门课程被评为“国家级精品资源共享课”立项资格（总数居全国公安院校和上海高职院校之首），1 项教学成果荣获上海市教学成果特等奖，2 项教学成果荣获国家级教学成果二等奖，2 项教学成果荣获上海市级教学成果二等奖（上海高职院校唯一获双奖），并连续三年勇夺上海市高职高专院校重点专业建设教学设计比武竞赛一等奖。（丁晓丹）

【加强学员德育工作】 上海公专坚持以“政治育人、立德树人”为根本，全面优化大德育工作体系，切实加强学员思想政治教育和日常养成教育。推进德育融入专业教学，通过开展主题教育活动、建立德育工作评价体系、加大学员警务化管理和日常养成教育力度等，进一步强化学员的政治意识、政权意识和警察意识。（丁晓丹）

【承办公安部和外省市公安机关培训任务】 公安部在上海公专设立的“公安部国家级专业技术人员继续教育基地教学基地”，是公安部在上海公专设立的第六个国家级基地。受公安部委托，上海公专承办 5 期全国公安院校公安专业骨干师资培训班，培训来自全国 36 所公安院校 570 名骨干师资。外警培训已拓展到 17 个国家和地区。为河北、山西、新疆等公安机关举办各类培训班 14 期，培训业务骨干 671 人。（丁晓丹）

香港警察赴内地研修课程班开班典礼　　（丁晓丹提供）

【创新开展网络选修课程】 上海公专开发《思想道德修养与法律基础》等14门、共59课时的公安专业网络选修课，组织772名学员参加选学，累计1544人次，考核通过率达99.8%。探索实施互联网选修课，组织学员选修复旦、交大等全市知名高校开设的7门人文、法律类优质特色网络选修课程，考试合格率达97.34%，进一步拓展学员跨专业学习途径。(丁晓丹)

【加强教学管理顶层设计】 上海公专梳理重构运行制度，制定学校学术委员会章程（试行）、专业建设指导意见、课程建设管理办法等规范性文件，完善第二专及本科课程考核管理规定、在职培训考试管理规定、专业实习管理办法等教学管理制度。(丁晓丹)

【加强师资队伍建设】 上海公专新聘校内专职专业带头人11名、行业兼职专业带头人9名、教学骨干15名，培训45名教学部门负责人、专业带头人、教学骨干，组织22名教官教师分赴10个分局的基层一线开展为期6个月的跟班锻炼，选拔4批次24名教官教师赴美国、澳大利亚、新加坡、泰国、韩国等国家，以及我国香港、台湾等地区参加培训。年内，警训部被评为“全国教育系统先进集体”和“全国职业教育先进单位”，上海公专荣获第八届“上海市技能人才培育突出贡献奖”，1个青年集体蝉联四届“上海市青年文明号”；2名教官被授予“全国公安教育系统优秀教师”称号，3名外籍教官入选上海市“海外名师项目”，2名教官荣获“上海市育才奖”，8名教官教师荣获“市局优秀教官教师”称号；学校文化建设项目蝉联“市局基层工会优秀工作项目”一等奖。(丁晓丹)

【参战亚信峰会等重大安保任务】 年内，上海公专组织396名教官教师和705名第二专科、本科学员直接参战亚信峰会等重大活动安保工作，并组织“轮训轮值”和第二专科、本科学员2.7万余人次完成上海“两会”、春节、国庆期间各类处警备勤任务243天次。(丁晓丹)

韩勇慰问参战国庆安保任务的师生　　(丁晓丹提供)

【谋划学校升级发展】 上海公专瞄准建设“亚洲一流、世界先进”警察院校的总体目标，坚持“高端化、科学化、信息化、国际化、开放化”的要求，全面学习把握现代警务机制、国内外职业教育、信息化社会发展的趋势，组织各条线、各部门在对标世界先进、查找自身不足的基础上，分赴市局、市教委相关职能部门、市局相关单位、上海有关高校等单位进行调研，制定学校教育事业发展规划（2015—2020年），细化工作目标、推进步骤和任务措施，为学校中长期发展奠定重要基础。（丁晓丹）

【开展上海现代警务机制升级版研究】 上海公专紧密围绕上海经济社会发展、城市发展目标定位，以及现代化国际大都市公安工作现状、内在规律和未来发展趋势，从社会学、公安学、教育学等多个角度，深入研究打造上海现代警务机制升级版的必要性、系统性和可行性，提出建设的基本概念、总体目标、主要特征、组成要素、升级基础、方法路径等内容，为打造上海现代警务机制升级版奠定理论支撑。（丁晓丹）

【提升警学研究水平】 上海公专成功举办第三届“上海国际警察教育学术研讨会”。组织师生投入科研活动，举办上海公安论坛26场，完成13个科研项目研究，编印2本论文集，并与实战单位合作，在闵行、青浦分局建立科研基地。“特警城市反恐作战模拟训练基地”科研项目荣获2013年上海市公安局科技项目一等奖，上海公安高等专科学校学报被评为“上海市优秀学报”。（丁晓丹）

【拓展公安信息化教学模式】 上海公专开发建设“上海公安微课程”新版网站，对全局19个条线单位和17家分县局微课程专管员开展平台应用培训，全年累计向全局推送700余门优秀微课程，累计访问量达4万余人次，并进一步优化完善“e班”培训模式，培训学员100余人，增强“e学”、“e练”、“e问”功能。强化特色资源库建设，优化完善公安实务案例数据库，为广大民警开展电子图书库深度搜索平台、中国知网、EBSCO外文数据库等专题培训和“送书上门”活动，数字图书馆资源总量已达41T，数字图书馆访问总量突破550万人次。（丁晓丹）

【深化公民警校三级办学体系建设】 上海公专进一步加大服务社会力度，深化公民警校“三级办学体系”建设，在市局交警总队成立公民警校，并指导各区县公民警校建立239个基层办学点。年内，围绕“公民反恐防暴”、“青少年安全教育”等主题举办各类培训班180期，培训学员1.2万余人次，组织开展各类校友活动60次，服务市民群众5万余人次。（丁晓丹）

立功创模

【概况】 2014年，全局共924个集体、17091名个人立功嘉奖，其中集体一等功8个，集体二等功146个，集体三等功233个，集体嘉奖537个；全国公安系统一级英雄模范1人、二级英雄模范3人，个人一等功12人，个人二等功216人，个人三等功2529人，个人嘉奖14330人。表彰上海市优秀公安局4个，上海市公安局优秀单位4个。（窦庆）

【上海市公安局被公安部记集体一等功】 6月16日，公安部下发《关于给圆满完成亚洲相互协作与信任措施会议第四次峰会安全保卫任务的上海市公安局记集体一等功的命令》（公奖字〔2014〕85号）。（窦庆）

【市局表彰"上海市优秀公安局"、"上海市公安局优秀单位"】 荣获2014年度上海市优秀公安局荣誉称号的是：浦东分局、虹口分局、宝山分局、徐汇分局；荣获2014年度上海市公安局优秀单位荣誉称号的是：经侦总队、刑侦总队等。（窦庆）

【张宝发当选第五届"我最喜爱的人民警察"，获"全国公安系统一级英雄模范"荣誉称号】 11月3日，公安部举行第五届"我最喜爱的人民警察"评选颁奖典礼，市局3名同志分获不同奖项。张宝发当选第五届"我最喜爱的人民警察"，被人力资源和社会保障部、公安部授予"全国公安系统一级英雄模范"荣誉称号；普陀分局陈德骅获特别奖，被授予"全国公安系统二级英雄模范"荣誉称号；闵行分局姜峻获提名奖，被授予"全国特级优秀人民警察"荣誉称号。（窦庆）

【市局3个集体当选"全国公安机关爱民模范集体"，3名个人当选"全国公安机关爱民模范"】 10月17日，公安部下发《关于表彰全国公安机关爱民模范集体和爱民模范的命令》，授予市局刑侦总队二支队、交警总队机动支队、浦东分局金杨新村派出所"全国公安机关爱民模范集体"称号，授予虹口分局邹克耀、长宁分局吕洁、市局消防总队李旻"全国公安机关爱民模范"称号。10月28日，党和国家领导人习近平、李克强、刘云山等在北京人民大会堂会见全国公安机关爱民模范集体代表和爱民模范。（窦庆）

【市局"4·12"特大虚开增值税专用发票案专案组等4个集体被公安部记集体一等功】 8月26日，公安部下发《关于给上海

市公安局“4·12”特大虚开增值税专用发票案专案组等4个集体记集体一等功的命令》（公奖字〔2014〕93号），给下列4个集体记一等功：

市局“4·12”特大虚开增值税专用发票案专案组：经侦总队牵头侦办，抓获犯罪嫌疑人24人，涉案金额88亿余元。

市局“5·6”特大骗取贷款案专案组：经侦总队牵头侦办，抓获犯罪嫌疑人2人，涉案金额4.19亿余元。

市局“8·13”上海泛鑫保险代理有限公司非法吸收公众存款案专案组：经侦总队牵头侦办，将犯罪嫌疑人从斐济押解回沪，涉案金额9亿余元。

市局“10·28”特大跨境系列电信诈骗案专案组：刑侦总队牵头侦办，将犯罪嫌疑人从柬埔寨押解回沪，涉案金额约2000万元。（窦庆）

【市局“3·27”专案组被公安部记集体一等功】 8月26日，公安部下发《关于给上海市公安局“3·27”专案组记集体一等功的命令》（公奖字〔2014〕94号）。专案组及时消除一个涉恐隐患，为确保亚信峰会在沪安全顺利举行及社会治安稳定作出突出贡献。（窦庆）

【经侦总队“4·8”跨国制售假药案集群战役专案组被公安部记集体一等功】 8月26日，公安部下发《关于给天津市公安局经侦总队“3·29”非法经营医疗器械案集群战役专案组等10个集体记集体一等功的命令》（公奖字〔2014〕104号）。经侦总队“4·8”跨国制售假药案集群战役专案组在境内外抓获犯罪嫌疑人8人，涉案金额2.27亿余元。（窦庆）

【市局“4·10”制售假洋奶粉案专案组被公安部记集体一等功】 8月26日，公安部下发《关于给辽宁省公安厅“1·21”制售假羊肉案专案组等10个集体记集体一等功的命令》（公奖字〔2014〕105号）。市局“4·10”制售假洋奶粉案专案组抓获犯罪嫌疑人20人，涉案金额2亿余元。（窦庆）

【吕洁获全国“五一劳动奖章”】 4月，全国总工会下发决定，授予长宁分局吕洁同志全国“五一劳动奖章”。（窦庆）

【市局组织开展亚信峰会安保工作战时奖励】 4月11日，市局下发上海市公安局2014年亚信峰会期间表彰奖励规定，坚持“表彰奖励向基层倾斜、向一线倾斜、向民警倾斜”原则，进一步丰富奖励形式，加大即时奖励力度。亚信峰会安保期间，市局给26个集体、136人记功奖励，全局还有65个集体、40名个人获得市总工会、团市委、市妇联的各项荣誉。（窦庆）

【个人一等功名单】

指挥部	金鑫
刑侦总队	姜伟良　孙奋进
交警总队	徐　伟
警卫局	朱震民
水上公安局	许　毅
浦东分局	印卫华
黄浦分局	朱　炅
长宁分局	陆　平
静安分局	沈　颖
虹口分局	黄晓华
宝山分局	周　辉

（窦庆）

警务保障

【概况】 2014年，市局各级警务保障部门以深入贯彻落实党的十八届三中、四中全会，全国政法工作会议、全国公安厅局长会议，上海公安局处长会议等一系列重要会议精神为指导，以深入推进"210工程"建设为主线，以亚信峰会安保保障为重点，以深化改革为契机，围绕"三个服务"总要求，全面提升警务保障能力和管理服务水平，为上海公安业务和队伍建设发展提供坚实有力的支撑和保障。年内，在公安部对全国装财系统"210工程"建设中期评估中，上海以总评101分的成绩继续保持警务保障整体工作走在全国前列。

市局勤务保障中心全面实施"惠警安民"和"爱警、惠警、服务于警"措施，注重为"民警吃好、吃出健康、吃出战斗力"奉献技能和智慧。全年收到市局业务单位各类来电、来信表扬和感谢信17封（次）；先后有46个部门（单位）和近300人次受到表彰奖励；全面完成既定利润目标1500万元，后勤保障服务满意率超过95%，较好完成全年各项工作任务。（王健、罗凤美）

【完成亚信峰会安保保障任务】 根据市局统一部署，市局警保部第一时间成立工作专班，专门制定亚信峰会安保警务保障工作实施方案及5项战时应急保障预案。主动对接、积极协调落实7955万元安保经费，并根据安保任务需求，全面完成46项安保实战重点装备项目建设和全局1200余支警用转轮手枪、2万余只双功能警闪肩灯、4068顶新式警便帽、交警发光指挥棒、增援民警单警装备等实战装备的配发以及60辆全新开道车、32辆安保专用车辆保障任务。其间，会同市局勤务保障中心提供战时餐饮服务415379人次，战时免费套餐33420人次，组建医疗分队赴基层开展巡诊350余人次，开辟应急医疗绿色通道40余人次。（王健）

【持续推进"210工程"建设】 在市局党委和市局"210工程"领导小组的统一领导下，根据公安部、市局有关工作部署，市局警保部制发2014年上海公安警务保障工作重点任务分解表（市局、分县局），明确年度建设工作目标、重点、进度、要求和责任。通过健全完善定期例会、情况通报、绩效评估、宣传推广等管理机制，始终保证各项工作强力推进。12月4日，市局召开上海公安机关"210工程"建设示范推广暨警务保障基层基础建设推进大会，公安部党委委员、部长助理、装财局局长

王俭，市局局长白少康出席会议并讲话，全面部署上海公安机关“210 工程”收官冲刺阶段各项重点任务建设，确保整体工作高位运行、系统推动。（王健）

检查指导“210 工程”建设推进工作　（王健提供）

【推动业务装备“达标”落地和基建、装备“十二五”规划建设】 年内，市局警保部指导推进完成区、县公安业务装备配备标准三年“达标”建设，各分（县）局总体完成率达 100%。同时，以提升公安机关核心战斗力和执法规范化建设为目标，通过成立专班、制定年度方案、签订承诺书、建立例会通报制，以及定期分析、调整指标、盘活资源、踏勘指导等措施，牵头指导各任务单位全力推进公安装备、基建“十二五”规划重点项目建设。截至年底，涉及上海的 64 个重点装备建设项目中，有 12 个项目全部完成建设任务，48 个项目下发建设方案，38 个项目落实建设资金，分（县）局 2013—2014 年度建设任务总体完成率达 93%。纳入中央考核的投资建设公安基本建设项目开工率达 100%，2014 年度规划项目立项 16 个，立项完成率超过 80%。（王健）

【规范公安转移支付资金管理】 年内，市局警保部深入贯彻公安部《公安机关财务稽查工作暂行规定》，通过进一步健全完善转移支付资金执行情况“每月通报、网上巡查、交叉检查”，有效提高资金执行率和使用效益，确保本市 2013 年度中央和省级公安转移支付资金到位率和执行率连续五年保持双 100%。（王健）

【提高公安经费保障水平】 根据公安实战需求，市局警保部加强与财政等部门沟通协商，在财政预算总体要求“零增长”的背景下，通过多方沟通协调争取，市局2014年预算同比增长了12.0%，连续五年保持两位数增长。积极会同市财政局开展公用经费保障标准调研，推进实施分（县）局特费由市局统一保障，并切实加大对基层公安机关经费保障指导倾斜力度，其中静安、嘉定分局将车辆运维、物业管理等经费从公用定额中单列，实现公用经费较大幅度增长；长宁分局将办案经费与打击破案数挂钩，逐步探索建立基层所队经费保障良性倾斜机制。(王健)

【强化应急保障能力建设】 全面建成“上海公安警用装备物资仓库暨公安部华东库”，同步完成物联网智能仓储系统建设，储存装备物资129种2219箱355143件（套、台），有效提升华东地区警用装备物资储存管理的规模化、集约化、现代化水平。年内，市局警保部先后三次组织开展公安应急保障实战演练，全力保障本市特警参加全国公安特警跨区域拉动演练、赴疆轮岗执勤各项应急装备物资配备保障工作，全面检验实战应急保障能力。(王健)

【强化预算全程管控和资产监管】 深入贯彻落实《公安机关财务管理办法》等财政新规要求，同步制定和修订完善市局预算经费、会议费、差旅费、财务建议函等财务管理制度规范。深化市局预算项目库及预算协同管理机制，进一步优化市局财务网上核销模式，严格程序和审核把关。按要求组织完成市局43个设定绩效目标项目、38个绩效跟踪项目和33个绩效评价项目的绩效管理工作。在市财政局开展的市级机关预算管理年度考核中被评为“A级”单位，2014年度市局预算绩效管理工作在市级93家单位评比中位列第一，资产管理工作获得市机管局“A级”评价优秀成绩。(王健)

【加强实战装备研发应用管理】 推进单警装备专项治理和轻型化调研工作，制定完善看守所、特警、交警等条线单警装备管理规定，调整交警、巡警等警种单警装备佩带方式，并从满足实战和人性化角度研发试用新式“警用多功能背心”525件。深化装备警企合作及自主研发机制，指导8家单位完成多功能军警射击训练耳罩、便携式快速茚三酮指纹熏显设备等16种装备自主研发工作。组织对16个分（县）局及8个市局单位的防弹防刺衣、防弹背心、防弹头盔等防护类装备进行实弹抽检，确保全部达标，为一线执法勤务活动提供安全保障。(王健)

【完善装备共建共享机制】 年内，市局一级装备共享平台新增超宽幅足迹勘查光源、定向高音驱散炮等高精尖装备68种（共有装备224种），共享借用达97次，比上年分别增长43.0%和15.0%，在大型活动安保、重大案（事）件处置中发挥积极作用。同时，对金额高、使用率低的痕迹物证激光发现设备、超景深三维立体显微镜等16种装备开展共建，有效节约装备建设经费，提高装备使用效益。(王健)

【规范警务用车保障管理】 根据中央、市政府公车改革工作有关要求，年内，市局警保部紧贴实战需求完成2014年度市局警用车辆购置更新工作，专门研究制定上海公安机关街面防控屯兵车装备基本配置（试行）、上海公安特种机动队车辆及装备配备指导标准（试行），规范全局警牌轿车选型并统一警用巡逻车车型。与此同时，切实加强对全市警车“亮灯执勤”和行车安全管理督导，在提高街面“见警率”的同时，确保全年车辆有责事故同比下降10.4%。（王健）

【加强公安机关内部安全管理】 围绕节假日、台风汛期、“安全生产月”活动、亚信峰会安保等重要节点和业务需要，市局警保部切实加大对全市公安机关内部安全检查频次和明察暗访力度，及时消除各类安全隐患。积极协调市局特警总队、静安分局、市保安服务总公司、武警总队等相关单位组织开展市局128大院内部安全实战演练，健全安全联防协作机制，逐级落实安全管理责任，有效筑牢内部安全防线。（王健）

【深化社会化服务保障监管】 年内，市局警保部进一步健全社会化服务企业质量监督管理考评机制，通过定期定人指导、座谈交流、评选“季度之星”等措施，提高企业员工服务主动性和工作质量水平。先后开展假期会餐、点心展、节日菜市、推出“砂锅、拉面、夏季冰饮”等特色饮食以及设立市局110接警文职用餐专窗、市局打击“夜窃”专项行动实战餐饮保障等系列活动。2014年度市局餐饮、物业满意度测评分数为96.13分，全局民警被装个性化选配工作参与率和满意度分别达到100%和99.4%。（王健）

【探索建设物证管理中心】 根据财政部、公安部关于开展“公检法涉案财物统一管理平台”课题调研要求，市局警保部积极会同市局法制办研究形成建立公、检、法涉案财物统一管理平台（即物证管理中心）的相关意见与设想，并先后走访闵行、普陀、奉贤、金山等分局，会同分局警保和法制部门与区检察院、法院就平台建设的可行性及构建模式、运行方式等问题进行深入研究探讨。目前，拟在闵行分局新建400平方米涉案财物总保管室，试点建设“公、检、法”涉案财物共管平台，逐步探索建立形成跨部门涉案财物管理模式。（王健）

【加强警保队伍廉政建设】 根据市局党风廉政建设工作要求，市局警保部通过组织修订警保部预算项目执行操作规范、启动业务岗位“权力清单”试点、开展季度队伍纪律作风检查，进一步深化党风廉政机制建设，强化内部管控和教育管理。全年共组织召开项目审核工作会议11次，审核项目211项，涉及金额逾亿元，发现问题并落实整改30个。（王健）

【强化队伍专业化能力建设】 年内，市局警保部将警衔晋升培训模式由“2周+2周集中培训”改为“2周集中培训+X”模式，并在警衔积分制培训班设“普训”和“提高”两个层级，进一步提高培训的针对性和专业性。组织做好2014年度警保专业培训班和会计人员继续教育、预算管理员、基本建设管理员等450余人次的培训管理。（王健）

【培育职业化、技能化保障服务队伍】 市局勤务保障中心注重提升队伍职业化和技能化水平，建立高级工训聘和技术岗位专聘机制，推出“首席员工”荣誉制，年度评聘2名中级工、10名高级工、1名首席服务员。通过自我培训、外请专家考核的“岗位带徒”培训，培养4名面点师。（罗凤美）

【举办大型惠警活动】 市局勤务保障中心在市局11个大院及所属派出所等20个业务单位开

展“迎国庆”点心大巡展活动，以成本价巡回展销了25个品种、7927份次的自制中、西式点心，受到业务单位广大民警好评。（罗凤美）

【做好亚信峰会安保战时保障】 亚信峰会、中俄海上联合军演安全保卫后勤保障工作期间，市局勤务保障中心及时拟定5项保障服务预案、措施，全体民警、职工8316人次加班加点保障餐饮服务415379人次，共收到8封业务单位的表扬信，受到局领导和业务单位民警的好评。向市局相关业务单位民警、文职及有关工作人员提供战时保障，赠送酸奶5214人次、161004盒；在市局机关大院食堂开展A、B套餐供应保障33420人次；拟定中心“小时响应”4级速度应急保障标准，为业务单位保障客饭1.3万份（次）；为市局亚信峰会安保第二指挥部提供核心保障服务，为业务单位完成外送各式点心580余份。（罗凤美）

【紧随警情贴身保障】 为保障业务总队大型野营训练行动、跨区域拉动演练及异地联动任务顺利完成，市局勤务保障中心专门成立餐饮保障小组，24小时提供无缝野外保障服务，准备热姜茶、豆浆、牛奶、茶叶蛋等饮品和干点、水果等，为参训队员补充体能；开辟“露营”、“餐饮保障”、“停车”等专门区域，并依需设立参训洗浴场所。按实战化要求，组成管理、技术等5人保障小组随队出发，在跨区域拉动演练行军途中，使用特种野战餐车设备为队员保障餐饮服务。组织3人餐饮保障小组随警异地保障2个多月。（罗凤美）

餐饮供应到一线 （罗凤美提供）

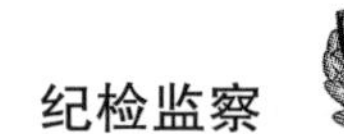

纪检监察

【概况】 2014年，上海公安机关以落实党风廉政建设责任制“党委主体责任、纪委监督责任”为主线，以推进纪监审督机关“转职能、转方式、转作风”为重点，为圆满完成全年各项公安工作任务提供有力的纪律保障。全年，上海市公安局纪委、监察、审计、督察部门（以下简称市局纪、监、审、督部门）受理人民群众信访举报499件，比上年增加29.6%；民警违纪率为1.3‰，比上年增加0.07个千分点，在2014年全市8个执法管理单位综合考核中位列第一。（张玮）

【明确党风廉政建设责任清单】 市局印发上海市公安局党委关于落实党风廉政建设主体责任的实施意见，厘清各级公安机关党委主体责任，明确党委班子、党委主要负责同志、班子成员党风廉政建设主体责任清单。全年市局党委成员就党风廉政作出指示、批示或讲话200余次（条），研究检查党风廉政建设相关工作150余次。（张玮）

【完善“两个责任”考核体系】 市局印发上海市公安局落实党风廉政建设党委主体责任纪委监督责任检查考核办法，科学设置考核项目，严格责任追究，推动全局各单位“两个责任”的落实。2014年对全局49家单位党委（党总支）党风廉政建设责任制落实情况开展专项检查。（张玮）

【开展警示教育】 市局纪委先后组织播放《贪欲之害（九）》、《警钟长鸣（十五）》、《关于2011年至2013年本市政法系统干警违纪违法案件情况通报》等警示片，网上刊发《警钟长鸣》案例警示短文8期，在亚信峰会期间统一制作发放《人民警察纪律规定备忘录》57800余份，引导全局干警建好思想防线、守住执法红线、绷紧纪律底线。制定实施关于进一步加强上海公安青年民警教育管理工作实施方案。以市委政法委部署廉政文化示范点建设为契机，组织开展上海公安系统基层廉政文化示范点创建单位评选、廉洁文化微作品征集等活动，营造风清气正的警营氛围。在市委政法委评选授牌公安系统基层单位“市政法系统廉政文化示范点”的基础上，市局同步评选出25家单位为上海公安系统基层廉政文化示范点创建单位。（张玮）

【严肃查处各类违纪违令案件】 市局纪委以“零容忍”态度严肃查处各类违纪违法和职务犯罪案（事）件。2014年，共受理群众来电来信举报499件，比上年增加29.6%（不包含12389来电举报数量），立案查处民警违法违纪案件58起66人。案件自排率72.4%，案件自查率100%，案件结案率94.8%，审理各类违纪案件50起50人。（张玮）

【健全查信办案工作机制】 为提高公安纪检监察机关执纪办案质量和效率，市局纪委启用新版公安民警违法违纪案件线索受理查办系统，制定实施关于案件线索及信访情况报送规则，编印纪检监察常用法纪条规选编，组织开展上海公安纪检监察系统办信查案优质案例评选，推动建立办信查案人才库，优化现役部队信访举报集中管理和信访问题分类处置机制，完善现役部队领导干部个人有关事项报告情况查阅制度等。（张玮）

【为亚信峰会等重大安保工作提供纪律保障】 市局督察总队按照亚信峰会安保八大类工作，细化设置38个重点督察专项，并以行动序列表形式落实每个督察专项“一方案、一培训、一报告”。围绕全国、上海“两会”、南京青奥会、十八届四中全会、北京APEC会议等重大活动和敏感节点，连续开展针对重点单位、重点目标安全防范、危险物品管控、城市公共安全等工作的现场集中督察行动。（张玮）

【深入开展维权工作】 年内，全局共发生民警执法权益遭受不法侵害案件842起，受侵害民警1076人，未发生民警被侵害的重大伤害案件。处理侵权人员1285人，市局维权办慰问遭受不法侵害民警、协警1403人次，发放慰问金95万元，颁发慰问牌28块。（张玮）

【落实审计监督】 市局审计室制定出台《上海市公安局政府采购项目采购廉政工作暂行规定》和《上海市公安局审计项目审理工作办法》，进一步强化审计实施方案编制的针对性、科学性和可操作性，推进领导干部经济责任审计、重大工程及信息化项目审计、保留企业、财务收支、房屋产权、货币资金管理审计（检查）等工作。其间，完成各类审计项目4172项，提出审计意见、建议3011条。（张玮）

【加强执法检查“回头看”专项督察】 市局督察总队按照公安部部署，推进执法检查“回头看”专项督察行动，对接处警、立案、侦查和涉案财物管理等各执法环节，以及公安接待窗口、执法办案场所和监管场所开展专项检查，发现各类问题1400余个，提出督察建议300余条，发放督察通知书和建议书150余份。（张玮）

【深化作风建设】 市局制定下发上海市公安局严禁公款旅游“四不准”，关于严格落实八项规定，狠抓中秋、国庆等节日期间廉洁自律的通知，上海市公安局差旅费管理办法，上海市公安局会议费管理办法，上海市公安机关国内公务接待管理细则等一系列规章制度。同时，开展全市公安看守所思想纪律作风专项整顿活动，督导推进公安现役部队领导干部工作生活待遇专项清理整顿、军队内部接待场所公款吃喝问题专项检查清理、消防执法腐败问题集中整治以及“四查看四整治”专项教育整顿，狠刹不正之风。（张玮）

【狠抓效能监察】 市局纪委制定实施上海市公安局“12345”市民服务热线办理操作细则（试行）、上海市公安局“12345”市民服务热线效能监察考核实施细则（试行）等规范性文件，开展“迎亚信、促政风”、“保峰会、树形象”窗口专项检查、本市机动车注册登记服务领域行业协会管理专项治理、上海人民广播电台“市政风行风热线”上线，以及市局特邀监督员赴监管场所巡检和“关注热点、查访群租”视察等活动，增强了监察工作的针对性、有效性。年内，接收市民群众咨询、投诉、求助4.29万件，比上年减少19.0%；市政府“12345”热线办下发“回访复核单”79件、“督办单”8件。（张玮）

颁发公安部特邀监督员聘书　　（张玮提供）

【启动监督管理信息平台建设】　根据公安部部署，市局纪委开展上海公安监督管理信息平台立项、招标及合同订立等工作，并全面启动项目建设。该平台通过整合各方面监督职能，量身定制与公安业务工作相衔接的执法办案监督、行政管理监察、监督检查等应用模块，与公安监督工作基础业务相配套的信访汇聚、纪检办案、党廉考评、廉政教育等应用模块，以及与公安干警职业生涯相伴随的廉政档案等模块，全面提高业务督导、队伍监督工作效率。（张玮）

【加强纪监审督队伍建设】　市局纪委制定出台上海市公安局现役纪检监察干部“十个严守”规定等规章制度，通过集中学习、实地参观、交流座谈、基层实践、制度执行等多种形式，教育、引导、督促纪监审督干部带头转变作风、廉洁自律、体现担当，用实际行动做遵纪守规的表率。（张玮）

区、县公安机关

浦东分局

【概况】 2014年，浦东分局将亚信峰会安保工作作为首要工作，以点带面、超常推进，维护浦东新区城市公共安全和社会治安持续平稳。

提高城市公共安全防护能力。3月，浦东分局在全市率先组建一支全天候机动武装巡控队伍，作为首批增援应急力量。12月，启用分局127人特种机动队，加强重点区域街面屯兵，落实重点目标应急处置。制定浦东分局反恐怖工作责任体系建设意见，编发派出所反恐工作操作手册。加大社会面布控措施，年内，重点围绕“三违”整治、重大工程建设、动拆迁、企业停业关闭、劳资纠纷、金融理财产品和环保问题引发的突出矛盾，立足公安职能，配合处置群体性不安定因素420起，删除网上有害信息1.5万余条，处置涉及新区的网络舆情405次。成功处置“5·11”砖桥工业园上海创峰箱包有限公司火灾、“7·21”打浦路隧道多车碰撞事故等火灾扑救和抢险救援任务，抢救疏散被困人员1793人，保护财产价值14836万元。

加大打击整治违法犯罪力度。开展“迎峰会、保平安”打防管控专项行动，先后侦破芦潮港“4·4”故意杀人案等一批重大案件。破获刑事案件10418起，比上年减少17.6%；抓获犯罪嫌疑人12187人，比上年增加0.4%。侦破杀人案和伤害致死案45起，破案率100%。侦破“两抢”案件171起，破案率90%，抓获“两抢”案件犯罪嫌疑人312人。侦破毒品案件859起，抓获犯罪嫌疑人870人，缴获各类毒品100余千克。开展经侦“打假”、“猎狐”等专项行动，破获经济犯罪案件800起，移送起诉638人，追赃5.4亿元。防阻电信诈骗案件3878起，挽回经济损失2454万余元。查处行政案件1810596起，比上年增加20.8%；查处违法人员1552663人，比上年增加33.5%。查处“黄赌毒”案件16245起，比上年增加20.0%；查处违法人员14303人次，比上年减少13.4%。查处涉枪、涉爆案件30起，收缴管制刀具893把、仿真枪1947支。

加强长途客运站安保工作　　（尹玮提供）

优化公安行政执法管理。做好春运安保、重大工程周边交通保畅、非标电动自行车号牌申领登记等重点工作。全年查处交通违法行为157万起，发生道路交通事故（上报）224起，比上年减少69.2%；造成226人死亡，比上年减少3.0%。围绕重点场所、重点部位，督促整改火灾隐患或违法行为10841处，处罚单位94家，处罚金额405.41万元。发生火灾1051起，比上年减少37.6%；造成7人死亡、15人受伤，比上年分别减少63.2%和44.4%；直接经济损失2057.7万元，比上年减少42.6%。新增临港出入境证件受理窗口，形成张江、惠南、临港3个接待点。新建浦建雅居、昌硕科技2处境外人员服务站。受理出入境证照217075人次，查处“三非”案件382起440人。

夯实基层基础建设。年内，浦东分局明确以社区警务工作为重点，加强基层基础建设。警力倾斜基层一线，增加社区民警和专职巡警力量。进一步明确派出所治安、社区、巡逻民警三大警种的岗位职责及工作标准。推进信息化建设，原南汇地区通信主干光缆网项目、“十二五”图像监控建设一期、高清视频卡口二期、综合指挥应用平台项目等基础建设相继进入审核、招标或施工阶段。提升社会治安合力，探索建立“社区治安稳定指数考评机制”。组织社区“十措践诺”活动，推出社区民警兼任居（村）委党组织副书记、派出所领导“做半天社区民警”活动、“破小案、查小患”工作等十项措施，践行“十项”承诺。

适应浦东发展需求。2014年，浦东分局立足公安职能，配合市局创新上海自贸试验区公安管理体制，并于9月27日顺利完成交接。主动探索迪士尼、临港、大型居住社区等新兴区域公安管理模式。加快推进三林、航头、惠南三个大型居住社区属地派出所建设。狠抓人口信息质量、严格居住证管理、推进房屋编码工作，主动与新区职能部门研商落实人口综合调控推进措施。

提升队伍正规化水平。开展党的群众路线

教育实践活动，通过边查边改、立行立改，专项整治事项24项，即知即改突出问题1312项。重点推进基层党支部委员履职制度落实和干部队伍的长效管理，加强基层党建示范点创建培育和基层服务型党组织建设，选树沪东新村、金杨新村派出所为内务管理暨警营文化、廉政建设示范点。组织开展“十佳派出所所长”等岗位标兵评选，全年获集体嘉奖以上127个、个人嘉奖以上2768人，金杨新村派出所获“全国爱民模范先进集体”称号。(尹玮)

【完成亚信峰会安保工作】 浦东分局于年初成立安保工作领导小组，设立安保办以及8个安保工作组，落实2700余万元建设资金及7.8万名平安志愿者。按照“一点一方案”要求，制定13个具体警卫任务实施方案，开展4轮安全风险评估，完成3次合成演练。打造由治安巡逻防控网、武装巡逻处突网、群防群治防护网构成的全区治安巡逻“三张网”，3月15日至5月30日，巡逻警力共抓获各类违法犯罪嫌疑人518人，破获刑事案件194起。5月17日至25日实战阶段，分局对各活动点、住地划分4道警戒线，对世博中心周边设置6条维稳识别拦截线，对6个住地设立前沿指挥部并下设小组，对5条警卫集体活动线路、273处可视制高点采取控制措施，圆满完成安保警卫任务。(尹玮)

【推进“阳光警务”执法规范化建设】 2014年，浦东分局围绕“阳光警务”建设，制定关于深化执法规范化建设工作的实施意见，先后出台10余件执法指导意见和提示。推进旁听制度落实和执法专业能力提升，年内，有145名基层领导干部参与共同诉讼、60余人次基层民警参与案件旁听，13人通过高级执法资格考试。以派出所为重点规范执法办案场所管理和使用。推进专职纪检监察干部派驻制度，召开明责告诫会3次、专题警示教育5次。做实涉案财物管理，规范流程环节。提升“12345”市民服务热线满意率，在全市公安分（县）局位列前茅。(尹玮)

【抓好人口综合调控】 年内，浦东分局开展人口数据清理，通过系统将“80岁以上来沪老人、单间6人以上居住房屋、用电量为0而房屋内有人员信息、身份证号码开头为00、同一照片多人使用”五类容易造成差错的数据，下发各派出所核对，共核查数据49381条，对“空挂户”数据进行梳理，将5万余名“户在人不在”人员在相应数据库进行标示。规范寄宿证明出具，清理一批使用违章建筑等“非合法稳定居住地”办理居住证的情况。5月9日，分局破获1起伪造印章办理“灵活就业证”案件。组织联络员深入全区1209个居村委信息采集室，对照建设标准和运行要求逐一开展实地检查，会同新区电子政务管理中心对原南汇部分采集室网络进行改造，年内新建57个信息采集室。(尹玮)

【“三违”整治工作取得初步成效】 2014年，浦东分局结合公安职能，将违法用地、违法建筑、违规种养（以下简称“三违”）整治工作作为年度重点全力推进。对社会治安产生的影响、可能出现的暴力抗法、群体性事件等情况制定针对性应急预案。年内，处置涉及“三违”整治的不稳定因素58起、332人，其中化解40起、309人，抓获涉及“三违”整治违法犯罪嫌疑人7人。各派出所加大宣传力度，设置小区通告栏1737处，拉设宣传横幅5617幅，在大屏幕滚动播放宣传片（标语）2165次，

发放宣传资料40万张（册）。行动期间，分局配合街镇及有关职能部门拆除“三违”650处，共计194万平方米。（尹玮）

【追逃工作战果显著】 2014年，浦东分局着眼追逃工作常态长效，建立分区指挥部、派出所、境外追逃等不同联络群组，确保指令第一时间传递、核查、反馈。优化二次侦查、一人一档、倒查、督促检查、追逃工作考核五大机制，不定期召开分局追逃工作推进会，编发浦东分局部分单位追逃工作经验和做法摘编等材料，下发各单位参考借鉴。年内，对部分基层单位开展追逃技战法实战培训3场，参与106人次。全年共抓获各类网上在逃人员898人，抓获外省市在逃人员509人（含命案人员13人），追逃工作绩效评估连续四年位列全市第一，连续两年被公安部授予“追逃工作先进集体”荣誉称号。（尹玮）

【推进城市图像监控网络建设】 浦东分局通过建设高清视频卡口断面将浦东新区与外区接壤处“包围”，并划块“高低搭配”安置视频卡口，形成“网格”。截至年底，有高清视频卡口306个，图像监控点位16850个。在建设时采用模拟（可控）与高清数字（固定）相结合的方式，最大限度地满足实时监控与事后取证两项图像监控主要功能。年内，高清卡口月均记录2.3亿余条各类机动车和非机动车通行数据，各派出所通过图像监控打击破获各类案件647起，抓获违法嫌疑人1112人。分局采取“区域图像中心加联网”的分级汇聚方式，即派出所到区域图像控制中心，再到浦东分局的方式，进行图像监控的联网及建设。（尹玮）

派出所图像监控室　　（尹玮提供）

【航头派出所推进消防隐患清剿工作】 年内，浦东分局航头派出所多策并举开展消防隐患清剿工作，未发生人亡及重大火灾事故。设立消防工作办公室，选派2名民警，配备文职、辅警专职实体运作，年内累计检查单位2194家次，发现火灾隐患或违法行为5410处，督促整改率达100%。建立消防网格管理模式，镇“大网格”，居村委“中网格”和居民小区、社会单位“小网格”，对辖区企业、场所、居民社区等实施排查整治全面覆盖；每月与镇安监部门联合执法检查。关心消防弱势群体，对全镇70岁以上的282名独居老人逐一建立消防安全信息台账，为每户独居老人配备灭火器和单点式烟感报警器，第一时间解决独居老人更换老旧电器、更换老化线路等需求。（尹玮）

【侦破“2014·284”毒品案】 1月，浦东分局获悉：有多名吸毒人员从闵行区一女子处购买毒品。侦查员从一起零包贩毒案件层层深挖，历经8个月，查处以黄怡（男，39岁，湖南省江华瑶族自治县人）为首，横跨上海、湖南、广东等地的有组织贩毒运毒犯罪团伙，抓获犯罪嫌疑人17人，缴获毒品31千克、运毒车4辆。该案的侦破工作在2014年度“刑警803破案奖”评比中被评为“银奖”。（尹玮）

【侦破王港、曹路等地系列抢劫、强奸、猥亵案】 2014年2月7日，浦东曹路地区发生1起持刀抢劫、强奸单身女性的恶性案件。浦东分局即成立专案组侦查。经查，确定将2013年底至2014春节前发生的龚路“12·22”猥亵案，王港“1·16”、顾路“2·7”强奸案并案侦查。2月13日，在市局相关部门协助下，抓获犯罪嫌疑人刘春（男，25岁，江苏省淮安市人），侦破曹路、王港等地对单身女性实施猥亵、强奸、抢劫案件7起（其中2起为隐案）。该案的侦破工作在2014年度“刑警803破案奖”评比中被评为“银奖”。（尹玮）

【侦破贵州沿河籍人员系列技术开锁入室盗窃案】 7月8日，被害人陈某发现家中被盗，案值20余万元。案发现场房门锁芯未见损坏痕迹，窗户未见撬痕，侦查员判断犯罪嫌疑人系白天时段采取技术开锁方式打开房门入室。在市局有关部门协助下，侦查员于8月2日在贵州抓获贵州沿河籍入室盗窃犯罪嫌疑人安文波（男，26岁）、安忠艾（男，27岁），追缴被盗笔记本电脑等涉案赃物，查证包括康桥“7·8”入室盗窃案在内的本市浦东、江苏昆山等地入室盗窃案件6起。该案的侦破工作在2014年度“刑警803破案奖”评比中被评为“铜奖”。（尹玮）

【侦破“3·12”特大敲诈勒索案】 2014年3月11日，被害人黄某报案称：其于2013年2月起，被敲诈勒索20万元。浦东分局即立案侦查，3月28日抓获犯罪嫌疑人沈国民（男，53岁，上海市宝山区人）。经查，沈国民以“强占”黄某开发的位于上海市七浦路128号兴旺服饰城地下商铺经营开始，不断以非法占有为目的，以威胁或要挟的方式，强行勒索黄某钱款，共计2520万元。该案的侦破工作在2014年度“刑警803破案奖”评比中被评为“铜奖”。（尹玮）

【侦破“8·05”职务侵占、挪用资金案】 2003年至2005年，上海航天汽车机电股份有限公司金桥分公司出纳员李秋玲（女，52岁，上海市浦东新区人），利用职务便利挪用单位资金2000万余元，供丈夫炒股，造成公司损失800万元。2005年7月27日，李秋玲夫妇携款逃往吉隆坡。2006年6月经报请公安部批准，浦

东分局对李秋玲发布红色通报。2014年，侦查员分析判断李秋玲藏匿在泰国。在公安部和市局的支持协调下，2014年5月31日，泰国警方在曼谷郊区一出租房内，抓获李秋玲夫妇。6月12日，李秋玲夫妇被押解回沪。该案的侦破工作在2014年度上海经侦系统“经济犯罪案件侦查破案精品案例”评选中被评为“金奖”。（尹玮）

【侦破“9·23”集资诈骗案】 8月27日，浦东分局接报：2013年5月，上海弘进投资中心以江苏启东某政府安置房项目需融资为由，承诺高额回报，招揽客户发放基金，逾期不兑付。经查，弘进投资中心先后收到不特定群众投资款1.3亿余元。弘进投资中心管理人陈志宏（男，44岁，浙江省温岭市人）将7000余万元用于个人期货交易、购置房产和汽车等，造成投资款损失。该案系由第三方融资公司参与、通过私募基金公司代理运作的新类型集资诈骗犯罪案件。9月23日，分局以涉嫌集资诈骗罪立案侦查，同日将陈志宏抓获归案。该案的侦破工作在2014年度上海经侦系统“经济犯罪案件侦查破案精品案例”评选中被评为“银奖”。（尹玮）

【侦破“9·02”合同诈骗案】 9月2日，浦东分局接报：有人假冒上海城投原水有限公司名义、持伪造印章与他人签订借款合同，将公司名下位于金皖路458号的2幢房产予以抵押获利。初查发现，负责公司房产管理的原整合办主任王平（男，54岁，上海市虹口区人）有重大嫌疑。当日23时15分许，专案组抓获正准备乘车逃跑的嫌疑人王平。王平交代：2013年9月至2014年8月，其使用伪造的城投公司及关联公司印章，与上海致广小额贷款有限公司等单位和个人签订虚假贷款、担保和抵押合同，骗取上述公司和个人钱款1亿余元，供自己赌博、挥霍和偿还债务。该案的侦破工作在2014年度上海经侦系统“经济犯罪案件侦查破案精品案例”评选中被评为“铜奖”。（尹玮）

【侦破“10·15”回购医保药品贩卖牟利案】 2013年初，浦东分局治安支队获悉，杨思地段医院门口有人非法收购药品。专案组经一年侦查，锁定以犯罪嫌疑人邵元龙（男，45岁，江苏省扬州市人）为首、流窜于本市各医院周边向本市参保人员收购医保药品再进行贩卖牟利的犯罪团伙。2014年2月21日，分局开展收网行动，抓获邵元龙等涉案人员20人，涉案金额6000余万元。该案的侦破工作在2014年度“上海治安系统精品案例”评选中被评为“金奖”。（尹玮）

【侦破“10·11”非法生产、销售赌博机案】 9月初，浦东分局治安支队获悉，一名福建连江籍董姓男子与一同乡常年在上海从事销售、维修赌博机生意。分局于10月11日立案取证。在市局治安总队等有关单位的协助下，专案组查处一生产、销售赌博机窝点，并查处其下家赌博窝点11处，抓获涉案人员董遵焰（男，35岁）、卢扬勤（男，39岁，均为福建省连江县人）等14人，查获“老虎机”、“斗地主”等各种赌博机226台，电脑芯片620余块，扫描插座、摇杆等零配件133箱，案值300余万元。该案的侦破工作在2014年度“上海治安系统精品案例”评选中被评为“银奖”。（尹玮）

黄浦分局

【概况】 2014年，黄浦分局围绕打造特大型城市中心城区现代警务机制升级版目标，按照反恐标准，结合黄浦区实际，坚持继承创新，公安业务和队伍建设取得新发展，公众安全感和满意度又有新提高。

完成重大安保任务。完成亚信峰会、2014上海新年倒计时、上海旅游节开幕大巡游、国庆65周年彩灯开放、上海国际马拉松赛等76批次重大活动安保工作以及275批次重大警卫任务。国庆安保工作被中央电视台《新闻联播》等栏目专题报道。

维护社会政治稳定。全年妥善处置不安定因素及群体性突发事件347起；处理信访总量1820件，比上年减少0.7%；组织开展每周三市政府信访秩序“净化”行动，维护全国“两会”、亚信峰会、十八届四中全会和北京APEC会议期间全区政治安全和社会稳定。

确保社会治安总体稳定。开展“迎峰会、保平安”打防管控、“百城禁毒”会战、“猎狐2014”缉捕在逃境外经济犯罪嫌疑人等专项行动。全年立刑事案件7141起，比上年减少7.5%。侦破刑事案件2687起，比上年减少10.0%，破案率37.6%。其中侦破八类案件72起，破案率67.9%；侦破“两抢”案件28起，破案率100%；侦破入室盗窃案件246起，破案率37.1%；侦破诈骗案件63起，破案率5.8%；命案侦破率100%。查处违法犯罪嫌疑人4470人，比上年减少4.1%，其中移送起诉1239人。抓获在逃人员154人。立经济犯罪案件199起，侦破101起，抓获犯罪嫌疑人67人，比上年分别减少5.7%、40.6%和52.8%；追缴赃款4871.3万元，追缴率78.6%。查处治安案件19996起，比上年减少1.7%，其中“黄赌毒”案件2684起，比上年增加6.2%。报警类案件“110”处警数15206起，比上年减少3.1%。

保障城市公共安全。加强刀具、汽油、危爆物品等管理，建立可疑情况发现报告机制，全区刀具销售点从43家清理压缩至22家，并全部推行玻璃柜上锁、归类售卖管理模式；12家加油（气）站全部配备平安志愿者。持续开展“五类车”等交通违法行为整治。全年纠处交通违法行为625302起，发生交通事故（上报）14起，比上年减少17.6%；死亡15人，比上年减少11.8%。滚动开展消防安全隐患专项整治，通过国务院省级政府年度消防工作考评；完成市、区二级消防实事工程和重大火灾隐患单位专项整改工作。全年发生火灾事故92起，比上年减少25.8%，造成3人受伤，与上年持平，无人员死亡；财产损失150万元，比上年减少42.3%。针对推行中国公民异地办理出入境证件业务情况，引入“企业式客户化”服务。全年办理证照127943人次，比上年增加20.0%；查处“三非”案件189起，比上年减少10.4%。

居委会实有人口信息采集室建设　　　　（李德全提供）

推进基层基础工作。深入开展社区警务建设。强化实有人口信息采集全覆盖工作，实有人口信息登记率达 90.3%；开展房屋编码、居民身份证集中换发等工作；完成 2014 年度黄浦区人口调控工作。稳步实施分局“十二五”信息化规划，将 4G 无线图像传输单兵设备、高空全景高清摄像等技术纳入实战应用。分局蝉联“全国县级公安机关执法示范单位”；刑事科学技术研究所被评为“全国公安机关重点痕迹检验鉴定实验室”和“全国示范刑事科学技术室”。

加强公安队伍建设。开展第二批党的群众路线教育实践、社会主义核心价值观教育、向张宝发同志学习等活动。选派 3 名干部、1 名民警参加跨省市、跨系统及挂职轮岗锻炼。举办民警警衔晋升“轮训轮值”培训班 17 期，培训 345 人。开展亚信峰会安检搜爆、警械使用、突发事件处置，以及特种机动队紧急登车、车载装备运用、4G 图像传输、警棍盾牌使用、警务用枪等培训，培训民警 4550 余人次。完成基层领导和综合部门民警副处级以下非领导职务晋升和警员职务晋升工作，285 名民警获得晋升。年内，5 个集体、7 名个人获上级表彰，其中记集体二等功 5 个，记个人一等功 1 个、二等功 5 个、1 人受嘉奖。交警支队被上海市总工会授予“五一劳动奖章”；特警支队被共青团上海市委授予“上海市青年五四奖章”；出入境管理办公室被上海市妇女联合会评为“巾帼文明岗”。（李德全）

【完成亚信峰会安保工作】　黄浦区是亚信峰会安保核心控制区之一，承担 5 家宾馆、12 名外方警卫对象住地安全警卫任务。分局成立安保工作领导小组，组建特种机动队，在景观区域和要人警卫住地屯兵固守、叠加巡逻。实行错时休息、街面交班、亮灯巡逻、配枪执勤、机关增援一线等巡逻制度，每天投入 250 余名特警、武警武装巡逻。开展 10 次全区性设卡盘查和清查整治行动，关停各类违法场所 275 家。开展消防安全隐患排查整治行动，拆除群租分隔1133间，亚信峰会期间，全区火灾事故“零接报”。落实危险物品、“低慢小”飞行物、便利店、加油站、打金店等管控工作，收缴管制刀具265把，回收保管民用枪支183把。组织8994名平安志愿者对128个巡逻岗位、115个固守点、39个重点公交站点、76个轨道交通出入口进行巡逻守护和驻点守护。5月19日至21日，投入警力16799人次，完成警卫任务275批次，以及上海大剧院、豫园、宾馆住地和活动沿线安保警卫任务。(李德全)

【成立特种机动队】 3月，黄浦分局在全市率先成立特种机动队，执行反恐防暴、维稳处突、叠加巡逻、警卫安保、机动备勤等任务。特种机动队配备150名警力、15辆特种警车，每车10人，其中包括交警、女警、刑侦便衣民警、机关或业务部门民警，确保执行多种任务。每辆警车安装行车记录仪、4G无线传输系统和强光灯，配备手枪、防暴枪、防暴盾牌、防暴叉、长警棍、简易隔离栏、阻车钉、简易帐篷、灭火器、灭火毯、防爆毯等，单警配备防暴头盔、防刺背心、防割手套、小型便携式灭火器、六件套（手铐、强光手电、催泪喷射器、伸缩警棍、对讲机、装备包）等。第二批特种机动队于10月交接上岗。(李德全)

【人员密集区域安装反恐防撞装置】 3月起，针对反恐怖斗争形势和黄浦区中心城区区位特点，按照“做严涉恐要素管理、做硬冲撞物理防范”反恐工作思路，黄浦分局协调区有关部门落实人群密集区域防冲撞设施建设，由区政府拨款980余万元，在人民广场、南京路步行街、外滩风景区、田子坊、思南公馆、日月光中心等区域安装反恐防冲撞路障254根、防冲撞功能花厢260只、防冲撞石球6个。（李德全）

【建立重点区域1分钟到达处置机制】 自3月起，为提高处置重大突发事件快速反应能力，黄浦分局以“距离到米、反应到秒”为应急处置标准，将人民广场、外滩风景区、南京路步行街、豫园列为重点区域，按照发生恐怖袭击和极端暴力破坏活动不同风险等级梯次设置屯兵点，建立以特种机动队为核心，特警、巡警、武警为策应的1分钟到达处置机制，在上述重点区域实施重点时段全覆盖巡逻守护。(李德全)

【完善执法规范化建设】 黄浦分局制定完善执法办案区域使用流程等制度，规范执法办案、执法管理和法制员职责。围绕新的法律法规实施和公安实战开展执法培训2500余人次，为打击整治、治安维稳和社会面管控提供执法保障。建立公检联席会议制度，实行分局、业务部门、派出所三级执法质量考评；在办事窗口设立电子即时评价系统，完善内部和外部执法监督措施。把规范公开受（立）案工作作为执法办案公开重点，从源头上杜绝执法办案不作为问题，形成以人、财、物和法制保障机制，互联网互动信息平台、服务窗口信息平台，警务执法指南、警务服务指南、警务监督指南为基础的“阳光警务”执法机制。10月，分局第四次被公安部命名为“全国公安机关执法示范单位”。(李德全)

【加大“两抢”案件侦破力度】 黄浦分局树立“把‘两抢’案件当命案来破”的工作理念，加大对“两抢”犯罪高压严打、快侦快破力度。接报“两抢”案件后，主管刑侦副局长、

值班局领导赴现场指导侦查破案，刑侦、网安、科技、属地派出所等相关部门主要领导组织力量参与案件侦查；整合部门资源，第一时间抽调刑警、巡警、交警、特警、社区民警同步参与围捕、走访等首轮侦查工作，开展合成作战。依托网上办案系统和相关预警平台，加强核查管控，建立“两抢”案件挂牌督办和破案奖励制度等。2012 年 5 月至 2014 年底，分局“两抢”案件侦破率保持 100%。(李德全)

【整治“五类车”非法客运】 黄浦分局交警支队成立“五类车”整治分队，明确整治职责和属地中队固守职责，按照“五类车”出没规律制定勤务方案。将南浦治安派出所确定为“五类车”衍生案件办案部门，规范办案流程、统一处罚标准，24 小时受理案件。全年，处罚违法“五类车”40074 辆，拆除残疾车非法搭棚和加装座位 477 辆，查扣无牌无证、非下肢残疾人驾驶残疾车 98 辆、电动三轮车 893 辆，行政拘留 11 人、行政警告 5 人、治安罚款 1 人。整治后，重点景观区域、主要道路“五类车”聚集现象基本消除。(李德全)

【整治消防安全隐患】 黄浦分局消防支队联合区发改委等部门，对福民商厦等 8 家市、区两级重大火灾隐患挂牌督办单位和半淞园鞋城火灾隐患整治重点区域进行综合施治。通过发布公告、引入第三方风险评估、专业检测、方案征询、重大活动停止经营、建立专职消防队、签订《消防安全责任书》等措施，促成 4 家单位和 1 处区域完成整改。修复报警故障点 300 余处，加装喷淋、烟感装置 700 余只，更换防火门 65 扇，加装闭门器 100 余副，更换应急照明、疏散指示标志 100 余处，增配灭火器具 900 余个，改造电器线路 300 余处，督促整改火灾隐患 5 万余处，查封违法单位 20 家、关停 3 家，清理“三合一”场所 70 家，拆除违章搭建 2000 余平方米，清退违规住宿人员 200 余人。约谈隐患单位法人代表 15 人，处罚单位 20 家，行政拘留 10 人，罚款 7 万余元。(李德全)

【推进社区警务建设】 黄浦分局成立 10 个由党委成员、调研员负责的调研组深入派出所，开展定点和专题调研，查找社区警务中存在的警力配备不足、警力频繁调用、民警职责任务不清和工作压力较大等突出问题。明确社区民警“采集准确的信息资料基础、夯实鲜活的人口信息基础、培育密切的警民感情基础、构筑牢固的治安防控基础、建立良好的合作伙伴基础”职责任务。制定 1 个居委配 1 名社区民警，治安复杂、超过 2000 户的居委配 2 名民警，以及民警下社区时间、下社区携带电台主动呼应警情、清查整治、提线破案、警种联动、表彰奖励等工作制度，有效提升社区警务服务实战效能。(李德全)

【拘留所举办“学员讲坛”】 黄浦分局拘留所为提高教育管理水平，推进管理模式创新，自 2013 年初开始在拘留所内创立互动教育平台“学员讲坛”，由民警和部分被拘留人担任教员，对被拘留人开展法制教育、心理健康、现代知识、人文健康、生活理财等辅导讲座，使被拘留人接受教育、增长知识、重树信念，截至 2014 年年底，共举办 20 余期辅导讲座，取得较好效果。(李德全)

拘留所举办“学员讲坛”　　　　（李德全提供）

【发生群众拥挤踩踏事件】　12月31日23时35分，黄浦区外滩陈毅广场东南角通往黄浦江观景平台人行通道阶梯处发生群众拥挤踩踏事件，造成36人死亡、49人受伤。市局及黄浦分局迅速开辟应急通道，调集警用、公交及其他社会车辆，将受伤市民和游客就近送至瑞金医院、长征医院、上海市第一人民医院和黄浦区中心医院抢救。同时，迅速组织力量收集伤亡人员信息，及时联系伤亡人员所在单位和家属。（李德全）

【开展群众路线教育实践活动】　2月下旬至10月中旬，黄浦分局围绕“为民、务实、清廉”主题，按照“照镜子、正衣冠、洗洗澡、治治病”总要求，开展第二批党的群众路线教育实践活动。成立领导小组和3个督导组，制定活动实施方案；召开专题报告会、交流讨论会267场次，组织参观学习活动146批次；分局党委成员开展基层调研，召开座谈会122次，开展访谈579人次；设置意见箱、热线电话、电子邮箱，收集“四风”问题和改进工作意见896条，党委民主生活会提出7类57项个人整改项目；完善整改和制度建设，明确领导赴基层调研、后备干部培养、公务用车管理、公务接待标准等12项整改事项，整改19项区委区政府反馈问题、35项个人项目；听取街道、居委及群众对公安工作的意见建议，邀请区人大代表、政协委员等人士座谈，主动征求意见；依托电视、报纸等新闻媒体及时报道活动取得的成果。（李德全）

【侦破“2·7”假冒电商跨境特大系列电信诈骗案】　2月，黄浦分局接群众举报称：遭假冒“京东商城客服”电信诈骗。经案件串并发现全市发生53起，全国发生238起类似案件，案值370余万元。分局会同市局有关部门成立专案组开展侦查。在台湾和广东警方的协助下，11月12日，台湾警方抓获14名犯罪嫌疑人，上海警方在广东省东莞市抓获犯罪嫌疑人萧柏生（男，30岁，台湾省新竹市人）等4人，缴获银联卡、转账U盾、手机、电脑、汽车、现金等赃物赃款，冻结涉案资金500余万元新台币。该案的侦破工作在2014年度“刑警803破案奖”评比中被评为“金奖”。（李德全）

【侦破“2·12”合同诈骗案、职务侵占复合型案】 2013年12月，黄浦分局接被害人徐某报案称：陈伟以高额利息为饵，诱骗被害人签订5份理财协议书，将2896万元汇入其指定第三方上海万禹国际贸易有限公司账户，后陈伙同他人将上述资金侵吞。分局成立专案组开展侦查。在市局有关部门和江西警方协助下，2014年5月12日，在江西省抚州市抓获犯罪嫌疑人陈伟（男，41岁，浙江省温州市人）。该案的侦破工作在2014年度上海经侦系统“经济犯罪案件侦查破案精品案例”评选中被评为“银奖”。（李德全）

【侦破“2·10”合同诈骗案、商业贿赂案】 1月，黄浦分局接上海杏花楼（集团）股份有限公司报案称：上海亿年食品有限公司总经理郑国利在无启动资金和销售渠道情况下，伙同上海杏花楼（集团）下属上海龙祥公司总经理王小松，采取逐年增加赊账金额方式骗取货物，高进低出后用于个人挥霍，致使龙祥公司损失近2000万元货款，涉嫌合同诈骗。分局成立专案组开展侦查。在市局有关部门协助下，4月9日，在上海抓获犯罪嫌疑人郑国利（男，46岁，安徽省合肥市人）、王小松（男，57岁，上海市人）。该案的侦破工作在2014年度上海经侦系统“经济犯罪案件侦查破案精品案例”评选中被评为“银奖”。（李德全）

【侦破“633会所”组织卖淫案】 3月，黄浦分局接群众举报称：淮海中路627号雪豹商厦“633会所”内有卖淫嫖娼活动。分局即成立专案组开展核查。4月13日，在商厦会所内抓获组织卖淫犯罪嫌疑人徐东（男，35岁，江苏省涟水县人）等5人和卖淫嫖娼嫌疑人陈刘芳（女，25岁，广东省湛江市人）等20人。该案的侦破工作在2014年度“上海治安系统精品案例”评选中被评为“银奖”。（李德全）

【侦破“1·4”卢工邮币卡市场重大盗窃案】 1月4日，上海市卢工邮币卡市场发生重大盗窃案，面值40余万元（市值约120万元）的第四套人民币被窃。分局即成立专案组开展侦查。在市局有关部门和福建警方协助下，1月15日，在福建省晋江市抓获犯罪嫌疑人王廷荣（男，27岁，四川省平昌县人）。（李德全）

【首次赴台湾抓捕犯罪嫌疑人】 11月，黄浦分局接报1起重大诈骗案件，犯罪嫌疑人凌辉诈骗他人120余万元后潜逃台湾，同时发现其涉嫌信用卡诈骗。分局即会同市局有关部门成立专案组开展侦查。在公安部及台湾警方的协助下，12月22日，在台湾高雄市将凌辉（女，45岁，上海市人）抓获，26日押解回沪。此案系2009年《海峡两岸共同打击犯罪及司法互助协议》签订后上海警方首次从台湾抓获并押解犯罪嫌疑人回沪，也是“猎狐2014”专项行动中全国公安系统首次赴台湾抓获大陆经济犯罪嫌疑人。（李德全）

徐汇分局

【概况】 2014年，徐汇分局将亚信峰会安保工作作为年度首要任务，把提升人民群众安全感和满意度作为各项公安工作的根本标准，完成打击犯罪、治安防控、安全监管、服务群众等各项任务，着力深化平安徐汇和法治徐汇建设，确保社会治安秩序持续平稳。

春节期间龙华寺执勤　　(樊健生提供)

全年完成警卫任务723批次，大型活动276项、1067场次。深入排摸各类社会矛盾、纠纷，完善常态化排查、通报、化解机制，将矛盾化解引入法治轨道。全年化解各级信访查办、督办件56件，处置各类群体性事件178起。

保持严打高压态势。开展“迎峰会、保平安”打防管控专项行动和28次治安大整治(打击夜间违法犯罪联合查堵)集中行动，开展“2014徐汇利剑”、“雷霆”系列集中统一行动和各类专项打击行动。全年共侦破各类刑事案件3223起，比上年减少12.4%，抓获犯罪嫌疑人2078人，比上年减少8.5%；命案侦破率100%，“两抢”案件侦破率92.3%。侦破经济犯罪案件297起，破获公安部部督跨省贩毒专案等千克级毒品案件8起，缴获各类毒品50千克。

整治治安突出问题。通过排查整治治安复杂地区和突出治安问题，开展打击“市霸”、“四黑四害”、伪基站、危害食品安全以及“黄赌毒”等专项行动。全年查处治安案件28989起，比上年增加2.2%，行政拘留1602人次。

查处“黄赌毒”违法犯罪人员1267人次，比上年减少7.5%。

治安整治集中行动　　　　（樊健生提供）

坚持从严管理和系统综合治理，有效维护城市运行安全。对枪支弹药、剧毒化学品、爆炸物品、管制刀具、散装汽油等重点物品加强安全监管。落实对各类特种行业的治安管理，完善对寄递、物流、网购等新兴行业安全管控；落实对宾旅馆业的常态化检查。加大对全区水、电、油、气等重要基础设施、重点单位内部保卫工作检查力度；指导全区学校、幼儿园、医院安装视频监控、紧急报警装置，完善民警巡查、保安驻点执勤制度；加强实有人口管理，推进实有人口信息采集室建设，形成全区统一的居（村）委实有人口管理工作模式。加强道路交通管理，优化交通组织管理形式，完善动态勤务管理模式。全年查处各类交通违法行为40.4万起，发生交通事故（上报）35起，比上年减少22.2%，造成21人死亡，与上年持平。加强消防安全管理，城市火灾报警系统联网工作完成率达100%，开展“清剿火患”战役和消防安全大排查大整治行动，全年共检查单位55996家次，查处并督促整改火灾隐患11.5万处，发生火灾事故101起，比上年减少31.8%。加强出入境管理，做好72小时过境免签入境人员的后续管控工作，开展“平安上海”涉外整治打击攻坚战，全年查处“三非”外国人320人，破获偷渡案件5起。加强监所安全管理，与上海市第八人民医院协作推进监所医疗社会化工作，落实各项安全管控措施。

推进现代化警务实战能力建设，将警务资源向一线倾斜。搭建分局公安网服务器平台，提升对各类公安数据资源的应用效率。开展辖区图像监控系统建设，年内完成243个高清、60个标清探头建设工作，移位优化布局点位120余个。加大基层一线经费保障，推进公安装备建设，优化综合警务保障服务。

加强公安队伍正规化建设，开展党的群众

路线教育实践活动。对查出的“四风”突出问题，落实整改122条意见建议，形成常态化防范机制。注重先进典型选树，开展“星级巡逻班组”、十佳优秀社区民警等评优活动。全年分局集体和个人共受到表彰994次，其中集体62家次、个人932人次（个人二等功5人次、三等功159人次、嘉奖768人次）。开展羽毛球、乒乓球、游泳、垂钓等体育比赛。完善因公负伤、优秀民警集中休养活动机制，开展“送清凉、送温暖”等助残济困、走访慰问活动。（樊健生）

【组建街面反恐防暴特种机动队】 年内，分局加强反恐专业力量建设，在原有常规巡逻、特警武装巡逻、公安武警联合巡逻等街面防控力量的基础上，强化对徐汇区重点区域的警力部署，专门组建一支由50名45岁以下涵盖分局多个警种骨干民警，专司街面反恐防暴任务的特种机动队。装备4辆勤务用车，每辆巡逻车6人，配备2把手枪以及其他各类警用器械，全天候进行巡逻，有效提升徐汇区防范暴恐案（事）件的能力。（樊健生）

【完善道路交通管理人机联动】 年内，徐汇分局运用实兵巡逻与视频巡查两级联动机制，加强辖区内违法停车行为的查处力度，做到发现一起，处理一起。在各主干道路加大流动警力巡查力度，对医院、商圈、菜场等重点区域增派固守警力，采取常驻点、全时段、大力度整治，防止出现违法停车积压情况。从交警机动中队中抽调8名业务骨干，以两轮警用摩托巡线模式，提高对本区各主干道路、景观道路和重点区域的巡查力度，实现管理全覆盖、不遗漏。运用现有的电子警察抓拍设备，通过加强非现场执法力度，提升道路秩序管理效能。（樊健生）

【推进房屋编码工作】 8月中旬，徐汇分局人口办拟定徐汇区全面开展房屋编码管理工作的实施方案，会同区建交委、房管、规土、城管等相关职能部门，召开房屋编码管理联席会议，加强协同合作，落实保障措施，研究工作流程，制定工作细则。年内，实有人口管理系统已录入居住房屋编码登记46.8万间，完成全区96.7%的房屋编码登记，通过全市房屋编码工作阶段性验收。（樊健生）

【建成“上海公安一级信息中心”】 徐汇分局结合公安实战需求，推进信息中心等级达标建设，成为首批“上海公安一级信息中心”挂牌单位。落实专项建设资金120余万元，完成机房建设和改造。强化安全保密培训和签署保密责任书，确保公安信息数据安全。开展每日巡检，及时发布设备运行、机房巡检、服务台接报故障申告和处理等动态情况，定期召开周、月、季度例会，发布运行服务质量分析报告，整改运维工作中的不足。（樊健生）

【开展冬季治安整治集中行动】 12月12日至13日，徐汇分局开展下半年第九次治安整治集中行动，制定工作方案，明确工作目标，把查处“黄赌毒”作为工作重点，梳理、筛选出一批重点娱乐场所。共查处游戏（艺）机房3家，收缴赌博机80台、赌资20820元，查处涉赌人员30人（其中刑事拘留4人，取保候审1人，行政拘留并处罚款3人，行政罚款8人）；破获各类案件16起，刑事拘留14人，行政拘留9人，查处吸毒人员14人，集中收戒1人，抓获在逃人员1人。（樊健生）

【完成春运安全保卫任务】 1月16日至2月24日，徐汇分局坚持“以客为主、科学组织、协调配合、安全有序”的工作原则，严格落实各项安保措施，保障本区春运期间4.3万余车次、540万余人次出入沪旅客出行安全，确保上海铁路南站、上海长途客运南站、锦江高速客运吴中路站和上海旅游集散中心4个春运站点的安全平稳。落实旅客疏导分流点和组织处置突发事件增援队，制定2014年春运交通安全疏导工作方案，查处各类交通违法行为7363起。打击整治“黄牛”倒票拉客、“黑车”非法客运等违法行为，共行政处罚8人、刑事处罚4人、教育训诫200余人次。（樊健生）

【做好亚信峰会期间城市“生命线”安全防范】 徐汇分局根据市政府、市局总体要求，对做好亚信峰会期间水、电、油、气等城市“生命线”安全防范工作开展“滚动式”隐患排查、“地毯式”安全检查。对水厂、变电站、油库、输油阀井、燃气供气部等供水、供油、供气重要线路开展全天候24小时常规巡逻、巡控。1月1日至5月14日，共检查包括“生命线”单位在内的全区所有重点单位410余次，开具督导意见通知书84份，当场整改安全隐患162处，限期整改安全隐患37处。（樊健生）

【推进消防安全大排查大整治】 徐汇分局制定大排查大整治行动方案和消防安全重点区域治理方案，划定全区1处市级挂牌单位、2处市级重点区域和15处区级重点区域，明确责任、整治要求和期限。消防支队进一步细化方案，明确分工和防火职责，联手各警种部门和派出所，加强消防专业培训和服务指导。开展了4次集中清查行动，开具消防监督检查意见通知书36张，督促整改火灾隐患24处，当场收缴液化气钢瓶56只，清退租户510余户，拆除违章搭建建筑3000余平方米。严处各类火灾隐患，检查社会单位2465家，整改隐患4602处，临时查封4处，责令“三停”18家，罚款34.1万元，行政拘留7人。开展社会宣传教育，新辟公共消防宣传栏198个，印制张贴宣传海报1万余张，悬挂横幅标语80条，先后组织206个居民小区、137家社会单位开展逃生疏散演练，参与人数1万余人。（樊健生）

【严查交通违法行为】 徐汇分局结合“迎峰会、保平安”打防管控专项行动和交通秩序大整治工作，加大对重点路口、路段的交通违法行为查处力度。运用微博、微信互动，手机短信广播，印发宣传资料等网上、网下多种宣传手段，累计发送提示信息8万余条，滚动播放交通安全广告800余次。开展夜间打击整治行动，加大交通顽症整治力度，共查处机动车违法42240起，违法停车57362起，行人、非机动车9030起、暂扣“五类车”598辆。调整交通警力勤务安排，设置67个交通疏导岗位。启动派出所巡警增援交警预案，增设28处支援岗位。（樊健生）

【强化联勤联动防控措施】 徐汇分局通过加大街面治安巡逻防控力度，形成一套打击街面“两抢”违法犯罪巡控工作法，确保上海铁路南站、“康办”、徐家汇商圈等重点目标的绝对安全。特警支队主动参与打击夜间违法犯罪联合查堵、治安大整治以及“五类车”联合集中整治等专项行动，加强与行动各参战部门、单位的协作配合，充分发挥响应快、装备齐、业务精等优势，为专项行动有力有序推进奠定坚实基础。（樊健生）

【强化寄递、物流等新兴行业安全管控】 年内，徐汇分局重点加强对寄递、物流单位的治安管控，形成标准化、常态化、动态化的长效管控模式，打击涉及该行业的各类违法犯罪活动。落实专人定期走访、巡察，推行“三必须”工作法：必须现场使用PDA开展人员身份证查验工作；对现场一时难以查证的信息，必须电话通报所内值班民警经公安信息平台比对核实清楚后方可开展下一步工作；对工作中发现的管制刀具、赌博机、烟花爆竹等违禁物品和易燃易爆物品，必须予以收缴并将相关经营者带至派出所审查。5月20日17时30分许，巡逻民警接报，近期有2名青年投递物品时，十分可疑。巡逻民警即查验当日该2名男子投递的包裹，发现内有3部二手高档手机，经比对，其中1部为盗抢涉案手机。根据此线索，5月22日抓获贵州印江籍盗窃嫌疑人田茂林（男，35岁）、田仁颜（男，21岁），并以此案带破相关盗窃案件8起，涉案人民币2万余元，追回被盗手机5部。(樊健生)

【侦破“1·29”涉台贩运毒品案】 1月，徐汇分局工作发现，一台湾籍男子往返沪粤两地贩运毒品，即成立专案组开展侦查。在市局有关部门的指导、协助下，2月17日，民警在闵行区一酒店内抓获台湾籍犯罪嫌疑人江意铨（男，48岁）、蓝振豪（男，53岁），缴获毒品21千克。经深挖讯问，专案组赴长宁区将幕后指挥者陈昭坤（男，56岁，台湾人）抓获。3月22日，民警在沪昆高速枫泾检查站，抓获重庆籍贩运毒品犯罪嫌疑人任绍君（男，40岁）、唐先明（男，49岁）、康属军（男，27岁），当场缴获冰毒4千克，查获涉嫌运输毒品轿车一辆。5月1日、16日，在广东省警方的配合下，民警在东莞市抓获台湾籍犯罪嫌疑人郑明得（男，53岁）、刘右宏（男，28岁）、王方良（男，59岁）、刘新民（男，59岁）。该案的侦破工作在2014年度“刑警803破案奖”评比中被评为“铜奖”。(樊健生)

【侦破“12·16”逃税案】 2013年12月，徐汇分局工作发现，上海洪城房地产经纪事务所有通过伪造房产买卖完税证明材料逃避缴纳购房税款的重大嫌疑。经查，该公司涉嫌房产中介伙同房产交易中心工作人员逃税。12月10日，徐汇分局成立专案组开展侦查。在市局有关部门配合下，民警先后于2014年1月7日至6月5日分别抓获犯罪嫌疑人张春妍（女，38岁，黑龙江省齐齐哈尔市人）、殷杰（男，37岁，上海市人）、黄浩敏（男，28岁，上海市人）、张永亮（男，31岁，江苏省宿迁市人）、孔德巍（男，29岁，河南省信阳市人）。查获涉案房产20余套，涉案金额200万余元。该案的侦破工作在2014年度上海经侦系统“经济犯罪案件侦查破案精品案例”评选中被评为“铜奖”。(樊健生)

【侦破“3·5”非法买卖、持有枪支案】 3月，徐汇分局漕河泾派出所在辖区内抓获一名非法持有枪支的犯罪嫌疑人赵勇（男，33岁，上海市人），在其轿车内查获冲锋枪、步枪、手枪等仿真枪9把。赵勇到案后交代，所有枪支均通过在“北方联盟”网站上搭识的一男子处购买。徐汇分局即成立专案组开展侦查。经侦查发现，该论坛是一个专为军械枪迷和枪支销售商提供仿真枪械信息和买卖的论坛，涉及商户20余家、会员9万余人，发帖量460余万条，买家遍布全国21个省市。4月8日至11日，专案组分别在浙江绍兴、广东深圳、新疆乌鲁木齐、黑龙江哈尔滨抓获犯罪嫌疑人过炜

聪（男，26岁，浙江省绍兴市人）、周国兴（男，34岁，香港特别行政区人）、余湃（男，28岁，新疆维吾尔自治区人）、李凯（男，32岁，黑龙江省哈尔滨市人）等19人。缴获涉案硬盘、手机、U盾、U盘、无线数据终端、银行卡等各类电子媒介。该案的侦破工作在2014年度“上海治安系统精品案例”评选中被评为“金奖”。(樊健生)

长宁分局

【概况】 2014年，长宁分局积极应对新形势下公安工作面临的机遇和挑战，围绕全年工作整体规划和工作目标，推进“平安长宁”建设和公安基层基础工作，加强各项公安业务工作和公安队伍建设，确保全区社会政治和治安形势持续稳定。

完成大型活动安保和重要警卫任务。分局针对全年安保警卫工作的特殊要求，周密部署，先后完成包括亚信峰会和中央巡视组住地及接待点等在内的安保警卫任务1647批次，以及重要会议、重大活动20批；完成各类大型活动安保任务106场；全年共投入安保警卫任务警力66849人次，确保绝对安全。

维护社会治安稳定。全年实际侦破刑事案件3056起，比上年增加0.8%；刑事拘留1347人，比上年增加0.3%；行政拘留2169人，比上年减少4.7%；取保候审423人，比上年增加36.0%。以入民宅盗窃、扒窃拎包、盗“三车”等案件为主攻目标，以西郊百联、中山公园龙之梦等人群密集场所为重点区域，先后侦破“1·13”特大入民宅盗窃案、“3·26”利用手机软件为载体的侵犯知识产权案、“4·22”伪基站团伙案、“4·27”团伙诈骗案、“7·4”特大贩毒案等有影响的案件。

构建高效打防体系。开展“迎峰会、保平安”打防管控专项行动，先后组织7次全区性治安大整治行动、18次临检设卡行动以及系列性专项打击行动。开展破案会战、“百城禁毒”等战役。组建特种机动队，设立6个3分钟到场处置区域，在全区范围内开展机动叠加武装巡逻。全年共出动警力18.1万人次（日均496人次）投入街面巡逻，抓获各类违法犯罪嫌疑人1968人，比上年增加26.0%。开展“打黄赌、铲源头”、“秋季禁赌”专项行动，连续开展天山五村脏乱差综合整治、水城路夜市乱点取缔及娱乐休闲场所整治工作，取缔无证摊点800余个，处理涉黄、涉赌对象657人，累计关停涉黄、涉赌娱乐场所87家，自行歇业122家。连续抓获以搭讪、拦截路人等方式“吊模斩客”对象5人。

强化公安行政管理效能。开展“交通安全大检查”活动，完善道路交通非现场执法设备，对“五类车”、行人、非机动车“两乱”（行人乱穿马路、非机动车乱骑行）、机动车乱停放等交通违法行为开展持续不断的整治，在全市整治非法客运考核中位列优秀档次。全年共查处各类交通违法行为36.3万起，其中机动车违法28.5万起、非机动车违法6.4万起、行人违法1.3万起，罚没款3743.1万元。全年未发生重特大交通事故，交通事故死亡16人，较去年增加1人。与全区392家重点单位全部签订消防安全责任书，组织全部居民小区完成消防疏散演练。整改火灾隐患，对全区24家地下旅馆实施强制关停并转。全年，共发生火灾93起，比上年减少50.0%；直接财产损失6.27万元，比上年增加41.21%；1人死亡，与上年持平，1人受伤。

提升公安业务科技含量。加快信息化与社区警务融合步伐，深化社区电子日志走访工作，健全居民小区及商务楼宇IC门禁信息采集机制，扩展信息获取渠道，提高处理效率。完成指挥中心合并建设，初步实现指挥、侦查、管控三个“一体化”运作。以公安部一级示范刑科所为目标，完成DNA实验室改建和毒化实验室用房建设。加速推进图侦平台建设，完善智能分析、类案串并等功能。完成各派出所图像侦查室组建，深化队所同步上案和案件会商机制。

加强公安队伍建设。坚持政治建警、从严治警、励警惠警，先后开展亚信峰会安保誓师大会、安保誓言征集和“争先进、比贡献、展风采”立功竞赛等活动，增强民警工作责任心和集体荣誉感。对先进事迹和个人及时予以奖励。全年共有1名民警荣获一等功，4个集体、6人荣获二等功，11个集体、403人分别荣获三等功和嘉奖，另有321名民警受到通报表扬。（陆伟斌）

举办反诈骗宣传　　（陆伟斌提供）

【完成亚信峰会安保任务】　长宁分局先后出动警力2.3万人次，完成亚信峰会警卫安保任务32批97批次（其中一级加强4批14批次，一级14批39批次），安检人员4684人次、车辆273车次。发现并处置试图进入警戒区的精神病人7人、其他人员9人。其间，未发生影响中央首长和外国元首、首脑安全的事件。（陆伟斌）

【完成中央督导组驻地和信访现场安保工作】　中央第九督导组自2013年7月13日至2014年1月24日进驻上海开展工作，长宁分

局共计出动警力3.36万余人次、保安5440人次，协助中央督导组受访1.42万余人次，收信1.18万余封。其间，未发生刑事、治安案件和影响社会稳定事件，确保中央督导组驻地和信访受访现场安全有序。（陆伟斌）

【强化巡逻防控“三张网”建设】 长宁分局通过加强治安巡逻防控网、武装巡逻处突网、群防群治防护网建设，进一步增强整体防控强度、提升应急处突能力。主要包括加强警力投放和网格化巡逻，有效提高“见警率”、“管事率”。在重点区域、要害部位部署公安特警和武警，实施军警联合巡逻；同时组建应急机动大队，配备枪支、防暴警械和车辆，屯兵街面。动员组织平安志愿者，加强对全区绿地、公园、公交站点、轨交出入口、人员密集场所等区域的巡逻守护，构筑群防群治防线。（陆伟斌）

【推行单机监控设施建设】 针对部分老旧小区未安装联网监控设施，入民宅盗窃案件突出的情况，长宁分局试点在全区部分老旧小区安装单机监控探头。单机探头价格为联网探头的十分之一，但清晰度与联网探头相当，虽然视频保存时间比联网探头短，但基本能够满足震慑犯罪、调阅回放的实战需求，而且可通过三到五年的规划升级改造成联网探头。分局根据“政府支撑，居民自治”原则，已安装此类探头500余个，取得良好防范效果。（陆伟斌）

【加强人口管理工作】 长宁分局对全区5个人才类集体户进行清理整顿，户内人数由5.2万人降至1.91万人。全区共登记实有户籍人员和居住半年以上来沪人员总数69.2万人，人口总量在市人口控制指标以内。分局人口办严格执行居住证管理制度，有效控制居住证办理总量，获得“2014年上海市居住证工作先进集体”称号。全面推进房屋编码管理工作，获得“房屋编码管理工作优秀组织奖”。依托全区187个居（村）委信息采集点，采集人口信息42.3万人次，处罚违反人口、房屋管理规定案件3476起。（陆伟斌）

【对社区综合协管员开展业务培训】 自3月3日起，长宁分局人口办对全区社区综合协管员开展分批轮训。轮训分为业务培训和实地测查两部分，按照“缺什么补什么，什么不懂学什么”的原则和亚信峰会安保及日常实有人口管理工作要求设置课程。培训每周一期（5个工作日），共举办16期，300余名综合协管员接受培训。（陆伟斌）

【临空经济园区治安派出所成立】 12月1日，上海市公安局长宁分局临空经济园区治安派出所正式成立，启动勤务运作。临空经济园区治安派出所辖区总面积5.14平方公里，专门负责维护临空经济园区的治安环境。（陆伟斌）

【虹桥路派出所建立第二家境外人员服务站】 10月17日，古北国际广场境外人员服务站正式挂牌。该服务站地处境外人员居住率达62%以上的高档涉外小区。服务站的建立使境外人员享受在家门口办理住宿登记、法律咨询等服务的便利，也为公安机关加强境外人员管理拓展了渠道。虹桥路派出所成为本市首个辖区内建有两家境外人员服务站的基层派出所。（陆伟斌）

【开展民警心理健康服务】 为提升亚信峰会

安保期间参战民警心理素质，帮助民警应对配枪执勤等新勤务可能产生的心理健康问题，长宁分局对佩枪执勤民警开展心理测试、评估并建立心理档案，组建战时民警心理服务团队，及时为实战中承受较大压力和产生不良反应的民警开展心理干预，规定对8种心理危机必须在12小时内上报等措施，帮助民警调整心态，轻装上阵。(陆伟斌)

【举办反恐知识宣传活动】 9月22日，中共长宁区委和长宁分局派员在中山公园正门广场向现场群众宣传反恐知识，并通过展示宣传画板、发放《公民防范恐怖袭击手册》、展示应急处突装备等形式，普及反恐知识，提升公众反恐意识。同时，在中山公园正门广场和龙之梦商场外墙大型电子显示屏上滚动播放“反恐小达人”宣传动画短片，进一步扩大宣传效果。(陆伟斌)

【开展“全国交通安全日”主题活动】 12月2日，长宁分局交警支队会同区文明办、教育局等部门，依托长宁区青少年交通安全教育基地，邀请部分社区居民和学生通过交通模拟实践、播放警示教育宣传视频等形式，开展交通安全常识教育。组织客货运企业安全干部及驾驶员代表开展“抵制七类违法、安全文明出行”主题宣传教育。通过区委宣传部和交警支队微博、微信平台向广大市民宣传交通安全法规、告知各项管理措施、发布交通安全出行提示，开展交通安全宣传和服务。(陆伟斌)

向路人发放道路停车信息手册 (陆伟斌提供)

【指导安全文明停车】 长宁分局交警支队通过梳理区内机动车道路停放点地理位置、泊位

数，允许停放时间和路段及固定电子警察违停抓拍路段的具体位置等信息，制作了10万份《长宁区道路停车信息（2014版）》，并通过单位、里弄、分局办事窗口和交通安全宣传活动等多种渠道向机动车主赠阅，帮助广大车主全面了解区内合法停车的区域和时段，充分利用社会泊位资源，减少乱停车违法行为的发生。（陆伟斌）

【方便群众申领临时电瓶车牌照】 根据《上海市非机动车管理规定》，推进超标、外地号牌、无牌等非产品目录电动车临时号牌登记工作。长宁分局交警支队在原有5个工作日的基础上，双休日加班，为超标电瓶车主申领牌照提供方便；同时在辖区天山路中山路、天山路真北路等路口设置流动临时上牌点，对民警在执勤中发现的未上牌的超标电瓶车进行现场上牌，方便过路群众快捷上牌。（陆伟斌）

【侦破刘境华利用伪基站实施电信诈骗团伙案】 2014年5月，长宁分局刑侦支队在市局相关单位的指导协助下，成功捣毁一个利用伪基站实施电信诈骗的犯罪团伙。侦查员先后在上海和陕西西安、安徽芜湖、福建泉州抓获刘境华（男，32岁，福建省南安市人）等15名犯罪嫌疑人，查扣涉案车辆4辆、诈骗用伪基站设备3套、作案用手机10部、记账笔记本1本、各类银行卡43张，串破涉及长宁、徐汇、宝山、闸北、嘉定等区电信诈骗案件10余起。该案的侦破工作在2014年度“刑警803破案奖”评比中被评为“金奖”。（陆伟斌）

【侦破“3·26”3G网络侵犯知识产权案】 3月26日，长宁分局接报“安卓读书”软件有大量盗版书下载，即成立专案组开展侦查，发现安卓读书所涉嫌盗版侵权电子图书来源于一冠名“书朋网”网站，而该网站服务器指向“北京本制科技有限公司”电信机房。4月25日，长宁警方在福建、北京分别抓获苏清全（男，32岁，福建省安溪县人）、谭东（男，29岁，湖南省衡阳市人）等4名犯罪嫌疑人。截至案发，侵权书籍在网络上已出售近万余次，非法获利数百万元。该案的侦破工作在2014年度“上海治安系统精品案例”评比中被评为“金奖”。（陆伟斌）

【侦破“7·3”跨省运输贩卖毒品案】 长宁分局刑侦支队在市局缉毒处等单位的指导下，经过两个月的侦查，于9月25日凌晨4时许在本市松江枫泾道口处及延长西路一旅馆内分别抓获季玉清（男，38岁，江苏省建湖县人）、秦永坚（男，60岁，辽宁省瓦房店市人）等3名犯罪嫌疑人，缴获冰毒21千克，成功摧毁一个以季玉清为首的重大运输、贩卖毒品团伙，切断一条由广东至我市的跨省贩毒通道。（陆伟斌）

静安分局

【概况】 2014年，静安分局深化队伍建设，推进“迎峰会、保平安”打防管控专项行动，维护地区安全和社会稳定，创造良好社会治安环境。全年公众安全感指数排名全市第四，公安工作满意度排名全市第九。

维护社会治安秩序。年内检查重点单位89家、重要部位300余处。检查区内水、电、燃气企业、政府机关、标志性建筑等单位2874家次，发现各类安全隐患153起，责令当场整改132起，限期整改21起。在上海商城等59个单位开展安全防范培训和演练。检查24小时便利店、贵重商品店（柜）和加油（气）站1478家次，发现安全隐患82起，当场整改67起，限期整改15起。年内，完成第11届上海世界旅游博览会、上海书展等大型活动安保任务98起，出动警力10753人次，组织安保力量8520人次，完成警卫任务403批次。

打击违法犯罪活动。全年立刑事案件2367起，比上年增加1.1%；侦破各类刑事案件1593起，比上年减少2.2%。刑事拘留582人，比上年增加2.5%。侦破各类经济犯罪案件286起，比上年增加13.0%，追回经济损失7011.8万元，追缴率81.8%。查处治安案件7839起，比上年减少25.5%，其中“黄赌毒”案件540起，比上年增加6.3%。查处“黄赌毒”违法人员543人。检查特种行业单位2500余家次。检查宾（旅）馆1300家次，查处违法、违规宾（旅）馆20家次。报警类案件“110”处警数5267起，比上年减少8.3%，立街面刑事案件500起，比上年增加18.8%，查破各类违法犯罪案件507起，查处违法犯罪嫌疑人680人，其中刑事拘留260人，行政拘留420人。会同区民政、城管部门收容救助流浪乞讨人员391人次。

加强道路交通安全管理。全年查处交通违法行为313937起，其中机动车235198起、行人和非机动车78739起。查处酒后驾车992起、醉酒驾车24起、机动车违法停放150076起。查处“五类车”违法行为49184起，开展整治非法客运集中行动30次，查处非法客运车辆125辆、套牌车6辆。全年发生道路交通事故（上报）4起，比上年减少20.0%，造成3人死亡，比上年减少1人，1人受伤，与上年持平。

落实消防安全管理措施。全年检查单位10324家次，督促整改火灾隐患19031处，发出责令改正通知书1557份、行政处罚决定书231份、临时查封决定书27份，责令“三停”38家，罚款186.31万元，拘留违法人员24人。开展第二次清剿火患、重大火灾隐患集中整治等专项行动，加强对博柏利（上海）贸易有限公司等重点企业的消防安全指导。全年消防部门出警890起，其中火警369起。发生火灾38起，比上年减少25.5%，未造成人员伤亡，直接财产损失27.2万元，比上年增加12.4万元。

开展党的群众路线教育实践活动。分局党委按照“照镜子、正衣冠、洗洗澡、治治病”的工作要求，进行对照整改，研究制定切合实际的工作措施，制定领导干部下基层工作实施方案，参加各类执法执勤活动141次，开展基层基础调研22次。年内，分局有55个集体、651人次受到记功嘉奖等各类表彰。全年提拔领导干部18人，交流6人，职级晋升136人。曹家渡派出所巡逻队获“上海市五一劳动奖状”。（杨新华）

检查保障警用摩托车　　（杨新华提供）

【做好亚信峰会安保工作】　静安分局围绕峰会安保工作要求组建班子，对住地宾馆、警卫线路及周边制高点等开展排摸，制作各类平面图、结构图60余张，制作方案12个，组织夜间联合查堵行动12次，治安集中整治行动7次。在安保实战阶段，出动警力4338人次，安检人员3.4万余人次，查获各类刀具15把，完成区内住地警卫安保以及峰会线路警卫任务106批次、现场警卫任务9批次，确保警卫对象绝对安全。静安分局被市局记立集体二等功。（杨新华）

【实行街面佩枪巡逻】　4月20日，静安分局开始实行民警佩枪巡逻。此前分局警保处、治安支队不仅及早对枪支领取、枪支登记以及佩枪巡逻等具体工作提出要求，还组织派出所所领导、值班长、巡逻警长、街面巡逻配枪执勤民警等170余人开展警务用枪实弹训练，实弹射击人均100发以上。街面巡逻警力佩戴“警闪肩灯”执勤和警车亮灯巡逻，提高街面“见警率”和“管事率”。年内，区110接报警类案件5267起，比上年减少8.3%。（杨新华）

【组建特种保安队伍】　1月，静安分局以购买服务方式，向社会招聘特种保安89人，经培训后分配到刑侦队、静安寺、南京西路派出所等部门参加街面防控工作，降低扒窃拎包类案发案率。截至年底，特种保安协助警方抓获违法犯罪嫌疑人61人，其中刑事拘留26人。在南京西路沿线，特种保安协助公安机关开展治安防范，织密街面防控网络。年内，南京西路沿线接报扒窃拎包类案件350起，比上年减少54.0%。（杨新华）

【开展“猎狐2014”专项行动】　8月18日，静安分局经侦部门通过基础工作、综合研判、严密布控等方式，将因受贿案潜逃美国和加拿大14年（已入加拿大籍）、变换身份搭机抵沪的在逃人员金今（男，44岁，上海市人）抓获。2014年下半年全国开展“猎狐2014”专项行动后，经侦支队领导继续对另一在逃人员陈新（女，32岁，上海市人）父母进行宣教规劝，劝其女儿回国自首。陈新父母终于同意协助警方劝女儿回国自首。8月19日，因信用卡诈骗案出逃澳大利亚5年之久的陈新乘坐CX5802航班从澳大利亚回沪投案自首。（杨新华）

配枪巡逻　（杨新华提供）

【打击赌博活动】　2014年，静安分局侦破涉赌类刑事案件11起（刑事拘留34人，移送起诉16人、治安拘留19人）。2月初，静安分局治安部门获悉，昌平路428弄某号家庭棋牌室内有网上“百家乐”赌博，接报后即开展侦查工作。2月20日，在该棋牌室抓获开设赌场的经营者、参赌者数人，缴获赌资3万余元。经查，张晓敏（男，54岁，上海市人）等利用家庭棋牌室作掩护，通过境外赌博网站代理账号开设赌场牟利，涉及赌资3000余万元。4月中旬，治安部门又侦破“5·5”网络赌博案。（杨新华）

【开展“非法客运”专项整治行动】　静安分局围绕区内4个市级、2个区级重点区域，落实高峰时段定点固守、低谷时段流动巡查等措施，并坚持常态化管理与集中整治相结合，会同市交港局执法总队五支队、区城管大队等部门每周开展一次集中整治行动，全力压缩非法客运车辆在区内的活动空间。整治行动中，查处涉嫌非法客运车辆125辆，处理违法人员3人。（杨新华）

【推进执法办案场所“四个一律”专项工作】　静安分局围绕新一轮执法规范化建设任务要求，制定下发深化执法规范化建设工作任务书和推进“阳光警务”建设行动方案，明确职责分工和要求，推进执法办案场所规范化改造，年末通过公安部规范使用办案区域“四个一律”（违法犯罪嫌疑人被带至公安机关后，一律直接带入办案区，严禁违反规定带出办案区讯问、询问；进入办案区后，一律先进行人

身检查和信息采集；违法犯罪嫌疑人在办案区内，一律要有人负责看管；在办案区内开展执法活动，一律要有视频监控并记录）专项检查，在全市4家被抽查单位中成绩名列第一。（杨新华）

【为遗弃医院婴儿寻找父母】 江宁路派出所在与上海市儿童医院沟通过程中了解到，近年来，医院有7名弃婴留在新生儿病房，不仅占用有限的医疗资源，也使得这些孩子错失在父母身边成长的人生经历。派出所领导即指定民警赵耿源帮助这些孩子寻找亲生父母。由于遗弃早产或患病的孩子父母都是外来务工人员甚至是谎报姓名的犯罪嫌疑人，寻找难度很大。民警经过不懈的努力，在多方面共同协助下，终于让6个孩子回到家人身旁。2014年6月，各大媒体对全市医院内弃婴长期滞留问题进行报道，民警的工作也受到社会广泛好评。（杨新华）

【开展专业培训】 2014年，静安分局确定23名基层练兵活动中的教学骨干担任兼职教官，举办教官培训班，提升教官队伍的教学能力。特警、经侦、治安、交通、监管等条线的8名教官获市局“骨干教官”称号。同时开发23门专业培训课程，其中8门课程获评市局优秀课程。结合亚信峰会安保工作，开展应对“持枪抢劫”、“涉爆”、“涉恐”、“要人警卫”等课目的实战演练，集训20次，边战边训92次，送教上门25次，培训4870人次。（杨新华）

【开展看守所“五化建设”】 静安分局从2014年起开展为期两年的看守所“五化建设”。分局逐条对照公安部和市局下达的建设标准，推进硬件设施规范改造、勤务模式优化调整、医疗机构资质审核、法律援助机制落实等项目建设，提高监所安全管理水平，切实保障在押人员权益，年底通过市局“五化建设”达标验收。年内，看守所深挖犯罪线索破案15起，抓获犯罪嫌疑人3人，通过信息比对，确定在逃人员4人。（杨新华）

【侦破“9·10”冒充平安保险公司系列电信诈骗案】 8月下旬，中国平安保险公司报案称：自5月起，该公司连续接到客户投诉，反映他们接到“平安客服”电话，以回馈优质客户“三星电子礼品”为由，诱使他们以“充值”方式获取“礼品”，但事后发现“礼品”、充值卡均为假冒伪劣之物。接报后，静安分局即成立专案组。于9月18日，在松江某小区捣毁一个冒充平安保险公司，专门从事电信诈骗的犯罪团伙，抓获蔡龙平（男，33岁，安徽省宿松县人）、聂湾湾（女，25岁，安徽省淮南市人）等犯罪嫌疑人15人。现场缴获作案用电脑4台，笔记本3台，U盘2个，网络电话设备2套，以及大量用于诈骗的材料。经查证，该团伙涉案金额高达400余万元。该案的侦破工作在2014年度“刑警803破案奖”评比中被评为“铜奖”。（杨新华）

【侦破“3·28”合同诈骗案】 2013年年底，静安分局获悉，自2011年10月起，以姜传建（男，49岁，江苏省高邮市人）为首的犯罪团伙先后设立多家公司作为行骗平台，以受境外财团委托，在国内寻找优质项目提供融资借款为幌子，通过互联网等方式发布信息，吸引国内需要融资贷款的中小企业。然后以融资须经评估为由，指定被害企业到与之相勾结的资产评估有限公司进行虚假评估，骗取评估费用。后又聘用外籍人员假扮境外财团签约代表，与被害企业签订借款合同，又以签约需要收取履约保证金、商务费等名义骗取被害人资金。两年内，有110家单位被骗评估费、履约保证金5400余万元。该案被公安部列为督办案件。经立案查证，2014年3月28日抓获以姜传建为首的犯罪嫌疑人25人，捣毁犯罪窝点4处，缴获涉案财物2000余万元。该案的侦破工作在2014年度上海经侦系统“经济犯罪案件侦查破案精品案例”评选中被评为“金奖”。（杨新华）

【侦破“12·16”信用卡诈骗案】 2013年12月16日晚，静安分局接报警：有人在静安区石门一路108号建设银行ATM上疑似使用伪卡提取现金。接报后，民警立即赶到现场，将正在作案的犯罪嫌疑人DUSHANDAN（男，27岁，加拿大籍）抓获，并从其身上缴获18张伪造的信用卡和赃款5000余元。分局成立专案组攻坚，综合运用多种侦查措施，于当日23时30分，在普陀区岚皋路某酒店客房内抓获正准备逃跑的同伙SAFIAHMADZUBAIR（男，24岁，加拿大籍），当场缴获伪造信用卡414张、赃款50余万元以及作案工具。2014年5月14日，两人因犯信用卡诈骗罪分别被判处有期徒刑二年，并处罚金2万元，后驱逐出境。该案的侦破工作在2014年度上海经侦系统“经济犯罪案件侦查破案精品案例”评选中被评为“银奖”。（杨新华）

【侦破“5·5”网络赌博案】 4月中旬，静安分局治安部门根据线索，发现一网络赌球团伙，即立案侦查。经过侦查排摸，确定该团伙具有涉赌金额大、流动性和反侦查能力强等特点，并锁定涉案人员。5月6日凌晨，分局组成7个抓捕小组，分别在静安、宝山、虹口区抓获涉案人员11人，现场查获赌资450余万元，涉案电脑9台及涉案账簿4本，涉案赌资数亿元。该案是近年来区内破获的涉案金额最大的网络赌博案件。该案的侦破工作在2014年度“上海治安系统精品案例”评选中被评为“银奖”。（杨新华）

【侦破“8·19”特大入室盗窃案】 8月19日凌晨，静安区华山路9号友谊商店发生一起特大盗窃案，被盗各类玉器、珠宝、文物160余件，售价996万余元。案发后，静安分局即成立专案组开展侦查。经查，犯罪嫌疑人案前周密计划和准备，作案时乔装打扮，规避视频监控，变换交通工具，作案后搭机逃往沈阳，后驾车返沪取赃，迅即逃离。专案组循线追踪，于8月21日，在江苏高邮某宾馆将辽宁辽阳籍犯罪嫌疑人何忠国（男，40岁，1996年曾因抢夺罪被判处有期徒刑1年）、郭海英（女，36岁）抓获归案，并当场缴获被盗全部赃物。该案专案组获上海市公安局集体二等功。（杨新华）

【侦破“7·19”特大贩卖医保药品案】 4月，静安分局曹家渡派出所在工作中发现有人利用医保进行诈骗，即开展侦查。经过近三个月的缜密侦查，发现骗取医保基金，非法经营药品涉案人数多、涉案金额大。7月20日，专案组一举摧毁4个犯罪团伙，抓获犯罪嫌疑人24人，捣毁存放医保药品窝点16处，查获各类药品500余种3万余盒，价值200余万元，医保卡册200余本，涉案医保账户金额逾8000万元。（杨新华）

普陀分局

【概况】 2014年，普陀分局围绕市局打造上海现代警务机制“升级版”总体部署和区域经济社会发展要求，结合党的群众路线教育实践活动，以亚信峰会安保工作为牵引，以反恐标准抓好反恐维稳、街面防控、打击整治、基础建设等工作，确保社会治安秩序持续稳定。

坚决维护社会稳定。圆满完成亚信峰会、青奥会、国庆65周年等大型活动安保任务。府村治安管理工作站在亚信峰会期间实现接收分流人员“零事故”目标。完善“一人一方案”及“一人一档”等机制，探索以实际居住地为主开展工作。全年处置不稳定案（事）件数及人数比上年分别减少10.1%和35.8%，处置群体性事件及人数比上年分别减少20.5%和37.5%。开展重信重访专项治理工作，探索实行分管党委成员分片“包干”、职能部门与办信部门责任捆绑的办理机制。全年受理信访件比上年减少13.0%。

严厉打击违法犯罪。坚持早部署、早启动，在新考核年度起始即率先启动抓好打击等工作，全年侦破各类刑事案件2478起，比上年减少10.6%；抓获犯罪嫌疑人3192人，比上年减少7.3%。及时启动大要案联合攻坚模式，全年共挂牌督办重大案件13起，破案11起，命案破案率达100%。对警情高发区域开展“短平快”专项行动20余次，破获各类盗窃类案件1164起。依托食品药品违法犯罪侦查大队与区食药监等部门联动协作平台，全年共捣毁窝点15处，缴获“问题”食品740余千克，抓获犯罪嫌疑人44人，破获部督“林长春等销售有毒有害食品”案件，获得“打击危害食品药品安全、污染环境、网上侵犯著作权犯罪专项行动”市区组考核第一名。

强化公共安全监管。持续加大对重点道路（段）的现场管理，高频次对桃浦地区等8个市级重点区域和20个区级重点区域开展非法客运整治行动，共暂扣“五类车”20864辆（次），市级重点区域非法客运现象基本消除，区级重点区域明显减少。全年发生道路交通事故（上报）25起，比上年减少3.8%；造成25人死亡、68人受伤，比上年分别减少3.8%和66.9%。开展“清剿火患”行动，完成曹家渡花鸟市场，真南路46号、48号等8个市、区两级重大火灾隐患区域摘牌销案工作，完成全区综合性医疗机构消防管理标准化建设，新增市政消火栓75个，建成启用区消防体验中心，为近1万名消防志愿者、医护人员开展消防专业技能培训。提升出入境服务管理水平。全年共查处“三非”案件262起，比上年增加25.4%；办理各类出入境证件28万余件，比上年增加16.7%。受理及发证量连续4年位居全市各“窗口”第一，实现“零有责投诉”。

提升队伍管理水平。以开展党的群众路线教育实践活动为契机，建章立制21项，逐步形成常态长效机制。涉警类意见整改率100%。抓好典型引领，联合上海青艺滑稽剧团创作了以陈德骅为原型的大型滑稽戏《帮忙帮到底》。全年共有58个集体、1200名个人被记功表彰或授予荣誉称号。分局获全市“反恐防暴”警务实战技能系列比武团体成绩第一名。（王婕）

街面盘查 （王婕提供）

【开展“迎峰会、保平安”打防管控专项行动】 普陀分局成立“迎峰会、保平安”打防管控专项行动领导小组，启动每日会商研判例会制度，及时掌握各类线索，提高预防和处置能力。专项行动期间，破案数、刑拘收押数、逮捕数比上年分别增加 77.9%、56.8% 和 115.3%，接报报警类 110 比上年减少 8.1%，先后侦破甘泉“4·6”抢劫打金店案、宜川“4·20”抢劫强奸案等一批具有社会影响的恶性案件；组织开展全局性打击入室盗窃、盗“三车”、扒窃拎包等涉民生类案件。组织力量对重点地区实施打击，有效遏制侵财类案件多发态势。（王婕）

【加强街面巡逻防控】 根据市局关于加强治安巡逻防控网、武装巡逻处突网、群防群治防护网“三张网”建设的部署要求，普陀分局以组建分局特种机动队为契机，建立分局层面“统一指挥、统一管理、统一协调、统一监督”的街面巡逻防控体系，将散布于各相关职能部门的街面巡逻力量进行归并整合，成立分局街面巡逻防控联合指挥中心，以每周召开联席会议形式对全区警情进行分析研判，统筹指挥调度全局巡防力量；立足地区实际，设置 1 级至 3 级重点巡控区域，明确梯次增援的力量配备和职责分工，根据常态、突发情况两种指挥模式开展工作。（王婕）

特警设卡　　（王婕提供）

【开展综合整治】　为强力推进城市管理顽症综合治理，普陀分局持续加大对“群租房”、重大消防安全隐患、娱乐服务休闲场所等的综合治理力度，牵头区工商、文化、房管等相关职能部门成立全区娱乐场所综合治理联合执法办公室，充分利用各部门联合执法优势，依托分局警情分析机制，不间断地开展突击整治，依法处罚、取缔各类娱乐服务休闲场所 369 家，抓获涉案人员 361 人，收缴赌博机 1811 台。（王婕）

【组建派出所特保队伍】　普陀分局根据市局亚信峰会安保工作以及加强街面反恐防范工作的总体部署，在基层调研、学习借鉴市局轨交总队相关成功经验的基础上，立足区情实际，以强化街面打击、防范力量，提升服务实战效能为出发点，全面启动普陀区特保队伍招募、组建工作。经过上岗培训，首批 150 名特保队员于 3 月 17 日以 10 人一组分批入驻派出所，投入街面防范和打击现行违法犯罪工作。（王婕）

【狠抓执法规范化建设】　普陀分局立足实际，从狠抓“执法支撑多层化、执法管理精细化、执法监督多元化、执法保障实战化”四个方面出发，进一步加强执法规范化建设。在分局网页开设执法须知专栏，实时发布各类最新政策法规，为基层办案提供法律支撑。明确把案件审核、审批工作纳入基层领导干部履职考评。组织开展“派出所办案区安全规范使用”等专项检查活动，督促整改各类问题 30 余处，清理整改“问题”案卷 537 件，整改各类执法问题 141 个。选取长寿路派出所作为分局“阳光警务”试点单位，建立案件接报、受案、立案、公开等工作制度，力争形成可推广的经验，提升分局执法规范化建设整体水平。（王婕）

【试点轻微刑事案件快速办理机制】　普陀分

局作为全市首批推进轻微刑事案件快速办理机制的两家试点单位之一，通过破解影响和制约快审机制运行过程中的难点和突出问题，案别由试点之初的危险驾驶扩充至盗窃、妨害公务、开设赌场等8种。为确保各项工作有序推进，分局迅速明确组织架构、出台实施细则，健全责任体系，建立快审案件提醒催办、实战案例培训、多部门会商等多项制度。依托由区委、政法委牵头，公、检、法、司参加的联席会议制度，开通轻微刑事案件物品价格鉴定绿色通道，解决因物品估价时间缓慢制约快审工作的瓶颈问题。(王婕)

【探索现代警务机制升级版建设】 普陀分局根据市局关于打造上海现代警务机制升级版的总体思路，以制度建设为重点、以落实责任制为核心、以调整奖惩措施为配套，制定了相关实施意见。重点对派出所内部运作机制进行调整，明确社区警务、街面防控、治安管控及执法办案“3+1”板块的警力配置、职责重点和领导分工。调整完善派出所目标管理考核，明确把“减少辖区警情”、“提高群众对派出所领导、社区民警熟悉度”作为考核重点，开展社区见面推介会、实行错时延时社区走访值守等举措，拉近与群众的距离。(王婕)

【成立民意诉求服务中心】 普陀分局借鉴外省市经验做法，从解决民意诉求多头、重复受理问题着手，于12月11日正式挂牌成立分局“民意诉求服务中心”。该中心对“12345”市民服务热线、110接处警短信回访，以及领导交办突出民意诉求事项等相关渠道进行整合，跟踪督办或直接办理群众最不满意、反映最强烈的诉求事项。梳理分析共性问题，提出对策和建议，为分局党委决策提供依据。(王婕)

【侦破“10·5”团伙持刀抢劫系列案】 10月5日、20日，普陀分局分别接报1起持刀抢劫案，3名青年男子持刀威胁被害人交出随身财物。案件发生后，分局即成立专案组开展侦查。在市局有关部门的指导和配合下，确认两起案件为同一伙犯罪嫌疑人所为。经对全市同类型案件发案情况梳理后，串并自10月起发生在浦东、闵行、嘉定等地的多起3名青年男子持刀实施抢劫路人财物的案件，成功锁定3名犯罪嫌疑人的基本身份。10月23日，专案组一举将安徽省蒙城籍犯罪嫌疑人邵笛（男，17岁）、张帅帅（男，16岁）、楚子弦（男，19岁）3人抓获。该案的侦破工作在2014年度“刑警803破案精品奖”评比中被评为“银奖”。(王婕)

【侦破白玉“3·11”卖淫女被杀案】 3月11日，普陀分局接报，位于白玉路2号18室的发廊内有1名女子死亡，经了解，死者系该发廊内的“出台小姐”喻某，分局即成立专案组。在市局相关部门的指导和协助下，于3月12日下午将犯罪嫌疑人王志雄（男，24岁，甘肃省陇南市人）抓获。据王交代，其因赌博成性，经济拮据，萌生杀人抢劫念头。案发当晚，王携带作案用刀具到发廊寻找作案目标，发现当时只有被害人喻某1人在，遂将其杀害，劫得现金数百元后逃离现场。该案的侦破工作在2014年度“刑警803破案奖”评比中被评为“银奖”。(王婕)

【侦破真光“5·19”故意伤害致死案】 5月11日，普陀分局接报1起打架斗殴案件，称有1人被刺伤，民警到场时，发现被刺者已

身中12刀身亡。分局即成立专案组，在市局相关部门的协助下，案发5小时后，成功将犯罪嫌疑人令狐荣田（男，43岁，贵州省桐梓县人）抓获。令狐到案后交代，因怀疑被害人陈某偷其钱，一直心存不满，案发当日两人又因钱款问题发生争执，其间令狐持刀对陈某连刺数刀后逃逸。经审讯深挖，令狐荣田交代，其曾在2012年10月杀害一男子并埋尸的犯罪事实。该案的侦破工作在2014年度“刑警803破案精品奖”评比中被评为“铜奖”。（王婕）

【侦破“5·10”合同诈骗案】 5月7日，普陀分局接多人报警称，自2011年11月起，上海乾德文化传播有限公司通过网络、电话等方式发布消息，宣称该公司与有资质的拍卖公司有业务联系，可以将被害人所拥有的各类藏品以拍卖的形式高价卖出，诱使大量被害人与该公司签订合同，并利用虚假鉴定师故意抬高藏品起拍价骗取受害人的服务费。接报后，分局于5月10日立案侦查，抓获犯罪嫌疑人范旷怡（男，33岁，上海市人），发还藏品670余件。该案的侦破工作在2014年度上海经侦系统“经济犯罪案件侦查破案精品案例”评选中被评为“铜奖”。（王婕）

【侦破“8·12”侵犯著作权案】 4月，普陀分局获悉，上海骏梦网络科技有限公司被人非法侵入公司计算机系统服务器，盗取了授权研发并享有独家代理运营的网络游戏《新仙剑奇侠ONLINE》的游戏服务器端程序版本，并使用该版本主要程序在互联网上架设服务器谋利。分局于8月12日成立专案组开展侦查，先后抓获犯罪嫌疑人吴华刚（男，32岁，四川省宜宾市人），王宇（男，43岁，广东省东莞市人），郑晓昱（女，23岁，黑龙江省伊春市人）。该案的侦破工作在2014年度上海经侦系统“经济犯罪案件侦查破案精品案例”评选中被评为“铜奖”。（王婕）

【侦破“8·11”销售有毒、有害食品案】 8月，普陀分局从区食品药品监督管理局获悉，在铜川路871号H39宇虹水产行发现多箱无检验检疫证明进口牛肉，经区食药监检测，该批牛肉中“莱克多巴胺”（俗称“瘦肉精”）成分呈阳性。8月11日，分局立案侦查，抓获涉嫌销售有毒、有害食品的福建省建阳籍犯罪嫌疑人林长春（男，29岁）、雷龙飞（男，22岁）。经进一步侦查，锁定该批牛肉供货商。11月4日，分局在市局治安总队的指导下，会同相关部门对供货商“福瑞德冻品行”、“金钟冻品行”进行突击检查，查获含有“瘦肉精”成分的牛肉300余千克，抓获犯罪嫌疑人张圣和（男，46岁，福建省建阳市人）、范水霖（男，24岁，福建省建阳市人）、宋心山（男，51岁，江苏省泗洪县人）。该案的侦破工作在2014年度“上海治安系统精品案例”评选中被评为“银奖”。（王婕）

闸北分局

【概况】 2014年，闸北分局以亚信峰会安保工作为核心，从严落实打防管控各项措施，确保社会政治和治安形势持续稳定。群众安全感和满意度稳步提升，“12345”市民服务热线办理满意度名列分（县）局第一。

有力维护社会政治稳定。全年完成各类警卫任务19批及宝华寺新年撞钟、茶文化旅游节、花车巡游等大型活动安保95场次。坚持聚焦旧区改造、医患矛盾等领域，会同相关职能部门加强对各类矛盾纠纷的疏导化解和稳控措施，处置各类不安定因素557起。

抓获二十年前命案主犯 （朱慧提供）

有效开展打击整治工作。开展“决胜2014”系列专项行动及“迎峰会、保平安”打防管控专项行动，严打各类突出刑事犯罪，快侦快破故意杀人案6起，命案破案率连续5年保持100%。全年破获刑事案件3107起，比上年增加0.5%；其中破获八类案件121起，比上年增加13.1%。破获经济犯罪案件112起，比上年减少57.9%。重点打击涉众型经济犯罪。开展“迎峰会、保平安”社会面治安打击整治，游戏机经营场所“清场”集中整治，“秋季禁赌”、“打黄赌·铲源头”等专项行动，捣毁涉黄涉赌窝点40余个，刑事拘留82人（其中逮捕57人），行政拘留148人，处罚相关场所50余个。查处“三非”外国人200人次，查处1起市局督办外国人出售出入境证件案件，办理偷渡类刑事案件3起20人次。

有序推进公安基础建设。固化入民宅盗窃、电信诈骗案件24小时回访机制。全面推进政府实事项目，在全区2万余户居民家庭安装防盗窗锁，受益家庭超过原计划的60%。配合综治及房产部门开展群租房整治工作，累计整治群租户1043户（次）、拆除分隔间数4966间次，劝离租客7972人次。邀请柏万青团队在全区各派出所辖区开展10场防范电信诈骗社区巡演活动。加强警银协作，与银行建立定期例会、合作宣传和逐案回访等制度，防阻电信诈骗案件14起，柜面发案率比上年减少11.0%，挽回经济损失83万余元。

深化城市公共安全管理。加强火灾防控能力，部署启动“三合一”场所综合治理三年行动计划，依托区消防委平台强力推动消防“网格化”和“户籍化”管理。全年排查社会单位33731家次，责令“三停”174家次，罚款142.95万元，行政拘留52人次。加强交通安全源头管理和现场管理，联合市交通行政执法部门和属地街（镇），以铁路上海站地区为重点推进非法客运专项整治。全年发生交通事故（上报）26起，比上年减少10.3%，造成13人死亡，与上年持平。查扣“五类车”5990辆次，查处交通违法行为29万余起，行政拘留611人。加强医院内部安全保卫工作，全年处置各类重大“涉医”矛盾30余起，查处“医闹”9人。严格执行小学、幼儿园“一校一警，全程护校”和中学定时巡逻签到守护制度。加强公交、轨交、长途汽车站点及加油（气）站的安全检查力度，对全区寄递企业进行摸底排查。

提升队伍履职能力。开展社会主义核心价值观培育活动、“为何从警、如何做警、为谁用警”大讨论、“我眼中的闸北公安精神”系列宣讲活动，加强理想信念和职业道德教育。全年开展短期培训105期2732人次，开展信息化运用专题集中培训35期2248人次，开展执法规范化专题集中培训18期2500人次，送教上门50余次。搭建“好警好事”、“民警手记”、“荣誉之星”、“战时组图”等宣传平台。全年开展即时性表彰奖励15次，15个集体、554名个人获记功嘉奖。（朱慧）

【强化火车站地区反恐防范工作】 闸北分局始终将铁路上海站地区作为反恐防范的重中之重，亚信峰会前夕，在保证巡逻警力足额投放的基础上，分阶段、分步骤启动“3+16”巡逻模式（每日再增加3个24小时应急机动队伍、16个携枪处置单元，共144名武装警力），与原有警力形成交互叠加。与铁路公安开展铁路地方联合武装巡逻。峰会结束后，将火车站地区作为“1分钟到场处置”重点区域，整合特种机动队等力量，合理安排点位，确保能够第一时间发现处置各类突发事件。主动与上海市铁路上海站地区管理委员会办公室协调，接入公安指挥系统，将火车站地区的所有监控探头复接，建立铁路上海站地区综合指挥中心，新建一个基站解决地下空间电台信号不畅问题，推进地方、铁路、轨交公安的一体化运作。（朱慧）

【开展“决胜2014”系列专项行动】 闸北分局年初即启动贯穿全年的“决胜2014”系列专项行动。将打击破案主要目标对准影响群众安全感满意度的多发性侵财类案件、涉众型经济犯罪和“黄赌毒”等治安突出问题。全年组织开展打击夜间违法犯罪联合查堵行动23次，刑事拘留2106人，提请逮捕1368人，行政拘留4424人，刑事拘留比上年增加1.6%，破案数比上年增加0.6%。（朱慧）

【组建特种机动队】 3月3日，闸北分局成立由50名队员组成的特种机动队，主要承担屯兵街面、快速反应、维稳处突及先期处置暴恐活动任务。特种机动队分为3个中队、10个分队，每个分队有6名民警。配备3辆8座中型客车作为执勤车辆，车上配备全景摄像、图传系统、防暴头盔、防暴盾牌、防弹防刺衣、约束杆等装备，并配有92式手枪及97-1防暴枪，每位队员配备电台、多功能背心、伸缩警棍、催泪喷射器等单警装备。优先抽调具备特警工作经验、个人综合素质过硬的骨干力量担任车长，同时实行梯次轮岗机制，根据工作表现分批轮换，以老带新。特种机动队在铁路上海站南、北广场及大宁商圈等重点区域开展武装巡控。（朱慧）

【健全完善长途客运站查控措施】 闸北分局在亚信峰会、国庆65周年、南京青奥会、北京APEC会议等重大活动、敏感节点期间，在本区5家长途客运站提前启动到达安检、民警值守、可疑人员比对等措施，每周开展2次反恐、交通、消防和治安联合检查，提升长途客运单位防范能级。全年共查获各类危险品1100余件，其中管制刀具354把、仿真枪1把，抓获各类违法犯罪嫌疑人7人。（朱慧）

【推进社区民警参与社区党建工作】 闸北分局结合市局关于贯彻市委“创新社会治理、加强基层建设”部署，发挥公安属地派出所综合性战斗实体作用，通过“党员新警向社区民警倾斜、党员发展向社区民警倾斜、社区岗位双聘向党员民警倾斜”的“三倾斜”模式，明确目标、制定方案、细化条件、规范程序、加强储备，深入推进社区民警兼任居委会党组织副书记工作。开展定期培训，引导社区民警进一步深入社区、走近群众，规范日常管理、提供上门服务，推动社区警务和群众工作能力水平进一步提升。截至年底，全区党员民警兼任社区党组织副书记达79.6%。（朱慧）

【打击整治非法营运】 闸北分局整合多警种资源，建立月通报、月评估、每日视频巡查等工作制度，将非法营运整治工作与社区警务、视频巡逻等有机结合。通过在重点区域设置禁行禁停标志、安装隔离设施等措施，开辟轨交站点至热门路段的出租车公司短驳线路，压缩非法营运违法空间。建立长途客运企业每周举报制度，强化信息收集。开展整治非法客运集中宣传活动10次，印制宣传海报3千份，统一制作宣传展板近80块，通过邀请媒体随警报道、网络微博正面推送等方式，提升宣传效果。始终保持对“五类车”、“克隆出租车”等非法营运行为的严打态势，每周组织开展集中整治行动。全年共查扣“五类车”5194辆，行政拘留483人次。查获黑车137辆，行政拘留20人次。（朱慧）

【开展网上打假行动】 闸北分局以七浦路服饰商业街区、凯旋门保健品市场、不夜城和大奥手机市场等区域为重点，加大与区相关行政执法部门的协作联动，强化互联网监控落地查证，依托扩线经营集群作战。上报网上打假集群战役线索7起，提请发起集群战役2起。“重点行业发票流向分析”技战法被市局转发推广。与“飞牛网”、“美团网”签订电商协作机制。上报打假溯源样品6份，排查捣毁制假窝点2处。（朱慧）

【提升出入境服务管理效能】 年内，闸北分局开通出入境公众服务号，启用智能电子触摸屏，为办证群众提供人性化的办证咨询和网上预约服务。推动窗口延伸，建立市北高新园区境外人员服务站，为园区境外人员提供住宿登记申报和办证咨询等服务。全年受理各类出入境证件申请24万证次，比上年增加46.3%，其中外国人签证及居留许可7200证次，港澳台签注自助受理数位列分县局第一。窗口办证准确率、及时率均达到市局考核A档标准。刑事案件查处数位列分（县）局第一。窗口受理警务组获“上海市三八红旗集体”、“上海市巾帼文明岗”、“区五四红旗团组织”、“区青年文明号”等荣誉称号。民警个人获立功表彰奖励17人次。(朱慧)

市北工业园区外籍员工便民点成立　　(朱慧提供)

【巩固道路交通安全综合治理成效】　闸北分局会同区建交委、安监等职能部门加强对重点车辆、重点人员、重点道路、重点单位、重点环节的隐患漏洞排查，梳理完善客运车辆出站安全检查、道路运输车辆动态监控、路面执法管控、事故倒查责任追究等重点环节机制，抓实源头管理。对存在交通安全隐患的企业开具整改通知书45份，清理机动车违法行为8668起。持续开展交通安全主题宣传教育活动，联合新闻媒体发布、刊登（播）交通管理新闻稿件90余件，发送交通安全提示短信19万条。(朱慧)

【推进看守所“五化建设”】　闸北分局运用“监所警务公开查询终端”、发放意见征询单、张贴工作规范和流程图，加大窗口接待透明度。设置法律援助中心驻所工作站和社会帮教工作站。全年开展法制教育38次，谈心谈话3000余次，成功疏导心理对抗被拘留人员20余人。聘请人大代表、政协委员、党政机关工作人员和法律工作者作为特邀监督员，定期召开座谈会，每季度组织开展一次集中巡查活动。制定监所突发事件应急处置预案，联合上海市第二看守所开展演练。完善监所医疗设备配置及功能用房设施建设。推进落实医疗卫生社会化工作。由海鹰医院派驻医生4名，护士1名，与上海市第十人民医院建立在押人员就医“绿色通道”，最大限度减少因突发疾病导致的死亡事件，全年及时变更9名危重病人员。（朱慧）

【推进基层廉政文化建设】　闸北分局总结提炼“勿以善小而不为，勿以恶小而为之”的廉政文化建设理念，以市局廉政文化示范点创建评选为契机，将加强基层所队廉政文化建设作为重点推进任务，纳入2014年党风廉政建设工作要点，营造基层所队“风清气正、廉勤双优”的公安文化氛围。制定出台闸北公安分局关于大力加强基层所队廉政文化建设的工作意见。评选大宁路派出所、芷江西路派出所和经侦支队为分局示范点。大宁路派出所开辟“一室、一墙、二廊、三平台、四活动”廉政文化宣传平台，自编自导自演音诗画《警徽的荣耀》，创新开展定期家访、警嫂座谈、家属寄语等形式宣传。芷江西路派出所组建以全国优秀人民警察王玺为代表的“80后小马天民青年突击队”、小马天民警务组，努力践行“勤政廉洁、服务为民”誓言，参与拍摄宣传片《今天我休息》。（朱慧）

【侦破“2013·12·30”入室抢劫案】　2013年12月30日，彭浦镇地区发生一起入室抢劫案，一蒙面男子骗开上海市凯伶电脑科技有限公司的大门，持刀捆绑值班人员，撬箱劫走26万元公款后逃逸。闸北分局即与市局有关部门成立专案组，综合运用各种侦查手段，最终锁定作案人。2014年1月1日，在浙江省杭州市抓获江西南昌籍犯罪嫌疑人江某某（男，32岁），追回大部分赃款。该案的侦破工作在2014年度“刑警803破案奖”评比中被评为“铜奖”。（朱慧）

【侦破“9·11”虚开增值税专用发票案】　5月，在市局经侦总队牵头下，闸北分局针对参与侦破的“3·02”、“4·12”等特大虚开增值税专用发票案中未被查处的开票公司，循线深挖，成功排摸梳理出上海稳翌实业有限公司等48家开票公司。分局即成立专案组立案侦查。9月12日凌晨，在本市8个区及江苏省苏州市对4个虚开增值税专用发票犯罪团伙实施集中抓捕行动，抓获以陈某某（男，45岁，江苏省扬州市人）、严某某（男，47岁，江苏省盐城市人）、韩某某（男，50岁，江苏省盐城市人）和黄某某（男，25岁，福建省宁德市人）为首的4个团伙16名犯罪嫌疑人，扣押开票机9台，价税合计25亿余元，税款4亿余元，涉及全国27省市的1700余家公司。该案的侦破工作在2014年度上海经侦系统“经济犯罪案件侦查破案精品案例”评选中被评为“金奖”。（朱慧）

【侦破“3·05”信用卡诈骗案】　3月，闸北分局接报一起银行借记卡先后被他人盗刷15万元和21万元的案件。分局即成立专案组立案侦查。5月20日，成功侦破“3·05”特大信用卡诈骗及窃取、收买、非法提供信用卡信息和POS机非法套现复合型专案，捣毁一个长期在本市从事窃取、收买信用卡信息，在异地制作伪卡、盗刷取现的犯罪团伙，抓获以胡某（男，20岁，广东省电白县人）为首的6名犯罪嫌疑人，缴获“侧录仪器”6台，追缴被窃取的银行卡信息近千条。同时，联动广东省公安机关，围剿伪卡犯罪重点村落2个，捣毁涉银行卡犯罪窝点8个，抓获犯罪嫌疑人51人，缴获涉案POS机25台，涉案银行卡400余张，作案用电脑21台，转账用U盾32个，带破本市和广东等地案件百余起，涉案金额近千万元。此案被列为公安部督办案件。该案的侦破工作在2014年度上海经侦系统“经济犯罪案件侦查破案精品案例”评选中被评为“金奖”。（朱慧）

【侦破“12·12”、“2·14”系列组织介绍卖淫案】 2013年12月至2014年2月，闸北分局工作发现，一些连锁旅馆内经常出现带有招嫖内容的小广告。经查，此类小广告背后隐藏着有组织的卖淫团伙。分局即成立专案组开展侦查，通过梳理线索，排查普陀、闸北、虹口、宝山、嘉定等区十余家宾旅馆，最终确定卖淫团伙落脚点，一举捣毁两个介绍卖淫的犯罪团伙，抓获以赵某某（男，21岁，河北省邯郸市人）、刘某某（女，25岁，河南省宝丰县人）为首的涉案人员31人。该案的侦破工作在2014年度“上海治安系统精品案例”评选中被评为“银奖”。（杨维晨）

【侦破“3·18”非法出售、提供公民个人信息团伙案】 3月初，闸北分局在开展网吧日常巡查时发现，网民“静游山水”欲以人民币0.05元/条出售购买银行理财产品的客户信息，以人民币0.2元/条出售购买信托产品的客户信息。经查网民“静游山水”的真实身份为刘某（男，33岁，上海市徐汇区人），分局即成立专案组立案侦查。3月20日，梳理出一个非法出售、提供公民个人信息团伙，先后在本市闸北、浦东、静安、长宁、虹口、杨浦、宝山7区陆续抓获犯罪嫌疑人刘某、顾某某（女，36岁，上海市金山区人）等13人，查获涉及信托理财、楼盘业主、企业纳税等各类公民个人信息近1500万条，涉案金额10余万元，缴获作案用电脑及各类存储介质13件。该案的侦破工作被评为2014年上半年度暨首届上海公安网安部门侦破工作的“十佳精品案件”。（朱慧）

【侦破“4·2”外国人出售出入境证件案】 3月，闸北分局获悉，位于闸北区恒丰路618号1219室的上海笃盟国际贸易有限公司涉嫌出售出入境证件。分局即成立专案组开展侦查。经查，笃盟公司法定代表人GODOI（男，41岁，巴西籍）为了赚取高额办证费用，指使员工孙某某（女，34岁，上海市普陀区人）、张某（女，32岁，上海市浦东新区人）等伪造外国人工作单位、杜撰在华劳动关系，利用其他公司营业执照及组织机构代码证复印件等材料，骗取外国人在华就业证及签证，高额出售签证以谋利。5月16日，在上海笃盟国际贸易有限公司抓获犯罪嫌疑人GODOI、孙某某，查获假冒宜事达公司公章一枚等相关证据。7月4日，在浦东新区张杨路抓获犯罪嫌疑人张某。此案为全市首例外国人出售出入境证件案件。（朱慧）

虹口分局

【概况】　2014年，虹口分局按照“争先进、创特色、强基础、求发展”的总体工作思路，坚持以提升公众安全感和满意度为主线，以全力做好亚信峰会安保工作为着力点，不断强化打防管控各项工作，有效提升队伍执行力和战斗力，确保虹口区社会面持续稳定。

全力以赴，维护社会和谐稳定。全力投入亚信峰会等安全保卫工作。完成各类警（保）卫工作151起，其中警卫工作22起（一级警卫工作5起，二级警卫工作7起，三级警卫工作10起），以及足球比赛、演唱会等各类活动安保工作129起。

严查严整，打击违法犯罪活动。全年立刑事案件5705起，比上年减少18.5%。其中八类案件立案111起，比上年减少20.1%；“两抢”案件立案21起，比上年减少52.3%。查处违法犯罪嫌疑人4753人，比上年增加9.3%。其中行政拘留2947人，比上年增加21.0%；刑事处罚1806人，比上年减少4.4%。处报警类110案件26498起，比上年增加1.4%。

高效履职，提升公安行政管理效能。强化治安行政管理，加强枪支弹药、爆炸、剧毒、易制毒化学品等危险物品管理，对122家危险品经营企业单位进行定期检查与不定期抽查；开展缉枪治爆行动，对民用枪支使用单位和建材化工、五金加工、小商品批发等场所重点排查管控，收缴仿真枪、气枪67把，管制刀具111把。提升消防安全管理水平，检查单位1.7万余家次，发现并督促整改火灾隐患或违法行为2.6万余处，责令“三停”单位92家。保障道路交通安全有序，对酒后驾驶、“三超一疲劳”、车辆违停等交通违法行为开展严管严整，处罚各类交通违法行为31.8万余起；加强车辆非法客运专项整治，暂扣“五类车”6700余辆、拆除残疾车顶棚600余个，查处“黑车”45辆。加强出入境管理，受理各类出入境证件15.2万证次，比上年增加13.4%；颁发各类出入境证件16.4万证次，比上年增加4.9%；自助受理港澳、台湾通行证再次签注4.3万证次，比上年增加52.3%；查处各类出入境案件582起，比上年增加27.7%；处理违法犯罪嫌疑人626人，比上年增加29.6%。

突出实效，推动基层基础建设有序发展。推进公安信息化建设，合理规划设计虹口区高清图像监控系统和治安卡口系统建设布局，探头完好率保持在98%以上。推进执法规范化建设，强化执法监督、规范执法行为、提高执法质量，行政诉讼与行政复议维持率均保持100%。推进和谐警民关系建设，通过分局官方微博，定期发布防范贴士和预警；邀请“大篷车艺术团”演出、社区民警上台进行典型案例宣讲、现场板报展示、发放宣传资料等形式开展电信诈骗、入室盗窃等防范宣传。加强实有人口管理，初步完成“居委网格化实有人口信息采集维护体系”建设。提升应急处突效能，亚信峰会期间，抽调100名精干警力组建一支配枪巡逻街面机动突击队，开展全时段、全天候、全覆盖的街面武装反恐巡逻；年末，在此基础上组建特种机动队，荷枪实弹加强巡防守护，充分发挥应急处突及街面震慑作用，提高突发案（事）件应急处置能力。

昂扬斗志，确保队伍精神状态积极向上。结合党的群众路线教育实践活动，把“学习型、服务型、创新型”党组织的创建融入到日常组织建设工作之中。强化党风警风廉政建设和纪律作风教育，贯彻落实“八项规定”，开展公安内审和厉行节约、反对浪费专项审计调查。落实表彰奖励措施，对先进集体和个人即时表彰，有 32 个集体、838 人次受到表彰奖励，其中集体二等功 7 个、三等功 9 个，个人二等功 7 人、三等功 136 人；65 个集体、84 人次获得各类荣誉称号，其中 9 个集体、9 人次获得国家级（市级）荣誉称号。（丁晓艳）

【完成亚信峰会安保任务】 亚信峰会期间，外滩茂悦大酒店共有 300 余名重要外宾入住，为全市接待人数最多的住地，虹口分局每日投入 150 名警力，对酒店核心区域、警戒区域、控制区域、疏导区域四个区域进行要人警卫、人员车辆安检、制高点控制、酒店外围巡控；通过与部队、上海港公安局的联络对接，在国际客运中心码头形成三方安保力量互相配合的安保格局，每日投入 130 名警力，并携犬巡逻。同时，对码头区域落实 24 小时图像监控，确保第一时间发现问题、开展处置、反馈情况。分局亚信峰会专项行动考评成绩名列全市第一，并被荣记集体二等功。（丁晓艳）

虹口分局成立警察协会　　（丁晓艳提供）

讨论亚新峰会住地安保工作方案　　（丁晓艳提供）

【成立街面机动突击队】 根据市局部署要求，亚信峰会安保工作期间，虹口分局组建了一支由100名精干警力组成的街面机动突击队，投入街面巡逻防控，并于4月2日在虹口足球场举行发车仪式上正式投入运作。突击队在每辆警车上都装备阻车钉、防火毯以及灭火器等，每位警员配备防爆头盔、防刺背心以及防割手套等装备。突击队围绕七浦路服饰市场、虹口足球场以及龙之梦商圈等重点区域，开展叠加巡逻和设卡盘查，形成全时段、全天候、全覆盖的街面巡逻防控网络，实现了突发暴恐事件3~5分钟内有武装力量到达现场处置，重点部位武装力量1分钟内到场的工作标准。峰会期间，突击队川北车组在巡逻中成功发现并抓获一新疆籍扒窃团伙；嘉兴巡组2分钟内至大连路1053号加油站抓获一妨害民警执法的新疆籍男子。（丁晓艳）

【战时医疗队开展巡回医疗活动】 亚信峰会安保工作期间，为进一步落实爱警惠警措施，虹口分局联合虹口区卫生局抽调24名医务人员和10名青年民警组建亚信峰会战时医疗队，为基层民警送医上门。医疗队由10支小分队组成，分别赴19个医疗点为全局600余名民警、文职、职工开展巡回医疗服务。（丁晓艳）

【曲阳路派出所推行“三色告知”根治“僵尸车”】 虹口分局曲阳路派出所首创“三色告知”措施，有效治理“僵尸车”（泛指车辆因长期无人使用维护，落满灰尘，形似僵尸，且滋生虫害、影响观瞻、堵塞道路）现象。首先是绿色告知，即劝导车主自行处理。派出所会同居委、物业管理公司一同开具绿色告知单，张贴在“僵尸车”醒目位置，劝导车主在此单张贴后2个月内及时对车辆自行处理，否则将实施强制措施。其次是黄色告知，即搬离现场集中存放。2个月后，对于仍未处理的“僵尸车”，运输至统一的存放点，并将黄色告知单张贴在小区的醒目位置和居委会，告知车主车辆的存放点及相关处置流程。最后是红色告

知，即集中处理强制报废。对于开具黄色告知单半年后仍无人认领的“僵尸车”，将视为“无主车辆”，统一强制报废处理，同时张贴红色告知单通报车辆处理结果。曲阳路派出所通过“三色告知”管理办法，成功清理了133辆“僵尸车”。(丁晓艳)

【依托无线图传装备实现“可视化”指挥】 年初，虹口分局在开展相关调研基础上，将无线图传装备配置到位，全面实现“可视化”指挥，并积极服务实战，在亚信峰会及中俄联合军演、虹口足球场重大赛事活动、“1933老场坊”4D灯光秀等大型活动安保工作期间，共出动无线图传车120车（次）、警力240人（次），指导派出所监控指挥室接收实时图像180（次），在重点区域开展泊车巡察360次，为“可视化”指挥提供了强有力的科技保障。(丁晓艳)

【官方微博发布居住登记政策宣传短片】 为方便市民群众能够更清楚地了解“实有人口管理社区实施”项目中的居住登记政策，虹口分局拍摄制作了《实有人口政策解读》视频短片，并通过分局官方微博发布推送。该视频短片详细介绍了居住登记制度的社会背景、如何办理居住登记、办理居住登记后能享受哪些便利服务。经微博推送后，该短片累计阅读量突破1.3万次，转发评论数超过200余次，取得了良好的宣传效果。(丁晓艳)

【柏万青常青艺术团进社区】 为扩大电信诈骗防范宣传范围，提升防范宣传的针对性和有效性，6月，虹口分局组织开展了8场防电信诈骗巡回宣讲暨柏万青常青艺术团进社区宣传活动。宣讲以典型案例解析，故事情景回放，戏曲、歌曲等形式揭骗术、说防范，并与现场群众互动，得到了广泛好评。活动共有2000余名群众到场观摩。(丁晓艳)

【侦破“2013·608”毒品案】 2013年7月，虹口分局接报，有一绰号叫阿宽的福建籍男子在浦东、黄浦、闸北等区贩卖毒品，成交量巨大。经查，发现阿宽等人在浦东新区永泰路1650弄1号某室等处的三个窝点。2013年8月起，在公安部有关单位配合下，由虹口分局与市局有关单位组成的联合专案组于沪闽两地开展跨省追踪，至2014年1月，先后抓获犯罪嫌疑人邱莺谋（男，31岁，福建省福州市人，绰号“阿宽”）、曹永军（男，31岁，河南省商丘市人）、陈锋光（男，35岁，福建省福州市人）等15人，缴获冰毒94.5千克、毒资35万元、涉毒车辆4辆以及自制手枪、子弹、枪管等工具。该案的侦破工作在2014年度“刑警803破案奖”评比中被评为“金奖”。（丁晓艳）

【侦破市局挂牌督办“1·10”扒窃专案】 1月，市局有关单位和虹口分局联合组成“1·10”专案组。11月底，先后捣毁扒窃拎包犯罪团伙4个，抓获犯罪嫌疑人陈常均（男，48岁，四川省乐山市人）、刘健（男，35岁，四川省资阳市人）、张宝林（男，28岁，江苏省淮阴市人）等22人，查获笔记本电脑5台、手机50余部等涉案物品，破案80余起。该案的侦破工作在2014年度“刑警803破案奖”评比中被评为“金奖”。(丁晓艳)

【侦破“3·31”非法获取出售考生信息及实施电信诈骗案】 2月17日至22日，几名考生在上海市职业能力考试院官网完成上海市

2014年事业单位招聘考试报名后，陆续收到出售该考试答案的手机短信，信息中留有电话或QQ等联系方式，并声称购买考试答案后保证通过笔试。上述几名考生遂先后通过市长信箱反映报考信息被泄露的情况。3月，由市局有关单位、虹口分局、浦东分局联合成立“3·31”专案组。经侦查，该案系由一个作案分工较细的职业犯罪团伙共同实施，通过连环实施非法侵入上海市职业能力考试院招聘考试计算机信息系统、非法获取和出售报考考生信息资料，利用非法获取的考生信息精确发送诈骗短信等系列上下游衍生犯罪。4月，专案组在贵州、湖南等省市警方协助下，先后抓获犯罪嫌疑人杨洪（男，22岁，贵州省遵义市人）、肖海成（男，27岁，湖南省祁东县人）、郭静峰（男，22岁，湖南省永州市人）等11人，查获作案用短信群发器2套、笔记本电脑15台等大量涉案物品及100万余条公民信息，被害人300余人，涉案金额80余万元。该案的侦破工作在2014年度“刑警803破案奖”评比中被评为“金奖”。（丁晓艳）

【侦破“7·11”合同诈骗案】 7月，虹口分局接报，自2013年9月起，上海金坤国际物流有限公司（以下简称金坤公司）与环亮（上海）国际货物运输代理有限公司等6家货代公司签订国际航空运输代理协议并委托业务，拖欠费用1200余万元，且该公司已停止营业。7月11日，分局以金坤公司涉嫌合同诈骗专案侦查。经查，发现金坤公司与报案公司签订委托协议并产生业务后，仅支付第一个月运费后就开始拖欠运费，且以“高价定仓，低价出货”的方式持续亏本经营。10月17日，在市局有关单位的指导下，分局抓获犯罪嫌疑人朱勇（男，42岁）、张志伟（男，55岁）、潘汉元（男，53岁，均为上海市人）等8名犯罪嫌疑人，涉案金额4000余万元。该案的侦破工作在2014年度上海经侦系统“经济犯罪案件侦查破案精品案例”评选中被评为“金奖”。（丁晓艳）

【侦破“4·05”集资诈骗案】 4月5日，虹口分局接报，云南江鸟鸿能源科技有限公司上海分公司以投资地沟油转化为柴油项目为名吸收投资者投资款后，突然人去楼空。经查，自2013年6月起，犯罪嫌疑人苏瑞松（男，32岁，云南省大理市人）伙同张力（男，40岁，云南省大理市人）、陈耿（男，25岁，安徽省蚌埠市人）等使用虚假身份，向不特定群众许以1%至2%的月息及年底12%的额外分红吸引投资。苏瑞松等在骗取巨额资金后逃匿。5月，在云南警方的配合下，先后在云南昆明、广东珠海、上海等地抓获涉嫌集资诈骗的苏瑞松等7人。经查证，该案涉及被害群众438人，涉案金额3000余万元。该案的侦破工作在2014年度上海经侦系统“经济犯罪案件侦查破案精品案例”评选中被评为“银奖”。（丁晓艳）

【侦破“2·28”非法经营药品案】 4月16日，虹口分局会同市局有关单位，组织100余名警力在虹口、宝山、闸北、普陀等地开展集中收网行动，成功捣毁一个以上海市第一人民医院为作案地点，长期收购、贩卖医保药品牟利的团伙，并至江苏省徐州市、湖南省长沙市抓获销售下家，抓获犯罪嫌疑人孙成科（男，34岁，安徽省亳州市人）等涉案人员18人，查获各类医保药品70余种3395盒、用于腹透治疗的碘液微型盖6840个。该案的侦破工作在2014年度“上海治安系统精品案例”评选中被评为“金奖”。（丁晓艳）

杨浦分局

【概况】 2014年，杨浦分局围绕提升人民群众安全感、满意度和推进社会治理体系和治理能力现代化，完善现代警务机制，推进平安杨浦、法治杨浦建设，提升动态化、信息化条件下维护国家安全、社会稳定和公共安全的能力和水平，为杨浦区新一轮改革创新发展创造安全稳定的社会环境和优质高效的服务环境。

确保区域社会稳定。全面强化风险评估、排查化解等维稳工作。先后妥善处置海上颐和城改建护理院和各类动迁、欠薪矛盾等不安定因素648起，比上年增加98.8%；依法查处违法人员63人次，比上年减少52.6%。

推进平安杨浦建设。根据季节性、区域性治安形势特点，开展“平安杨浦”系列打击整治行动，深入推进“缉枪治爆”、“打击和防范电信诈骗”、“禁毒百城会战”、“打黄赌·铲源头”、“打假”、“打传”、“猎狐”等专项行动。全年，共破获刑事案件3590起，刑事拘留1815人，提请批准逮捕1142人，移送起诉1495人，比上年分别增加7.4%、9.6%、13.5%和5.2%。深入推进“网上打假”、打击整治假币违法犯罪等专项行动，严厉打击各类经济违法犯罪，成功收网跨省集群战役3起，收缴各类假冒注册商标商品90万余件（案值3千余万元）；破获各类经济犯罪案件346起、移送起诉215人，挽回经济损失8.3亿元。推进各类顽症综合治理，严厉打击“黄赌毒”、“吊模斩客”等违法犯罪活动。全年查处治安案件41313起，比上年增加6.3%；处罚“黄赌毒”（行政拘留以上）人员1536人，比上年减少2.1%，收缴赌博机900余台，停业整顿场所67家。完善社会治安复杂地区和突出问题常态长效排查整治机制，挂牌整治入民宅盗窃案件多发社区107个。深化治安巡逻防控、武装应急处置、群防群治守护“三张网”建设，创新完善社会治安防控体系，提升防控、处突能力。

强化公共安全管理。开展“清剿火患”专项行动，完善重点区域火灾隐患综合治理模式，完成14家区级挂牌督办单位隐患整改，成功铲除黑山路花鸟市场等24处重点区域的火灾隐患。全年发生火灾193起，比上年减少45.2%，造成1人死亡。建立常态化严查、严管、严处机制，持续加大对交通顽症的整治力度。全年，发生道路交通事故（上报）12起，造成12人死亡，与上年持平。查处各类违法行为332056起，比上年增加22.5%。查扣违法“五类车”44718辆，打击“五类车”违法人员135人；查处酒后驾车767人、醉酒驾车161人。深化危险物品管理及肇事肇祸精神病人管控，加大保安服务行业监管力度。全年，对28家保安从业单位违规行为予以警告。健全大型活动安全风险评估机制，完成第12届全国学生运动会、上海旅游节花车巡游等大型活动安保任务710批次。

五角场环岛巡逻 （胡光耀提供）

推进公安基层基础工作。推行高清道路图像监控系统租赁建设，全年新增图像监控探头45个、治安卡口断面22个，实现主要路口道路图像监控全覆盖，采集社会信息985万余条。继续与东方CJ电视媒体协作，邀请社会各界知名人士共同参与防范电信诈骗宣传活动，不断增强市民群众识骗、防骗能力。全年，共防阻电信诈骗352起，比上年增加5.0%，挽回经济损失900余万元。依托城区综合管理联动联勤工作机制，推进“群租房”整治、打击欺行霸市、规范保安服务行业管理等“平安实事”项目，推进医院、学校、重点企业周边突出治安问题联合整治，提升社会治安综合治理整体水平。

打造过硬公安队伍。扎实开展党的群众路线教育实践活动。“四风”专项整治方案提出的30项专项整治任务、43条整改措施，17项制度建设计划均整改落实到位。治安支队党总支部和大桥派出所党支部被市局评为先进党（总）支部，五角场镇派出所马光辉被市局评为“优秀党务工作者”；交警支队金海波、延吉新村派出所高云兰被市局评为“优秀共产党员”；特警支队一中队获评团市委“2013—2014年度上海市青年文明号”。党风廉政建设工作区委年度考核为“优秀”等次，全年民警违纪率为1.25‰。举办证件识别、涉爆物品识别与防护等技能短训班28批次，培训民警2400余人次。9名教官在市局专兼职教官教学能力比武竞赛中被评为优秀教官，7门专业课程和8门微课程被评为优秀课程。全年共表彰912名民警（二等功6人，三等功147人，个人嘉奖759人），29个集体（二等功3个，三等功9个，嘉奖17个）。227人获职级晋升。开展乒乓球比赛以及足球、篮球、健身、摄影等兴趣小组活动，丰富警营文化，增强队伍活力。（胡光耀）

【开展“迎峰会、保平安”打防管控专项行动】 杨浦分局周密组织部署“迎峰会、保平安”打防管控专项行动，坚持“打防结合、整体防控、以面保点”，确保辖区社会治安持续稳定和亚信峰会安保任务顺利完成。并快侦快破“中原、殷行地区系列袭击单身女性案”、“3·27”故意杀人案、“4·10”入室抢劫强奸案等一系列重大案件。截至5月20日，共侦破刑事案件1330起，刑事拘留598人，执行逮捕421人，比上年同期分别增加109.8%、39.7%、61.9%。查处“黄、赌”案件134起，打击处理涉黄、涉赌违法人员227人，查处吸毒人员664人，处罚、取缔、关停涉黄、涉赌场所412家，收缴赌博机600余台。收缴气步枪、仿真枪151支，管制刀具132把，各类子弹1.2万余发，处置销毁各类危险物品43千克。全区报警类110处警数、违法犯罪案件接报数、治安案件受理数和刑事案件立案数比上年同期分别减少43.0%、52.2%、46.6%和42.5%。(胡光耀)

【源头严管道路交通安全】 杨浦分局交警支队坚持严管重罚，严处与源头管控并举，立足街面整治，加强跨警种联勤联动、跨部门协同作战，严处各类道路交通安全“顽症”。以强化交通安全源头管理为重点，加大检查频次和力度、严查不安全运输车辆、加强重点驾驶员检查教育，强化对公交、客货运企业督导、检查和宣传，推动车辆单位落实主体管理责任，最大限度将各类隐患消除在萌芽状态。全年共受理交通事故16598起，比上年减少10.8%；受伤人数531人，比上年减少66.1%。(胡光耀)

【抓实校园安全】 杨浦分局把“为全区师生营造安全、有序的校园环境”作为首要工作目标，严格落实隐患排查、安全防范和便民惠民等各项措施，做到“六个到位”(即人员到位、时间到位、装备到位、履职到位、程序到位、管理服务到位)，确保校园安全各项工作措施和责任落到实处。治安支队牵头组织各派出所对全区218所学校开展全面检查。落实“一校一警”措施，加大校园周边及上学、放学高峰时段“实兵”和“视频”巡逻频次和密度，确保重要时段警力到位。依托城区综合管理“大联动”机制，会同区城管、文保、工商等部门对校园及周边地区集中联勤协作整治，清理无证摊贩，规范网吧和娱乐场所经营，净化校园周边治安环境。全年，共检查校园周边治安场所1127家次，发现、整改各类治安隐患98处，查处“黄、赌”类治安案件21起，打击处理涉黄、涉赌违法犯罪人员43人，处罚涉黄、涉赌场所21家。(胡光耀)

【加强民用气步枪管理】 杨浦分局认真开展缉枪治爆专项行动，探索创新管理举措，有偿回购个人民用气步枪。对全区522名登记在册的民用气步枪持枪人进行全面排摸梳理，走访60名持枪人，会同区综治委制定下发关于组织开展个人民用气步枪有偿回购工作的实施方案，明确“应收尽收”工作原则，对持枪人逐一上门告知法律义务和保管责任。对上交枪支人员，及时兑付现金。不愿上交者，严格落实管控措施，并“一人一表”签订“告知书”，定期走访，确保“见人见证见枪”，保证枪支管理安全。4月22日至5月16日，全区522支民用气步枪持有人全部签署“告知承诺书”，回购枪支111支，回购率21.26%。(胡光耀)

清点回购收缴的气步枪　　（胡光耀提供）

【整治医院周边环境】　杨浦分局结合《上海市医疗纠纷预防与调解办法》颁布施行，积极开展医院及周边治安环境整治行动，严厉打击涉医违法犯罪，维护医疗秩序。加强对医院及周边交通、消防和治安整治，杜绝和查处“号贩”、“药贩”，乱设摊、乱停车，非法营运“摩的”、“黑车”，涉医违法犯罪行为以及医院内部安防隐患。加强与医院联系沟通，及时掌握辖区医患纠纷、“医闹”情况，及早介入，及时处置。全年医患纠纷共处警 36 起，查处治安案件 16 起，治安拘留 1 人，告诫教育 32 人次。立案侦破黄晓棠（男，43 岁，上海市人）、傅伟敏（男，31 岁，上海市人）多次扰乱新华医院正常医疗秩序，跟踪、威胁、恐吓医务人员的“医闹”案件。该案 2 名被告分别以寻衅滋事罪被判处有期徒刑 2 年半和 1 年半。（胡光耀）

【保障养老机构消防安全】　杨浦分局发起辖区养老机构消防安全专项整治行动，守护弱势群体消防安全。提请区政府专题制发杨浦区养老机构专项整治行动方案。消防支队加强检查，督促整改。各派出所及街（镇）每日组织巡查，将隐患排查与宣传教育相融合，改变以往以罚代管做法，帮扶指导单位整改火灾隐患。民政部门统筹协调联合检查、房管部门提供建筑结构资料、宣传部门跟踪曝光隐患整治情况。网格管理力量将各养老机构列为巡查重点，将“1.5 万户独居老人家庭安装独立式火灾报警器”列为政府实事工程项目，率先在全市完成消防安全专项改造实事项目。专项整治行动中，各部门先后检查各类养老机构 50 家，张贴“消防安全二十条”标语 120 余条，发放宣传品 1600 余份，利用户外媒体播放宣传片 400 余次，发送微博 10 余条，媒体报道 1 次。

排查隐患98处，整改隐患93处，临时查封1家，责令“三停”1家，罚款9.5万元。（胡光耀）

【联手推进“群租”顽症整治】 杨浦分局针对区域“非改居”、“群租”等突出问题，依托城区综合管理“大联动”平台，联手区房管等相关部门实施一系列排查整治措施，强力推进“非改居”、“群租”等专项治理行动。排摸“群租”房屋信息800余条，“群租”1603户，30间以上的“非改居”出租房屋132处，涉及出租房1.5万余间。对辖区租赁房屋采取逐户上门告知，与房屋出租人签订治安责任保证书，核对、采集、维护“非改居”居住人员信息16277人。以消防安全隐患整改为抓手，持续严管严罚。检查99家经纪公司，发放整改通知书34份；完成认定“非改居”119处，开具整改通知书22份，整改10处。整治“群租”1125户；注销临时居住证268张。处罚不按规定登记承租人信息出租人6人。拆除违法建筑4.47万平方米，拆除“群租”分隔5000余间，清退住宿人员9000余人。严格居住证件办理，对不按规定登记人员信息的用人单位、出租人处罚1708起，警告753起，罚款955起。全年暂停居住证件办证受理659人，注销违规居住在“非改居”、“群租”、违章搭建等房屋内来沪人员所持临时居住证871张。全区实有人口登记率和准确率分别为90.4%和89.9%。（胡光耀）

【五角场镇派出所用“天眼”治“黑车”】 五角场镇派出所结合地区实际，依托派出所综合指挥平台，通过视频监控系统对重点地区涉嫌非法客运车辆摄像取证，会同交警支队、城市交通执法部门联合整治。分析“五类车”、“黑车”认定要素，运用信息科技建立相关视频资料数据库，提高收集、固定电子证据效能。对120余名涉嫌非法客运从业人员逐一上门告诫教育，确保不留死角。8月14日，《上海市查处车辆非法客运若干规定》实施两周，派出所移交交警、城市交通管理执法部门查处非法客运车辆26辆。（胡光耀）

【侦破“9·28”故意杀人案】 9月28日14时59分，杨浦分局接110报警称：杨树浦路2757号“阿芳”足浴店内发现有人死亡。经侦查，9月21日，被害人孟某某（女，39岁，四川省遂宁市人）因经济问题与犯罪嫌疑人卢老生（男，52岁，福建省三明市人）产生纠葛，被勒脖致窒息死亡。9月29日晚，专案组在福建省三明市抓获卢老生。该案的侦破工作在2014年度“刑警803破案奖”评比中被评为“金奖”。（胡光耀）

【侦破“5·05”集资诈骗案】 5月5日，杨浦分局接180余名群众报案，称政通路177号C座1003室广州泰联投资管理有限公司上海分公司集资诈骗，涉案金额900余万元。经侦查，2013年12月至2014年4月间，该团伙使用化名在省会以上城市租用商务楼，物色人员注册公司，以该公司开发项目需要吸收投资款为由，向不特定人员吸收投资款，许诺每月10%利息，签订《借款协议》当即给付当月利息，次月及第三个月也按时结息。骗取被害人投资款后直接分赃，往往在一处诈骗3个月之后溜至下个城市继续实施诈骗犯罪。6月12日，专案组在天津市抓获范丁辉（男，25岁）、范丁豪（男，27岁，均为福建省长汀县人）等13名犯罪嫌疑人。次日在西安抓获团伙成员葛名华（男，24岁，福建省政和县人)，追缴赃款 120 万元。该案的侦破工作在 2014 年度上海经侦系统“经济犯罪案件侦查破案精品案例”评选中被评为“银奖”。(胡光耀)

【侦破“2·17”虚开增值税专用发票案】 2 月 17 日，杨浦分局获悉，林月慧有虚开增值税专用发票嫌疑。经查，犯罪嫌疑人陈颖(女，25 岁，福建省龙岩市人)、陈庆专（男，46 岁，福建省宁德市人）雇用林招实（男，40 岁，福建省宁德市人)、林月慧（女，46 岁，福建省宁德市人）等人，通过上海旭赫实业有限公司，利用“三无”空壳公司（无经营场地、无经营人员、无经营业务)，大肆对外虚开增值税专用发票，价税合计达 4.5 亿余元。4 月 1 日，分局会同市局经侦总队在上海和陕西省西安市等地抓获陈颖等犯罪嫌疑人 8 人，捣毁虚开增值税专用发票团伙 2 个，查获作案用公司印章 100 余枚、空白发票及财物账册数千册。该案的侦破工作在 2014 年度上海经侦系统“经济犯罪案件侦查破案精品案例”评选中被评为“铜奖”。(胡光耀)

【侦破余纪友等系列生产、销售不符合安全标准的食品案】 8 月初，杨浦分局获悉，辽源西路 109 号乐家渔村饭店有销售生鲜毛蚶迹象。经查，辽源西路海鲜一条街有三家海鲜饭店销售生鲜毛蚶，均由余纪友（男，41 岁，安徽省阜阳市人）供货。8 月 13 日，杨浦分局会同区食药监等职能部门突击查处辽源西路乐家渔村饭店、玲珑海鲜饭店、象山海鲜城和控江路 1179 弄 5 号湘水人家 4 家餐饮饭店，抓获涉嫌生产、销售不符合安全标准食品犯罪嫌疑人余纪友、张自强（男，26 岁，河南省遂平县人)、郑多桃（女，20 岁，安徽省阜阳市人）等 11 人。该案的侦破工作在 2014 年度“上海治安系统精品案例”评选中被评为“银奖”。(胡光耀)

【查处“9·12”网络百家乐赌博案】 9 月 12 日，杨浦分局突击检查杭州路 473 号出租屋，查获该处网络百家乐赌场。经侦查，10 月 28 日、29 日又相继在殷行路 305 弄 88 号和眉州路东方子桥 8 号查获与其关联的两处网络百家乐赌博窝点。该系列案件抓获熊德新（男，53 岁，四川省资中县人)、陈玉巧（女，54 岁，江苏省淮阴市人)、卢思君（男，30 岁，江苏省扬州市人）违法犯罪嫌疑人 25 人，查获涉案电脑主机 3 台，现场缴获赌资 5 万余元，涉案金额 3300 余万元。该案的查处工作在 2014 年度上海治安系统综合评比中被评为“十大典型案件”。(胡光耀)

【侦破“4·10”抢劫强奸案】 4 月 10 日下午，杨浦分局接被害人报案称：其在家中遭到抢劫、强奸。经侦查，2 名犯罪嫌疑人以房产中介人员带客户上门看房为由，进入住房，对被害人捆绑后实施强奸，并逼取其家中保险箱与银行卡密码，劫走手机、银行卡和保险箱内人民币 4 万元和港币 7000 元及若干黄金首饰后逃逸。次日 14 时 28 分，专案组在无锡市抓获四川省威远籍犯罪嫌疑人缪小伟（男，29 岁)、黄建（男，27 岁)，当场查获被劫手机、现金及首饰等赃证物品。(胡光耀)

【侦破“7·10”持刀抢劫便利店案】 7 月 10 日凌晨 2 时 07 分，杨浦分局接技防报警：内江路 484 号良友金伴便利店发生警情。经查，2 时许，一名男子进店佯装购物，乘营业员不备持刀威逼其交出营业款，并划伤营业员

右手表皮后逃逸。7 月 19 日晚，侦查员在天目中路 520 号三楼网吧内将犯罪嫌疑人胡永亮（男，22 岁，四川省乐山市人）抓获。（胡光耀）

闵行分局

【概况】 2014 年，闵行分局聚焦“建一流班子、培养一流队伍、创一流业绩”总目标，以亚信峰会安保工作为首要任务，强化分局基层基础和核心能力建设，打造闵行现代警务机制升级版，为全区深化改革和经济社会全面、协调、可持续发展创造安全稳定的社会环境。

全力维护社会政治稳定。围绕恐怖袭击的新动向，会同区综治办制发各街镇（工业区）反恐怖工作目标责任考核工作方案。全年共牵头召开区反恐联席会议 4 次，开展全区性反恐防范宣传 6 场次，发放相关宣传资料 1.2 万余份。制发闵行分局严重暴力案件应急布控工作预案，开展相关反恐应急演练 8 次、应急拉动 4 次。加大社会面布控措施，配合地方党政机关妥善处置群体性事件 28 起，涉及 900 余人次，处置成功率 100%。出动警力 1.5 万余人次，完成劳力士大师赛等大型活动安保任务 60 余项、警卫任务 690 余批次。

全面推进打击整治工作。坚持将“以打开路”、“以打促防”贯穿闵行公安工作始终，持续组织开展“闵剑”系列专项行动。全年共破获刑事案件 5753 起，比上年增加 5.2%；刑事拘留 4308 人、提请批准逮捕 2868 人、移送起诉 3857 人，比上年分别增加 10.2%、14.3%、14.2%，打击总量列全市第二位。查处治安案件 89249 起，比上年减少 5.3%，其中查处“黄赌毒”案件 3624 起，比上年增加 16.3%。110 处警 45.1 万起，比上年减少 0.4%，低于全市平均升幅 2.7 个百分点，其中报警类 110 处警 6.8 万起，比上年减少 6.4%。

规范公安行政执法管理。全年交替组织开展各类交通违法行为集中整治行动 102 次，查处各类交通违法行为 80.4 万余起、依法处理“酒驾”嫌疑人 2638 人，比上年分别增加 5.5%、79.6%；暂扣“五类车”3.2 万余辆，拘留无证驾驶、扰乱公共场所秩序等违法嫌疑人 981 人。全年共发生道路交通事故（上报）204 起，造成 82 人死亡、166 人受伤，比上年分别减少 20.0%、持平和减少 26.6%。开展非产品目录电动自行车临时号牌登记申领工作，全年办理临时号牌 27.9 万余张。开展重大火灾隐患排查整治工作，年内共检查单位 36428 家次，发现火灾隐患 60816 处，督促整改 58992 处；发生火灾事故 409 起、造成 9 人死亡，比上年分别减少 58.9%和增加 200%；会同区房管、安监等部门加大对“群租房”消防安全隐患大排查、大整治力度，全年共排摸疑似“群租”户 10169 户，占全市总量的五分之一，完成整治 9696 户，完成率 95.3%。受理出入境证照 26.9 余万证次，比上年增加 45.0%；全区境外人员动态管控率、信息登记准确率始终保持在 98%以上的市局 A 档标准；查处外国人“三非”案件 433 起、涉案人员 451 人，比上年分别增加 32.8%和 21.2%。

大力夯实基层基础建设。通过落实社区警

务“八项措施”、“四大机制”，细化“三停三问”、“夜间巡逻”、“双休宣传”、“内部考评”、“外部奖励”等举措，持续推动全局社区警务工作开展。全年成功防阻电信诈骗案件181起，挽回经济损失512万余元；发放各类宣传防范资料3.1万余份。深化派出所综合指挥室功能，全年通过派出所综合指挥室“人机互动”查破各类案件632起，抓获各类违法犯罪人员846人。以“阳光警务”建设为切入点，进一步深化警务公开，完善执法监督，共办理行政复议案件173起，立案复议13起，行政诉讼案件67起，政府信息公开类案件35起。

深入推进队伍正规化建设。开展学习党的群众路线教育实践活动，征求意见建议234条。年内，53个集体、1249名个人获上级表彰，其中记集体二等功4个、三等功19个、嘉奖30个；记个人二等功9人、三等功182人、嘉奖1058人。刑侦支队民警姜峻荣获“全国特级优秀人民警察”称号、第十七届“上海十大杰出青年”称号。加强与文汇、新民、解放、上视等10余家媒体的良性沟通机制，全年各类媒体共报道闵行公安正面舆情238篇。（刘敏）

【开展“闵剑”系列集中整治行动】 闵行分局围绕市局“迎峰会、保平安”打防管控专项行动，结合亚信峰会安保任务，立足地区实际，组织开展“闵剑”7、8号专项行动。同时，根据市局统一部署，在全区范围内组织开展了28次打击夜间违法犯罪联合查堵行动。全年共破获“两抢”案件125起，破案率达96.9%；捣毁各类犯罪团伙152个，破系列案63串307起；打击入室盗窃、扒窃拎包、盗“三车”对象910人，其中刑事拘留718人，行政拘留192人。（刘敏）

【打击经济犯罪活动】 闵行分局在加强经济犯罪案件侦破工作的同时，组织开展“网上打假”、“打击传销犯罪”、“猎狐2014”等专项行动，维护地区经济秩序稳定。全年共破获各类经济犯罪案件371起，比去年减少4.9%，其中成功侦破涉案价税达20亿余元的特大虚开增值税专用发票案，获得韩正同志批示肯定。全年提请批准逮捕经济犯罪嫌疑人137人，比上年增加30.5%；移送起诉犯罪嫌疑人305人，比上年减少5.6%；挽回群众经济损失7319.85万元，追缴率89.1%。（刘敏）

【开展治安突出问题整治】 闵行分局在滚动排摸的基础上，依托110警情分析研判，确定重点场所和重点地区，开展交叉查禁、突击行动，协同推进“秋季禁赌”、“禁毒百城会战”等专项行动。全年共查获“黄、赌”案件2897起，破毒品案件347起；取缔“黄、赌”场所1013家，停业整顿38家，打击处理违法犯罪嫌疑人3135人，其中刑事拘留507人；打击零包贩毒358人，查处吸毒人员1414人，强制戒毒386人。（刘敏）

开展治安整治集中行动　　　　　　（刘敏提供）

【强化刑事技术软硬件建设】　闵行分局把握“人员、装备、管理”三大提升刑事技术的关键点，积极打造一流的刑科所和刑事科学技术队伍。分局为刑科所增配 29 名警力，警力总数达 58 人；投入近 2800 万元用于刑科所实验室建设及装备采购。在此基础上，强化技术员素质能力培养，提高现场勘查率、采痕率。全年共勘查现场 9254 起，比上年增加 61.7%，现场勘查提取痕迹 7256 起，比上年增加 78.4%；利用痕迹查档并查中 450 人、625 起案件，通过各类痕迹直接破案 510 起；上传现场指纹 5092 枚，约占全市三分之一，其中，现场指纹录入数和查中数在全市考核排名第一。（刘敏）

【推进派出所视频技术室建设】　6 月初，闵行分局在分局层面组建视频侦查队的基础上，全面推进各派出所视频技术室建设，形成“视频侦查专业队—派出所视频技术室”的全局视频侦查工作格局。在引领派出所发挥区域环境熟悉、贴近现场、掌握社会视频资源丰富等优势的同时，全面提升视频侦查平台专业化调动能力，为案件侦破抢得先机。7 月至 12 月，闵行分局通过视频侦查手段共抓获违法犯罪嫌疑人 730 人，其中刑事拘留 671 人，占同期刑事拘留对象总数的 34.0%，其中侵财类犯罪嫌疑人 524 人，占视频侦查抓获犯罪嫌疑人总数的 72.0%。其间，分局视频侦查队牵头各派出所视频技术室，会同各专业队、地区责任队合力攻坚，成功侦破“6・12”新虹抢劫杀人案、“8・3”莘光持刀抢劫案等重大、系列案件 257 起。（胡炎）

【全面推进看守所“五化建设”】　闵行分局以公安部在上海召开看守所“五化建设”工作现场会为契机，坚持“高起点、高标准、高要求”，严格对照公安部建设标准，加大工作力度，深层次推动“五化建设”。8 月 29 日，公安部监管局局长赵春光率全国各省市与会代表实地观摩了闵行区看守所，对闵行分局全面推

进看守所“五化建设”的工作成效和经验做法予以高度肯定。(刘敏)

【推广“田园模式”社区警务建设】 闵行分局以“田园模式”为基础，加强具有闵行特点的社区警务工作建设，即构建以公安管理监督为主导，以落实小区物业公司治安防范主体责任为抓手的警社合作机制，进一步提高民警履职能力、小区防控水平，明确物业公司安全防范、智能安防系统维护等法定义务，有效依托党委、政府协调落实针对物业公司和保安的考核奖励机制。全年共开具“物业单位整改单”865份，各物业公司根据检查情况处罚履职不到位的保安173人次、辞退15人，新安装监控探头1473个。同时，在各派出所与辖区物业公司之间建立微信、QQ通信平台，实时发布案情通报，根据地区警情即时启动“橙、红、黑”三级预警，督促物业公司采取针对性防范措施、调整巡防力量。(刘敏)

【打造“微警务”模式】 闵行分局通过鼓励社区民警建立实名论证的微博和微信公众平台，拓展警民沟通渠道，在打破时空的双向互动中，打造“微警务”模式。通过将商圈商企、小区物业、居委会、治安积极分子等力量纳入各类微信群，实时发布视频、图片、文字等，快速传递信息、布置工作，提升打击防范和管理服务效能。截至年底，已建立协作微信群108个，整合企事业单位、政府职能部门136家，群防群治力量734人；同时，通过挖掘微信中蕴含的丰富碎片信息，服务打击破案。(刘敏)

上海市闵行区警察协会成立 (刘敏提供)

【成立闵行区警察协会】 根据市局、市警察协会的部署，在得到闵行分局批准和区民政局核准后，上海市闵行区警察协会于1月20日在闵行区联动中心召开协会成立大会暨第一届第一次会员代表大会。会议表决通过“上海市闵行区警察协会章程”，选举产生11名第一届理事会理事，以及以闵行区副区长、分局党委书记、局长吴培根为协会会长的第一届理事会领导。协会业务范围包括理论研究、咨询培训、技术服务、对外交流合作、传播警察文化、协调公共关系、维护警察合法权益等。区警察协会现有会员59人，另有学术理事9人。(刘敏)

【侦破市局挂牌督办王炜恶势力专案】 4月初，闵行分局接报：一被害人在闵行区浦江镇地区向一名上海籍男子借贷21万元，三个月后，被勒索还款120万元。因被害人无力偿还，借款方讨债人员采取非法拘禁、殴打等暴力手段讨要债务，并逼迫其写下欠条。据此，闵行分局将该案定性为有组织的高利贷涉恶团伙作案并成立专案组开展侦查。6月25日，在市局有关部门的协助下，专案组成功擒获王炜(男，33岁，上海市人)、施晓庆（男，26岁，浙江省永嘉县人)、刘阔（男，31岁，山东省枣庄市人）等8名犯罪嫌疑人，一举摧毁该以投资为名、经营高利贷为实的新型涉恶犯罪团伙。经查，该团伙以公司名义通过银行转账的方式借贷给被害人，并胁迫被害人至银行将大部分借款取出归还放贷方，借款人实际借贷金额不足还款金额的三分之一。此外，该团伙在与被害人签订房屋租赁合同的基础上，通过对借贷、租赁行为予以公证，以掩盖暴力讨债、非法拘禁等犯罪行为、规避法律风险。该团伙先后于宝山、黄埔、普陀、闸北等区作案5起，涉案金额达170万余元。该案的侦破工作在2014年度“刑警803破案奖”评比中被评为“金奖”。(刘敏)

【侦破市局挂牌督办142号入室盗窃系列串案】 7月下旬，闵行区古美地区发生多起入民宅盗窃案。闵行分局即成立专案组开展侦查。8月1日晚，专案组于浦东新区康沈路一小区内抓获142号串案犯罪嫌疑人管华金(男，37岁，安徽省滁州市人)，当场查获大力钳等作案工具。经案件串并和审讯深挖，查破闵行区古美、新镇等地系列入民宅盗窃案件9起，涉案价值30余万元。该案的侦破工作在2014年度“刑警803破案奖”评比中被评为“银奖”。(刘敏)

【侦破“8·13”绑架案】 8月14日，闵行分局接崔某报警称：其妻林某自8月13日17时许，被多名陌生人带离后即杳无音讯，怀疑可能遭遇不测。闵行分局即成立专案组开展侦查，于8月22日凌晨2时许，在崇明县跃进农场一废旧厂房内抓获犯罪嫌疑人邢兴发（男，63岁，上海市人)、罗会想（男，28岁，安徽省霍邱县人)、姚利婷（女，24岁，广东省平原县人)，并成功将被害人林某解救。该案的侦破工作在2014年度“刑警803破案奖”评比中被评为“银奖”。(刘敏)

【侦破“4·08”组织、领导传销集群战役】 2月至9月，闵行分局获悉位于上海市闵行区程家桥支路的上海三圆实业有限公司涉嫌传销活动。初步查证后，分局即成立专案组立案侦查。7月1日，在沪抓获犯罪嫌疑人杨华玲（女，49岁，山东省日照市人）为首的传销骨干人员12人，其中逮捕5人、取保候审7名，捣毁传销窝点3处。该案涉及上海、山东、江苏、辽宁等20余个省、直辖市，涉案人数3万余人，涉案金额达650余万，在2014年的“打传”专项行动中被公安部列为部督案件。该案的侦破工作在2014年度上海经侦系统“经济犯罪案件侦查破案精品案例”评选中被评为“金奖”。(刘敏)

【侦破“8·28”虚开增值税专用发票案】 8月，闵行分局获悉：浙江天台籍人员黄庆海、葛兆忠等人，利用他人身份在上海奉贤等地开设多家空壳公司用于虚开增值税专用发票，涉案金额巨大。分局即成立专案组开展侦查，于10月22日凌晨，成功破获由浙江台州籍犯罪嫌疑人黄庆海（男，48岁）、葛兆忠（男，49岁）为首的特大虚开增值税专用发票案，抓获犯罪嫌疑人6人，捣毁开票点4处，缴获开票用电脑12台、税控机8台、金税卡8张、公司公章40余枚、作案手机20余部、作案使用的身份证30余张以及大量增值税专用发票。经查，该团伙自2012年起，冒用他人身份在本市奉贤区、金山区等区注册成立上海森真工贸有限公司、上海翠晓实业有限公司等多家公司，在无真实货物交易的情况下，以收取票面金额5%左右开票费的方式，为上海及全国各地多家企业虚开增值税专用发票，涉案税额3亿余元，价税合计20亿余元。该案系2014年本市破获的涉案金额最大的虚开增值税发票案件。该案的侦破工作在2014年度上海经侦系统“经济犯罪案件侦查破案精品案例”评选中被评为“金奖”。(刘敏)

【侦破“3·14”系列贷款诈骗案】 3月，闵行分局获悉：上海籍人员冯伟在2013年6月向民生银行申请了一笔金额为14万元的汽车消费贷款至今未归还。初步查证发现，冯伟存在伪造收入证明、银行流水明细及驾驶证，骗取银行汽车消费贷款的重大嫌疑。闵行分局即成立专案组开展侦查。通过调查取证及与金融机构的紧密配合，成功破获了该起利用在4S店购置新车所存在的贷款漏洞进行贷款诈骗的案件，涉案新车（10辆）均为奥迪等品牌的中高端车，涉案金额300余万元。共抓获犯罪嫌疑人杜帅（男，34岁，山东省济宁市）等12人，为银行挽回经济损失250余万元。该案的侦破工作在2014年度上海经侦系统“经济犯罪案件侦查破案精品案例”评选中被评为“银奖”。(刘敏)

【侦破“5·27”利用互联网游戏组织他人进行网络赌博案】 2月，闵行分局获悉：注册于闵行区莘松地区的电子科技公司以互联网为依托，专门开设一“365电玩”网站，通过对游戏机房热门的押注类游戏进行重新设计包装，投放到该网站上，利用“公会”（即银商）作为第三方平台，进行游戏币与人民币兑换，从中牟利。分局即成立专案组开展侦查，于5月27日，在沪闵路7940弄上海崛星电子科技有限公司等处抓获童福树（男，46岁，台湾省人）等10名犯罪嫌疑人，及沈伟峰（男，27岁，上海市人）等4名参赌人员，查获电脑17台、网络服务器2套等作案工具，冻结涉案资金600万余元。该案的侦破工作在2014年度“上海治安系统精品案例”评选中被评为“金奖”。(刘敏)

宝山分局

【概况】 2014年，宝山分局紧扣“转作风、调机制、固根基、保平安”工作主线，完成各项安全保卫任务，确保了全区社会稳定和治安秩序持续良好。公众安全感和满意度分别位列全市第三和第四。宝山分局连续四年获得“上海市优秀公安局”称号。

维护社会持续稳定。完成上级交办的重点信访案件175起，化解率100%；办结群众来信来访1814件，办结率92.0%。强化社会面防控“三张网”和特种机动队建设，组织反恐演练7次，细化工作措施130条，稳妥处置不安定因素208起，确保重大安保、维稳处突工作万无一失。完成“2014上海樱花节”、中国梦之声决赛等大型活动安保332次、重大警卫任务11次。

打击违法犯罪活动。坚持以严打整治为中心，开展“夜间”违法犯罪联合查堵、“百城禁毒会战”、“猎狐2014”、“秋季禁赌”等专项行动，以及“宝剑”系列集中整治行动。全年破获刑事案件2747起，破案率31.2%。其中破获八类案件120起，破案率41.0%；破获盗窃案件1291起，破案率25.5%；破获毒品案件429起，破案率78.1%，缴获毒品85.21千克，毒资80万元；破获经济犯罪案件210起，破案率45.6%，追缴赃款26539万元；破获诈骗案件171起，破案率12.5%；抓获违法犯罪嫌疑人4605人，抓获在逃人员418人。查处行政案件806838起，比上年增加19.7%。其中查处“黄赌毒”案件13810起，比上年增加2.5%。查处违法人员6382人，比上年减少14.2%。查处违法经营场所1154家次，收缴赌博游戏机1700余台、赌资30万余元。收缴民用枪支33支、管制刀具105把、仿真枪31支。全区万人110报警率为1773.1，比上年增加126.1；万人发案率为41.836，比上年下降0.746。

保障城市公共安全。加强交通安全源头治理，完成道路交通管理八项措施建设。持续开展“五类车”、“三超一疲劳”、酒后驾车等专项整治。全年纠处交通违法行为65.59万余起，发生交通事故（上报）148起，造成99人死亡，直接经济损失31.17万元，比上年分别增加49.5%、30.5%和减少1.0%、49.6%。推进消防基层基础建设，完成2个老旧居民小区12幢住宅楼消防专项改造；组织3.35万余人次开展消防疏散演练；为1625户独居老人和烈属、残疾军人家庭安装火灾探测器。加强消防安全监管，检查社会单位3.76万余家次，督促改正火灾隐患7.27万余处，行政处罚164.155万元，行政拘留76人。检查剧毒化学品、放射性同位素从业单位517家次，提出整改意见65条。全年发生火灾事故732起，比上年减少16.5%。开展人口综合调控和管理服务工作，登记人户分离613576人，办理第二代居民身份证69831张，制发临时身份证12199张。培训物业、学校、企业内部保安队员7批741人。启用“宝山区出入境办证中心”，受理出国（境）申报材料121169份，办理境外人员申报临时住宿登记59910人次，查处“三非”案件97起。

加强基层基础建设。投入300余万元开发智能化图侦专业平台（二期），构建“1+26”图侦“网络化、一体化”格局。分局信息中心被市局评为上海公安一级信息中心。健全以问题导向的社区突出问题发现、上报、处置、反馈机制；探索深化平安社区建设的“无黑车社区”创建、群租房治理、火灾隐患整治与社区警务相结合的新路子；开展政府实事项目建设，完成50个村宅（社区）综合管理改造。推进执法规范化建设，全面启动“阳光警务”建设，试行专职法制员派驻制，推行轻微刑事案件快速办理模式。分局再次被公安部评为“全国公安机关执法示范单位”。

推进公安队伍建设。深入开展党的群众路线教育实践活动，及培育和践行社会主义核心价值观等主题教育活动。编发即时表扬榜、奖惩素材半月报28期，组织各类培训600余次，推送新闻稿件视频285余篇次，发布博文1780余条。组织开展“文艺大篷车进社区”、“一所队一特色”等警营文化活动；推进基层所队“五小”文化工程建设；举办宝山公安首届警学理论研讨会等。分局蝉联公安部“全国公安文化示范点”。大力推进警务保障基层基础建设。年内分局及相关基层单位被公安部评为“210工程”示范单位。（姚文威）

对进场车辆进行安检　（姚文威提供）

【完成中俄海军联合军演警卫任务】 亚信峰会期间，宝山分局按市局部署，设置核心区、加强区、控制区三类区域，明确警卫、管控、疏导三条警戒线，细化警卫工作总体方案，建立制高点控制、交通、消防、住地安保、应急处突等7个分方案和相关工作制度，启用24小时运作的现场安保指挥部，开展社会面管控工作，加强基础信息排查调研，完善重点区域、沿线视频监控点，落实线路两侧人员、车辆、制高点控制，设立交通保卫、制高点控制、应急处突、消防保卫、军警联合协调5个安保专责组，开展不同规模实战

演练。5月20日，宝山分局投放近5000名警力和安保力量，在市局相关部门和单位的协助下，圆满完成中俄联合军演启动仪式要人警卫任务。(姚文威)

【开发警综平台“碎片”信息模块】 宝山分局树立“变被动查询为主动预警、变静态维护为动态关联”的理念，开发具有要素沉淀、同要素智能比对、跨单位流转、流程查看、质量评分五大功能的警综平台“碎片”信息模块，使“碎片化”信息在平台上实现即时化、智能化串并汇总，为分局掌控、分析、预判人员动态提供基础支撑。该系统已在全市各分（县）局推广。(姚文威)

【推进社区综合协管员队伍“三化”建设】 宝山分局制定下发关于进一步加强本区社区综合协管队伍建设的实施意见，深入开展队伍正规化、管理规范化、业务标准化建设。建立由派出所分管领导兼任队长，街镇（园区）人口办负责人兼任教导员，派出所专管民警担任专职副队长的组织管理体系；落实严格规范的招录、上岗、培训、辞退制度，开展两个100%岗前培训、在岗轮训；完善以信息采集质量为核心、以绩效考核为重点、以抄告制度为辅助的考核机制；坚持落实“一案一奖、一事一奖”和上门走访慰问等激励措施，促进队伍健康发展和人口服务管理工作的提升。分局人口办获得2014年度“上海市居住证工作先进集体”，4家单位、19人先后获得社区综合协管队先进集体和先进个人等荣誉称号。(姚文威)

【加强“阳光警务”建设】 宝山分局以打造“阳光警务”为载体，不断从方式、程序、运作上提升公安机关执法公信力。通过加强规范性文件、政府信息、执法办案信息“三公开”，增强警务活动的透明度；通过建立规范对接110接处警工作、完善机制提高专线办理效能、形成长效促进警民沟通，推动警务活动规范化；通过打造“阳光服务”新品牌，探索“阳光执法”新途径，完善“阳光监督”新举措，推进警务活动便捷化。(姚文威)

【强化亚信峰会安保期间民警思想政治工作】 为强化战时意识、树立战绩导向，宝山分局制定“迎峰会、保平安”战时思想政治工作八条措施和2014年亚信峰会安保期间表彰奖励暂行办法，激发民警争先创优、建功立业的热情。其间，10个集体获记功、嘉奖，49个集体获荣誉称号；150人获记功、嘉奖，76人获荣誉称号。把群众路线教育实践活动与专项工作紧密结合，强化整治影响群众安全感、满意度的违法犯罪和突出治安问题，严格落实“八项规定”、“五条禁令”、“三项纪律”等纪律条令。组成联合督导组，深入开展专项督察，加强值班备勤、重点工作、执法办案、队伍管理的明察暗访。强化安保政策措施和民警无私奉献的舆论宣传，提高市民群众的认知度。其间，被中央、市、区媒体制播专题电视节目8期，报道新闻20余次。(姚文威)

亚信峰会动员誓师大会　　（姚文威提供）

【创办《宝剑——宝山公安论坛》刊物】　宝山分局为加强公安工作和公安理论宣传，与区警察协会共同创办《宝剑——宝山公安论坛》刊物，成立编辑委员会。刊物突出理性思考与解决实际问题、工作实践与学习先进典型、增强内联与提高多元合作相结合的办刊思想和原则，共设“一个专辑、十五个栏目”，包括本刊专稿、专题调研、警务探索、所长论坛、经验交流、爱民实践、维权保护等，已成为分局推广交流调研成果、工作成效的重要载体。截至年底共编发5期，得到各级领导和广大民警的高度评价。（姚文威）

【开展首届警学理论研讨会征文评选活动】　下半年，宝山分局结合市局调研工作部署，会同区警察协会在分局开展警学理论研讨会征文评选活动，发动民警和警察协会会员为宝山公安工作献计献策，共收到调研、理论文章60余篇，经初审和专家评审，评出一等奖1篇、二等奖3篇、三等奖5篇、入围奖11篇。同时，将获奖文章编印成册。12月24日，召开宝山公安首届警学理论研讨会，宣布获奖名单，举行颁奖仪式，开展论文答辩互动交流。（姚文威）

【侦破“8·19”冒充纪委监察机关系列诈骗案】　8月19日，宝山分局接报警称：1名男子冒充市纪委、监察局的工作人员，利用网络传真发送虚假订购书籍信息欲实施诈骗。宝山分局即会同市局有关部门成立专案组，辗转浙江、山东、北京、河北等地，于10月15日在河北警方的配合下抓获杨龙（男，29岁，河北省定州市人）等8名犯罪嫌疑人，查获作案电脑2台、传真机4台、传真件一箱、账本等赃证物品。查破与该团伙关联的类似电信系列诈骗案件100余起，涉及山东、山西、青海、宁夏、上海等省市，既遂案件案值30余万元。该案的侦破工作在2014年度“刑警803破案奖”评比中被评为“银奖”。（姚文威）

【侦破大华“6·2”入民宅盗窃团伙系列

案】 6月2日，宝山区华灵路1788弄一居民家价值36万余元钱财被盗。宝山分局成立专案组开展侦查。在市局有关部门的协助下，于7月31日在虹桥机场将陈家忠（男，27岁，广西壮族自治区凤山县人）等5名犯罪嫌疑人抓获，查获总价值200多万元的各类钻石首饰、金银珠宝、项链、耳环、名贵手表和多国币种的现金，以及作案工具数套等。经查，近年来，陈等人乘坐飞机往返全国各地，以技术开锁手段实施入室盗窃，作案地主要选择上海、深圳、成都等大中型城市，一旦落脚即进行2~3天的踩点和目标确定，实施作案后即返回原籍，仅2014年利用此方式来沪作案3次。该案的侦破工作在2014年度“刑警803破案奖”评比中被评为“铜奖”。（姚文威）

【侦破“5·30”虚开、商业贿赂等复合型案件】 2013年4月，宝山分局获悉：上海易迅电子商务发展有限公司（以下简称易迅公司）被1名男子骗取了价值2000余万元的电子商品。即立案侦查。会同嘉定分局在市局有关单位的指导下，于2014年10月，抓获张咏（男，37岁，江苏省苏州市人）、庄泽明（男，28岁，广东省汕头市人）、苏俊峰（男，26岁，安徽省滁州市人）、聂龙武（男，38岁，广东省深圳市人）等59名犯罪嫌疑人。经查，自2012年12月起，张咏通过庄泽明等多名中间人，将随同从易迅公司采购的电子商品所开具的增值税专用发票，在无实际货物交易的情况下虚开给多家公司牟利，票面金额5000余万元，涉及税款800万元（均已抵扣）。查明易迅公司手机部采购主管苏俊峰等7人收受供应商聂龙武回扣金额50万余元。该案的侦破工作在2014年度上海经侦系统“经济犯罪案件侦查破案精品案例”评选中被评为“金奖”。（姚文威）

【侦破“3·17”复合型经济犯罪案】 3月，宝山分局获悉：2013年9月至10月，有40多个居民在宝山区长临路913号北斗星商业广场1104室一楚姓男子处办理交通银行信用卡，后未收到信用卡，却收到被他人冒用交通银行信用卡透支账单。2014年8月1日、14日，宝山分局先后在山东济宁、河南永城两地抓获犯罪嫌疑人楚良坤（男，35岁，山东省济宁市人）、张才（男，24岁，河南省永城市人）。经查，2013年8月至12月，楚良坤勾结银行工作人员，先后在闸北区永新路258弄、宝山区长临路913弄开设帮外地户籍人员办理上海本地各银行信用卡据点，申请10台POS机，通过伪造房产证等方法为他人代办信用卡并予以套现（收取20%费用），套现金额400余万元，其中对40余名被害人谎称信用卡未成功申请，将信用卡套现，占有金额40万余元。该案的侦破工作在2014年度上海经侦系统“经济犯罪案件侦查破案精品案例”评选中被评为“铜奖”。（姚文威）

【侦破“3·27”销售假冒注册商标的商品案】 3月27日，宝山分局获悉：福建来沪人员肖守武等人近年来在本市制售假冒“道康宁”品牌硅胶。遂成立专案组开展侦查。经查，自2012年以来，肖守武（男，32岁）、肖金孙（男，58岁）、肖守云（男，34岁，均为福建省浦城县人）雇用他人，在本市多地生产、加工假冒“道康宁”等品牌的硅胶，销往上海、山东、江苏等外省市，涉案金额5000余万元。2014年9月2日，在闵行区顾戴路1100弄81号、九星建材市场和青浦区华新镇新谊村186号、西庆路58号等地，抓获肖守武等14名犯罪嫌疑人，捣毁制假窝点1处、储存和销售窝点7处，查获制假设备4套、假冒“道康宁”品牌硅胶1100余箱及印有“道康宁”品牌标识的空管5万余个、包装箱4000余个。据此，破获销售假冒注册商标商品案3起，抓获犯罪嫌疑人21人，捣毁窝点8处、制假生产流水线2条，查获假冒“道康宁”、“之江”等品牌硅胶成品及半成品5310余箱和各类包材近3万件，以及制假的硅胶原料，涉案金额5240余万元。该案的侦破工作在2014年度上海经侦系统“经济犯罪案件侦查破案精品案例”评选中被评为“铜奖”。(姚文威)

【侦破杨连艳等生产、销售不符合安全标准的食品案】 4月，宝山分局获悉：宝山区部分“沙县小吃”食品店蒸饺制品有异味，食用后有腹泻、呕吐等症状，即成立专案组开展侦查。8月4日，专案组在宝山区顾太路21弄157号查获生产、销售不符合安全标准食品窝点1处，抓获杨连艳（男，48岁，福建省三明市人）、马大盼（男，25岁，安徽省亳州市人）、蔡伟（男，35岁，福建省莆田市人）3名犯罪嫌疑人，查获不可食用的甲状腺、淋巴腺、肾上腺等生猪制品4.5千克。经查，4月起，杨连艳以每500克2.5元的价格，从宝山区顾村镇顾太路350号顾村菜场29号摊主马大盼处购得不可食用生猪制品，雇用蔡伟等人将其绞成肉酱馅，制成蒸饺、葱饺等半成品食品，以每500克23～27元的价格销往上海宝山、浦东、松江、普陀、杨浦以及江苏浏河等50余家“沙县小吃”食品店，销售金额11万余元。该案的侦破工作在2014年度“上海治安系统精品案例”评选中被评为“银奖”。(姚文威)

嘉定分局

【概况】 2014年，嘉定分局围绕平安嘉定建设，以亚信峰会安保为主线，加强公安核心战斗力建设，夯实公安基层基础，强化社会面治安管控，确保地区社会政治、治安稳定。2014年公众安全感指数为83.33，列全市第十三位，公安工作满意度指数为82.36，列全市第十二位。

维护社会政治稳定。强化重要节点安保工作，完成亚信峰会、党的十八届四中全会等重要活动和敏感节点安保工作。强化矛盾纠纷滚动排查，加强社会稳定风险研判预警和源头防范，完善突发事件应对处置预案。推进涉法涉诉信访改革，完善初信初访首办责任制，实行重点信访件领导包案，推动信访矛盾化解。强化反恐基础信息采集和基础防范设施建设，增加大型活动安全反恐审核环节，组织开展7轮反恐实战演练，提高防范处置水平。年内共出动警力1.5万余人次，完成F1中国大奖赛等大型安保任务73场次、警卫任务79项。

打击违法犯罪活动。坚持破大案与多破案并重，以“布谷鸟”集中行动、“嘉安1号”集中行动为载体，严厉打击盗、抢、骗、涉黑涉恶等违法犯罪活动。全年侦破各类刑事案件4878起，查处犯罪嫌疑人2517人，比上年分别减少8.2%和增加11.8%。其中侦破八类案件286起、盗窃案件2313起、涉黑涉恶案件

106起、毒品案件280起，比上年分别减少9.2%、13.2%、19.7%和增加40.0%。缴获各类毒品7.2千克。侦破各类经济犯罪案件164起，挽回经济损失2543万元，分别比上年减少61.7%、41.9%。

整治治安突出问题。推进公安部“禁毒会战”、“秋季禁赌”、“打黄赌·铲源头”等专项行动，集中开展治安复杂地区整治，严厉打击丑恶现象和治理治安顽症。全年查处治安案件6.05万起，处罚违法人员5091人，比上年分别增加11.0%和减少4.9%。其中查处黄、赌、毒案件11236起、4537人次，分别比上年减少4.8%和增加2.2%。处罚违法经营场所313家次，收缴赌博机1326台。

加强基层基础建设。加强社区安全防范，73名社区民警入职村（居）委开展社区管理和社区警务，推广居民小区智能门禁和农村地区简易监控等技防设施建设。深化分级分色预警主导巡防勤务机制，增强社会面管控能力。完成房屋编码管理试点工作，试点探索房屋租赁托管。推进街面图像监控建设，新建街面图像监控探头1878个，完成卡口信息识别系统29个断面、165根车道探头建设。

保障城市公共安全。坚持严管、严查、严处，加大对渣土车、“五类车”等突出交通违法整治力度，挂牌整治重点火灾隐患区域，最大限度消除安全隐患。全年发生道路交通事故（上报）83起，造成80人死亡、20人受伤，直接经济损失37.5万元，比上年分别增加3.8%和减少1.3%、44.4%、61.3%。发生火灾事故389起，比上年减少32.2%，无人员死亡，直接经济损失1027.6万元，比上年减少19.5%。

党的群众路线教育实践活动　（樊卫华提供）

改进公安行政管理。组织开展保安服务市场清理，推进互联网公共上网场所安全管理、网站核验备案、重要系统等级防护管理措施，深化特种行业规范管理和娱乐场所要素管理工作，加强重点单位和危险物品单位内部安全防范管理指导，推出本市居民赴台个人旅游自助受理等业务，提升公安行政管理服务水平。全年共办理出入境证件8.1万余张，查处非法经营宾旅馆等行业单位56家，查处“三非”案件108起、111人次，查处非法储存、运输危险品案件4起。

加强队伍规范化建设。深入开展党的群众路线教育实践活动，组织开展践行和培养社会主义核心价值观实践活动和学习张宝发同志先进事迹活动。健全党风廉政建设责任体系，实施干部履职量化绩效考评，开展“强纪律、明责任、除隐患、保安全”专项活动。推广以八项机制为核心的新警带教培育、成果评估模式，组织开展青年民警岗位技能竞赛活动。举办“卫士杯”足球赛等文体活动，打造和谐警营。全年44个集体、700人获分局记功、嘉奖，39个集体、58人在市、区和市局各条线组织开展的评选活动中获表彰。（樊卫华）

【完成亚信峰会安保任务】 嘉定分局成立亚信峰会安保工作领导小组，建立苏、浙、沪道口查控、维稳防范警务区域合作机制。连续开展7轮治安大整治集中行动，强化社会面巡逻管控，确保社会面治安稳定。会同区综治、交通等部门部署400余警力、3200余名群防群治力量在60余个水陆卡口开展安检查控、巡查守护，筑牢外围防线。对20余处反恐重点目标、13家水、电、油、气单位及238家重点物品单位开展安全防范督导检查，消除安全隐患。（樊卫华）

【专项整治赌博机】 嘉定分局针对群众反映强烈的赌博机问题，组织开展为期3个月的整治赌博违法犯罪专项行动。抽调警力成立专项办，牵头开展全区性、跨部门打击整治工作。组织不间断“拉网式”排查和“定点式”突击检查查缴赌博机，并综合运用专业手段深挖幕后组织者、经营者。约谈和书面法律告知游戏（艺）机经营场所房东。召开场所行业业主座谈会，逐一签订责任书，督促业主守法经营。行动期间，共查处赌博机案件184起，抓获涉赌人员607人，收缴赌博游戏机517台1962口、赌资14.4万余元，处罚场所82家。（樊卫华）

查缴赌博机 （樊卫华提供）

【整治市级挂牌督办火灾隐患单位“民生养老院”】 “民生养老院”于2009年11月落户嘉定区江桥镇，建筑面积2900平方米，入住老人220余名。因其未经消防验收且内部存在大量火灾隐患，2012年起被列为市级重大火灾隐患挂牌督办单位。嘉定分局依托区消防委平台，坚持“政府牵头、部门司职、齐抓共管、综合治理”，整合区相关部门、街镇力量，持续开展整治执法、管控固守、教育劝导等工作。先后10次对“民生敬老院”开展专项检查，开具整改意见书、重大火灾隐患整改通知书，督促、指导经营人和业主在规定期限内整改。同时，坚持堵疏结合，向入住老人及家属寄发告家属信、告知书，协调区民政局联系各区县养老机构，根据入住老人经济状况、个人意愿等，协助其就近入住正规养老院。2014年2月底，“民生养老院”正式关闭，入住老人及员工全部搬离。(樊卫华)

【成立上海市嘉定区警察协会】 8月1日，嘉定区警察协会召开成立大会暨第一届第一次会员大会，表决通过了《上海市嘉定区警察协会章程》和《上海市嘉定区警察协会会员管理办法》。嘉定分局党委书记、局长李贵荣当选会长，嘉定分局党委副书记、政委季平当选常务副会长，政治处主任王健彪、指挥处处长陆永俭当选副会长，李天丰任秘书长，会议选举丁健等29名同志任第一届理事会理事，聘请沈绍裘等24名区相关部门、街镇领导任特邀顾问。(樊卫华)

【组建分局特种机动队】 嘉定分局推进武装巡逻处突网建设，按照60人规模筹备组建分局特种机动队，配备10辆专用执勤警车，制定应急处置预案，在4个人流密集和重点区域周边实施全天候、机动化武装值守，提升反恐防暴处置能力和社会面管控能力。(樊卫华)

【推进看守所、拘留所“阳光警务”建设】 嘉定区看守所、拘留所以新一轮执法规范化建设为契机，内外并重出台人性化举措，打造平安、法治、文明的“阳光监所”。对内公开警务监管信息，在收押办案区域、家属接待区域设置警务公开栏，公开接待时间、联系电话、接待民警姓名及监督举报电话等7项基本信息。在收押大厅、接济窗口、家属会见室设置多媒体触摸屏，公开家属会见、接济和申请单、双向视频会见4项程序以及每月消费限额、代购物品价格和医疗情况等9项与被监管人员相关的信息，保障被监管人员及家属的知情权。对外完善社会开放活动常态运作机制，邀请机关、团体、企事业单位、网民等进所参观，全方位展示监所内部管理、安全防范、人权保障等情况，主动接受社会各界监督。2014年共接待参观人员20批次840余人次，先后邀请《人民公安报》、《东方早报》、《新闻晚报》等主流媒体记者走进监所，实地查看、客观报道监所实情。(樊卫华)

【完成房屋编码管理试点】 嘉定分局协调区政府成立区级房屋编码管理试点工作领导小组，制定试点工作方案，协调落实专项经费400万元，明确区16家成员单位工作责任，确立房管、规土部门提供房屋合法性认定标准、人口部门开展业务指导、街（镇）落实保障、村（居）委组织实施的工作模式。组织房屋合法性认定、房屋编码管理操作流程等基础培训，建立区级层面人口、房管、规土、建交、城管等主要成员单位的每周例会制度和督导考

核、竞争激励、质量控制等保障工作机制。试点期间，共登记核对实有房屋109.3万间、实有人口信息76.2万条。(樊卫华)

【侦破“11·11”金店抢夺案】 11月11日，嘉定区真新街道中银金店内发生一起抢夺金项链案件，犯罪嫌疑人以购买金项链为名，乘营业员不备当场抢夺两条金项链后逃逸。嘉定分局即成立专案组开展侦查。11月12日，专案组在闵行区抓获抢夺犯罪嫌疑人李州旭（男，18岁，吉林省九台市人）和收赃犯罪嫌疑人毛益康（男，41岁，江西省新建县人），并查获全部被抢金项链。经审，李州旭交代了因赌博欠债实施抢夺金项链的犯罪事实。该案的侦破工作在2014年度“刑警803破案奖”评比中被评为“铜奖”。(樊卫华)

【侦破“8·08”假冒韩国“惠人”品牌原汁机案】 8月，嘉定分局接韩国惠人公司报案称，有几十家淘宝店铺在网上销售假冒韩国“惠人”品牌原汁机，且销售数量巨大。嘉定分局即开展专案侦查。10月17日，公安部二局根据嘉定分局前期侦查线索统一部署，在浙江、江苏、山东等地实施集群战役，破获5起案件，摧毁制售假犯罪团伙3个，查处生产、销售、仓储假冒伪劣产品窝点10个，缴获假冒“惠人”品牌原汁机510台，及印有“惠人”商标的标签、包装盒、铭牌等制假物品300余件。该案的侦破工作在2014年度上海经侦系统“经济犯罪案件侦查破案精品案例”评选中被评为“金奖”。(樊卫华)

【侦破“9·01”侵犯著作权案】 8月，嘉定分局接上海灵娱网络科技有限公司报案称：有多人私自架设网络服务器运营其公司开发的大闹天宫游戏非法牟利。嘉定分局即立案侦查。9月5日至11日，专案组分别在沈阳市沈北新区、江苏省徐州市抓获犯罪嫌疑人田宽（男，24岁，江苏省徐州市人）、王楠（男，27岁，内蒙古自治区库伦旗人）。该案的侦破工作在2014年度上海经侦系统“经济犯罪案件侦查破案精品案例”评选中被评为“金奖”。(樊卫华)

【侦破陈新公等制售假证系列案件】 3月20日，嘉定分局在嘉定安亭地区设卡盘查时先后抓获犯罪嫌疑人陈新公（男，40岁，河南省项城市人）、李双玲（女，45岁，河南省信阳市人），查获伪造的出生医学证明、特种作业操作证等国家机关证件及印章等21件。嘉定分局即立案侦查。4月5日至29日先后抓获制售假证犯罪嫌疑人陈红日（男，34岁，河南省淮滨县人）、甘士芳（女，41岁，河南省淮滨县人）、胡国荣（男，52岁，湖南省双峰县人）等8人，查获伪造的各类国家机关、企事业单位、人民团体印章、证件共计200余件。该案的侦破工作在2014年度“上海治安系统精品案例”评选中被评为“金奖”。(樊卫华)

【侦破“2014-290”特大网络吸贩毒案】 2013年11月，嘉定分局在互联网巡查中发现“今生缘”、“新龙门客栈”等4个视频聊天网站，多人在线视频交流吸毒感受。嘉定分局即立案侦查。2014年6月20日，公安部禁毒局根据嘉定分局前期侦查线索，在全国范围内发起集群战役，抓获违法犯罪嫌疑人3440名，摧毁制毒窝点8处，缴获冰毒127.55千克、氯胺酮35.90千克，查缴毒资19.6万元，查扣涉案车辆9部，查获枪支3支、子弹112发。该案的侦破工作被评为2014年上半年度暨首届上海公安网安部门“十佳精品案件”。(樊卫华)

松江分局

【概况】 2014年，松江分局以亚信峰会安保为引领，务实推进各项公安工作，维护社会稳定和城市公共安全，保障宜居乐业现代化新松江建设。

维护社会平稳有序。推动涉法涉诉信访改革，探索建立分级分责化解信访矛盾工作机制，信访总量比上年减少15.4%。配合各级政府部门依法化解168起不安定因素，妥善处置74起群体性事件。组织“苇盾2014”等14次反恐应急演练和紧急拉动。完成亚信峰会、建国65周年等109项重要活动安保任务。

保持严打高压态势。严厉打击重大恶性、多发性侵财、危害食、药品安全和经济领域严重犯罪活动。开展“迎峰会、保平安”、“网上打假”、“百城禁毒会战”、“暑期清扫”等专项行动，高频次发起治安整治和打击夜间违法犯罪联合查堵行动。组建机动巡防队，做强治安巡逻防控和武装应急处突。全年立刑事案件8876起，比上年增加2.7%，全区刑事案件万人发案率44.60，低于全市52.94平均水平。侦破刑事案件2900起，破案率32.7%，比上年分别减少5.5%和2.8%。其中侦破“八类”案件217起，破案率71.6%；侦破命案15起，破案率88.2%；侦破“两抢”案件74起，破案率70.5%；侦破盗窃类案件1100起，破案率20.6%。侦破各类经济犯罪案件287起，比上年减少11.7%，破案率56.3%，挽回经济损失8807.5万元。抓获各类违法犯罪嫌疑人7838人，比上年减少6.1%。查处治安案件56202起，行政处罚3999人次，比上年分别减少12.0%和1.9%。

提高行政管理水平。开展夏季道路交通安全大检查、严格交通执法管理冬季战役、“五类车”和非法客运等专项整治，查处各类交通违法行为36.5万起、查扣“五类车”2.8万辆。全年发生交通事故（上报）138起，比上年减少73.1%，其中死亡事故85起，造成89人死亡，直接经济损失53.1万元，比上年分别减少3.4%、1.1%和75.8%。统筹推进第二次“清剿火患”战役、消防安全大检查、重点区域火灾隐患综合治理等工作，处罚单位1418家次、整治“群租房”5850户。全年发生火灾事故406起，比上年减少46.6%，造成4人死亡、8人受伤，直接经济损失213.8万元，分别比上年增加300%、持平和减少61.5%。开展户口登记管理专项清理整顿和到期居民身份证集中换发工作。建立全区第二家境外人员服务站，受理出入境证件10.2万证次。

推进基层基础建设。成立刑事案件审理中心，推进“轻案快办”、疑难敏感案件提前介入机制和“阳光警务”建设。深化松江区“十二五”图像监控系统建设，新建监控探头2407个，获取社会视频信息2.4亿余条。在全区289个居（村）委设“两个实有”基础信息采集室，运行信息智能化采集模式，做好房屋编码管理，全年采集来沪人员信息74.9万条、变更64.1万条、注销74.3万条，登记、核对实有房屋84.2万余间。鼓励社区警务创新管理，总结推广新浜派出所“警官兼任村官”机制、社区民警王奕“六化”工作法等经验做法。

加强队伍正规化建设。深入开展党的群众路线教育实践活动，践行社会主义核心价值观和人民警察核心价值观，做好“12345”市民服务热线工作。完成22名中层干部试用期满考核，发展预备党员32人。开展“增强党性、严守纪律、廉洁从政”专题教育、“纪检日”、监所思想纪律作风专项整顿等活动。举办警衔晋升、轮值轮训培训班29期，培训850余人次，并将民警业务技能水平与职务竞聘晋升关联。全年政工信息综合评估列全市第一，官方微博荣获全国公安警务微博“法制宣传奖”，官方微信入围“上海政务微信”20强。有33个单位、488人获记功、嘉奖，交警支队邱惠云和中山派出所黎明分获上海市第三届“平安卫士”和市“十佳优秀社区民警”称号。(郁小玲)

邱惠云荣获第三届“平安卫士”荣誉称号　　(郁小玲提供)

【完成亚信峰会安保任务】 松江分局围绕“四个绝对防止”工作目标，严格推行各项安保措施，制定安保总方案和17个分方案，先后召开亚信峰会安保工作动员大会和实战阶段再动员再部署会。统筹协调，克服安保任务叠加困难，完成“佘山活动”、第二届上海国际兰展、辰山草地音乐会等25项大型活动安保任务。坚持“严打、严管、严防”方针，纵深推进“迎峰会、保平安”打防管控专项行动。1月至5月，侦破案件2071起、刑事拘留1815人、提请批准逮捕995人，比上年同期分别增加50.7%、32.2%和32.5%。加强口岸查控，指导、配合长途客运站落实“到达安检”措施，在亚信峰会安保临战阶段抓获网上在逃人员7人、吸毒人员39人，缴获毒品4.34千克。做强公安武警联合巡逻、派出所巡控、携犬巡逻、群防群治巡逻，建立火车站地区路地联合巡逻机制。5月10日至27日，全区110接处警数、违法犯罪案件接报数、刑事案件立案数和社会治安案件发现受理数比上年同期分别减

少 39.1%、38.1%、45.1%和 52.0%，实现全区刑事、治安案件下降三到四成工作目标，以松江大局稳定确保亚信峰会安全顺利召开。（郁小玲）

【专项打击危害食品安全犯罪】 松江分局按照“五个最严”（最严的准入、最严的监管、最严的执法、最严的处罚、最严的问责）要求，专项打击危害食品安全犯罪，保障群众餐桌安全。成立食品、药品犯罪侦查大队，实行专人专职。深入全区生产、加工、制造、储存、销售、经营食品餐饮的重点场所、市场和部位，主动发现和依法打击制售假劣食品“黑作坊”。依托区社会综合治理指挥中心平台，与行政执法部门开展联动执法、联合整治。健全与食药监、质监、工商、农业等职能部门食品行政执法与刑事司法衔接机制，邀请检察院、法院全程参与重大案件办理，共同会商明确法律适用、侦办重点等事宜。年内，破获部督何长宽制售伪劣大米等危害食品安全犯罪案件 8 起，抓获犯罪嫌疑人 18 人。（郁小玲）

【织密社区治安防控网】 松江分局强化社区保安队伍日常管理，落实科学奖惩，调动社区保安队员工作积极性。年内，社区保安队协助破获各类案件 3279 起，抓获违法犯罪人员 4756 人。积极引导社区组织、居民参与社区平安创建，推动“红袖章”平安志愿者队伍组建和管理，整合社会可动员力量，深入居民小区、街头巷尾、公交站点等地巡逻防控。邀请柏万青常青艺术团及防范宣传“大篷车”开展专场宣传 4 场、集中防范宣传活动 136 次，发放防范宣传资料 17 万余份。通过派出所网上工作站、公安微博（信）等网络平台持续更新推送防范贴士，增强群众防范意识，成功阻止电信诈骗 786 起，挽回经济损失 1782 万元。（郁小玲）

【开展电动自行车临时号牌登记申领】 自 3 月起，松江分局根据《上海市非机动车管理规定》，推进超标、外地号牌、无牌等非产品目录电动自行车临时号牌登记申领工作。科学设置登记点，划分车辆查验区、等候区、登记区，张贴登记申领流程图、便民告示牌等。组建交警机动分队，负责流动登记、巡回增援。强化人车信息采集、核实、比对和电动自行车登记资格甄别，一旦发现新购非产品目录电动自行车，通知商家当场标量并办理退车。依托《松江报》、松江电视台及公安微博（信）等平台主动向社会推送信息，开展“上门送法”、主题宣讲等活动，提高群众知晓率。年内，办理非产品目录电动自行车临时号牌 25.8 万张。（郁小玲）

【牵头车墩那卡地区消防综合治理】 车墩那卡电子有限公司生活配套区占地 2.4 万平方米，有商户 202 家、员工宿舍 168 间、住户 1350 人，“三合一”、违章搭建、电气线路乱拉乱接、群租等情况突出，成为全区火灾隐患整治重点。松江分局争取地方党委政府支持，会同区相关职能部门成立行动指挥部，在镇一级设 6 个工作组，实行分片包干、联合检查、绩效考评。明确企业自身消防安全主体责任，严格按照时间节点敦促火灾隐患整改。借助消防安全“网格化”管理平台，发动群防群治力量“全覆盖”排查，采取拆除、查封、改建、增设消防设施等举措整治“三合一”建筑。为全部商户建立那卡生活区商户档案，联合综治、工商等部门发放消防宣传资料，组织消防安全培训和灭火演练，增强群众防火意识和自救能力。年内，拆除那卡地区私自违章搭建建筑2100平方米，整顿占道经营商户60余家，清理“三合一”建筑、群租房200余间。（郁小玲）

【推出监所管理新举措】 2月，松江区拘留所开通官方微信公众号，推出“微信预约、视频会见”服务新举措。在拘人员家属通过微信平台提出会见预约，再提供身份证明和户籍资料，经审核后即可通过该微信号“视频会见”被拘押的亲属。微信平台还提供法律法规咨询、制度规定询问、接待窗口开放等多项便民服务。年内，共办理亲情“视频会见”20余人次、解答各类咨询120余次。松江区看守所为300余名服刑人员举办亲情会见活动，联合区检察院为一名已判决生效的未成年在押人员安排节前亲情会见，并及时为一名拘役人员办理临时出所手续，使其最终赶上母亲的追悼会，一系列温情举措均取得良好社会反响。（郁小玲）

【建立“警官兼任村官”社区警务管理机制】 松江分局新浜派出所按照“警务前移、警力下沉”要求，安排14名民警至13个村（居）委会、1个工业园区挂任党支部副书记和村主任助理，实行“一岗双责制”（将社区警务管理与党委政府的社区管理相对接）。细化兼任“村官”民警具体职责，明确每日进社区时间，规定每周召开平安例会、每月组织重点区域防火防盗防灾害检查、每季度开展法律宣传及志愿者队伍培训，每半年对村（居）民做一次入户走访等。实行群众、村（居）委、镇综治委、派出所“四方评议”制度，确保兼任“村官”民警能履职、履好职。年内，新浜辖区日均110警情始终控制在5起内，诈骗、偷盗类案件及矛盾纠纷上访量比上年分别减少18.5%、8.0%和30.0%。（郁小玲）

【加强公安外宣工作】 松江分局努力把握受众的关注点、兴奋点、共鸣点，使公安对外宣传更具感染力。在形象宣传上，注重对集体、个人侧面的真实描绘，策划“时间去哪了”、“民警眼中的劳动者”、“母亲节祝福”、“小手牵大手，共护平安城”等系列专题，增强受众认同感。在素材甄选上，增加人物事迹、经验做法、工作探讨类报道比重，避免单纯案（事）件报道。在品牌打造上，引入品牌化运维理念，努力在风格上形成统一。开拓微信、微电影宣传领域，打造“真实力量”、“图个明白”、“新骑兵影视工作室”三大新媒体宣传品牌，刊发“真实力量”32期、“图个明白”7期、微电影12部。分局官方微博陆续推出“@警民直通车——松江出品”系列博文，年内发布博文900余篇次，总粉丝数24万，荣获全国公安警务微博“法制宣传奖”。（郁小玲）

【实施新警培育三年规划】 松江分局出台新警培育三年规划，明确“一年带着干，二年独立干，三年成骨干”目标，为每名新警制订“一揽子”培育计划。建立200余人带教师资库，发放新警应知应会工作手册和新警成长跟踪手册。年内，开办12期“警察夜校”讲座，安排优秀教官、业务骨干、岗位能手向新警授课。创建局内“人才市场”、开展“茸盾之星”岗位能手评选、实行“积分制”育用衔接机制等向新警提供发挥特长、展示自我的舞台。相关新警带教培育经验做法被中央电视台、《人民公安报》、《人民警察》杂志等主流媒体宣传报道。（郁小玲）

学习枪支分解　　　　（郁小玲提供）

【侦破“7·4”抢劫杀人案】　7月4日晚，松江区联阳路12弄82号发生一起抢劫杀人案，邵某某（男，23岁，云南省保山市人）被人杀害。松江分局立即成立专案组开展侦查。7月9日，依托跨区域警务协作机制，在江苏省吴江市抓获犯罪嫌疑人鲁照业（男，29岁，河南省延津县人）。7月4日11时许，鲁窜至被害人住处实施盗窃，惊醒被害人后持水果刀将其杀害后逃逸。该案的侦破工作在2014年度“刑警803破案奖”评比中被评为“银奖”。（郁小玲）

【侦破“8·27”生产、销售假工业铅酸蓄电池案】　7月初，松江分局获悉有人通过贴标销售假冒国际知名品牌铅酸蓄电池非法牟利。经侦查，8月27日，抓获涉嫌假冒注册商标的犯罪嫌疑人王晨洁（男，31岁，上海市静安区人）、王耀全（男，54岁，上海市静安区人）、季刚（男，33岁，内蒙古自治区赤峰市人）等12人，捣毁生产工厂1家、销售窝点1个，查获假冒蓄电池3555个，重100余吨，涉案金额2800万余元。自2012年起，王等人租借松江区九亭镇同利路690弄一厂房作为生产加工窝点，购得废旧酸铅蓄电池，重新清洗、维修，再贴上假冒“松下”、“赛力特”品牌商标后销售。该案的侦破工作在2014年度上海经侦系统“经济犯罪案件侦查破案精品案例”评选中被评为“银奖”。（郁小玲）

【侦破“10·18”网络赌博案】　4月10日，松江分局查获一个特大网络赌博团伙，抓获洪传忠（男，51岁，上海市黄浦区人）、张仁蔚（男，31岁，上海市静安区人）、侯皓平（男，50岁，上海市闸北区人）、华吉羽（男，39岁，江苏省扬州市人）等56人，查扣涉案资金600万余元，冻结银行账户58个。自2012年起，洪从澳门取得“皇冠”、“太阳城”、“蓝顿”等赌博网站的账号后，雇用张等负责做账、货币兑换工作，按金字塔式垂直管理模式发展侯等为下级代理并不断扩张，再组织华等人参与网络赌博活动，共涉及全市15个区（县），参赌人员近万人。1月至4月涉案网络投注总金额1400亿余港元，直接流到境外的赌资近8000万元，是上海历年来侦破的代理等级最高、涉案赌资最大、代理层级最多的网络赌博案件。该案的侦破工作在2014年度“上海治安系统精品案例”评选中被评为“金奖”。（郁小玲）

【侦破方松湖南湘西籍人员系列入室盗窃案】 4月10日，松江区辰塔路1205弄81号、85号发生入室盗窃案，被盗钻戒、项链、现金等物，案值40万余元。接报后，松江分局立即成立专案组开展侦查。5月上旬，查处一个跨省市作案的湖南湘西籍入室盗窃团伙，抓获犯罪嫌疑人吴再伟（男，22岁，湖南省湘西土家族苗族自治州人）等10人。自4月起，该团伙流窜于上海、浙江两地，进入多处高档别墅实施盗窃，作案10余起（已查证10起），案值60万余元。（郁小玲）

金山分局

【概况】 2014年，金山分局围绕“顺应转型、改革创新、稳中求进、抓好队伍、追求绩效”的工作主基调，保持“打防管控”各项工作的连续性、稳定性，确保社会稳定和社会治安大局平稳。公众安全感、公安工作满意度均排名全市第一，连续五年名列全市前茅。

全力维护社会稳定。全年配合党委政府处置不安定事件142起，参与人数4166人次。完善信访事项办理机制，强化初信初访件的办理。受理接待群众来信来访402件，比上年减少23.3%。完成中超联赛金山赛区赛事、2014年FIVB世界沙滩排球巡回赛上海金山大满贯赛、2014番茄热波音乐节等大型活动安全保卫任务。

保障社会治安秩序。先后开展“金鹰系列”、“严厉打击整治涉黄、涉赌”、“秋季禁赌”、“打黄赌·铲源头”等专项行动。全年立刑事案件5021起，破案4269起，比上年分别减少19.4%和1.2%；抓获犯罪嫌疑人1928人，比上年减少11.0%。其中，侦破“八类”案件103起，比上年增加28.8%；抓获网上在逃人员315人，比上年增加15.0%；侦破经济犯罪案件361起，抓获经济犯罪嫌疑人257人，比上年分别增加15.3%和减少11.7%，追缴赃款13091.79万元。全年受理违反治安管理案件10582起，查处治安案件10580起，查处违法人员2014人，比上年分别减少3.3%、3.2%和12.0%。其中，查处“黄赌毒”案件2599起、1621人，比上年分别减少12.4%和7.8%。全年报警类110接处警6401起，比上年减少8.7%。

夯实公安工作基础。完成图像监控系统第四期第四批、社会图像监控资源复接、无线图像传输系统、内线电话扩容改造等信息化系统建设工作。获取、更新各类社会信息资源数据近320万条。分局信息中心获评上海公安一级信息中心称号。推进突出问题整改和法治理念教育及派出所矛盾纠纷调处室建设，探索基层民警“释法说理”等“阳光警务”试点工作，深化驻所法制员工作机制，110接处警以及案件侦查、审批等环节实行全流程、全过程监管。

提升行政管理水平。落实区级事故多发道路治理措施，优化道路交通事故隐患排查整改抄告制度，完善重点车辆单位交通违法及事故情况定期通报制度。查处道路交通违法行为25.8万余起，比上年增加23.4%。协助查处非法客运机动车200辆，暂扣驾驶证64本。集中开展“三合一”、“多合一”场所，劳动密集型企业及粉尘爆炸危险企业消防安全专项治理行动。完善326家重点单位“户籍化”管理模式，建立消防安全“网格化”管理组织街镇（工业区）11个、居（村）委211个。全年检查单位2.4万家次，发现火灾隐患2.7万处。探索建立出入境四项便民服务通道，启动出入境证件自助发证业务试运行工作，试点外国人口岸签证预受理、签证延期受理等新业务。全年受理出入境办证业务4.2万余人（证）次，查处外国人“三非”案件47起，分别比上年增加57.3%、17.5%。推进“三个实有”全覆盖管理社区实施工作，探索来沪人员“融入式”管理、出租房屋“委托式”管理和建筑工地用工人员“嵌入式”管理，完成全区42.3万余间房屋合法性认定及编码工作，夯实人口管理工作基础。

提升队伍职业素养。开展第二批党的群众路线教育实践活动，组织学习190余次、交流讨论50余次，撰写学习心得体会890余篇。收集建议、意见193条，即知即改41条。会议和文件简报数，分别比上年减少27.8%、12.1%。开展“增强党性、严守纪律、廉洁从政”专题教育活动、“为何从警、如何做警、为谁用警”、“过三个日子”等主题活动。探索“竞标式”竞岗，建立基层党（总）支部书记履行党建工作责任述职制度，开展“青年岗位能力讲台活动”7次。开展各类培训450余批次、培训民警8000余人次。年内，共有420个集体和个人记功嘉奖，通报表彰330家（人）次；出入境办荣获“上海市工人先锋号”荣誉称号，治安支队被评为“全国油气田及输油气管道安全保护工作成绩突出集体”，交警支队沈海高速检查站被团市委评为“市级青年突击队”。（徐丽霞）

【建设地下油气危化品管道信息管理系统】 金山分局探索依托信息化手段加强地下油气危化品管道的安全管理和突发情况应急处置工作，将本区所有地下油气危化品管道及附属阀门等设备，进行数字化处理，综合形成全区统一的化工管道数据库，结合GIS可视化技术、三维模拟展示技术及街景技术，建设地下油气危化品管道信息管理系统（电子地图），为有效处置突发事件提供信息技术支撑。（徐丽霞）

【强化道口查控工作】 金山分局探索试点整合采集录入、查询比对、异常报警等功能的道口“一查通”智能查询终端。自6月启用后，查获40名网上在逃人员，比上年增加73.9%。加大对超员、疲劳驾驶、涉牌涉证等交通违法行为的处罚力度以及凌晨2时至5时长途客运车辆违规上道路行驶的管控力度。加强与浙江省公安部门及区交通行政、安监、烟草、动物检疫等单位合作。全年各道口检查站抓获违法犯罪嫌疑人425人，查获240起无证运输危险品、违禁品案件，缴获毒品13.7千克。（徐丽霞）

道口检查 （徐丽霞提供）

【探索境外人员管理机制】 金山分局通过发放资料、媒体宣传等途径推进社会面法治宣传工作。邀请市局出入境部门领导为外向型企业及街镇（工业区）外资专管员开展外管法律政策专题讲座。构建公安机关是监督主体、企业单位是责任主体的权责体系，企业落实各项内部制度建设，出入境办进行动态监控。围绕落脚点和签证管理两个重点，健全管理措施。全年，实现对和辉光电等7家试点企业近340名外籍人员居停留管理的全覆盖，维护动态数据289条，注销离职人员95人次。（徐丽霞）

【强化监所打击破案第二战场功能】 金山分局成立以监所青年民警为骨干的深挖攻坚工作专班。开展看守所管教谈话室的改（扩）建工程及设备采购工程，为谈话室配置电脑、活体指纹采集仪等设备，提高管教民警谈话教育效率。挑选优秀民警攻读心理学专业，与区司法局社区矫正工作科签署联合帮教协议，开展心理矫治、心理辅导。管教民警以在押人员生活背景、性格特点等细节为切入点，加强谈话以及对有困难的在押人员给予适当关心照顾，开展柔性关怀。全年挖掘获取各类线索260余条，协破案件230余起，协破“零口供”案件4起。（徐丽霞）

【加强防范宣传工作】 金山分局根据可防性侵财案件的特点，通过分解宣传工作中的三要素，即宣传对象（Who）、宣传阵地（Where）、宣传途径（Way），探索防范宣传“3W”工作法。加强对人流密集场所，案件多发区域，易受害人群的宣传，解决向谁（Who）宣传的问题；选取合理有效的宣传阵地，开展进学校、进银行、进社区宣传，解决到哪（Where）宣传的问题；运用新颖高效的宣传策略，通过传统媒体和新媒介，定期发布宣传预防知识，解决宣传途径（Way）的问题。开展“防诈骗、防‘两抢’”集中宣传日活动，在全区范围内设立18个宣传点，发放宣传资料5000余张，接受群众咨询2000余人，出动警力280余名。（徐丽霞）

防范电信诈骗“集中宣传日”活动　　（徐丽霞提供）

【试点二维码电子房屋编码】　在房屋编码工作推进中，金山分局张堰派出所率先试点房屋室号编订与二维码结合的“电子门牌”，在辖区出租房屋、闲置空房安装“电子门牌”6583块，将人员信息、房屋性质、防范宣传全部录入“电子门牌”二维码。通过运用文字、字母、数字等组合，将房屋性质和居住人员情况加密后录入二维码系统，工作人员通过手机扫描电子门牌二维码，即可直观了解每间房屋的地理方位、房屋性质、合法认定结果，及时发现居住人员信息的变动情况，并针对不同类型房屋，采用不同的走访频率，实现动态化管理，提高工作效能。（徐丽霞）

【推进派出所图侦工作建设】　金山分局初步形成以刑侦图侦队为主轴、派出所图侦工作室为重点支撑的实战体系。各派出所建立“民警主导、辅警参与”的“1+X”模式，建设或划分独立的图侦工作室，统一配置设备，明确派出所图侦工作室专管民警与辅警的工作职责，落实每一起案件的初查责任和措施，试行金山公安分局派出所图侦工作管理运作规范。全年图侦工作室共上报线索598条，认定477条，协助抓获犯罪嫌疑人131人，协破案件191起。（徐丽霞）

【侦破“7·28”制售假冒洋酒案】　10月，金山分局在市局有关部门和江苏、山东等七省市警方的协助下，抓获谷营（男，32岁，安徽阜南县人）、韩霞（女，33岁，安徽省阜南县人）等犯罪嫌疑人20余人，捣毁生产、销售假冒洋酒、假冒洋酒标识和包装的窝点11个，查获假冒知名品牌洋酒成品、半成品、原料酒等1万余瓶，假冒洋酒商标标识、瓶盖、空酒瓶等80余万件，并查获一大批用于生产假冒洋酒的灌装器、压盖机等制假设备，涉案总值4000余万元。该案的侦破工作在2014年度

"上海经侦系统侦查破案精品案例"评选中被评为"银奖"。(徐丽霞)

【侦破"3·05"信用卡诈骗案】 3月,金山分局在市局有关部门和安徽芜湖、江苏昆山等地警方的协助下,抓获李晓东(男,41岁,上海市嘉定区人)、王家承(男,31岁,上海市金山区人)等10名犯罪嫌疑人,当场查获涉案信用卡80余张。案情涉及全国十二个省市,被骗商户100余家,涉案金额300余万元。2012年起,李、王二人伙同他人持已透支的信用卡,以支付2%~3%手续费为诱饵,要求POS机商户帮忙垫还信用卡欠款进行"养卡",待POS机商户将钱款存入该信用卡后,团伙内其他成员即通过电话与开户行联系修改该信用卡的密码,导致卡内的资金无法第一时间在商户的POS机内刷出。信用卡被POS机商户扣住后,犯罪嫌疑人以挂失后重新办卡或者使用副卡的形式将卡内资金取走,达到诈骗目的。该案的侦破工作在2014年度"上海经侦系统侦查破案精品案例"评选中被评为"铜奖"。(徐丽霞)

【侦破方勇等污染环境案】 5月,金山分局民警在社会面巡控中发现金山工业区广业路、金流路路口有土方车卸下有恶臭味的黑泥,疑似有毒、有害物质,分局即立案侦查。5月30日,抓获方勇(男,50岁,上海市金山区人)、沈连根(男,51岁,上海市金山区人)等6名犯罪嫌疑人,捣毁一随意处置化工企业危险废弃物、非法获利的犯罪团伙,同时带破一起商业贿赂犯罪案件。该案的侦破工作在2014年度"上海治安系统精品案例"评选中被评为"金奖"。(徐丽霞)

【侦破张远军团伙生产销售伪基站案】 3月,金山分局在市局刑侦总队等部门的协助下,抓获张远军(男,28岁,安徽省霍邱县人)等41名犯罪嫌疑人,缴获伪基站设备29套,捣毁非法生产、销售伪基站窝点3个。2013年10月至2014年3月,张等利用网上QQ群等平台发布销售伪基站(又称短信群发器)信息,并将伪基站设备销售给他人。该案的侦破工作被评为2014年上半年度暨首届上海公安网安部门"十佳精品案件"。(徐丽霞)

青浦分局

【概况】 2014年,青浦分局贯彻落实全国政法工作会议、全国公安厅(局)长座谈会、全市公安局(处)长座谈会等一系列会议精神,加强基层基础建设,推动平安青浦建设,维护全区社会治安持续稳定。

维护社会稳定。亚信峰会安保期间,围绕"守住边、稳住面、保住点"的要求,加强安保措施。南京青奥会期间,每天100人集中备勤,开闭幕式当天二分之一警力在岗备勤。完成亚信峰会领导人配偶来沪等重要警卫任务以

及国家会展中心（上海）两次试展、夏阳元宵灯会、龙舟公开赛等大型活动安保工作55次。接收（待）群众来信来访1011件（批），比上年减少8.0%，其中来信688件，来访323批。分局领导接待来访群众30批45人次、阅批信访件250件；办理“上海公安热线”、“12345”市民服务热线2011件。

加强治安管控。落实全区重点目标、要害部位安全保护和水陆道口查控，叠加武装防控网络，推进“防范和打击电信诈骗案件”、“打击欺行霸市”等平安实事项目建设，开展“迎峰会、保平安”打防管控、“青剑”系列严打整治和打黑除恶等专项行动。全年，立刑事案件8765起，比上年增加1.9%，其中年内案件7978起，比上年减少3.5%；破获刑事案件4346起，其中年内案件3573起，比上年分别减少4.2%、10.8%；打击处理各类违法犯罪嫌疑人9848人，比上年增加1.1%。年内侦破命案7起，破案率100%。查处治安案件2564起，其中“黄赌毒”案件1518起；查处各类娱乐休闲场所582家，其中取缔302家、停业整顿89家、罚款186家、警告5家。

加强行政管理。加大城区排堵保畅工作，深入开展交通安全隐患排查整治，严厉查处酒后驾驶、超载、超速、疲劳驾驶、违法停车和“五类车”等交通“顽症”及严重交通违法行为，其中查处酒后驾驶2668起（醉酒驾驶399起），“五类车”违法行为1.2万余起。全区共发生重大交通事故54起、造成57人死亡，比上年分别减少3.6%、1.7%。依托区消防委平台，开展重点领域和公共消防基础设施等消防安全专项整治行动；推动市政府消防实事项目、重点区域和重大火灾隐患单位的综合治理。检查场所、单位3万余家，发现火灾隐患或违法行为6.5万余处，下发责令整改通知书6980份，临时查封66家，责令“三停”205家，罚款325.6万元，行政拘留169人；发生火灾事故429起，直接经济损失182.6万余元。

加强队伍建设。开展党的群众路线教育实践活动，强化“四风”问题整改和专项整治，实现预期目标；建立“青舟俱乐部”微信公众号，创新“非建制团队”建设机制。依托微博、微信和公民警校等平台，加强警察公共关系建设，在区、市、中央级媒体刊登、刊播新闻稿件738篇次，其中被中央级媒体刊登、刊播103篇次；编发媒体舆情专报13期、《青浦警坛》警察公共关系专刊12期。（张凯开）

【完善立体化社会治安防控体系】 青浦分局继续在赵巷镇试点“大联勤”延伸至社区农村机制、在练塘镇试点社区民警“驻村”机制、在香花桥街道推进“矛盾纠纷受理点”建设，并在“商市场重大安全隐患综合整治”、社会信息资源采集等方面进行探索。围绕国家会展中心试运行安全保障和西虹桥地区社会管理需求，开展调研，提出对策建议，推动优化属地综合治理机制和服务管理机构。（张凯开）

【扩大社区民警“驻村”试点工作】 青浦分局在练塘派出所蒸夏警务区试点推行农村社区民警“驻村制”工作取得成效后，年初又在徐泾镇光联村、赵巷镇方夏村、金泽镇育田村和陈东村进行扩大试点。驻村的3名党员民警全部兼任村党支部副书记，1名非党员民警兼任村主任助理。明确驻村社区民警“三个不”的勤务要求（即“不承担破案打击指标、不参加派出所集中值班备勤和专项安保、不从事辖区以外的临时性任务”），除开会、学习外，其他时间都下沉社区，每周不少于2个晚上住在警务室，每月不少于2个双休日在辖区开展社区工作。其间，试点地区报警类110总数比上年减少17.6%、重点人员无一漏管失控、未发生因矛盾纠纷引发的不安定因素。(张凯开)

驻村民警在开展社区工作 (张凯开提供)

【维护经济秩序和民生环境】 青浦分局针对香花桥街道工业厂区密集，劳资纠纷多发的情况，协调香花桥街道建设“一园三区”（上海青浦工业园区、上海张江高新技术产业开发区青浦园区、上海青浦出口加工区）劳资纠纷受理点，研商不安定因素调处措施。中国博览会会展综合体动工建设以后，即依托社区警务管理，收集辖区社情民意，在掌握相关劳资纠纷苗头性、倾向性问题后，协调落实调处化解措施。(张凯开)

【严厉打击赌博行为】 青浦分局通过派出所网上工作站“所长直通”、“民意倾听”和“民警预约”等栏目发动市民群众提供涉赌线索。将可能设置赌博机的游戏（艺）房、网吧、杂货店、棋牌室列为重点场所，以突击检查和集中清查等手段，查处赌博违法犯罪活动。对有证游（艺）戏机、棋牌室等经营场所一律签订守法经营承诺书，发现从事赌博违法犯罪活动一律责令停业整顿。2014年，查处各类赌博案件583起，其中刑事案件79起、行政案件504起；抓获涉案人员1721人，其中刑事拘留165人、行政拘留1450人；收缴赌资104.5万余元。(张凯开)

【打击非法捕捞活动】 青浦分局加强对辖区渔民聚居村（居）开展走访和排摸，在日常巡查及与渔政部门联合执法中，查处非法捕捞行为。在朱家角镇淀峰村、淀山湖村非法捕捞活动较为突出的区域，采取发放宣传资料、制作宣传横幅等形式宣传非法捕捞活动的危害性。破获非法捕捞案件63起，抓获违法犯罪人员103人，刑事拘留102人；查获作案船只1艘、发电机1台、逆变器59部、蓄电池72组、网

兜67只。（张凯开）

【落实便民利民措施】　青浦分局在22家“窗口”单位接待办事大厅显著位置设置党的群众路线教育实践活动意见箱，征求意见建议。推出便民利民新举措，增设8个居民身份证人像采集点。增设非产品目录电动自行车临时号牌流动上牌点。清理规范全区社区民警铭牌灯箱广告，改进完善24小时电话语音咨询系统。改进监所硬件设施，提升监所文明指数。纠正群众不实前科记录。建立兼职户籍民警队伍，提升户籍窗口服务水平。（张凯开）

便民服务　（张凯开提供）

【侦破“3·28”合同诈骗案】　2月28日，青浦分局接报案称：麒凯（上海）投资管理咨询有限公司董敏（男，44岁，浙江省宁波市人）、苗梅玲（女，50岁，香港特别行政区人）等人以帮助从香港特别行政区融资5000万元以及收购香港空壳公司并包装等为幌子，骗取资金数千万元。分局即成立专案组，通过串并案分析、犯罪嫌疑人银行交易查询比对，掌握了该团伙自2010年设立上海领亿投资管理有限公司、中泰华威（上海）国际投资有限公司等公司，以急需融资的中小型民营企业为目标，采取勾结第三方评估机构、虚构境外财团授权、签订融资合同等方式，骗取30余家民营企业考察费、评估费、保证金3000余万元。3月28日，分局抓获苗、董等犯罪团伙成员13人，当场缴获大量涉案合同等物品。该案的侦破工作在2014年度上海经侦系统“经济犯罪案件侦查破案精品案例”评选中被评为“金奖”。（张凯开）

【侦破金泽“4·3”系列抢劫强奸案】　4月3日，青浦分局接报一起强奸案。于5月13日抓获抢劫强奸犯罪嫌疑人王明星（男，32岁，安徽省芜湖市人）。经讯问，王交代自2011年起，在青浦区金泽镇西岑社区农村住宅区，以插片开锁的方式进入居民家中，并以持刀威胁的方式实施抢劫强奸作案10起的犯罪事实。该案的侦破工作在2014年度“刑警803破案奖”评比中被评为“铜奖”。(张凯卉)

【侦破陶照宝等生产、销售不符合安全标准的食品案】 9月3日，青浦分局在练塘镇芦潼村捣毁一非法屠宰点，抓获犯罪嫌疑人曹文权(男，50岁，上海市人)。于9月23日，在浙江省嘉善县魏塘镇抓获安徽省临泉县犯罪嫌疑人陶照宝（男，41岁)、谢丽（女，40岁）夫妇。经审讯，陶、谢二人交代，自2014年2月起，租借曹文权废旧仓库作为非法屠宰点，雇用他人收购、宰杀奶牛并销售牛肉获利6万余元的犯罪事实。该案的侦破工作在2014年度上海治安系统“治安犯罪案件侦查破案精品案例”评选中被评为“银奖”。(张凯卉)

奉贤分局

【概况】 2014年，奉贤分局围绕“平安奉贤”、“法治公安”建设目标，保稳定、严打击，优防控、强管理，确保各项工作取得实效。综合考评位列全市优秀等次。

维护社会持续稳定。提高搜集、汇总、研判社会信息能力，加大对各类突出社会矛盾的排查、调处、化解力度，化解信访件1042件。督导检查重点目标、重点行业单位130次，发现整改安全隐患16处。出动警力6560次，完成亚信峰会、国庆节、党的十八届四中全会、APEC会议、上海旅游节、“菜花节”、国际索道划水赛等69项重大活动安全保卫工作。

提升社会面治安防控能力。开展“打防管控”、“滨海铁锤”、“秋季禁赌”等专项行动，加强对多发性侵财案件侦破。全年接110报警20866起，比上年增加3.2%；立刑事案件7455起，比上年增加5.5%；侦破刑事案件4395起，比上年减少0.4%；逮捕2142人，起诉3132人。其中，侦破“八类”案件187起、盗窃案件1957起，侦破经济犯罪案件440起，侦破命案10起，命案侦破率100%，抓获网上在逃人员604人。破案后发还涉案财物价值9797万余元。加大重要单位、人群聚集场所治安巡防力度，加强特警武装巡逻、公安武警联合巡逻、派出所设卡、巡逻工作，依托地方政府招募5000名平安志愿者组建14支群防群治队伍，协助开展安检巡逻。

推进基层基础警务建设。推动实有房屋编码管理和人房动态巡控系统试点工作。推进“阳光警务”建设，组织开展执法检查“回头看”、“四个一律”等专项工作，制定规范办理刑事案件“十个决不允许”等文件，进一步完善案件审核中心、网上督察中心运作机制。推进道路视频监控系统和卡口信息识别系统二、三期建设，新增监控探头1250个，新增高清卡口识别系统72套，完成20辆110接警车移动无线图像传输系统安装。推进“访企问计、访农问策、访银问需”工作，开展“迎峰会、保平安”防范电信诈骗和入室盗窃、防范电信诈骗“集中宣传日”等防范宣传活动，在全区266个居（村）委组织实施“社会治安星级居

村委”创建活动。

加强公安行政管理。查处治安案件26754起，行政拘留3022人，检查重点单位1095家次，查处违法场所95个。发生道路交通事故（上报）113起，造成117人死亡，物损1305.5万元。发生火灾事故（上报）191起，造成2人死亡，直接经济损失151.2万元，分别比上年减少46.2%、33.3%和87.7%。查处组织偷越国境案件7起、外国人“三非”案件34起。受理各类户口初审材料1768份，制发门弄牌6170块。

推进队伍正规化建设。组织开展党的群众路线教育实践活动，梳理形成整改、整治措施48项，查摆解决“四风”问题376个。举行党风廉洁、政风建设责任书签约仪式。开展督察审计工作151项，纠正问题156个，查处民警违纪案件2起2人，警诫1人，“黄牌”警示44人。举办“贤警大讲坛”、“奉贤公安之歌”征集、“2014年度相约滨海之夏”公安专场演出、廉政文化作品展、“卫士杯”系列文体竞赛等活动。公开选任干部19人，职务晋升民警134人。刊发报道449篇次，开展“十佳贤警”、“十佳好警嫂”等评选活动，全年有153个集体、665人获记功、嘉奖。（王德明）

【开展“迎峰会、保平安”打防管控专项行动】 1月至5月，根据市局亚信峰会安保工作部署，奉贤分局组织开展“迎峰会、保平安”打防管控专项行动。实行电信诈骗、入民宅盗窃、撬盗保险箱等案件24小时回访制度，建立信息梳理、线索共享、案件串并、视频分析等侦查破案工作机制。完善“网格化”巡逻、特警武装巡逻、公安武警联合巡逻、群防群治力量协助巡逻模式。开展治安大整治集中行动、交通秩序大整治、消防安全大检查等63次，检查危化品从业单位342家次，办理消防行政处罚案件651件。专项行动期间，违法犯罪案件接报14839起，比上年同期减少16.0%；破获刑事案件2824起，比上年同期增加84.3%。“打防管控”专项行动考评列全市第三。（王德明）

【推进人房信息动态巡控系统建设】 4月至12月，奉贤分局以开展房屋编码管理为契机，在全区67个居（村）委推进人房信息动态巡控系统建设。依托区政务网平台，建立涵盖全区人房基础信息、巡检数据管理、分析等功能的人房信息巡控平台。按照“自住”、“出租”、“空置”三种情况，安装包含房屋地址、面积、居住人信息的电子室号牌20.2万块；实施房屋编码管理，审定、录入实有房屋信息85.5万余条；配套建立动态巡控、信息维护、警情发现、联动治理机制，新采集来沪人员信息19万余条，变更、注销来沪人员信息40.1万余条。其间，通过系统分析梳理提供涉嫌违法建筑、“群租”房屋信息230条，发现采集漏登实有房屋、实有人口信息1100余条。重点区域实有人口、实有房屋信息登记率比上年增加43.6%。社区综合协管员上门走访提供情报信息协助破获各类刑事案件98起，抓获网上在逃人员12人。（王德明）

人房巡控信息采集核对　　（王德明提供）

【开展“治安防控星级居（村）委”创建活动】 年内，奉贤分局借助区综治平台，在全区266个居（村）委组织开展“治安防控星级居（村）委”创建活动。其间，建成1.1万人群防群治队伍，完善居（村）委、企事业单位自建社会探头3491个，安装门链、窗吸、简易红外线报警装置等家庭小技防2万余户，总结形成“三小”（小灵通、小红帽、小喇叭）宣传工程、机动叠加式巡防等一批治安防控典型经验。12月，经验收评选，评出10家三星级、20家二星级、30家一星级村（居）委。（王德明）

【推进“阳光警务”建设】 8月至12月，奉贤分局开展集中调研7次，围绕“深化警务公开、实现执法保障、方便群众需求、完善执法监督”四大方面梳理重点工作21项，整改各类执法问题156个，实施窗口“星级”评定，组建“12345”市民热线办公室，建立“阳光警务”建设网站，开展贤警法制沙龙3次，增配新型执法记录仪64套，拟定现场执勤执法“释法说理”制度、民警现场执勤执法用语等文件6份，拍摄“阳光警务”释法说理微课程2部，建成奉浦、奉城派出所2个市级“阳光警务”示范点。（王德明）

【开展“六小工程”建设达标创优活动】 4月至9月，奉贤分局开展以统一规范基层队所食堂、宿舍、浴室、卫生间、阅览室和活动室等软硬件建设为内容的“六小工程”建设达标创优活动。53家基层队所通过达标验收，5家单位被评为“六小工程”建设示范单位。12月19日，《新华每日电讯》以“‘六小工程’打造现代警务保障机制”为题介绍奉贤分局的做法。（王德明）

【侦破“5·13”假冒飞利浦、亚明品牌系列案】 4月21日，奉贤分局接报称：奉城镇头

桥社区新潮路610号的上海华捷照明公司生产“飞利浦”、“亚明”等假冒品牌灯泡。经侦查，先后抓获犯罪嫌疑人李大勇（男，42岁，湖北省宜昌市人）等14人，捣毁在本市奉贤、浦东、宝山、杨浦等地6处生产、销售假冒“飞利浦”、“亚明”品牌灯泡窝点，查获假冒成品飞利浦、亚明品牌的灯泡2.5万余只，半成品灯泡1万余只，“飞利浦”、“亚明”品牌商标标识2万余枚，制假流水线1套，涉案总值2500余万元。经讯问，犯罪嫌疑人李等人交代自2011年起，将假冒商标标识给自行生产的灯泡贴牌并销售的犯罪事实。该案的侦破工作在2014年度上海经侦系统“经济犯罪案件侦查破案精品案例”评选中被评为“铜奖”。（王德明）

【侦破“3·20”假冒润滑油案】 3月初，奉贤分局接报称：柘林镇上海富久润滑技术有限公司生产假冒的各类品牌润滑油。经侦查，于3月20日抓获於云兵（男，40岁，安徽省芜湖市人）等制、售假冒品牌润滑油犯罪团伙成员12人，查获各类假冒品牌成品润滑油60桶，已灌装未贴牌的半成品润滑油500余桶。该案的侦破工作在2014年度上海经侦系统“经济犯罪案件侦查破案精品案例”评选中被评为“铜奖”。（王德明）

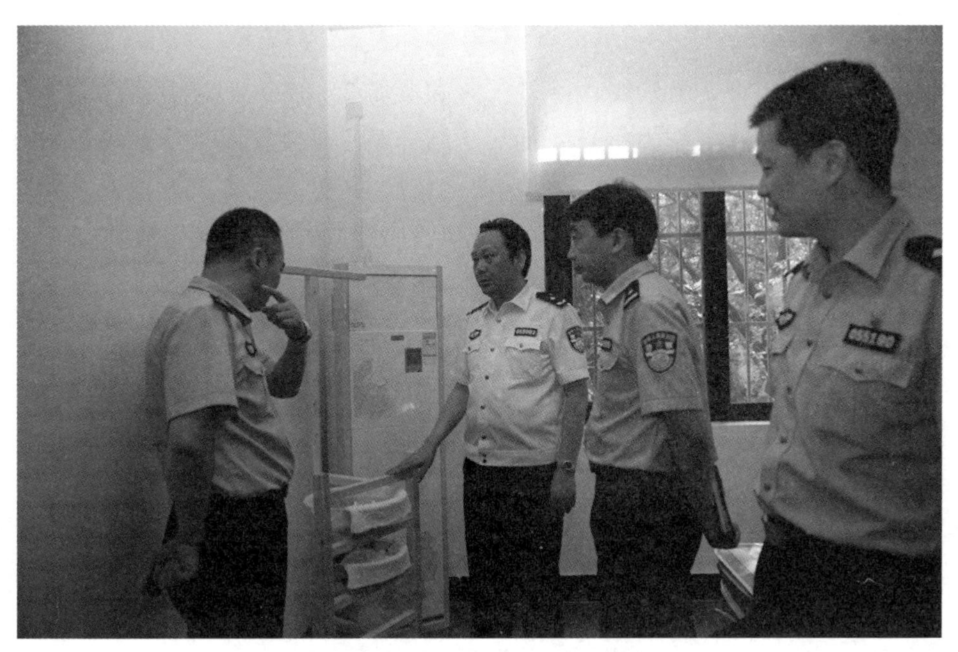

检查验收“六小工程”建设情况　（王德明提供）

【侦破“5·11”高速公路盗抢大型汽车油料案】 从1月起，辖区大型货运车内油料被盗抢案件多发，奉贤分局即成立专案组展开侦查。5月11日，抓获犯罪嫌疑人邢留振（男，32岁，河南省沈丘县人）等3人，查获作案用改装轿车1辆以及大力钳、铁棒、装油袋和近百升油料。经讯问，邢等人分别交代自1月起，在本市奉贤、浦东、闵行等地连续作案6起，盗抢油料3000升（价值约2.4万元）的犯罪事实。该案的侦破工作在2014年度“刑警803破案奖”评比中被评为“银奖”。（王德明）

【侦破西渡“1·7”故意杀人案】 1月7日，奉贤分局接报一起杀人案。经侦查，于当日晚将犯罪嫌疑人谢斌（男，24岁，湖南省衡阳县人）抓获。经讯问，谢交代1月7日8时许，其擅自在西渡社区护兰路246号内睡觉，被害人发现后大声呼叫，即将被害人掐死并盗走金耳环、金戒指的犯罪事实。该案的侦破工作在2014年度“刑警803破案奖”评比中被评为“铜奖”。（王德明）

【侦破“3·3”生产、销售有毒、有害食品案】 3月3日，奉贤分局接群众举报称：有人在柘林镇新塘村利用工业盐加工各类肉制品进行出售。经侦查，抓获翁梅芳（女，42岁，江西省南昌市人）、沙轩庆（男，26岁，江苏省睢宁县人）、沙皖庆（男，23岁，江苏省睢宁县人）等犯罪嫌疑人7人，捣毁肉制品加工黑作坊2个，查扣工业盐腌制肉制品30.5吨、工业盐3.2吨及非食用性添加剂7.2升。该案的侦破工作在2014年度“上海治安系统精品案例”评选中被评为“金奖”。（王德明）

崇明县公安局

【概况】 2014年，崇明县局立足崇明地区社会治安态势，以亚信峰会安保工作为重点，加强机制、基础、队伍建设，完成各项公安保卫任务，全力维护社会政治安定和治安稳定。

维护社会政治稳定。以亚信峰会、APEC会议、党的十八届四中全会等安全保卫工作为重点，加强情报信息工作，把握维稳工作主动权。处置、化解各类矛盾纠纷277批2120人次，完成重大节假日、森林旅游节花车巡游、国际女子公路自行车赛、自行车嘉年华活动等一系列安全保卫任务49次、警卫任务69次。

确保社会治安稳定。按照“打防结合、以打促防”的总体思路，相继部署开展“海岛铁拳”、治安大整治、打击夜间犯罪、夜间设卡等集中打击行动。年内，立各类刑事案件2707起，刑事案件万人发案率为32.3。侦破各类刑事案件2146起，抓获犯罪嫌疑人1930人，比上年分别增加1.6%、20.5%。侦破经济犯罪案件84起，抓获犯罪嫌疑人61人，追缴赃款331.7万余元，比上年分别减少6.7%、31.5%和增加25.8%。以辖区治安突出问题为重点，结合亚信峰会安保工作要求，始终保持对“黄赌毒”等社会治安问题的高压整治态势。全年共查处各类治安案件10177起，查处违法人员1993人，比上年分别减少10.5%和增加6.0%，其中查处“黄赌毒”案件3054起，查处违法人员1484人，比上年分别减少5.4%和增加11.5%。

推进基层基础建设。部署推进“两个实有”全覆盖管理社区实施和房屋编码管理工作，根据年初制定的关于开展“两个实有”全覆盖社区实施工作验收工作的通知，结合“美丽乡村”建设，全年申报验收居（村）委253个，占全县居（村）委总数的73.98%。采集登记房屋信息53.39万间，核定录入房屋信息53.40万间，无法提供合法证明材料的11.55万间（占房屋总数的21.6%），总体完成率为99.99%。规范居住证办理，提高实有人口管理服务质量，全年办理上海市居住证（投靠类）1088张，上海市居住证（从业类）2042张。

完成700个新建监控点建设任务，巩固崇明三岛社会治安防控体系。完成交警业务用房、出入境窗口搬迁工作，及时做好警用装备配备保障工作，夯实公安发展基础。

加强公安行政管理。启动开展非产品目录电动自行车临时号牌登记申领工作，全年完成登记申领23.5万余辆。组织开展“五类车”专项整治行动80次，查处“五类车”交通违法10949起、暂扣“五类车”2347辆，查处“五类车”非法营运16起。组织开展酒后驾车集中整治行动54次，查处酒后驾车违法行为610起（其中醉酒57起）。全年共发生道路交通事故（上报）756起，其中，重大交通事故36起，造成38人死亡，人数与去年持平。组织开展第二次“清剿火患”战役，加强对社会单位的消防监督检查力度。全年发生火灾事故266起，造成3人死亡，比上年分别减少40.6%和增加50.0%。

加强队伍正规化建设。部署党的群众路线教育实践活动，深入查找剖析整改“四风”突出问题。严格执行中央“八项规定”。探索推进领导干部“一岗双责”机制，落实党员领导干部廉洁从政若干准则。做好职级晋升、表彰奖励、人员交流、民警体检休养及走访慰问帮困等活动。查处各类侵害民警执法权益案（事）件，增强队伍凝聚力和向心力。推进警训基地规范化建设，深化条线专业培训，提高基地培训质量和民警业务能力。推进崇明公安警营文化建设，打造“瀛洲警苑”、“瀛洲110”、“警绣崇明”公安微博、公民警校等品牌项目，展示崇明公安形象。全年共有54个集体、527名个人受到表彰。（龚彬彬）

【做好重大活动安保工作】 全年，崇明县局完成重大安保活动49次，警卫任务69次。5月12日至19日，出动警力2941人次，完成2014年国际自行车联盟女子公路世界杯赛（上海崇明站）安保工作。5月24日，出动警力387人次，完成柬埔寨首相等重要外宾警卫安保任务。9月25日，2014年上海崇明森林旅游节花车巡游活动在崇明城桥地区举行，县局出动警力800人次，组织安保力量1960人次，确保花车巡游活动顺利进行。（龚彬彬）

【开展党的群众路线教育实践活动】 崇明县局成立党的群众路线教育实践活动领导小组，制定实施总体方案及各个环节分方案。其间，收集汇总意见建议153条，查找梳理“四风”问题23项，形成班子对照检查材料42篇、个人对照检查材料214篇。确立即知即改项目17项，完成整改17项。强化制度建设，研究制定“两方案一计划”，确定重点制度建设项目19项。收到各类投诉信访件628起，比上年同期减少7.5%。收到群众表扬信79封、锦旗94面。（龚彬彬）

【开展“迎峰会、保平安”打防管控专项行动】 崇明县局以严打突出犯罪、严打侵财犯罪、严整治安顽症为重点。先后侦破“3·04”城桥镇八一路中国黄金店贵重金属被盗案、长兴地区“3·10”入室盗窃案等一批大案要案。部署开展打击利用赌博机（游戏机）从事赌博违法犯罪活动集中整治行动和缉毒收戒行动，共查处涉赌违法人员27人，查缴赌博机（主板）46台（块），取缔无证游戏机房58家，停业整顿有证游戏机房15家。破获涉毒案件73起，查处吸毒人员272人，收戒吸毒人员81人。（龚彬彬）

【加强道口查控工作】 崇明县局在抓紧推进

崇启检查站基础设施建设、加大查控警力投入的基础上，加强道口查控工作。年内，共检查车辆11.89万辆次，盘查人员56.27余万人次，抓获网上在逃人员5人、吸毒人员51人，查获毒品8克。缴获管制刀具35把、非法运输烟花爆竹3箱、被盗抢车辆2辆。查处各类交通违法行为3716起，其中超员150起、超载228起、超速1041起。查处逾期未年检车辆1909起，查扣车辆808辆。(龚彬彬)

【开展电动自行车临时号牌登记申领工作】 3月1日，崇明县局全面启动非产品目录电动自行车临时号牌登记申领工作。制发宣传资料35万余份。在全县20个派出所、2个交警办公点成立22个上牌点，采取固定上牌与流动上牌、集中上牌与分散上牌相结合的办法，推进登记申领工作。全县共有23.5万余辆非产品目录电动车办理临时号牌。(龚彬彬)

电动自行车临时号牌申领登记　　(龚彬彬提供)

【推进静态交通管理】 崇明县局会同相关部门对现有道路实施功能改造，挖掘停车潜能，新增道路停车泊位108个，缓解停车难问题。全年，共查处违法停车行为1.89万起，比上年增加78.8%。共抓拍违法停车300余起，印制宣传资料3000余份。制作随警采访视频，通过集中曝光违法停车交通违法行为，增强民众的交通安全意识。(龚彬彬)

【举办县局第二届运动会】 7月17日，崇明县局第二届运动会开幕，共有1500人次参加，运动会设足球、篮球、游泳、警务用枪射击等14个大项、29个小项的竞赛项目。长兴联队、特警大队、政治处位列团体总分前三名。(龚彬彬)

【最美崇明人——黄志刚】 崇明县局刑侦大队民警黄志刚，长期工作在刑事侦查工作一线，曾荣获上海市优秀共产党员、上海市公安局优秀共产党员，先后荣立个人三等功2次，个人嘉奖11次。5月8日，在抓捕持刀劫持人质的犯罪嫌疑人杜某时，黄志刚与犯罪嫌疑人搏斗并勇夺凶器，第一时间保护人质并将犯罪嫌疑人控制。在搏斗过程中，黄志刚左手被连刺三刀。9月，黄志刚被中共崇明县委宣传部授予“最美崇明人”称号。（龚彬彬）

县局第二届运动会开幕式　（龚彬彬提供）

【侦破“1·15”特大电信诈骗案】 1月15日，崇明县局接报一起电信诈骗案，被害人刘某（女，55岁）以投资黄金白银现货生意为名被骗13.7万元。接报后，县局即成立专案组开展侦查。专案组通过涉案资金流向，查明该虚拟投资网站的后台在湖北省武汉市。3月26日，在武汉市公安局协助下，以王会立（男，26岁，湖北省赤壁市人）为首的电信诈骗团伙全部落网，抓获犯罪团伙成员20人。经查证，该诈骗团伙在2013年3月至2014年3月间，共诈骗被害人35人，涉案资金达314.4万余元。该案的侦破工作在2014年度“刑警803破案奖”评比中被评为“金奖”。（龚彬彬）

【侦破“10·17”复合型经济犯罪案】 2013年10月17日，崇明县局接上海长兴海洋装备产业基地开发有限公司报案称：上海文谨投资管理有限公司在融资过程中涉嫌合同诈骗。经查，2013年6月，犯罪嫌疑人史洪亮（男，50岁，上海市崇明县人）在办理公司融资业务过程中，利用职务之便故意隐瞒事实真相，虚构《融资顾问协议》，骗取融资顾问费640万元。2014年5月此案告破。该案的侦破工作在2014年度上海经侦系统“经济犯罪案件侦查破案精品案例”评选中被评为“银奖”。（龚彬彬）

【侦破张龙发等销售不符合安全标准的食品案】 4月1日，崇明县局接市食品药品监督管理局崇明分局报案称，该分局在陈家镇农贸市场水产摊位曾先琴（女，45 岁，重庆市荣昌县人）处查获待售的新鲜河豚鱼 5 条。经查：宜佳小吃店店主张龙发（男，51 岁，天津市塘沽县人）于 3 月 30 日中午，在陈家镇农贸市场曾先琴处购得 3 条河豚鱼并放在店内销售。5 月 7 日、5 月 9 日犯罪嫌疑人张、曾二人先后投案自首，并如实供述了犯罪事实。该案的侦破工作在 2014 年度“上海治安系统精品案例”评选中被评为“银奖”。(龚彬彬)

公安处（局）

上海港公安局

【概况】 2014年，上海港公安局深入贯彻执行党的十八大精神和上级机关工作部署，以深入推进交通公安“两型三化”（服务型、法制型，正规化、专业化、现代化）建设为主线，全力打造平安港口，加强公安执法规范化建设和队伍管理，为上海国际航运中心建设、中国（上海）自由贸易试验区（洋山保税港区）运行和上海港客货运输创造安全稳定的社会环境、公平公正的法治环境和优质高效的服务环境。

维护港口稳定。加强预警信息搜集，开展维护稳定基础调研，妥善疏导、化解矛盾，收集各类信息1230条，处置港内群体性事件8起。完成党和国家领导人、外国元首来港警卫任务9批次。

确保港口良好治安秩序。开展打击水运物流犯罪为主的专项行动，全年侦破刑事案件349起，查获犯罪团伙8个，抓获违法犯罪嫌疑人148人，抓获网上在追人员4人，追缴赃款赃物460余万元。推进治安防范基础建设，强化港口治安综合治理，开展“缉枪治暴”和查漏洞、找隐患、强措施等专项整治行动。加强港口重点目标、区域和货物管控，提升港口安防等级。受理、查处各类治安案件1265起，行政处罚1242人。

加强港口交通和消防安全管理。坚持以排堵保畅、降压事故和杜绝重（特）大火灾事故为目标，加大交通和消防安全管理力度。查处各类交通违法行为85672起，发生交通事故（上报）1起。走访车辆单位120家，召开交通安全联席会议15次，组织交通安全集中宣传活动24次。开展防火安全检查2741次，检查在港船舶122艘次，发现各类问题2315个，发出各类消防法律文书17537份。查处各类消防行政案件372起，监护危险品集装箱3.9万标准箱，监守护卫危险品船舶207艘次，确保上海港无重大火灾事故。

保障洋山深水港和自贸区（洋山）安全运营。维护辖区稳定，化解、处置各类不安定事件10起；侦破刑事案件120起；查处治安案件20起；维护通行东海大桥车辆575.2万辆次；开展消防培训28次、灭火演练13次。

加强执法监督。认真执行办案区“四个一律”（违法犯罪嫌疑人被带至公安机关后，一律直接带入办案区，严禁违反规定带出办案区讯问、询问；进入办案区后，一律先进行人身检查和信息采集；违法犯罪嫌疑人在办案区内，一律要有专人负责看管；在办案区内开展执法活动，一律要有视频监控并记录）工作要求，对各办案区硬件进行规范化改造，制定使用执法办案场所及安全管理规章制度。外高桥欧高路港区派出所被公安部评为“全国公安机关执法示范基层所队”。

加强队伍正规化建设。认真学习贯彻党的十八届四中全会精神，开展纪念上海港公安局建局60周年系列活动，大力弘扬融于交通、服务交通理念，积极推进民警政治思想教育，开展“三个一”（学一本管理理论、写一篇管理实例、提一条管理建议）和抓基层、强基础、增活力，全力保障平安港口建设主题活动，加强领导干部队伍建设。开展“民意导向、服务为先”爱民实践活动，征求各类意见、建议83条，制定整改措施51条，排忧解难200次，好人好事133件，收到锦旗、表扬信30件。组织规范执法“三无”（无有责投诉、无责任事故、无违法违纪）争创活动，实现全局无违纪、无重大责任事故和无有理投诉。落实从优待警措施，丰富民警业余文化生活。全年，29个集体和130人受到表彰。(陈翔)

【完成亚信峰会上海港安保工作】 4月20日至5月27日，上海港公安局按照上级统一部署，组织警力2.1万人次，投入亚信峰会安保工作。认真做好峰会要人警卫工作，落实峰会集体活动现场周边警戒控制措施，协助军方做好安装、使用峰会集体活动现场周边“低慢小”目标控制设备安保工作。严格市境道口和客运码头治安查控工作。东海大桥公安检查站检查出入市境车辆5000余辆次，人员3.6万人次。做好军演安保工作，对靠泊俄舰的上海港国际客运中心开展事先安检，落实靠泊码头区域防范、重点管控、出入口查控和应急处突准备，派出消防船对俄舰停泊水域进行应急值守。全力做好军舰开放日安保工作。严格港口社会面安全防控工作，落实打防管控措施，共破获各类刑事案件22起，抓获违法犯罪嫌疑人员30人，查处各类治安案件120余起，确保辖区治安平稳。(陈翔)

【组织“11·03”东海大道重大交通事故抢险救援】 11月3日10时08分，一辆车牌为沪D-23347的大客车（所属上海巴士新联谊旅游客运有限公司，核载55人）在沿洋山深水港外东海大道由西向东行驶至距能源路西约300米处时发生单车侧翻事故，造成车上49名乘客（包括驾驶员）中6人死亡、43人不同程度受伤。事故发生后，上海港公安局迅速组织50余名警力和1辆抢险车、2辆消防车赶到事故现场开展抢险救援。救援民警进入侧翻大客车内破拆清理，全力抢救被困人员；划定警戒区域，保护事故现场，寻访目击证人，开展调查取证工作；在事故现场周边道路指挥、疏导路过车辆，为救援开辟绿色通道，并划定专门场地供救援直升机起降。由于处置及时、措施有力，有效避免次生事故发生，为伤员救治赢得宝贵时间。(陈翔)

抢险救援　　（陈翔提供）

【举办2014年度应急管理综合演练】　12月4日，上海港公安局在洋山分局指挥中心举行驻区11家单位共同参与的上海自贸区洋山单元2014年度应急管理综合演练。演练以2名恐怖分子欲潜入洋山港区管理中心大楼实施破坏行动为背景，应急中心与处置现场通过GIS三维地图综合平台和微波实时传输，进行现场视频与无线通信互动。演练达到决策及时、指挥有序、处置高效的效果。中国（上海）自由贸易试验区管理委员会、自贸试验区应急委、市局反恐总队领导以及自贸试验区各职能单位、口岸单位等25家单位代表观摩演练。（陈翔）

【举办纪念建局60周年系列活动】　为纪念建局60周年，3月11日上海港公安局召开纪念建局60周年座谈会、举行《上海港公安志》和《忠诚铸平安——建局60周年纪念画册》授书仪式，举办建局60周年图片展等系列活动。（陈翔）

【邹伟强获2014年上海市五一劳动奖章和全国交通公安“最美警察”荣誉】　4月30日，上海港公安局外高桥欧高路港区派出所所长邹伟强被授予2014年上海市“五一劳动奖章”。12月22日，在交通运输部公安局开展的全国交通公安“最美警察”评选中，邹伟强被评为交通公安“最美警察”，记个人一等功。（陈翔）

【美国海岸警卫队考察团来访】　4月2日，美国海岸警卫队考察团到上海港公安局考察交流。上海港公安局介绍了港口设施保安组织、状态、通信和联系系统、措施、事件处置、培训、演练七个方面的情况。双方就近年来港口设施和危险品运输、储存及集装箱运输过程中履行*solas*、《港口设施保安规则》涉及的保安问题交换意见。（陈翔）

【妥善处置一起危险品泄漏事件】　3月7日21时50分，上海港公安局接辖区冠东集装箱码头有限公司报警，该公司危险品堆场内一只装有亚磷酸三甲酯的油罐箱发生泄漏。上海港公安局迅速出动消防车赶至现场设立警戒区域，组织现场车辆和人员疏散。会同公司制定处置方案，对泄漏油罐箱进行应急隔离处理，联系危险品专用车辆，由警车开道、消防车监护将该泄漏油罐箱安全押运至危险品仓库。(陈翔)

【抓获盗窃承运集装箱货物团伙成员 15 人】 12 月 16 日晚至 17 日，上海港公安局出动民警 70 余名，警、民用车辆 20 余辆，先后在宝安公路、贤云停车场等区域当场抓获盗窃承运集装箱货物犯罪嫌疑人李建峰（男，28 岁，河南省沈丘县人）等 15 人，查获涉案赃物废塑料 3000 余千克，缴获运赃卡车 1 辆和磅秤、榔头等一批作案工具。(陈翔)

表彰先进　　(陈翔提供)

【侦破刘海炜合同诈骗案】 1 月，多家货主单位向上海港公安局报案称，其托运的紧固件大量缺失，经济损失很大。上海港公安局迅速立案侦查，并将犯罪嫌疑人刘海炜（男，32 岁，浙江省海盐县人）、陈东（男，25 岁，上海市人）、高凌峰（男，28 岁，上海市人）抓获。2013 年 6 月至 10 月，刘等 3 人合谋以虚构外国公司为名，先后 12 次在网上与 9 家浙江海盐出口紧固件企业签订买卖合同，骗取厂家出口紧固件集装箱 30 余只（价值 444 余万元）转卖他人获利。(陈翔)

长江航运公安局上海分局

【概况】 2014年，长江航运公安局上海分局（以下简称长航公安上海分局）围绕“四个长江”建设，以三项重点工作为依托，以“五型”分局建设为总目标，业务工作和队伍建设取得新进步。

圆满完成亚信峰会、中俄元首吴淞营区军演启动仪式、上海国际旅游节、上海国际艺术节、南京青奥会等各项安保任务。

妥善处理长航美林阁60多名职工因劳务纠纷聚众讨薪、上海船厂涂装车间全体工人罢工等3起群体性事件和各类不安定矛盾59起。

严厉打击刑事犯罪。年内，长航公安上海分局组织开展“三保一创”、“春运”、“江安行动”、“扫黄打非”、“缉枪制爆”、“平安长江”、“安全生产月”等多项行动。接处警2064起，查处治安案件1639起，治安处罚1657人；立各类刑事案件98起，侦破76起，破案率78.0%，抓获犯罪嫌疑人65人，打击处理39人，摧毁犯罪团伙4个，抓获网上在逃人员10人。

强化水域协作与联动。与上海市水上各执法部门开展联合执法行动，组织和参与辖区多处水域联合执法38次。

加强消防监督，开展“清剿火患”行动、“全市重大火灾隐患集中整治专项行动”、“运输装卸液体化工危险品消防安全专项治理行动”、“夏季防火”等各类专项行动，整治各类消防安全突出问题。（马丽娜）

【开展打击非法捕捞联合执法行动】 2月26日至28日，长航公安上海分局会同上海渔政监

水域联合执法（张晶提供）

督管理处，出动执法巡逻艇，在长江横沙通道至崇明岛一线，开展为期3天的打击非法捕捞联合执法行动。重点对私拉禁用渔网、无证作业捕捞等13种违法捕捞行为进行整治，共清理、拆除违规私设渔网浮标30余个、渔网13张，驱赶非法捕捞船只11艘。（秦忠）

【开展水域联合检查执法行动】 6月11日，长航公安上海分局会同崇明县安监局、水务局、交通港口局、工商分局、崇明海事局、陈家镇人民政府等部门组成联合执法检查组，对陈家镇奚家港外侧“三无”制冰船开展联合执法检查行动。对停靠在上海长江大桥附近水域一艘“三无”制冰船的生产舱间、制冷机房、液氨储罐、电路管路及消防设备等进行检查，消除危害大桥安全、水域稳定隐患。10月9日，长航公安上海分局组织9名民警，出动1艘公安艇，对长江上海段崇明水域开展巡查，检查船舶53艘，查处违法人员28名，督促整改消防隐患49处。10月14日，长航公安上海分局会同崇明海事横沙办事处，出动执法巡逻艇2艘，在长江上海段横沙通道开展联合执法行动，查处治安案件10起，整改治安、消防隐患13处。（秦忠）

【完成第12届全国学生运动会闭幕式安保工作】 8月2日晚，第12届全国学生运动会闭幕式在上海黄浦江畔“船长8号”轮举行。长航公安上海分局抽调警力，定人、定岗、定责，全力做好现场4艘游艇安保、重点部位守护、交通秩序维护及安检排爆等工作，确保参加闭幕式领导、教练员和运动员绝对安全，圆满完成安保任务。（张晶）

【加强执法协作】 6月12日，长航公安上海分局与上海市水务局执法总队签订长江上海段水域联合执法协作备忘录。双方就深入开展联合执法、建立长效执法机制、搭建信息互通平台及法律适用等问题进行交流、探讨，明确加大对非法采砂、非法倾废等违法行为的打击处理力度，共同保护长江水资源安全，服务沿江经济发展。（秦忠）

【成立中国海监上海执法总队崇明海监码头警务室】 为加强与水上执法单位合作，提高执法效能，推进长江上海段水域治安稳定，4月2日，长航公安上海分局在崇明岛举行中国海监上海执法总队崇明海监码头警务室揭牌仪式，分局政委杨钧明、中国海监上海执法总队党委书记张林辉、副总队长薛金嘉出席仪式并为警务室揭牌。（张晶）

【开建宝山派出所公安专用码头】 3月25日，长航公安上海分局宝山派出所公安专用码头开建。该码头位于上海吴淞口国际邮轮港内侧，由趸船、吊桥架、两座钢便桥、L形栈桥组成。码头岸线长155米，L形栈桥长123米，钢便桥长62米，钢质趸船长65米、宽13米，型深2.3米，吃水1.1米。趸船上部舱室为两层，建筑面积797.8平方米。计划施工期9个月。建成后，可同时停靠2艘30米型的公安巡逻艇和2艘35米型的公安消防船。该码头为长江口首座公安专用码头。（秦忠）

公安专用码头开建　　（张晶提供）

【分局机关迁入新址办公】　12月5日，长航公安上海分局机关及实战支队由原址黄浦区中山南路935号分别搬迁至浦东新区张杨路800号和崂山路527号办公。（张晶）

上海铁路公安处

【概况】　2014年，上海铁路公安处认真贯彻上级部署，以最高标准、最强措施、最严纪律和最佳形象，扎实推进各项安保工作，确保管内政治安定、治安稳定和运输安全，公安工作和队伍建设取得新的进步。

确保重大安保和重大警卫任务完成。任务期间及时启动相应等级勤务，加强一线警力部署，强化现场勤务组织，落实领导干部包保和民警岗位责任，圆满完成“两会”、十八届四中全会、APEC会议、亚信峰会、青奥会和国庆、春运等重大活动、节点安保任务，实现“大事不出、小事也不出”的工作目标。进一步夯实警卫基础工作，制定警卫任务期间二次安检工作规范。认真抓好设备检查、线路防范、现场警卫、列车添乘等重点环节工作落实。全年执行专特运警卫任务929次，其中，一级警卫任务27次，比上年分别增加4.9%和80.0%。

不断增强反恐防范能力。下发关于进一步加强反恐怖工作的通知，管内15个站段全部成立反恐怖工作领导小组、武装保卫科和护站队，配备人员569人。187个进站通道全部落实锁闭或看护措施。积极与地方公安机关对接，共同设立联勤联动办公室，实行路地电台互换、视频互联、信息共享、统一指挥，开展联合武装巡逻，举行联合反恐演练，全面加强火车站地区反恐防范。实现每天有227名铁路和地方公安民警联合武装巡逻，路地194路视频监控互联，落实169套反恐装备以及应急救援物资储备和工作经费。

深入开展严打整治行动。以大客站为主战场，组织开展夏季治安整治行动、“秋风战役”、“猎鹰战役”打票贩行动，采取特警、交警、刑警、站警联合作战和路地联动，强力整治“黑车”滋扰、接客拉客、带客进站、倒卖车票等治安问题，确保站、车治安稳定。全年，查处治安案件756起，查处违法人员792人，其中行政拘留704人。进一步加强攻坚破案能力建设，不断完善“大刑侦”侦查破案模式。全年，共侦破刑事案件306起，抓获犯罪嫌疑人280人，其中提请批准逮捕75人、刑事拘留79人。精心组织开展站、车查缉专项行动，以精确查缉为主，以警务宝典、指纹工作站比对和岗位识别查缉为补充，全方位开展站、车查缉。全年，共查获公安部网上在逃人员995人，比上年增加16.6%，网上追逃战绩名列全路第10名、全局第2名。查破毒品案件180起，缴获毒品7.694千克。侦破“9·4”、“9·22”等重特大毒品案件。

力保铁路运输生产安全。加强线路治安防控，开展治安隐患排查整治活动和路外安全宣传月活动，发现并督促整改线路安全隐患112处，发出责令限期整改治安隐患通知书104份，完成京沪既有线16.2千米海鸥型栅栏改造。发生路外伤亡事故7起、“五类”案件1起，比上年分别减少12.5%和66.7%。开展防火和内部安全检查，提升铁路内部安全防范水平。发现整改消防、安全隐患3702起，发出隐患整改通知书57份、责令改正通知书263份，经济处罚81800元。严密安检查危措施，协调站段补充安检人员160人，累计增加安检志愿者532人。组织安检培训班5期，培训新招录安检人员186人次。全年共查获各类危险品、违禁品138491起289171件，其中管制刀具20257把，仿真枪173支，子弹5发。

扎实推进基层基础建设。2014年，投入1300万元用于所队基本建设。完成无锡所、特警支队办公用房的装修改造，新建青年民警公寓，重新装修改造29个警组办公用房，新购车辆6台、计算机48台、反恐防暴装备81套。持续推进执法办案场所规范化改造，先后对无锡、松江、客技所执法办案场所进行改造，配齐配强基层执法单位办案区域相关硬件设备。制定下发保安管理工作暂行办法、执法办案场所使用管理规定、警情先期处置工作规范、移动警务室管理暂行办法、进一步规范和保障交警严格执法指导意见、货运安检工作管理办法等一系列规范性文件。

全面加强公安队伍建设。深入开展党的群众路线教育实践活动，征集各类意见、建议871条，明确精简会议、规范日常工作等专项整治事项25项，精简各类会议13个、文件22份，梳理各类工作办法、规定367个。严格贯彻执行公安部“五条禁令”、“三项纪律”及局内的各项规定，查纠各类问题和风险隐患87起。全年，2个集体、4人荣立二等功；18个集体、96人荣立三等功；10个集体、221人获嘉奖；上海铁路公安处被上海市公安局荣记集体二等功；上海站派出所被评为“全国公安机关执法示范单位”；乘警支队沪萨大队荣获公安部“全国公安机关爱民模范”称号。（张文华）

【完成亚信峰会安保任务】 上海铁路公安处根据上级公安机关关于亚信峰会安保工作部署，围绕“五个坚决防止”和“三个确保”工作目标，落实组织、制度、措施、力量、执法、思想六项保障。成立亚信峰会安保领导小组，制定安全保卫工作总方案及公安处、所队、车站三个层面61个应急处突预案。4月28日，召开全处亚信峰会安保誓师动员大会，全面部署环沪护城河核心安保屏障建设、“五道防线”建设、治安面管控、线路安全防控、内部安全防范、警卫安全保卫工作、应急处置等工作。处领导24小时蹲点包保单位，加强检查指导。机关干部充实到一线值勤。各所队每天由正职干部带班，所队常日班人员到一线执勤，执勤大队夜班全勤。抽调24名特警驻守上海地区三大客站，会同站警采取携犬巡逻、武装巡逻和定点卡控等形式，加强对可疑人员的盘问检查。做好423名增援民警对接协调工作，落实岗位职责。成立“铁鹰”、“蓝盾”和应急处置小分队，加强治安管控、刑事打防和应急处突。开展“迎峰会、保平安、强管理、严防范”专项行动，整治突出治安问题。（张文华）

【启动地方、铁路公安联合武装巡逻模式】 5月14日，在铁路上海站南广场启动地方公安和铁路公安机关联合武装巡逻模式，打破管辖界限，共用指挥电台，联合执勤，协同处突，实现火车站区域应急行动无缝衔接，提升周边区域整体防控效能。在虹桥枢纽地区成立铁路、闵行、轨交、机场等公安机关参加的虹桥枢纽联勤办公室。上海、上海南、松江、昆山所与属地派出所共同设立联勤办公室。由铁路公安、地方公安混编组成14支联合武装巡逻队伍，在车站地区开展武装巡逻。将铁路、地方结合部视频监控接入对方指挥室，共享视频监控，实时监控路地结合部治安情况和客流秩序。将处置恐怖袭击工作预案流程、方式、原则及增援部署情况与地方公安机关对接，明确分工，针对铁路站区发生的突发事件，由“联勤办”统一指挥调度铁路、地方公安机关警力共同处置。公安处指挥中心纳入上海市公安局应急联动单位。建立定期例会制度，互通信息，分析研判警情。与地方公安机关共同制定联合整治专项行动方案，建立长效联合执法机制。上海地方公安、铁路公安联合武装巡逻在全国为率先之举。（张文华）

【开展“秋风-2014”打击倒票专项行动】 9月7日至10月9日，上海铁路公安处组织开展打击倒票“秋风-2014”战役，严厉打击倒卖车票等突出治安问题。其间，共查处倒票案件9起，抓获票贩9人，行政拘留2人，缴获车票92张，面值27735元。查处其他治安案件67起，抓获违法人员72人，行政拘留70人。实现“站区安静、周边平静、网络清净、内部干净、社会满意”的工作目标，确保中秋、国庆期间治安平稳有序。（张文华）

【举办执法办案业务培训班】 11月18日至21日，上海铁路公安处举办执法办案业务培训班。各单位分管法制工作领导、法制员及执法办案民警共47人参加培训。开班前，法监部门就当前执法办案中存在的问题开展调研，将法律文书制作不规范、办案程序不到位列为培训重点，编写针对性培训教材，增强培训实用性。培训中，开展模拟案例操作，将实际执法案例通过情景再现搬上课堂，让学员通过案件的完整办理和网上操作，把课堂上掌握的知识直观地运用到实际操作中，有效提升队伍执法水平。（张文华）

【首设危险液体检查仪】 11月4日，北京APEC峰会召开前夕，上海铁路公安处在铁路上海站、上海虹桥站、上海南站三大客运站率先引进危险液体检查仪，对进站旅客携带的液体进行精密检查，严防危险品、违禁品进站、上车。该检查仪的投用，为全国安检首创。（张文华）

【开展处置暴恐活动演练】 8月21日，上海铁路公安处与闸北、轨交公安机关首次在上海站南广场联合举行“处置砍杀暴恐袭击”演练。共出动铁路、地方公安民警、特警、武警100余人。通过联合反恐实战演练，进一步强化一线民警反恐实战意识，全面提升多警种协同配合、联勤联动、快速反应能力，为妥善处置各类突发恐怖暴力事件奠定坚实基础。（张文华）

【开展路外安全集中宣传月活动】 4月，上海铁路公安处结合管内实际，组织开展路外安全集中宣传月活动。其间，共出动宣传车29辆次，发放宣传资料23275份，悬挂横幅216幅，张贴标语247张，挂图141张，播放光盘82场次，上宣传课74场次，签订安全协议250份，受教育人数达12.5万余人。有效增强沿线群众爱路护路意识和安全意识。（张文华）

【加强警营文化建设】 6月，上海铁路公安处下发关于进一步加强警营文化社团建设的通知，启动读书写作、摄影书画、视频制作等兴趣小组，举办相关讲座5场次，逐步建立“一所一品牌、一队一特色”的公安文化体系，先后举办全处厨艺大赛和三人制篮球比赛，充分展现广大民警积极向上的精神风貌。（张文华）

【乘警支队沪萨大队被公安部评为“全国公安机关爱民模范”先进集体】 10月17日，乘警支队沪萨大队被公安部评为“全国公安机关爱民模范”先进集体。10月28日，公安部在北京人民大会堂召开全国公安机关爱民模范先进事迹报告会，沪萨大队代表出席报告会。（张文华）

【侦破“9·4”特大贩运毒品案】 9月4日，上海铁路公安处乘警在怀化开往上海南的K808次列车旅客中，查获运输毒品犯罪嫌疑人王冬冬（男，29岁，黑龙江省望奎县人）、孙京华（女，23岁，吉林省白山市人），缴获冰毒4.97千克。公安处立即成立专案组开展专案侦查，相继抓获该贩毒团伙成员邓开成（男，33岁，湖南省芷江县人）、郑丁山（男，45岁，广东省陆丰市人）等5人，缴获冰毒100克、自制子弹14发。该案的侦破工作被铁路公安局评为“2014年度全路十大优秀案例”。（张文华）

群众团体

上海市警察协会

【概况】 2014 年，上海市警察协会（以下简称市警察协会）认真学习、领会党的十八大和十八届三中、四中全会精神，围绕市局总体工作部署，积极开展调研，主动建言献策，进一步完善、拓展协会组织架构和运作机制，认真指导各区警察协会和市局业务总队分会的筹建，各项工作取得明显成效。（陈建中）

【学习贯彻党的十八届四中全会精神】 十八届四中全会公报和《关于全面推进依法治国若干问题的决定》发布后，市警察协会即组织学习、讨论，加深对全会精神的理解，明确了以依法治国理念和推动国家治理体系、治理能力现代化的战略部署统领公安基础理论研究的总体思路。利用指导基层警察协会工作和专题组稿的机会，与兄弟单位开展学习交流，并在会刊《上海公安研究》刊发学习贯彻情况。（陈建中）

【加强协会组织建设】 2 月初，市局改选市警察协会领导班子。程九龙担任协会主席，吴延安、江宪法、倪建玉、朱伟明、姚志荣担任协会副主席。年内，市警察协会进一步加强对区（县）警察协会筹建和市局各业务部门设立分会工作的指导。截至年底，有 12 个分局成立警察协会。上海铁路公安系统成立上海铁路警察协会。市局出入境管理局等设立了警察分会。还未成立协会的分（县）局也已完成筹备工作，正按登记程序报批审核。对已建立警察协会的单位，市警察协会跟进业务指导和工作交流，帮助推动工作开展。（陈建中）

【完成论文征集工作】 8 月，市警察协会完成首届东盟警务论坛论文征集工作。9 月 12 日至 13 日，参加在广西南宁举办的“东盟论坛”，并作交流发言。9 月，市警察协会完成第九届海峡两岸暨香港、澳门警学论坛论文征集工作。10 月 22 日至 23 日，协会代表出席在云南昆明举行的论坛会议。10 月，市警察协会完成全国部分城市公安理论研讨会征文工作。11 月 28 日至 29 日，参加在广西南宁举办的研讨会并交流发言。（陈建中）

【召开反恐防暴专题研讨会】 为适应公安反

恐防暴工作新形势，推动反恐防暴专业化与群众性反恐相结合，促进公安理论研究成果转化，市警察协会于7月10日组织召开“加强反恐防暴建设”专题研讨会。与会者就当前反恐防暴维稳形势、反恐防暴维稳工作中存在的问题和薄弱环节、加强反恐防暴的基层基础工作、进一步提高反恐防暴的专业化水平、构建全社会的反恐防暴工作机制等问题展开研讨，达成共识，提出具有操作性的措施、建议。（陈建中）

【开展《上海公安研究》征稿组稿工作】　为提高办刊质量，围绕法治公安建设和公安中心工作，《上海公安研究》编辑部不断调整和完善办刊、组稿模式，使刊物质量和理论指导的针对性又有新提高。3月，编辑部两次召开由各分（县）局和市局业务部门参加的组稿会，围绕公安工作的热点难点问题征集调研文章。12月，编辑部再次召开组稿会和2015年度征稿工作会，交流下一步工作打算。编辑部人员利用各种会议和到基层单位联系交流的机会，主动指导、约稿，保证刊物质量。（陈建中）

【推进《大都市公安社会治理创新集萃》编撰工作】　由市警察协会组织编撰的《大都市公安社会治理创新集萃》一书初稿于5月完成。6月底，市警察协会召开执笔作者座谈会，对书稿提出修改意见。12月底，完成第三稿统稿工作。计划2015年付梓出版。（陈建中）

【加强内外交流】　6月，市警察协会与上海公安高等专科学校合作，与台湾地区侦防协会开展合作交流，两次聘请台湾警察专家到校授课和座谈，与上海基层公安部门和公专学员开展交流。年内，与嘉兴、绍兴等地警察协会交流互访，增进了解，拓展工作思路。市警察协会还积极参与上海公民警校的日常运转，了解办学情况，支持警校开展工作。（陈建中）

上海市法医学会

【概况】　2014年，上海市法医学会（以下简称市法医学会）以刑事案件各类生物检材检验鉴定工作为重点，广泛组织、参加专业培训，积极开展学术交流，协助做好上海刑事科学技术研究院建设和上海现场物证重点实验室——省部共建国家重点实验室培育基地运行，配合中国合格评定国家认可委员会开展法医类专业检验鉴定机构实验室及质量认可工作。年内，市法医学会协同市局物证鉴定中心、市司法鉴定协会、市人身伤害司法鉴定专家委员会、司法部司法鉴定科学技术研究所、市现场物证重点实验室等单位组织学术交流活动14次，其中法医毒化1次、法医病理及法医物证各2次、质量认可6次、法庭科学3次。邀请国外学者来沪交流4人次。出国交流4人次。（王黎扬）

【完成日常检案工作】　全年，市局物证鉴定中心法医室出各类命案现场130余次，检验各类尸体600余具，出具检验鉴定文书600余份，接待法医临床鉴定5800余人次，受理1700余人次，出具检验鉴定文书1700余份。毒化室受理案件7100余起，检验各类毒物及毒品检材2万余份，出具检验鉴定文书7100余份。生物物证室受理案件8600余起，检验各类生物检材2.51万余份，出具鉴定书1600余份、检验报告7000余份。为“3·11”普陀卖淫女被杀案、“5·17”虹口丈夫杀妻伪装现场案、“10·30”青浦幼女被奸杀案等重大命案的侦破及后期证据利用提供依据。为2013年复旦投毒案二审公诉方提供有力技术支撑。在“12·31”外滩踩踏事件中，及时检验尸体并出具检验报告，为后期工作提供便利。(王黎扬)

【加强专业培训】 4月1日，市法医学会派员赴北京参加全国公安机关毒物分析会议。5月30日，在复旦大学医学院法医学院举办法医学病理及临案处置研讨会。6月17日、19日和27日，派员参加市局物证鉴定中心主办的实验室认可系列培训讲座。7月18日，生物物证室举办CNAS-CL08：2013司法鉴定/法庭科学机构能力认可准则和有关骨骼、牙齿等疑难性检材的前期处理及DNA提取方法讲座。7月25日，法医室举办CNAS-CL47司法鉴定/法庭科学机构能力认可应用说明培训讲座。7月，派员参加中国法医学会主办的全国公安机关疑难命案侦办能力提高培训班，派员赴南京参加公安部五局主办的法庭科学国家实验室认可内审员培训班。10月9日，派员赴沈阳参加公安部五局主办的全国公安机关刑事技术部门实施修改后《刑事诉讼法》培训班。(王黎扬)

【开展学术交流活动】 4月，派员赴河南参加群体性死亡事件法医学处置研讨会。7月21日，在市局物证鉴定中心举办毒物筛查技术与毒物分析最新研究成果学术报告会。9月，派员赴美国参加第25届国际人类遗传鉴定研讨会。10月4日，邀请美国田纳西州纳斯威尔法医中心负责人李峰博士，在市局物证鉴定中心就美国司法鉴定的现状、特点、鉴定结果的法律效力以及出庭质证等相关内容进行讲解。10月22日，邀请美国乔治亚瑞金斯大学大脑与行为研究所所长、西双版纳生物医学研究院院长兼首席科学家钱卓博士及美国应用遗传学研究所执行总监、北德克萨斯大学健康科学中心法医调查遗传学部门教授Bruce博士等国内外专家来沪参加“新型技术与现场物证分析”研讨会。10月27日，邀请司法部司法鉴定科学技术研究所主任法医师刘宁国在市局物证鉴定中心作鉴定人出庭的技巧和策略专题讲座。11月19日，派员赴广州参加中澳毒品信息交流会。11月26日，邀请江苏省公安厅刑事侦查局副局长周盛斌在市局刑侦总队大礼堂作刑事技术人员程序意识养成——念斌投毒案中我们输在了哪里专题讲座。11月，派员赴阿根廷参加第52届国际法庭毒物学会年会。(王黎扬)

【做好带教工作】 年内，市局物证鉴定中心法医室带教复旦大学上海医学院法医学院、华中科技大学同济医学院法医学系、皖南医学院法医学院法医学专业实习生10余人。培训内蒙古、江苏、山东等地法医11人。市局物证鉴定中心生物物证室培训山东、广西技术人员3人，培训浦东、闵行、嘉定、普陀、金山、松江、杨浦、虹口等分局技术人员12人。(王黎扬)

【获得多项奖励、荣誉】 市局物证鉴定中心毒化室“毒物分析中样品前处理关键技术研究”获公安部科学技术奖三等奖、“法庭科学毒物分析平台关键技术研究”获市局科学技术项目奖一等奖。市局物证鉴定中心法医室现场组被授予上海市“五一劳动奖章”，获“上海市青年文明号”称号，荣立集体二等功。市局物证鉴定中心生物物证室获得市局“打防严保”优秀青年突击队荣誉称号。(王黎扬)

上海市刑事科学技术协会

【概况】 2014年，上海市刑事科学技术协会(以下简称市刑技协会)协助市局刑事科学技术研究管理中心(以下简称市局刑技中心)和上海市刑事科学技术研究院(以下简称刑科院)及上海市现场物证重点实验室——省部共建国家重点实验室培育基地(以下简称现场物证重点实验室)开展学术活动，协会会员参与举办学术会议和技术讲座11次，参加国际专业学术会议4次、国内学术与技术交流会3次。获得专利授权2项，申报发明专利6项。有3个市级、5个局级和15个自立项目获得立项经费资助，有5项省部级、3项市局级课题通过专家验收。1项研究成果获公安部科技项目奖三等奖，1项研究成果获市局科技项目奖一等奖，1项研究成果获市局科技项目奖二等奖，1项研究成果获公安部全国公安基层技术革新奖二等奖。(张润生)

【做好重大安保工作】 年内，市刑技协会专业会员全力投入春节、国庆和“两会”、亚信峰会等重大安保工作中，参与零点清网专项行动7次。警犬队在亚信峰会安保工作中出勤安检现场49场次，派遣携犬民警和警犬327人、犬次。警犬队还派员参与南京青奥会和北京APEC会议安保增援工作，向全国展现上海市公安局警犬专业风采。(张润生)

【参与实战办案】 全年，市局刑技中心勘查各类重大刑事案件现场591起(其中凶杀命案133起)。全市刑技部门“十类”重点案件现场勘验率100%、痕迹物证提取率86.0%、痕迹物证作用率20.0%。市局刑技中心专业实验室共受理各类案件物证检验鉴定22335起，出具鉴定书或检验报告21818份，其中检验毒品案件4957起，检验鉴定质量准确率100%。(张润生)

【推进基层实验室建设】 市刑技协会积极协助市局刑技中心推进分(县)局刑科所毒化专业、生物物证专业实验室建设，先后对浦东、闵行、长宁、普陀、宝山、松江、嘉定、黄浦等刑科所实验室场地规划、实验用房图纸与装修、分析仪器装备配置与引进等提出意见、建议。培养分(县)局刑科所毒化与DNA检验专业技术人员。为分(县)局刑科所采购刑技装备提供招标业务指导。(张润生)

【信息化系统应用成果显著】 市刑技协会各专业会员积极参与三大类刑技信息化系统数据库建设、管理与信息应用，加强指纹信息采集质量监控，提高DNA数据入库质量和足迹(鞋印)入库数量。年内，指纹自动识别系统数据信息入库23.2万人份，查询比中犯罪嫌疑人1929人，破案2765起。法庭科学DNA数据库入库信息100455人份，查询比中犯罪嫌疑人1351人，查中案件1402起，串并案件

 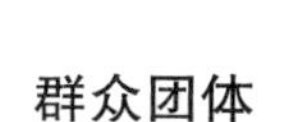

139串361起。利用足迹（鞋印）自动识别系统串并案件1238串4197起，查中犯罪嫌疑人85人，破案192起。（张润生）

【科研攻关取得新绩效】 市刑技协会各专业委员会积极参与科研工作，便携式拉曼光谱仪研制和疑难物证检测分析技术的应用研究等4项新课题获得省部级科研经费立项资助，多参数脑电波在心理测试中的应用等7项新课题获得市局科研经费立项资助，手印中微生物群落结构特征的个体差异性探究等15项课题获得现场物证重点实验室科研经费开放课题立项资助。马钱子生物碱中毒的检测与判定关键技术、疑难电气火灾物证鉴定技术研究和关于DNA适体探针案发现场快速检测毒品的新技术建立等5项省部级课题，枪弹弹头及工具线状痕迹建档、检索、自动比对系统和涉案枪支发射药残留物快速检测技术研究等3项市局课题通过科技管理部门组织的专家验收。毒物分析中样品前处理关键技术研究课题获公安部科学技术奖三等奖，法庭科学毒物分析平台关键技术研究课题获市局科技项目奖一等奖，多用途潜在痕迹物证专业显现设备课题获市局科技项目奖二等奖，法庭科学多向可控物证摄影载物平台项目获公安部全国公安基层技术革新奖二等奖。全年，各专业会员共发表论文45篇，其中5篇论文被SCI杂志收录刊登。向国内专业学术与技术交流会提交论文2篇。向国外专业学术年会交流会提交论文4篇，并被大会采用。（张润生）

【开展实验室质量体系文件换版工作】 市刑技协会协助市局刑技中心举办实验室认可系列讲座，邀请国内专家就CNAS－CL08：2013《司法鉴定/法庭科学机构能力认可准则》、管理评审及内部审核、7个法庭科学专业领域应用说明（2014年版）要点、编写实验室新版体系文件需要关注的重点等进行讲解。180余名刑技、文职人员参加培训。抽调各专业实验室骨干对中心管理体系质量手册、程序文件、规章制度、作业指导书及相关质量表格进行整体修改，完成换版工作。做好各专业实验室作业指导书、规章制度和技术应用表格的修订改版工作，并对分（县）局刑科所实验室质量认可体系运行进行业务指导。（张润生）

【开展培训工作】 针对新《刑事诉讼法》规定鉴定人需出庭作证的要求，市刑技协会协助刑技中心举办“美国司法鉴定的现状、特点、鉴定结果的法律效力以及出庭质证”和“鉴定人出庭的技巧和策略”学术讲座，邀请国内外法庭科学领域专家进行讲解，并就具体问题和应对策略进行专业辅导，增强出庭意识和法庭质证应对技能。40余人参加培训。4月23日至25日，市刑技中心组织分（县）局60名刑技人员，开展涉爆案件现场快速处置培训及模拟演练、考核，举行涉爆案件现场快速处置大比武，全面提升基层涉爆案件快速处置能力。（张润生）

【开展学术、技术交流】 年内，市刑技协会各专业会员参加国际学术交流会4次，参加国内学术交流与技术报告会3次。8月4日至7日，参加在北京举办的中国化学会第29届学术年会。9月28日至10月2日，参加在美国亚利桑那州凤凰城举办的第25届国际人类遗传鉴定研讨大会，并现场展示研发的DNA试剂盒。10月12日至18日，参加在韩国首尔举办的第6届亚洲法庭科学学会年会暨第20届国际法庭科学协会交流会。10月18日至22日，参加在上海举办的第九届成像光谱技术与应用研讨会暨交叉学科论坛，探讨如何在刑事技术领域应用转化利光谱成像新技术。11月8日至16日，参加在阿根廷布宜诺斯艾利斯举办的第52届国际法庭毒物学年会，“使用在线固相萃取高效液相色谱飞行时间质谱法筛查人全血中的药物和毒物”被大会以海报形式展出交流。11月14日至21日，参加在美国华盛顿举办的第44届美国神经系统科学学年会。12月22日至24日，参加在山东青岛举办的法庭科学毒物分析与毒理专业高级研讨会。（张润生）

研讨新技术应用　（张润生提供）

【参与承办学术会议】　市刑技协会协助中国刑科协理化检验专业委员会、市局刑技中心和刑科院以及现场物证重点实验室开展学术交流活动。5月14日，在上海举办刑科院——上海微系统与信息技术研究所合作与交流学术交流活动。6月5日，在上海举办上海市现场物证重点实验室、法医物证学现场应用技术公安部重点实验室2013—2014年学术委员会会议。6月17日、19日和27日在上海举办实验室认可系列培训讲座，特邀中国合格评定国家认可委员会王彦斌博士、上海市出入境检验检疫局俞秋蓉、福建出入境检验检疫局郑腾讲解实验室认可换版相关政策要求。7月21日，在上海举办毒物筛查技术与毒物分析最新研究成果学术报告会，了解国际先进分析技术，为开展毒物筛查技术研究提供资料。9月2日至4日，市刑技协会受中国刑事科学技术协会理化专业分委会委托，在江苏镇江举办2014年中国刑科协理化检验专业委员会学术交流会。9月22日至24日，在上海举办刑事影像检验新技术暨公安部技术交流培训计划项目研讨会，探讨影像检验新技术的应用与发展。10月4日，在上海举办美国司法鉴定的现状、特点、鉴定结果的法律效力以及出庭质证学术讲座。10月22日，在上海举办新型技术与现场物证分析研讨会，邀请美国技术专家作专题报告。（张润生）

【加强科技、专业协作】 市刑技协会加强与复旦大学、中科院上海技术物理研究所、中国医药工业研究总院的合作，深化与中科院上海有机化学研究所、上海微信息与系统研究所、上海硅酸盐研究所和华东理工大学、同济大学、华东师范大学、第二军医大学、中国人民公安大学和中国刑警学院以及云南西双版纳州生物医学重点实验室（BBRI）的联系，发挥专家作用，共建联合实验室，开展科技攻关研究，进一步提升刑事技术理论水平和应用研究能力。市刑技协会专业技术专家还受邀到山东、浙江、安徽等省为刑事技术专业培训班授课，提供支持。(张润生)

【做好人才培养工作】 年内，刑技专业招收硕士研究生4名，取得毕业证书和硕士学位证书2名，合作指导2名。带教多名外省市刑事技术专业人员，培训分（县）局刑科所毒化、DNA专业技术人员，参加进修、培训的刑事技术人员均通过考核，取得结业证书。协助市局政治部人事处做好2014年度上海市刑事技术人员的职称申报和高级推荐、中初级评审工作，完成上海刑事技术专业人才职称评审工作。(张润生)

【办好《上海刑事技术》】 市刑技协会为奋斗在一线的刑技人员提供专业技术交流与学习的平台，年内，面向刑事技术基层一线的技术人员征集专业技术论文，精心组稿和编审，编辑出版两期《上海刑事技术》刊物（总第47、48期），录用刊登专业技术论文59篇。(张润生)

上海市消防协会

【概况】 2014年，上海市消防协会（以下简称市消防协会）认真贯彻落实中央、市委为规范社会团体行为制定的一系列新规定和市公安局、市消防局的具体要求，坚持依法依规、按章办会，严格规范自身行为，积极提供优质服务，组织开展消防学术交流活动、消防安全技术咨询服务、消防行业协调管理服务和社会消防教育培训，较好地完成理事会确定的年度工作任务。(胡亚明)

【召开常务理事会六届三次会议】 2月28日，协会会长赵子新主持召开常务理事会六届三次会议，会议审议通过2013年协会工作报告、财务报告和2014年协会工作要点。会议充分肯定2013年协会在会员发展和服务、行业管理和服务、社会化消防工作推进、自身建设等方面取得的成效。(胡亚明)

【调整协会负责人】 为贯彻执行中央和市委关于从严控制规范管理党政机关领导干部兼任社会组织职务的一系列规定，9月25日，协会召开理事会六届三次会议，会议审议通过调整协会领导机构和各联络处负责人、增补理事、常务理事的决议，决定接受市消防局局长赵子新不再担任市消防协会会长、法定代表人和市民防办巡视员，孙晓波不再担任市消防协会副会长的请求。决定各公安消防支队支队长不再兼任协会联络处主任，决定常务副会长李铁山

为协会法定代表人，周建中、高惠荣、栾肇贵为常务理事。（胡亚明）

【举办消防保安技术设备展会】 11月9日至11日，由市消防协会主办、上海协作国际展览有限公司承办的2014上海国际消防保安技术设备展览会在上海展览中心举行。展会以“科技引领消防安全，共筑和谐平安”为主题，集中展示当今国际前沿的消防科研成果。国际国内240多家知名消防产品生产厂商、消防科研和产品检验及认证机构参展，展位600余个，展览面积12500平方米。姜平、白少康等市领导及有关委办局领导前往观摩。参观人数4万余人次。（胡亚明）

【加强消防知识宣传】 年初，市消防协会与上海消防科技服务中心举办为期三个月的电气防火知识竞赛。7月至8月，协会组织开展“我的班级我的消防”中小学生暑期网络消防知识竞赛暨少年消防夏令营活动，有近2万名中小学生参与网络消防知识竞赛，3000名中小学生参加少年消防夏令营活动。消防协会网开辟栏目30余个，登入各类信息752条，访问总量达479040人次，协会网已成为宣传消防、普及消防、服务消防的重要平台之一。年内，协会各联络处积极配合市消防学校组织开展社会消防教育培训，共培训消防职业资格和消防重点岗位等各类人员53628人次。（胡亚明）

【组织“三优”评选活动】 为进一步推动上海市消防行业形成遵规守法、诚信自律、争先创优，积极为社会、为行业服务的良好氛围，市消防协会消防产业分会组织开展优秀企业、优秀企业家、优秀专家评选活动。评选出上海松江飞繁电子有限公司等21家优秀企业、徐凡钢等13名优秀企业家和仇春仙等3名优秀专家。（胡亚明）

【推进政社分离】 6月，为贯彻执行上级有关行政部门与社会团体分离的要求，市消防协会和所属上海消防科技服务中心退回借用市消防局的所有现役官兵、合同制人员，归还借用的部队车辆，关闭建筑消防设施检测业务统一管理平台。（胡亚明）

【举办消防学术年会】 9月19日，市消防协会在市科学会堂举办2014年上海市消防协会科学技术年会，常务副会长李铁山等协会领导与120多位代表出席会议。副会长李金文主持会议。总工程师李惠菁、副会长沈林龙分别代表市消防局、市消防协会致辞。李金文、曾杰、薛林等9位专家、学者交流发言。（胡亚明）

【荣获论文征集优秀组织奖】 10月21日，在2014年中国消防协会科学技术年会上，市消防协会荣获论文征集优秀组织奖。市消防协会推荐的70余篇论文，在中国消防协会及相关专业委员会举办的学术交流活动中有31篇论文分获一、二、三等奖。（胡亚明）

上海市道路交通安全协会

【概况】 2014年，上海市道路交通安全协会（以下简称市交通安全协会）围绕“加强交通安全源头管理，努力促进和提升车辆单位安全监管水平”总体要求，发挥社团组织优势，为确保道路交通安全和畅通作出积极努力。（官宝）

【组织开展安全行车巡回宣讲活动】 市交通安全协会根据亚信峰会交通安保工作总体要求，组织12位长期从事道路交通安全管理工作、教育经验丰富的专家，围绕交通安全、文明出行、事故预防等主题，结合安全行车、事故案例，确定交通安全法规知识普及、单位安全行车监管、驾驶车辆预防事故、交通事故案例分析等内容，深入24家科技系统、部队院校、街道社区、运输企业，向2430名安全干部、管理人员和驾驶人详细讲解交通法律法规、安全防护等知识。（官宝）

【参与交通安全源头管理】 市交通安全协会围绕市局交警总队降违法行为、减交通事故工作目标，会同市道路运输、道路危货运输、公交、环卫等行业协会，举行4次交通运输行业协会交通安全工作联席会议，共同研究和分析会员单位的运输企业在安全行车监管工作方面存在的不足与问题，认真查找安全行车隐患，督促交通安全责任的落实。与相关行业协会协同对从事危险品运输和大型货物运输的35家重点单位，开展交通安全专项评估。邀请6名专家以有隐患车必查、有问题必落实解决方式，实施安全抽查。对从事道路危险货物运输的655辆运输车辆的安全行驶情况实施“扫描式”违法事故信息查询，并向相关交通运输行业协会提供1610条车辆运行情况信息。（官宝）

【完善交通安全“星级”评定工作】 市交通安全协会会同市道路运输、公交、出租汽车、危货运输等行业协会，持续开展交通安全资信等级“星级”评审工作。年内，组织6名专家对交通安全资信评审“星级”评定标准进行研究，并根据评审实际情况，修订、完善一、二、三星级评定标准，制定、推出“四星”、“五星”级评定标准，对37家申报交通安全“星级”评审的车辆运输企业开展“星级”评定。对申报企业的70辆运输车辆实施安全检验，对111名安全干部和驾驶人进行安全行车、预防事故辅导并组织考试。会同资信评审机构，将评审情况向各行业协会和上级主管部门通报。（官宝）

【开展交通安全专项评估工作】 市交通安全协会与市环卫行业协会所属的从事渣土运输、清洁运输的两家专业委员会，围绕强化和推进环卫运输安全教育和安全行车管理，组织4名考核评估专家，对环卫行业从事渣土、清洁运输的58家车辆单位，开展安全行车状况检查评估，对所属115辆车的安全状况进行安全检查，对60名安全管理人员和330名驾驶人实施专题辅导培训、考试。其中，向11家运输单位发出整改通知书，要求及时消除安全隐患，并向上级主管部门通报。（官宝）

上海市企事业单位治安保卫协会

【概况】 2014年，上海市企事业单位治安保卫协会（以下简称市内保协会）深入贯彻落实《企事业单位内部治安保卫条例》，以服务会员单位、保障群众利益为目标，以关注民生、探索社会防控新举措为思路，重点协助市公安局在企事业单位开展亚信峰会安保工作，全面落实各项措施，增强会员单位防范不法侵害能力，确保重点单位和重要目标安全。

协会重视理事会领导作用，完善警企交流平台，坚持议事制度，增强服务理念，加强内部各项管理和自律建设。在亚信峰会等安保工作中，充分利用协会主办的《上海内保》信息平台功能，协助维护企业治安稳定，加大重要基础设施保护力度，建立医院、校园安全工作委员会，深入开展防阻电信诈骗犯罪，开展“企业创安”、“金融机构安全评估”，指导会员单位保卫组织建设，加强保卫职业资格培训和保安岗位培训，组织内保业务调研和理论研究，为上海社会稳定和经济发展作贡献。（俞维镛）

【指导做好亚信峰会安保工作】 市内保协会根据市公安局关于亚信峰会安保工作部署，坚决落实亚信峰会“五个坚决防止”、“三个确保”总要求。4月19日，市公安局召开亚信峰会安保工作誓师动员大会后，协会分别召开全体会员单位治安责任人会议和治安保卫人员会议，发动各单位进入亚信峰会安保临战状态。各会员单位结合本行业、本单位实际，层层部署，加强安全检查，自查自纠治安隐患，督促重点单位、重要部位落实内部安保主体责任。峰会期间，协会会员单位所属各变电站、油库、燃气阀站、水厂（库）、银行金库等重点部位明确安保责任，制定防恐防暴预案，完善各项应急机制，确保亚信峰会防控措施落实到位。市电力公司、城投总公司、燃气集团、中石化上海分公司等会员单位组织力量对全市10万伏以上变电站、大型油库、燃气高压站、储配站及超高压输电线路等重要基础设施开展全覆盖安全检查、守护。市建工集团建立外来务工人员身份信息采集数据平台，及时、全面掌控每个建筑工地用工情况。上海电信公司加强对亚信峰会主要场馆区域周边电信管道巡护、值守。各石油企业严控散装汽油购销，在全市886家加油（气）站建立由2900余人组成的治安信息队伍，发现上报治安信息291条。（俞维镛）

【维护企事业单位内部治安稳定】 市内保协会把不稳定因素排摸作为维护内部治安稳定的基础工作，定期组织会员单位开展不稳定因素排摸，主动采取疏导、控制等措施，确保各种矛盾消除在内部、化解在萌芽状态。通过排摸，全年发现控制各类不稳定事件190余起，未发生影响全市治安的重大事件。年内，上海医药集团下属企业因厂房动迁多次引发群体性上访事件，协会配合公安机关，指导企业成立专门工作小组，摸清情况，制定处置预案，落实防范措施，有效地化解了矛盾纠纷。5月，协会协助中信建投证券公司对闹访者做了大量

接待、劝解与安抚工作，使闹访事件得到圆满解决。（俞维镛）

【召开九届三次会员大会】　12月18日，市内保协会在上海展览中心友谊会堂召开九届三次会员大会。市人大常委会委员、市内保协会会长马新生报告协会第九届理事会工作，部署2015年协会工作。市局治安总队领导宣读表彰2014年本市企事业单位治安保卫先进集体、个人和“创安”单位决定。会上，协会分别与上海市医药集团、上海农商银行签订2015年度治安责任书。市局副局长陆民出席会议并讲话。（俞维镛）

【设立医院、校园安全工作委员会】　为切实加强医院、校园安全，市内保协会协调市卫计委、上海申康医院发展中心以及市教委等部门，于3月27日、4月25日分别在上海公安博物馆和延安中学，成立医院、校园两个安全工作委员会，初步形成医警、校警协作机制。市内保协会医院安全工作委员会成立后，指导本市仁济、肺科等18家三级医院配备特保队员，维护医院治安秩序，保障医务人员人身安全。根据市公安局、市卫计委联合下发医患纠纷过激行为预防和处置流程要求，协助本市各大医院建立涉医突发案（事）件应急处置“一院一方案、一院一机制”。年内，协会医院安全工作委员会会员单位配合公安机关破获全国首例涉及血透病人虚开药品卖药案等案件17起、抓获涉案人员30人。亚信峰会期间，协会校园安全工作委员会要求全市校园采取日常驻校1门2保安守护，上、放学时段采取叠加保安护校措施。编写学校保安护校培训讲义，配合组织全市1.6万余名保安进行专业轮训。推动市、区两级内保协会和公安治安部门，分别与教育主管部门建立校园防范双月督导检查制度，全年对小学、幼儿园检查1.4万次，发现并整改治安隐患730处，查处校园周边治安隐患场所77家，抓获违法犯罪嫌疑人83人。（俞维镛）

【防阻电信诈骗取得显著成效】　为遏制电信诈骗案件多发势头，市内保协会指导各银行金融机构建立健全警银防阻电信诈骗合作机制，督促各银行营业网点落实柜面转账“四询问一告知”、“四核实”、“七步工作法”等防阻措施，大力推行“转账专区、专柜”，开通防阻电信诈骗“微信群”、“QQ群”，广泛开展防阻电信诈骗宣传、提示、劝阻等工作。加强“网上银行”前端防范，在“网银”交易、转账操作界面发布风险提示及安全教育内容等，增强客户防范电信诈骗能力，提升银行柜面防阻电信诈骗成功率。全年，公安机关联手银行共侦破各类电信诈骗案件2624起，抓获电信诈骗犯罪嫌疑人1086人，其中银行一线柜面员工成功防阻电信诈骗案件996起，挽回直接经济损失6140万元。（俞维镛）

【开展“创安”、“安全评估”活动】　市内保协会配合市局治安总队继续开展创建“治安安全合格单位”、“金融机构安全评估”活动，进一步夯实企事业单位内部治安保卫基础。通过单位自查自评申报、分局复查和市局治安总队验收，国网上海市电力公司等440家企业达到“创安”标准。根据上海银监局、市局对银行营业网点每两年开展一次安全评估的要求，协会协调区、县内保协会对全市银行营业网点、金库开展安全评估自查自评活动，提高银行营业网点、金库的自防自卫能力。（俞维镛）

【吸收92家单位加入协会】 年内，本市38家三级医院，54所重点中小学校、幼儿园自愿加入协会，成为协会会员单位。会员单位总数达272家。(俞维镛)

【加强基层调研】 6月25日，市内保协会会长马新生率领协会副会长、常务理事18人，到正泰电气股份有限公司调研，开展现场安全检查，针对电气制造行业发展前景，共同为该公司安保工作找隐患、提意见，出谋献策。10月23日，协会专职副会长孟全福、常务理事冯永平等一行到第十人民医院，就医院安全工作委员会业务建设开展调研，推动医院安全工作委员会各项工作。(俞维镛)

【召开理事会议】 12月5日，市内保协会在上海电力公司老干部活动室，召开九届五次常务理事会议，审议2014年协会工作报告、部分常务理事成员调整议案，警企领导共商行业安保工作。(俞维镛)

【组织保卫职业资格和“保安员证”培训】 年内，市内保协会所属上海市保卫干部培训中心，完善、充实保卫人员职业标准、保卫人员职业培训计划、保卫人员职业培训大纲和新编教材、题库，培训17181人，其中国家保卫职业资格培训2479人（高级保卫师314人，保卫师422人，助理保卫师461人，中级保卫员1232人）。国家保安员证培训12232人。组织中小学校、幼儿园保安员护校培训2364人。协会受公安部三局委托，为国家保安职业教育培训修订、编撰了五个等级的保安职业培训教材。协会与上海立信会计学院合作，共办国家成人大专安保管理专业，在校大专生106人。(俞维镛)

【开展先进表彰活动】 9月至12月，市内保协会会同市局治安总队开展2014年本市企事业单位治安保卫先进集体和先进个人评选表彰活动，通过民主评议推荐，逐级审核审批，对百联集团有限公司等237个单位（保卫组织）和中国电信股份有限公司上海分公司副总经理马明等328名治安责任人（保卫人员）予以表彰。(俞维镛)

【组织调研文章评选】 7月至12月，市内保协会会同市局治安总队以“完善上海社会治安防控建设，提升维护社会稳定能力”为主题，在全市内保系统开展第十三届上海内保调研文章评选活动。其间共收到调研、理论文章121篇，评出一等奖1篇、二等奖2篇、三等奖5篇、鼓励奖10篇及组织奖3个。(俞维镛)

【办好《上海内保》会刊】 市内保协会主办的《上海内保》会刊，坚持面向企业、服务基层的办刊方针，紧紧围绕市公安局关于做好亚信峰会安保工作要求，布置落实各项安保宣传报道，加大对亚信峰会安保宣传力度。全年刊载中央、市委、公安部、市局等领导机关对安保工作指示、要求25篇，亚信峰会安保宣传报道72篇，企业领导、治安保卫先进人物专访特稿46篇，总结内保经验32篇，实时动态270篇，专题短评24篇，防范新招27篇，前沿卫士46篇。为提高亚信峰会安保通讯报道质量，增强会刊的实用性和针对性，协会及时扩大通讯员队伍，组织通讯员业务培训，增设专栏和页面，使会刊质量又有新的提高。(俞维镛)

上海安全防范报警协会

【概况】 2014年，上海安全防范报警协会（以下简称上海安防协会）围绕服务安防行业发展、服务社会治安防控体系建设，狠抓能力提升和各项工作落实，取得一定成效。全年，安防从业单位1300余家，从业人员5万人，行业总资产140亿余元，行业总产值90亿余元，其中，安防产品产值27亿余元，安防工程产值（包括联网报警运营及维护保养服务等）59亿余元。年内，通过市局技防办资质核准工程企业551家，比上年增长1.28%。其中，一级工程单位140家，二级工程单位125家，三级工程单位286家。新入会安防企业30余家。（张俊杰）

【开展行业统计工作】 为掌握上海安防行业整体发展现状及行业发展趋势，为政府主管部门决策和行业发展提供参考、服务，安防协会开展走访、调研业内主要产品企业及工程情况、下发行业统计报表等，探索制订适合上海安防行业发展的统计工作标准与制度化管理措施，使安防行业统计工作和组织管理步入常规化。年内，在《上海技防》杂志先后发布全市2013年度新建房地产项目总体情况，2013年度金融行业总体情况，2013年度全市中小幼学校总体情况等多份行业调研报告。（张俊杰）

【做好专业技术职称评审工作】 年内，通过评审，为37名初级专业技术人员（助理工程师）颁发初级专业技术职务资格证书，为11人颁发中级专业技术职务资格证书。截至年底，协会会员单位获得初级专业技术职务资格证书的专业技术人员1193人（其中技术员177人、助理工程师1016人），获得中级专业技术职务资格证书的专业技术人员220人，获得高级专业技术职务资格证书的专业技术人员15人，初步形成一支结构合理、专业齐全的地方技防专家队伍。（张俊杰）

【参与行业标准修订、起草工作】 上海安防协会组织相关单位、专家参与本市地方技术标准的修订、起草工作，其中修订重点单位重要部位第八部分：旅馆、商务办公楼，第十八部分：渡轮、游览船，第十九部分：寄递单位等行业标准。起草本市视频安防监控用彩色数字摄像机技术规范、离线交互式动态编码电子锁技术规范、身份采集控制系统技术规范和组合识别技术规范。（张俊杰）

【加强技防专家队伍建设】 技防专家由管理委员会2013年成立时的75人增聘到187人，其中综合专家23人，工程专家62人，咨询专家100人，荣誉专家2人。年内，协会组织两场专家增聘考试。年底，协会组织优秀技防专家评选，通过初评、网上投票、专家大会投票，从187名技防专家中，评选出15位优秀技防专家。（张俊杰）

【举办业务技能培训】 为加强技防单位规范化管理，提高技防从业人员素质，确保技防工程质量，上海安防协会举办技防业务和技能培训5期。培训主要围绕最新国家标准、行业标准、技术规范以及业务实际操作等内容，并向考试合格的技术人员颁发合格证书。全市技防单位技术人员2000余人参加培训。(张俊杰)

【发挥一刊一网交流、服务作用】 2014年《上海技防》杂志全面改版，从技术报道转为实战报道，在原有栏目基础上扩大“走进公安”、“案件聚焦”等贴近公安实战栏目的篇幅，并加强与公安机关联系，发展技防民警通讯员参与案例分析与技术讨论。新版“上海安防网”新增技防监督管理平台等多项功能。年内，网站更新基本资讯4150条，制作时事专题3个，发布企业专访18篇，发表网站原创稿件120余篇，成为广大会员及从业人员了解政策、了解行业、了解协会的重要平台。(张俊杰)

【组织技防新产品、新技术交流】 年内，上海安防协会积极推进技防技术和产品更新换代，精心做好新产品、新技术的推广，会同市局技防办和有关会员单位举办新品发布会8场、产品鉴定会4场。组织技防业务培训4场，重点单位（高校、医院、金融）行业专场讲座3场，安防技术论坛（视频监控、智能家居）2场，有3000人次技防单位技术人员参加。(张俊杰)

【举办第14届上海公共安全产品国际博览会】 6月3日至5日，上海安防协会在上海世博展览馆举办第14届上海公共安全产品国际博览会，推出全方位、多样化、多系列、多层次安防整体解决方案，安防系统的高清化、智能化、网络化进一步提高。展会共有300多家知名企业参加，5万人次到场参观，创下历年之最。(张俊杰)

【监管平台上线】 7月1日，上海技防监管平台正式上线，项目申报评审验收实现网上操作。截至年底，共有781家企业通过监管平台申报1200个项目，其中一级资质工程企业141家，二级资质工程企业136家，三级资质工程企业307家，原有资质工程企业156家，临时资质工程企业41家。(张俊杰)

上海市保安服务行业协会

【概况】 2014年，上海保安服务行业协会（以下简称市保安协会）坚持“服务企业、规范行业、发展产业”宗旨，积极配合公安机关实现“服务、自律、协调、代表”四大职能，提高保安服务行业整体竞争力，确保上海保安服务市场规范、有序、健康发展。全年，全市会员单位派驻客户单位总数7754家，派驻保安员总数8.3万余人。服务展览、展销、文艺体育等大型活动621次，投入保安力量4.3万余人次。承担专项保安服务389批，比上年增长2.0%。全市保安区域联网报警系统入网用户总数65084户，比上年增加7.2%。通过“电子警察”监控系统收集交通违法信息并寄发处罚决定书110余万件。押运公司投入运行防弹运钞车798辆。承接金融网点7630个，比上年增加1512个。承接上门收款客户5611家。守护金库44个。承接临时押运业务2184次。全年，开展防火防盗安全检查42万余次，消

除各类事故隐患和不安全因素1万余起，发现和扑灭火警185起。保安员制止违法犯罪活动1600余起，扭获违法犯罪嫌疑人1652人。根据区域联网报警系统准确报警，抓获违法犯罪嫌疑人600余人，制止现行偷、盗窃等违法犯罪活动5000余起。全年，全市保安员做好人好事3万余件，其中拾物交公3287次，价值1873万余元。抢险救灾、救危解困3464起。(张振宁)

【加强行业管理】 年内，市保安协会协助市局治安总队做好制定保安服务地方标准的材料收集、汇总等准备工作。会同行业主管部门、市保安干部培训中心开展前期调研，考察部分保安服务企业、重点单位。协调上海市质量技术监督局启动保安服务标准立项、制定工作。8月1日出台上海保安服务行业第一部地方标准“重点单位保安服务要求第一部分：基本要求”。自2013年10月正式实施保安服务企业等级评定办法以来，协会共收到等级评定申请100余份，经过材料审核、现场勘查和主管部门复审，62家会员单位取得一、二、三级资质等级。由于2014年度保安服务人力资源成本调整幅度较大，协会通过市场调研，更新税收计算方式，发布上海市保安服务行业协会2014年人力防范最低合同指导价和保安员最低工资标准，为会员单位签订服务合同提供新的行业标准。(张振宁)

【举办第二届上海保安高峰论坛】 6月3日至5日，市保安协会在第14届安博会期间举办第二届上海保安高峰论坛。论坛以“规范行业、发展企业”为主题，针对企业资质评定、公安企业改制后的保安服务行业发展等问题，邀请主管部门领导、国内外专家解析市场和企业发展现状。通过政策解读、理念灌输和经验交流，引导企业规范经营，增强核心竞争力。(张振宁)

【开展行业基础调研】 为进一步了解挂靠、分包、低价竞争等行为对保安服务市场造成的影响，了解企业登记评定工作的实际成效，为行业主管部门和协会制定相应政策、法规打下基础，协会在3月、6月、9月分别对企业用工成本、队伍流失情况、保安服务价格、保安员工资待遇等开展行业基础调研，全面分析市场行情、企业动态、客户需求等情况，形成2014年上半年市场分析报告、上海特卫业务市场情况分析报告和保安服务企业经营瓶颈调研报告，指导保安服务企业组建符合行业主管部门要求，适应行业发展的专业保安队伍，满足市场需要。(张振宁)

【举办系列培训】 7月至9月，市保安协会组织法律、管理、摄影、写作三期培训，邀请协会法律顾问、摄影师、撰稿人、编辑讲授相关知识。通过培训，帮助会员单位规范用工合同，提高业务能力、职业素养和企业形象。年内，举办人防岗前培训396期，队长培训16期，技术人员培训23期，押运队员培训12期，管理人员培训6期，社会人员培训60期。三所保安培训学校完成五级保安员培训33期4756人，四级保安员培训8期1157人，三级助理保卫师培训3期217人，二级保卫师培训10期795人，高级保卫师培训1期54人。(张振宁)

【加强协会自身建设】 市保安协会持续投入办公经费维护、更新设备，引进专业对口人才，制定完善各项管理制度。按照市社团管理局评级要求，对各项工作进行审查、评估，归纳汇总，形成书面材料于10月下旬向社团管理局申请评级。年内，协会继续加强“一刊一网”建设，更新杂志、网站栏目设置，真实反映保安员的“衣、食、住、行”和保安服务企业发展情况。及时报道行业政策变化，引导企业向规范化、制度化、多元化方向发展。《上海保安》努力提高文字、照片质量，增强可读性、指导性。年内，协会新招聘3名工作人员，新聘人员全部具有大学本科以上学历。（张振宁）

上海市信息网络安全管理协会

【概况】 2014年，上海市信息网络安全管理协会（以下简称市网安协会）开展网络社会诚信建设，组织互联网网站安全培训，举办“2014网络犯罪与社会安全（中国）论坛”，主办“大数据环境下的信息安全沙龙”、“上海市第三届安全网站颁奖暨上海市优秀信息网络安全员、上海市安全接入服务单位表彰大会”等活动。通过提高协会服务水平，扩大会员规模，吸纳“华为”、“证大喜马拉雅”、“商派”等知名互联网单位入会。年内，会员总数达到212家。（王琮）

【承办2014网络犯罪与社会安全（中国）论坛】 为促进信息网络行业的理论创新和学术交流，推动打击网络犯罪和信息安全等相关学科的发展，6月12日至13日，市网安协会与公安部第三研究所、上海防灾安全策略研究中心共同承办“2014网络犯罪与社会安全（中国）论坛”。各省市公安、信息安全部门，各有关大专院校、互联网企业以及国内外专家等490余位代表与会。市局副局长陆卫东出席开幕式并致辞。（王琮）

【征信网推送项目入选上海公安便民利民十项措施】 12月29日，由征信网推送的“青少年安全上网助手”和“网站安全体检”入选上海公安便民利民十项措施。“青少年安全上网助手”全面支持各种终端及上网环境，试运行期间，日均拦截不良网站2.1万次，拦截不良广告4.3万次。“网站安全体检”为本市网站进行免费安全体检，使网站了解自身的运行情况、安全漏洞、故障发生的时间与位置，并作出调整和改进措施，保障网站正常运行。（王琮）

【召开换届会员大会】 根据《上海市信息网络安全管理协会章程》规定，协会会员大会每届任期4年。7月17日，市网安协会召开换届大会，选举产生新一届理事会。同日，召开第二届第一次理事会，选举产生新一届领导机构。李建华连任会长。（王琮）

【举办互联网信息安全培训】 10月20日，市网安协会举办第一期互联网信息安全培训。培训以信息安全保护管理制度、违法信息发现和应急处置、信息安全技术措施、网站安全防范等为重点，起点中文网、驴妈妈旅游网等本市24家互联网网站信息安全负责人参加培训。11

月11日，举办第二期互联网信息安全培训。培训就有关违法信息应急响应机制的具体内容、公安机关“扫黄打非”等专项整治行动的工作要求及操作细则进行解答、解读。PPTV聚力、EBAY亿贝中国等24家互联网网站40名信息安全负责人参加培训。(王琮)

【表彰安全网站和优秀信息安全员】 11月21日，在上海公安博物馆召开“上海市第三届安全网站颁奖暨上海市优秀信息网络安全员、上海市安全接入服务单位表彰大会”。市公安局、经济和信息化委员会、互联网信息办公室、通信管理局等有关部门领导，各区（县）公安分（县）局、上海现代服务业联合会、市网安协会、市信息安全行业协会、上海市网络文化协会、上海市互联网协会等机构的代表以及全市百家获奖网站、安全接入服务单位负责人、优秀安全员等200余人出席。东方财富网、东方网、大众点评网等网站被评为安全网站。(王琮)

【主办信息安全沙龙】 10月26日，为响应和配合“2014年智慧城市体验周暨第四届上海市信息安全活动周”活动，市网安协会联合上海市浦东新区国民经济和社会信息化推进中心，结合信息安全周主题内容，举办以“大数据环境下的信息安全”为主题的沙龙活动。上海市大数据、信息安全相关主管部门领导，知名学者及企业专家，围绕大数据下的信息安全问题及对策进行探讨、交流。12月19日，市网安协会从提高为会员单位提供优质信息安全服务水平出发，与上海徐汇移动互联网产业集群联合举办信息安全技术沙龙活动，上海贝岭、启明软件、普华软件、点诺信息、景域文化等来自徐汇产业集群和协会会员单位30余名代表参加。(王琮)

逝世人物

【陆晨】（1991—2014），共青团员，武警上等兵警衔，2012 年 12 月入伍，消防总队宝山支队罗店中队战士。2014 年 2 月 4 日，在扑救宝山区民科路上海环震包装制品有限公司火灾时，被突然倒塌的横梁、楼板、砖墙埋压。被搜救出后，经医院抢救无效，不幸壮烈牺牲。后被公安部批准为革命烈士并颁发献身国防金质纪念章，被共青团中央、全国青联追授“中国青年五四奖章”，被上海市公安局追认为共产党员、追记个人一等功，被共青团上海市委、上海市人力资源和社会保障局追授“上海市青年五四奖章”。（刘志伟）

【孙络络】（1995—2014），共青团员，武警上等兵警衔，2012 年 12 月入伍，消防总队宝山支队罗店中队战士，2013 年度被评为优秀士兵。2014 年 2 月 4 日，在扑救宝山区民科路上海环震包装制品有限公司火灾时，被突然倒塌的横梁、楼板、砖埋压。被搜救出后，经医院抢救无效，不幸壮烈牺牲。后被公安部批准为革命烈士并颁发献身国防金质纪念章，被共青团中央、全国青联追授“中国青年五四奖章”，被上海市公安局追认为共产党员、追记个人一等功，被共青团上海市委、上海市人力资源和社会保障局追授“上海市青年五四奖章”。（刘志伟）

【钱凌云】（1991—2014），共青团员，武警上等兵警衔，2012 年 12 月入伍，消防总队徐汇支队关港中队战士，2013 年度被评为优秀士兵。2014 年 5 月 1 日，在扑救徐汇区龙吴路盛华景苑小区居民住宅火灾时，现场发生轰燃，大量高温热气流和浓烟在火风压的作用下瞬间将担任强攻任务的水枪手钱凌云冲至窗口并致其从 13 楼坠落。后经全力抢救无效，不幸壮烈牺牲。后被公安部批准为革命烈士并颁发献身国防金质纪念章，被上

海市公安局追认为共产党员、追记个人一等功，被共青团上海市委、上海市人力资源和社会保障局追授“上海市青年五四奖章”。（刘志伟）

【刘杰】（1994—2014），共青团员，武警上等兵警衔，2012 年 12 月入伍，消防总队徐汇支队关港中队战士。2014 年 5 月 1 日，在扑救徐汇区龙吴路盛华景苑小区居民住宅火灾时，现场发生轰燃，大量高温热气流和浓烟在火风压的作用下瞬间将担任强攻任务的水枪手刘杰冲至窗口并致其从 13 楼坠落。后经全力抢救无效，不幸壮烈牺牲。后被公安部批准为革命烈士并颁发献身国防金质纪念章，被上海市公安局追认为共产党员、追记个人一等功，被共青团上海市委、上海市人力资源和社会保障局追授“上海市青年五四奖章”。（刘志伟）

【许毅】（1973—2014），中共党员，三级警督，水上公安局徐浦水上派出所教导员。1993 年 7 月参加公安工作，先后在特警总队、水上公安局指挥室工作。曾被市政府授予“上海世博工作先进个人”称号，2 次荣立个人三等功，6 次获嘉奖。2014 年 5 月 5 日，许毅突发疾病，经抢救无效去世。后被市局确认为因公牺牲，并追记个人一等功。（管靖刚）

【林道生】（1917—2014），湖北黄冈人。1936 年 4 月参加革命，同年加入中国共产党。1936 年 4 月至 1937 年 11 月参加红军第二十八军便衣队，1937 年 11 月至 1943 年 9 月先后任新四军四支队司令部政治部文书、科员、总支书记，江北指挥部军法处科员，二师六旅政治部股长、副科长、科长。1943 年 9 月至 1945 年 4 月任淮南、路东专署公安局局长。1945 年夏至 1948 年 6 月在淮南、路东、山东、大连养病。1948 年 7 月至 1950 年 1 月先后任华东社会部干部组组长、山东济南华东警官学校教育长、上海警务学校副校长。1950 年 2 月至 1952 年 9 月先后任华东公安部人事处、治安处处长。1952 年 9 月至 1954 年 3 月先后任上海市公安局治安处处长、副局长兼政治部主任。1954 年 3 月至 1966 年 8 月先后任上海市检察院副检察长、检察长。1966 年 8 月至 1973 年 9 月因“文革”被隔离审查。1973 年 9 月至 1978 年 8 月任上海市公安局党委常委、副书记。1978 年 8 月至 1981 年 9 月任上海市公安局党组副书记、副局长。1981 年 9 月至 1985 年 12 月任上海市公安局顾问。1985 年 12 月离休。2014 年 11 月 15 日 19 时 18 分在华东医院逝世。（邱辛逸）

法律、法规、政策性文件

公安机关办理国家赔偿案件程序规定

（2014年4月1日公安部部长办公会议通过，公安部令第130号发布，自2014年6月1日起施行）

目　　录

第一章　总　　则

第一条　为了规范公安机关办理国家赔偿案件，保障公民、法人和其他组织享有依法取得国家赔偿的权利，促进公安机关及其人民警察依法行使职权，根据《中华人民共和国国家赔偿法》及有关法律法规，制定本规定。

第二条　公安机关及其工作人员行使职权侵犯公民、法人或者其他组织合法权益，造成损害的，该公安机关为赔偿义务机关。

公安派出所、具有独立执法主体资格的公安机关内设机构及其工作人员有前款规定情形的，所属公安机关为赔偿义务机关。

看守所、拘留所、强制隔离戒毒所等羁押监管场所及其工作人员有第一款规定情形的，主管公安机关为赔偿义务机关。

第三条　赔偿义务机关的上一级公安机关为刑事赔偿复议机关。

公安部为赔偿义务机关的，刑事赔偿复议机关为公安部。

第四条　县级以上公安机关法制部门是公安机关国家赔偿工作的主管部门，依法履行下列职责：

（一）接收国家赔偿申请，提出初步审查意见；

（二）审查国家赔偿申请，提出是否予以赔偿的意见；

（三）审查赔偿请求人提出的支付国家赔偿费用申请，复核赔偿义务机关对支付赔偿费用申请作出的不予受理决定；

（四）办理刑事赔偿复议案件；

（五）参加人民法院国家赔偿案件审理活动；

（六）提出追偿赔偿费用意见；

（七）其他应当履行的职责。

第五条 公安机关各相关部门应当按照职责分工，配合法制部门共同做好国家赔偿工作。

所涉执法办案部门应当与本级法制部门共同研究案情，及时提供国家赔偿所涉执法办案活动的情况及相关证据，共同参加人民法院国家赔偿案件审理活动。

信访部门对信访中要求国家赔偿的，告知信访人依法通过国家赔偿程序请求赔偿。

监察部门对国家赔偿所涉执法办案活动中的违纪行为进行调查，提出处理意见，受理不服处分的申诉。

审计部门监督国家赔偿案件中涉案财物处置和赔偿费用支付。

装备财务部门负责向财政机关提出国家赔偿费用支付申请，向赔偿请求人支付财政机关拨付的国家赔偿费用，将追偿的国家赔偿费用上缴财政机关。

第六条 公安机关办理国家赔偿案件应当坚持实事求是、有错必纠、依法赔偿、公正高效的原则。

第七条 上级公安机关监督、指导下级公安机关依法办理国家赔偿案件。发现下级公安机关办理的国家赔偿案件或者所涉行政、刑事执法办案活动确有错误的，应当予以纠正或者责令下级公安机关纠正；赔偿请求人反映下级公安机关违反法律规定办理国家赔偿案件的，应当调查处理，并告知赔偿请求人调查结果。

第二章 受　　理

第八条 赔偿请求人申请国家赔偿，应当提交以下材料：

（一）赔偿申请书，载明受害人的基本情况、赔偿请求、事实根据和理由、申请日期，并由赔偿请求人签名、盖章或者捺指印；

（二）赔偿请求人的身份证明材料，赔偿请求人不是受害人本人的，应当提供与受害人关系的证明；赔偿请求人委托他人代理赔偿请求事项的，应当提交授权委托书，以及代理人和被代理人的身份证明；代理人为律师的，应当同时提交律师执业证复印件及律师事务所介绍函；

（三）证明赔偿请求涉及的刑事拘留、行政处罚、行政强制措施或者相关处理情况的通知书、决定书、释放证明书等法律文书或者其他材料；

（四）证明侵权行为造成损害及其程度的法律文书或者其他材料。

赔偿请求人不能提交前款第三项、第四项所列法律文书或者材料的，可以说明情况，接收申请的公安机关法制部门应当将有关情况记录在案。

赔偿请求人书写确有困难的，可以向公安机关法制部门提出口头申请。公安机关法制部门应当制作《国家赔偿口头申请笔录》，经赔偿请求人确认无误后签名、盖章或者捺指印。

第九条 公安机关法制部门收到书面赔偿申请的，应当予以登记。赔偿请求人当面递交书面赔偿申请的，公安机关法制部门应当出具《国家赔偿申请接收凭证》，并注明日期，加盖公安机关印章或者国家赔偿专用印章。

公安机关其他部门收到书面赔偿申请的，应当登记并于二十四小时内转送公安机关法制部门。赔偿请求人当面递交或者口头提出赔偿申请的，应当当场告知赔偿请求人向公安机关法制部门递交或者提出。

赔偿申请材料不齐全或者表述不清楚的，应当经本级公安机关法制部门负责人批准，当场或者自收到赔偿申请之日起五日内制作《国家赔偿申请补正通知书》，一次性告知赔偿请求人需要补正说明的全部内容。收到申请的时间自收到补正材料之日起计算。

第十条 赔偿申请具有下列情形之一的，经本级公安机关负责人批准，不予受理：

（一）赔偿请求人不具备主体资格的；

（二）本机关不是赔偿义务机关的；

（三）赔偿请求事项不属于国家赔偿范围的；

（四）超过请求时效且无正当理由的；

（五）办理赔偿案件时无法确定公安机关是否存在应当承担国家赔偿责任的侵权行为，需要以其他案件的审理结果为依据，而其他案件尚未审结的；

（六）对赔偿请求已经依法作出不予受理、驳回、终止或者是否予以赔偿决定，赔偿请求人无正当理由基于同一事实再次提出赔偿请求的。

除前款规定外的赔偿申请，经本级公安机关法制部门负责人批准，予以受理。受理后发现有前款规定情形之一的，经本级公安机关负责人批准，予以驳回。

决定受理、不予受理、驳回赔偿申请应当自收到申请之日起五日内制作《国家赔偿申请受理通知书》、《国家赔偿申请不予受理通知书》、《国家赔偿申请驳回通知书》。

第三章 审查决定

第十一条 公安机关法制部门应当自决定受理赔偿申请之日起三日内制作《提交国家赔偿案件情况通知书》，通知所涉执法办案部门，并附送国家赔偿申请书及相关材料复印件。所涉执法办案部门应当在收到通知后十日内提供所涉执法办案活动的情况、相关证据和其他有关材料。

第十二条 对已经受理的赔偿申请，公安机关法制部门应当查明以下事项：

（一）是否存在国家赔偿法规定的损害行为和损害结果；

（二）损害是否为公安机关及其工作人员行使职权造成；

（三）侵权的起止时间和造成损害的程度；

（四）是否具有国家不承担赔偿责任的法定情形；

（五）其他应当查明的事项。

公安机关法制部门审查前款事项时，对赔偿请求人申请赔偿的事实、证据和理由，所涉执法办案活动中的侦查措施、强制措施或者行政处罚等是否合法，应当结合案情，进行全面审查。

第十三条 涉及精神损害赔偿的案件，应当重点查明以下事项：

（一）是否存在国家赔偿法第三条或者第十七条规定的侵犯人身权行为；

（二）是否造成精神损害后果；

（三）侵权人身权行为与精神损害后果之间有无因果关系。

第十四条 对侵犯公民人身权的案件，应当审查下列证据：

（一）诊断证明、医疗费用收费凭据以及

护理、康复、后续治疗的证明；

（二）死亡证明书或者伤残、部分、全部丧失劳动能力的鉴定意见；

（三）因误工减少收入的，单位出具的误工证明、医疗单位出具的休息诊断证明等；

（四）受害人死亡或者全部丧失劳动能力的，其扶养的未成年人和其他无劳动能力人的有关情况，以及前述人员有无其他扶养义务人的证明；

（五）公安机关及其人民警察行使职权是否合法以及与损害结果有无因果关系的证据；

（六）其他有关证据。

第十五条 对侵犯公民、法人或者其他组织财产权的案件，应当审查下列证据：

（一）罚款、吊销许可证或者执照、责令停产停业、没收财物等行政处罚的法律文书等证据；

（二）查封、扣押、冻结、收缴、追缴等措施的法律文书、录音录像资料等证据；

（三）已损毁、灭失、拍卖或者变卖财产价格的证据；

（四）停产停业期间必要经常性开支的证据；

（五）其他有关证据。

第十六条 已经依法通过行政复议、诉讼等途径纠正或者确认违法行为的案件，赔偿请求人就违法行为申请国家赔偿的，前述程序中收集的相关证据材料经审查确认真实的，可以作为国家赔偿案件的证据。

第十七条 公安机关法制部门认为必要时，可以向所涉执法办案部门和工作人员调查核实有关情况，收集有关证据，听取赔偿请求人的意见。所涉执法办案部门和工作人员应当积极配合做好调查取证工作。

第十八条 赔偿申请具有下列情形之一的，经本级公安机关法制部门负责人批准，中止审查：

（一）作为赔偿请求人的公民丧失行为能力，尚未确定法定代理人的；

（二）作为赔偿请求人的公民下落不明或者被宣告失踪的；

（三）作为赔偿请求人的公民死亡，其继承人和其他有扶养关系的亲属尚未表明是否参加赔偿案件处理的；

（四）作为赔偿请求人的法人或者其他组织终止，尚未确定权利义务承受人的；

（五）赔偿请求人因不可抗拒的事由，在国家赔偿案件办理期限内无法参加案件处理的；

（六）拟作出予以赔偿的决定，但国家上年度职工平均工资标准尚未公布的。

中止审查的情形消除后，经本级公安机关法制部门负责人批准，及时恢复审查。

中止审查和恢复审查应当制作《国家赔偿申请中止审查通知书》、《国家赔偿申请恢复审查通知书》。

第十九条 赔偿申请具有下列情形之一的，经本级公安机关负责人批准，终结审查：

（一）作为赔偿请求人的公民死亡，没有继承人和其他有扶养关系的亲属，或者赔偿请求人的继承人和其他有扶养关系的亲属放弃要求赔偿权利的；

（二）作为赔偿请求人的法人或者其他组织终止后，其权利义务承受人放弃要求赔偿权利的；

（三）赔偿请求人据以申请赔偿的撤销案件决定、不起诉决定或者无罪判决被撤销的；

（四）在国家赔偿决定作出前，赔偿请求人书面要求撤回赔偿申请，经审查，出于赔偿请求人真实意愿，不违反法律法规规定，不损害国家、集体或者他人合法权益的；

（五）需要终结审查的其他情形。

终结审查应当自具有前款规定情形之日起十日内制作《国家赔偿申请终结审查决定书》。

第二十条 对存在侵权损害事实，依法应予国家赔偿的，在查清事实、明确责任的基础上，可以依照国家赔偿法第四章的规定，与赔偿请求人就赔偿方式、赔偿项目和赔偿数额进行协商，并将协商情况记录在案。

赔偿协商应当遵循自愿、合法原则。协商达成一致的，应当按照协商结果制作赔偿决定书；赔偿请求人拒绝协商，或者经协商不能达成一致的，应当依法及时作出赔偿决定。

第二十一条 对已经受理的赔偿申请，经本级公安机关负责人批准，分别作出以下决定：

（一）请求赔偿的侵权事项事实清楚，应当予以赔偿的，依法作出予以赔偿的决定；

（二）请求赔偿的侵权事项事实不存在的，依法作出不予赔偿的决定。

作出赔偿或者不予赔偿的决定应当自收到赔偿申请之日起两个月内制作《国家赔偿决定书》。

第二十二条 侵犯公民人身自由的，每日赔偿金按照作出赔偿决定时的国家上年度职工日平均工资计算。采取限制人身自由的强制措施，不足一日的，按照一日计算。

第二十三条 赔偿请求人提出精神损害赔偿申请的，国家赔偿决定书中应当载明是否就精神损害承担赔偿责任。承担精神损害赔偿责任的，应当载明消除影响、恢复名誉、赔礼道歉等承担方式；对造成精神损害严重后果，依法支付精神损害抚慰金的，应当载明精神损害抚慰金的数额。

法律法规对精神损害抚慰金有明确规定的，适用法律法规的规定；没有明确规定的，精神损害抚慰金的数额可以参照民事侵权精神损害赔偿的有关规定，根据侵权过错程度、情节、损害后果、当地平均生活水平等因素确定。

第二十四条 申请行政复议时一并提出行政赔偿请求，行政复议机关决定不予赔偿的，应当在行政复议决定书中注明，并说明理由；决定赔偿的，可以在行政复议决定书中载明具体的赔偿方式、赔偿项目和赔偿数额，也可以单独制作行政赔偿决定书。

第四章 刑事赔偿复议

第二十五条 申请刑事赔偿复议应当提交以下材料：

（一）复议申请书。载明受害人的基本情况、复议请求、事实根据和理由、申请时间，并由赔偿请求人签名、盖章或者捺指印；

（二）赔偿请求人的身份证明材料；

（三）向赔偿义务机关提交的赔偿申请书；

（四）赔偿义务机关作出的是否予以赔偿的决定书；

（五）赔偿义务机关逾期未作决定的，证明赔偿义务机关收到赔偿申请的证据。

第二十六条 刑事赔偿复议申请具有以下情形之一的，经本级公安机关负责人批准，不予受理：

（一）赔偿请求人不具备主体资格；

（二）申请超过法定复议期限，且无正当理由的；

（三）申请人未向赔偿义务机关提出国家赔偿申请的；

（四）赔偿义务机关在法定期限内尚未作出是否赔偿决定的；

（五）复议机关对复议申请依法作出不予受理、终结决定或者复议决定，赔偿请求人无正当理由基于同一事实再次提出复议申请的。

收到复议申请的公安机关不是复议机关的，经本级公安机关法制部门负责人批准，告知赔偿请求人向复议机关提出。

除第一款、第二款规定情形外，收到复议申请的，应当经本级公安机关法制部门负责人批准，予以受理。受理后发现有第一款、第二款规定情形之一的，经本级公安机关负责人批准，予以驳回。

受理、不予受理、驳回复议申请应当自收到复议申请之日起五日内制作《刑事赔偿复议申请受理通知书》、《刑事赔偿复议申请不予受理通知书》和《刑事赔偿复议申请驳回通知书》。

第二十七条 赔偿义务机关与赔偿请求人在复议决定作出前自愿达成和解，赔偿请求人向复议机关申请撤回复议申请的，复议机关应当进行审查。对和解出于双方真实意愿，不违反法律法规规定，不损害国家、集体或者他人合法权益的，应予准许撤回并终结审查复议申请。

第二十八条 复议机关可以按照自愿、合法的原则组织赔偿义务机关与赔偿请求人进行调解，并将调解情况记录在案。

经调解达成一致的，赔偿义务机关与赔偿请求人在复议机关的主持下签署调解协议，载明调解过程和结果，并由双方当事人签名、盖章或者捺指印。调解协议签署后，复议机关应当依照本规定作出复议决定。

赔偿请求人或者赔偿义务机关不同意调解，调解未达成一致，或者一方在复议决定作出前反悔的，复议机关应当及时作出复议决定。

第二十九条 对已经受理的刑事赔偿复议申请，经本级公安机关负责人批准，分别作出以下决定：

（一）原赔偿决定认定事实清楚，适用法律正确，赔偿的方式、项目、数额适当的，依法予以维持；

（二）原赔偿决定认定事实不清或者适用法律错误的，依法予以撤销，并决定赔偿义务机关是否应予赔偿；

（三）原赔偿决定赔偿的方式、项目、数额不当的，依法予以变更；

（四）赔偿义务机关逾期未作出是否赔偿决定的，查清事实后依法决定赔偿义务机关是否应予赔偿。

作出复议决定应当自收到复议申请之日起两个月内制作《刑事赔偿复议决定书》。

第三十条 赔偿请求人对赔偿义务机关作出的不予受理或者终结审查刑事赔偿申请决定不服，向上一级公安机关提出异议，上一级公安机关认为不予受理或者终结审查决定不当的，可以责令赔偿义务机关依法予以受理或者继续审查赔偿申请，也可以直接受理并作出赔偿义务机关是否应予赔偿的决定；认为不予受理或者终结审查符合法律法规规定的，应当告知赔偿请求人。

第三十一条 本章未明确规定的复议程序，参照本规定第二章、第三章相关规定执行。

第五章　执　　行

第三十二条 赔偿义务机关按照以下方式执行生效的赔偿决定：

（一）支付赔偿费用的，由装备财务部门按照《国家赔偿费用管理条例》办理；

（二）返还财物或者恢复原状的，由所涉执法办案部门在二十日内办理，重大、复杂的案件，经本级公安机关负责人批准，可以延长十日；

（三）造成精神损害，在侵权行为影响的范围内为赔偿请求人消除影响、恢复名誉、赔礼道歉的，由赔偿义务机关或者赔偿义务机关负责人履行，也可以由赔偿义务机关委托所涉执法办案部门履行。

公安机关法制部门应当将相关执行情况附卷备查。

第三十三条 财政机关向赔偿义务机关支付赔偿费用的，赔偿义务机关应当依法及时、足额向赔偿请求人支付，不得拖延、截留。

第三十四条 赔偿义务机关承担国家赔偿责任后，应当向符合国家赔偿法第十六条、第三十一条规定的责任人员追偿赔偿费用。

追偿赔偿费用应当结合责任人员的过错程度、损害后果确定追偿部分或者全部赔偿费用，但应当为责任人员及其扶养的家属保留必需的生活费用。

责任人员对赔偿义务机关的追偿决定不服的，可以向本级或者上一级公安机关申诉。

第六章　责任追究

第三十五条 赔偿义务机关违反规定采取补偿、救助等形式代替国家赔偿的，对直接负责的主管人员或者其他直接责任人员，应当依照有关规定给予批评或者处分，赔偿义务机关在该年度执法质量考核评议中不得评定为优秀等级。

第三十六条 在国家赔偿案件办理过程中，有关执法办案部门不提供相关情况、证据和其他有关材料，不配合甚至阻挠调查取证，或者故意提供虚假证据材料，掩盖违法事实的，对直接负责的主管人员或者其他直接责任人员，依照有关规定给予批评或者处分。

第三十七条 赔偿义务机关未依法在法定期限内作出赔偿决定，或者拒不执行生效的赔偿决定书、复议决定书和人民法院裁判文书的，对直接负责的主管人员或者其他直接责任人员，应当依照有关规定给予批评或者处分。

第三十八条 赔偿义务机关、刑事赔偿复议机关办案人员徇私舞弊，打击报复赔偿请求人，或者有其他渎职、失职行为的，对直接负责的主管人员或者其他直接责任人员，应当依照有关规定给予处分；构成犯罪的，依法追究刑事责任。

第三十九条 赔偿义务机关严格依照法定程序办理国家赔偿案件，依法作出赔偿决定，及时、主动纠正执法过错的，年度执法质量考核评议可以减少或者不予扣分；有关责任人员积极配合赔偿调查取证工作，主动减少损失、挽回影响的，可以从轻或者免予处分。

第七章　附　　则

第四十条 本规定中三日、五日、七日为工作日。期间届满的最后一日是节假日的，以节假日后的第一日为期间届满的日期。

国家赔偿案件审查期间涉及专门事项需要鉴定的，鉴定所用时间不计入案件办理期限。

第四十一条 赔偿义务机关和刑事赔偿复议机关根据本规定制作的法律文书应当自作出之日起十日内送达赔偿请求人。无法送达赔偿请求人的，可以送达其代理人或者权利义务承受人。

第四十二条 本规定自2014年6月1日起施行。本规定发布前公安部制定的有关规定与本规定不一致的，适用本规定。

公安机关办理刑事复议复核案件程序规定

（2014年9月4日公安部部长办公会议通过，公安部令第133号发布，自2014年11月1日起施行）

第一章 总 则

第一条 为了规范公安机关刑事复议、复核案件的办理程序，依法保护公民、法人和其他组织的合法权益，保障和监督公安机关依法行使职责，根据《中华人民共和国刑事诉讼法》及相关规定，制定本规定。

第二条 刑事案件中的相关人员对公安机关作出的驳回申请回避、没收保证金、对保证人罚款、不予立案决定不服，向公安机关提出刑事复议、复核申请，公安机关受理刑事复议、复核申请，作出刑事复议、复核决定，适用本规定。

第三条 公安机关办理刑事复议、复核案件，应当遵循合法公正、有错必纠的原则，确保国家法律正确实施。

第四条 本规定所称刑事复议、复核机构，是指公安机关法制部门。

公安机关各相关部门应当按照职责分工，配合法制部门共同做好刑事复议、复核工作。

第五条 刑事复议、复核机构办理刑事复议、复核案件所需经费应当在本级公安业务费中列支；办理刑事复议、复核事项所需的设备、工作条件，所属公安机关应当予以保障。

第二章 申 请

第六条 在办理刑事案件过程中，下列相关人员可以依法向作出决定的公安机关提出刑事复议申请：

（一）对驳回申请回避决定不服的，当事人及其法定代理人、诉讼代理人、辩护律师可以提出；

（二）对没收保证金决定不服的，被取保候审人或者其法定代理人可以提出；

（三）保证人对罚款决定不服的，其本人可以提出；

（四）对不予立案决定不服的，控告人可以提出；

（五）移送案件的行政机关对不予立案决定不服的，该行政机关可以提出。

第七条 刑事复议申请人对公安机关就本规定第六条第二至四项决定作出的刑事复议决定不服的，可以向其上一级公安机关提出刑事复核申请。

第八条 申请刑事复议、复核应当在《公安机关办理刑事案件程序规定》规定的期限内提出，因不可抗力或者其他正当理由不能在法定期限内提出的，应当在障碍消除后五个工作日以内提交相应证明材料。经刑事复议、复核机构认定的，耽误的时间不计算在法定申请期限内。

前款规定中的“其他正当理由”包括：

（一）因严重疾病不能在法定申请期限内申请刑事复议、复核的；

（二）无行为能力人或者限制行为能力人的法定代理人在法定申请期限内不能确定的；

（三）法人或者其他组织合并、分立或者终止，承受其权利的法人或者其他组织在法定申请期限内不能确定的；

（四）刑事复议、复核机构认定的其他正当理由。

第九条　申请刑事复议，应当书面申请，但情况紧急或者申请人不便提出书面申请的，可以口头申请。

申请刑事复核，应当书面申请。

第十条　书面申请刑事复议、复核的，应当向刑事复议、复核机构提交刑事复议、复核申请书，载明下列内容：

（一）申请人及其代理人的姓名、性别、出生年月日、工作单位、住所、联系方式；法人或者其他组织的名称、地址、法定代表人或者主要负责人的姓名、职务、住所、联系方式；

（二）作出决定或者复议决定的公安机关名称；

（三）刑事复议、复核请求；

（四）申请刑事复议、复核的事实和理由；

（五）申请刑事复议、复核的日期。

刑事复议、复核申请书应当由申请人签名或者捺指印。

第十一条　申请人口头申请刑事复议的，刑事复议机构工作人员应当按照本规定第十条规定的事项，当场制作刑事复议申请记录，经申请人核对或者向申请人宣读并确认无误后，由申请人签名或者捺指印。

第十二条　申请刑事复议、复核时，申请人应当提交下列材料：

（一）原决定书、通知书的复印件；

（二）申请刑事复核的还应当提交复议决定书复印件；

（三）申请人的身份证明复印件；

（四）诉讼代理人提出申请的，还应当提供当事人的委托书；

（五）辩护律师提出申请的，还应当提供律师执业证书复印件、律师事务所证明和委托书或者法律援助公函等材料；

（六）申请人自行收集的相关事实、证据材料。

第十三条　刑事复议、复核机构开展下列工作时，办案人员不得少于二人：

（一）接受口头刑事复议申请的；

（二）向有关组织和人员调查情况的；

（三）听取申请人和相关人员意见的。

刑事复议机构参与审核原决定的人员，不得担任刑事复议案件的办案人员。

第三章　受理与审查

第十四条　刑事复议、复核机构收到刑事复议、复核申请后，应当对申请是否同时符合下列条件进行初步审查：

（一）属于本机关受理；

（二）申请人具有法定资格；

（三）有明确的刑事复议、复核请求；

（四）属于刑事复议、复核的范围；

（五）在规定期限内提出；

（六）所附材料齐全。

第十五条　刑事复议、复核机构应当自收到刑事复议、复核申请之日起五个工作日以内分别作出下列处理：

（一）符合本规定第十四条规定条件的，

予以受理；

（二）不符合本规定第十四条规定条件的，不予受理。不属于本机关受理的，应当告知申请人向有权受理的公安机关提出；

（三）申请材料不齐全的，应当一次性书面通知申请人在五个工作日以内补充相关材料，刑事复议、复核时限自收到申请人的补充材料之日起计算。

公安机关作出刑事复议、复核决定后，相关人员就同一事项再次申请刑事复议、复核的，不予受理。

第十六条 收到控告人对不予立案决定的刑事复议、复核申请后，公安机关应当对控告人是否就同一事项向检察机关提出控告、申诉进行审核。检察机关已经受理控告人对同一事项的控告、申诉的，公安机关应当决定不予受理；公安机关受理后，控告人就同一事项向检察机关提出控告、申诉，检察机关已经受理的，公安机关应当终止刑事复议、复核程序。

第十七条 申请人申请刑事复议、复核时一并提起国家赔偿申请的，刑事复议、复核机构应当告知申请人另行提起国家赔偿申请。

第十八条 公安机关不予受理刑事复议、复核申请或者终止刑事复议、复核程序的，应当在作出决定后三个工作日以内书面告知申请人。

第十九条 对受理的驳回申请回避决定的刑事复议案件，刑事复议机构应当重点审核下列事项：

（一）是否具有应当回避的法定事由；

（二）适用依据是否正确；

（三）是否符合法定程序。

第二十条 对受理的没收保证金决定的刑事复议、复核案件，刑事复议、复核机构应当重点审核下列事项：

（一）被取保候审人是否违反在取保候审期间应当遵守的相关规定；

（二）适用依据是否正确；

（三）是否存在明显不当；

（四）是否符合法定程序；

（五）是否超越或者滥用职权。

第二十一条 对受理的保证人不服罚款决定的刑事复议、复核案件，刑事复议、复核机构应当重点审核下列事项：

（一）被取保候审人是否违反在取保候审期间应当遵守的相关规定；

（二）保证人是否未履行保证义务；

（三）适用依据是否正确；

（四）是否存在明显不当；

（五）是否符合法定程序；

（六）是否超越或者滥用职权。

第二十二条 对受理的不予立案决定的刑事复议、复核案件，刑事复议、复核机构应当重点审核下列事项：

（一）是否符合立案条件；

（二）是否有控告行为涉嫌犯罪的证据；

（三）适用依据是否正确；

（四）是否符合法定程序；

（五）是否属于不履行法定职责。

前款第二项规定的“涉嫌犯罪”，不受控告的具体罪名的限制。

办理过程中发现控告行为之外的其他事实，可能涉嫌犯罪的，应当建议办案部门进行调查，但调查结果不作为作出刑事复议、复核决定的依据。

第二十三条 受理刑事复议、复核申请后，刑事复议、复核机构应当及时通知办案部门或者作出刑事复议决定的机关在规定期限内提供作出决定依据的证据以及其他有关材料。

办案部门或者作出刑事复议决定的机关应

当在刑事复议、复核机构规定的期限内全面如实提供相关案件材料。

第二十四条 办理刑事复核案件时，刑事复核机构可以征求同级公安机关有关业务部门的意见，有关业务部门应当及时提出意见。

第二十五条 根据申请人提供的材料无法确定案件事实，需要另行调查取证的，经刑事复议、复核机构负责人报公安机关负责人批准，刑事复议、复核机构应当通知办案部门或者作出刑事复议决定的机关调查取证。办案部门或者作出刑事复议决定的机关应当在通知的期限内将调查取证结果反馈给刑事复议、复核机构。

第二十六条 刑事复议、复核决定作出前，申请人要求撤回申请的，应当书面申请并说明理由。刑事复议、复核机构允许申请人撤回申请的，应当终止刑事复议、复核程序。但具有下列情形之一的，不允许申请人撤回申请，并告知申请人：

（一）撤回申请可能损害国家利益、公共利益或者他人合法权益的；

（二）撤回申请不是出于申请人自愿的；

（三）其他不允许撤回申请的情形。

公安机关允许申请人撤回申请后，申请人以同一事实和理由重新提出申请的，不予受理。

第四章 决　　定

第二十七条 当事人及其法定代理人、诉讼代理人、辩护律师对驳回申请回避决定申请刑事复议的，公安机关应当在收到申请后五个工作日以内作出决定并书面告知申请人。

第二十八条 移送案件的行政执法机关对不予立案决定申请刑事复议的，公安机关应当在收到申请后三个工作日以内作出决定并书面告知移送案件的行政执法机关。

第二十九条 对没收保证金决定和对保证人罚款决定申请刑事复议、复核的，公安机关应当在收到申请后七个工作日以内作出决定并书面告知申请人。

第三十条 控告人对不予立案决定申请刑事复议、复核的，公安机关应当在收到申请后三十日以内作出决定并书面告知申请人。

案情重大、复杂的，经刑事复议、复核机构负责人批准，可以延长，但是延长时限不得超过三十日，并书面告知申请人。

第三十一条 刑事复议、复核期间，有下列情形之一的，经刑事复议、复核机构负责人批准，可以中止刑事复议、复核，并书面告知申请人：

（一）案件涉及专业问题，需要有关机关或者专业机构作出解释或者确认的；

（二）无法找到有关当事人的；

（三）需要等待鉴定意见的；

（四）其他应当中止复议、复核的情形。

中止事由消失后，刑事复议、复核机构应当及时恢复刑事复议、复核，并书面告知申请人。

第三十二条 原决定或者刑事复议决定认定的事实清楚、证据充分、依据准确、程序合法的，公安机关应当作出维持原决定或者刑事复议决定的复议、复核决定。

第三十三条 原决定或者刑事复议决定认定的主要事实不清、证据不足、依据错误、违反法定程序、超越职权或者滥用职权的，公安机关应当作出撤销、变更原决定或者刑事复议决定的复议、复核决定。

经刑事复议，公安机关撤销原驳回申请回避决定、不予立案决定的，应当重新作出决

定；撤销原没收保证金决定、对保证人罚款决定的，应当退还保证金或者罚款；认为没收保证金数额、罚款数额明显不当的，应当作出变更原决定的复议决定，但不得提高没收保证金、罚款的数额。

经刑事复核，上级公安机关撤销刑事复议决定的，作出复议决定的公安机关应当执行；需要重新作出决定的，应当责令作出复议决定的公安机关依法重新作出决定，重新作出的决定不得与原决定相同，不得提高没收保证金、罚款的数额。

第五章　附　　则

第三十四条　铁路、交通、民航、森林公安机关，海关走私犯罪侦查机构办理刑事复议、复核案件，适用本规定。

第三十五条　本规定自2014年11月1日起施行。本规定发布前公安部制定的有关规定与本规定不一致的，以本规定为准。

公安机关人民警察训练条令

（2014年4月28日公安部部长办公会议通过，公安部令第134号发布，自2015年1月1日起施行）

第一章　总　　则

第一条　为加强和规范公安机关人民警察训练工作，根据《中华人民共和国公务员法》、《中华人民共和国人民警察法》，制定本条令。

第二条　公安机关人民警察训练是提高队伍战斗力的根本途径，在队伍建设中居于先导性、基础性和战略性地位。各级公安机关应当加强人民警察训练工作科学化、规范化、信息化、实战化建设，向训练要素质、要警力、要战斗力。

第三条　公安机关人民警察训练坚持贯彻党和国家的干部教育培训方针、政策，坚持从公安工作和队伍建设实际需要出发，坚持为公安中心工作服务，坚持为公安实战服务。

第四条　公安机关人民警察训练的目的是提高队伍的整体素质和执法水平，增强履行职责的能力，努力打造一支信念坚定、执法为民、敢于担当、清正廉洁的公安队伍。

第五条　公安机关人民警察有接受训练的权利和义务。各级公安机关应当保证人民警察定期接受训练，引导和帮助人民警察自学自练。人民警察应当遵守训练规章制度，完成规定的训练任务。

第六条　公安机关人民警察训练应当发扬理论联系实际的优良学风，坚持厉行节约，反对铺张浪费。

第七条　公安机关人民警察训练包括入警训练、晋升训练、专业训练和发展训练。

第二章　职责分工

第八条　公安机关人民警察训练实行统一领导，分工负责，分级管理，分类实施。

第九条　公安机关人民警察训练实行领导责任制，各级公安机关主要领导是第一责任人。

第十条 公安机关政工部门是训练工作的主管部门，负责规划、组织、指导、管理、实施训练工作。

第十一条 公安机关警种、部门在政工部门的管理、指导下，负责规划、组织、实施本系统专业训练和发展训练。

第十二条 公安机关法制部门负责执法资格等级考试和组织、参与执法培训工作。

第十三条 公安机关装备财务部门负责训练经费、装备保障。

第十四条 公安院校和公安机关训练基地承担公安机关人民警察训练任务。

第十五条 公安部主管全国公安机关人民警察训练工作，负责制定训练规章、规划、标准，组织编发各级各类训练大纲、教材，推进训练信息化建设，指导、监督、检查、协调、评估训练工作，部署、组织全国性的训练和考试考核，并承担以下训练任务：

（一）从非公安系统调入的省级公安机关副职以上领导职务、市县两级公安机关正职领导职务人员的入警训练；

（二）晋升省级公安机关副职以上领导职务、省级公安机关内设机构正职领导职务、市县两级公安机关正职领导职务人民警察的职务晋升训练，晋升三级警监以上警衔人民警察的警衔晋升训练；

（三）省级公安机关副职以上领导职务、省级公安机关内设机构正职领导职务、市级公安机关正职领导职务人民警察和部分业务骨干的专业训练；

（四）公安部机关及直属单位人民警察的入警训练、晋升训练、专业训练；

（五）适应形势任务需要实施的发展训练。

第十六条 省级公安机关主管本地区公安机关人民警察训练工作，负责制定本地区训练制度、规划、标准，组织编发训练辅助教材，建设网络训练平台，制定本地区训练保障计划，组织、指导训练保障工作，指导、监督、检查、协调、评估本地区训练工作，组织、实施地区性的训练和考试考核，并承担以下训练任务：

（一）本地区除公安部负责训练以外人员的入警训练；

（二）晋升省级公安机关内设机构副职领导职务、市县两级公安机关副职领导职务、县级公安机关内设和派出机构正职领导职务人民警察的职务晋升训练，晋升三级警督警衔至一级警督警衔人民警察的警衔晋升训练；

（三）省级公安机关内设机构副职领导职务，市级公安机关副职领导职务和内设机构正职领导职务，县级公安机关正副职领导职务、内设和派出机构正职领导职务人民警察及部分业务骨干的专业训练；

（四）省级公安机关及直属单位除公安部负责训练以外的人民警察的晋升训练、专业训练；

（五）适应形势任务需要实施的发展训练；

（六）公安部授权、委托的训练任务。

晋升三级警督警衔至一级警督警衔人民警察的警衔晋升训练，县级公安机关内设和派出机构正职领导职务人民警察的晋升训练、专业训练，可授权或委托市级公安机关承担。

第十七条 市级公安机关主管本地区公安机关人民警察训练工作，负责制定本地区训练计划并组织实施训练工作，指导、监督、检查、考核、保障本地区训练工作，并承担以下训练任务：

（一）本地区除上级公安机关负责训练以外人民警察的职务晋升训练、晋升一级警员警衔至一级警司警衔人民警察的警衔晋升训练；

（二）根据岗位职责要求实施的专业训练；

（三）适应形势任务需要实施的发展训练；

（四）上级公安机关授权、委托的训练任务。

第十八条 县级公安机关根据上级公安机关的安排和要求，承担本级公安机关除上级公安机关负责训练以外的人民警察的专业训练和适应形势任务需要实施的发展训练。

第三章 训练任务

第十九条 入警训练是对新录用、调入的人员进行的训练。

入警训练时间不少于 90 天。其中，新录用的非公安院校毕业生，新录用、调入任县处级副职职务以下人员的入警训练时间为 180 天。实践教学时间不少于总训练时间的 30%。

入警训练内容主要包括理想信念教育、警察职业养成教育、基础公安理论、基础法律法规、基础公安业务和基础警务实战技能、体能、心理行为训练等，重点培育人民警察核心价值观和基本职业素养，提高适应公安工作能力。其中，基础警务实战技能和体能训练课程不少于集中训练课程的 30%。

第二十条 晋升训练是对晋升职务、晋升警衔的人民警察进行的训练。

晋升训练时间不少于 15 天。其中，新任市、县级公安机关正职领导职务的训练时间不少于 30 天。

职务晋升训练内容主要包括党性党风教育、国际国内形势、经济社会发展、公安发展战略、公安法制与执法、科学决策指挥、突发事件应对等，重点培养战略思维和管理素养，提高胜任领导工作能力。

警衔晋升训练内容根据训练对象和工作需要，参照职务晋升训练设定，重点培养专业精神，增强职业荣誉感，提高综合素质和履职能力。

凡已经参加同级或者上级公安机关组织的职务晋升训练或者警衔晋升训练并且训练合格的人民警察，1 年内可不再重复参加晋升训练。

第二十一条 专业训练是警种、部门根据人民警察岗位职责要求进行的训练。

专业训练时间由政工部门和警种、部门根据实际确定，保证人民警察每年至少参加一次专业训练，三年累计不少于 30 天。基层和一线民警每年的实战训练时间累计不少于 15 天。

专业训练内容主要包括岗位政策法规、业务知识、专业技能和专项警务实战技能、体能、心理行为训练等，重点培养专业素养，强化知识更新，提高工作能力。其中，单警装备使用、枪支基本操作、枪支实弹射击、徒手攻防技能、体能达标训练等课程不少于专业训练课程的 30%。

第二十二条 发展训练是公安机关应对新形势、新任务，按照国家关于干部教育培训的有关要求，着眼公安工作长远发展和人民警察健康成长组织的训练。

发展训练主要包括在职领导干部专题训练、后备干部培养训练、专家和业务骨干研修、教官业务提高训练、民警职业拓展训练等。

发展训练的时间、内容根据实际需要和有关规定确定。

第二十三条 公安机关应当紧贴实战需要，推进训练工作信息化建设，利用科技信息手段开展学习、训练、管理、考核。

推行实战案例教学，基层和一线人民警察的案例教学课程不少于总课程的 30%。

市县两级公安机关实行“轮训轮值、战训

合一”训练模式，提高训练工作效率和效益。

第二十四条 公安机关人民警察应当以提高岗位履职能力和实战本领为目标，通过岗位练兵、在线学习等形式开展自学自练，达到训练考核标准。

基层和一线民警应当根据体育锻炼达标标准，积极参加体育健身锻炼，增强身体素质和体能素质。

第四章 训练机构

第二十五条 部、省、设区的市级公安机关应当在政工部门设立教育训练机构，县级公安机关应当在政工部门设立训练机构或配备专职训练管理人员。省级以上公安机关主要警种、部门应当设立训练机构或配备专职训练管理人员。

第二十六条 省级以上公安机关应当建立或者依托公安院校设立训练基地，设区的市级公安机关和具备条件的县级公安机关应当建立训练基地。

第二十七条 训练基地应当符合《公安机关业务技术用房建设标准》，并具备下列基本条件：

（一）健全的组织机构和管理制度；

（二）与训练任务相适应的专职、兼职教官和管理人员；

（三）与训练任务相适应的训练场所、设施、装备；

（四）根据任务需要研发训练课程的能力；

（五）稳定的经费保障。

第二十八条 训练基地作为本级公安机关内设机构或直属单位，实行政工部门与训练基地“一体化”领导管理体制，由政工部门领导兼任训练基地主要领导职务。

第二十九条 公安机关应当加强公安院校建设，充分利用其教学科研优势，加强训练理论研究，开展高层次、高水平和综合性的训练工作，在训练中发挥引领和高地作用。

第五章 训练教官

第三十条 公安机关应当加强教官队伍建设，按照素质优良、规模适当、结构合理、专兼结合的原则，建立政治坚定、业务精湛、门类齐全、充满活力的教官队伍。

第三十一条 教官是指从事公安机关人民警察训练教学及研究工作的人民警察。在规定期限内专职从事训练教学及研究工作的，为专职教官；兼职从事训练教学及研究工作的，为兼职教官。

第三十二条 教官应当热爱公安教育训练事业，具有良好的思想政治素质和职业道德修养，具有公安工作实践经验和教学研究能力，能够承担训练教学、课程研发等任务。

第三十三条 教官实行聘任和资格认证制度。教官聘任和资格认证应当遵循统一规划、分级管理、择优选聘、优胜劣汰的原则，采取个人申报、组织推荐、单位初审、专家评审、组织聘任等方式进行。

第三十四条 教官在聘任期内完成年度训练教学任务，享受相应课酬、学习资料费、课程研发费等待遇，并在晋职晋级、评优评先时予以优先考虑。

第三十五条 建立教官知识更新机制。公安机关应当支持并组织教官参加进修学习和教学研究活动，定期安排教官到业务部门进行实践和调研。专职教官实践和调研时间每年不少于30天。

第三十六条 实行领导干部授课和业务骨

干推优任教制度，鼓励和选拔符合条件的优秀人员离岗任教。离岗任教经历列为基层工作经历。

第三十七条 公安机关应当充分利用社会资源，选聘专家学者参与人民警察训练工作。

第六章 经费装备

第三十八条 公安机关应当将人民警察训练经费列入年度预算，按照不低于公用经费5%的标准足额保障，单独立项，专款专用。按照“谁调训、谁负责”的原则，切实保障训练经费。

第三十九条 公安机关应当为公安院校和人民警察训练基地配备与训练任务相适应的装备和器材，并将新装备优先免费配备公安院校和训练基地。

第七章 管理考核

第四十条 公安机关人民警察训练实行警务化管理，坚持严格教育、严格训练、严格管理、严格考核。

第四十一条 公安机关应当在晋升训练前，组织人民警察参加基本知识、基本技能和基本体能考试考核。考试考核合格者，方可参加晋升训练。

第四十二条 公安机关应当根据训练大纲、教学计划实施训练，组织参加训练的人民警察进行考试考核。考试考核结果由政工部门予以认定，并通报参训人民警察所在单位。

第四十三条 公安机关人民警察训练考试考核合格后，方可按照有关规定上岗、任职、晋升职务或者授予、晋升警衔。提拔担任领导职务的，确因特殊情况在提任职务前未达到训练要求的，应当在提任后1年内完成训练。

考试考核不合格的，应当在限定时间内进行复训。入警复训不合格的不得上岗，直至取消录用资格；其他复训不合格的，公务员年度考核不得评为优秀等次，并根据有关规定不予晋升职务或者警衔。

第四十四条 公安机关人民警察训练期间违反有关规定和纪律的，视情节轻重，给予批评教育直至纪律处分。

第四十五条 公安机关应当建立训历档案，如实记载人民警察参加训练的情况和考核结果，作为年度考核、任用考察的一项重要内容，建立训练与晋升、育人与用人紧密衔接的工作机制。

第四十六条 公安机关应当定期对训练工作进行绩效考核，对训练基地进行达标评估。训练工作绩效考核不合格的，年度内不得参加评优活动；训练基地评估不达标的，不得承担训练任务。

第四十七条 公安机关对在训练工作中做出突出贡献的单位和个人，应当给予奖励。

第八章 附 则

第四十八条 各省、自治区、直辖市公安厅、局，新疆生产建设兵团公安局，各行业公安局，根据本条令制定具体办法和实施细则。

第四十九条 本条令所称“以上”、“以下”均含本级。

第五十条 本条令自2015年1月1日起施行，2001年11月26日颁布的《公安机关人民警察训练条令》同时废止。

上海市公安局户口事项办理程序规定（试行）

（2014 年 5 月 28 日以沪公发［2014］142 号文件形式下发，自 2014 年 7 月 1 日起施行）

第一条 为规范本市公安机关办理户口事项，保证公安机关办理户口事项中正确履行职责，保障公民的合法权益，根据有关法律、法规、规章及规范性文件，制定本规定。

第二条 本规定所称户口事项，是指公民依照法律、法规、规章及规范性文件，向本市公安机关申请办理的户口登记、户口迁移、户口登记项目变更、更正、户口证件签发、立户、分户、并户等事项。

第三条 本规定所称户口办理部门是指市公安局和各公安分局、县公安局及公安派出所，其中市公安局和各公安分局、县公安局由其所属人口管理部门具体办理户口事项。

第四条 本市公安机关办理户口事项应当遵循合法、公正、公开、便民的原则。对申请办理户口事项的公民，应当主动提供服务，发放相应的《上海市公安局窗口服务告知单》。

第五条 申请人至公安派出所申请办理户口事项的，应当如实填写《申报户口事项申请表》，并可按照《上海市公安局窗口服务告知单》的提示内容，向公安机关提交相关证明材料。申请人提交的证明材料应当真实、有效；提交复印件的，民警应当仔细核对原件，确认无误后，应当在复印件上签署“此件与原件相符”字样，申请人应当同民警一起签名并注明日期。

第六条 申请人办理户口事项，应当由本人到公安机关办理。

本人因故无法亲自办理的，可以通过聘请律师或者采取公证的方式委托具有完全民事行为能力的代理人代为办理。

无民事行为能力人或者限制民事行为能力人可以由其监护人以该无民事行为能力人或者限制民事行为能力人的名义代为办理。监护人应当出具证明其监护关系的材料。监护人委托他人代为办理的，适用前款规定。

第七条 申请人申请办理户口迁移事项，应当征得拟落户地房（地）产权利人或者公有住房承租人或者农业户户主的书面同意，申请人本人系拟落户地房（地）产权利人或者公有住房承租人的除外。

拟落户地房（地）产权利人或者公有住房承租人或者农业户户主为无民事行为能力或者限制民事行为能力人的，应当征得其监护人的书面同意。

第八条 申请人申请办理户口迁移事项，有下列特殊情形之一的，应当征得相关人员的书面同意：

（一）拟落户地房（地）产权利人死亡或被人民法院宣告死亡、失踪，新的房（地）产权利人尚未确定的，应当征得全体产权继承人的书面同意；

（二）拟落户地公有住房承租人或者农业户户主死亡或被人民法院宣告死亡、失踪，新的公有住房承租人或者农业户户主尚未确定的，应当征得户内全体户籍人员的书面同意。

第九条 下列户口事项，应当由公安派出所当场办理：

（一）出生在境内，且未满一周岁婴儿报出生；

（二）户口注销；

（三）恢复户口（刑释解教、经法院判决撤销宣告死亡或者失踪人员要求恢复户口的除外）；

（四）变更或更正户口登记项目（变更或更正姓名、性别、民族、出生日期、公民身份号码除外）；

（五）补发《居民户口簿》、签发《户籍证明》；

（六）市内父母与子女、夫妻、（外）祖父母与（外）孙子女、公婆与儿媳或者岳父母与女婿之间户口迁移；

（七）以购买、交换、分配、继承等形式取得房屋后市内户口迁移；

（八）持《准予迁入证明》的外省市户口迁移；

（九）法律、法规、规章或者规范性文件规定应当由公安派出所当场办理的其他户口事项。

第十条 属于公安派出所当场办理的户口事项，应当按照下列情形分别作出是否办理决定：

（一）申请人的实际情况符合现行户口政策规定，且申请材料齐全、真实、有效的，应当当场办理；

（二）申请人申办的事项，符合现行户口政策规定，但申请材料不齐全或事实不清的，应当当场出具《户口类证明材料补缺单》，通知申请人补正相关证明材料；同一户口事项补正材料以一次为限。

（三）申请人申办的事项，明显不符合现行户口政策规定的，应当当场作出不予办理的决定，并向申请人出具《不予办（受）理决定书》。

经申请人补正相关证明材料后，客观事实仍不清楚的，公安派出所应当当场收取相关证明材料，向申请人出具《预收材料清单》，开展调查取证，5日内予以办理或者作出不予办理决定，并及时通知申请人。公安派出所作出不予办理决定的，应当将收取的证明材料复印归档后，将原件退还申请人。

第十一条 下列户口事项，应当由公安派出所审批决定：

（一）分户、并户；

（二）非直系亲属之间的市内户口迁移、因故无法变更房屋权证或者因正当理由无房屋凭证的市内户口迁移；

（三）更正姓名、性别、民族、出生日期、公民身份号码；

（四）本市居民落户“社区公共户”；

（五）法律、法规、规章或者规范性文件规定应当由公安派出所审批决定的其他户口事项。

第十二条 下列户口事项，应当由公安派出所审核，公安分局、县公安局审批决定：

（一）农业户口转为非农业户口（征地农转非除外）；

（二）补报出生、出生在国（境）外婴儿报出生；

（三）变更姓名、性别、民族、出生日期、公民身份号码；

（四）刑释解教、经法院判决撤销宣告死亡或者失踪人员要求恢复户口；

（五）外省市未成年子女投靠本市父（母）落户；

（六）外省市人员投靠本市配偶落户；

（七）本市外迁人员投靠本市配偶、子女落户；

（八）法律、法规、规章或者规范性文件规定应当由公安分局、县公安局审批决定的其他户口事项。

第十三条 下列户口事项，应当由公安派出所初审，公安分局、县公安局复核，市公安局审批决定：

（一）集体户设立；

（二）经人保、教育、民政部门审核符合落户条件的外省市户籍人员，因在沪无配偶、无直系亲属、无住房、所在工作单位未设立集体户等原因，申请在实际居住地“社区公共户”内落户；

（三）外省市人员与本市居民结婚后，本市一方死亡，投靠本市子女落户；

（四）原由本市经动员、分配去外省市工作人员子女或孙辈落户本市；

（五）外省市未成年人投靠本市养父（母）落户；

（六）未成年人随本市养父（母）办理出生登记；

（七）驻沪部队军人配偶、子女随军迁沪落户；

（八）中央各部、各省市驻沪办人员迁沪落户；

（九）平反落政人员及其配偶、子女迁沪落户；

（十）法律、法规、规章或者规范性文件规定应当由市公安局审批决定的其他户口事项。

第十四条 市公安局可以对各类户口事项的审批权限进行统一调整。必要时，市公安局可以审批下级部门审批权限内的户口事项，也可以直接受理户口事项申请并作出审批决定。

第十五条 除当场办理的户口事项外，公安派出所对申请人申报的其他户口事项，应当按照下列情况分别作出是否受理的决定：

（一）申请人申办的事项，符合现行户口政策规定，且申请材料齐全的，应当当场予以受理，向申请人出具《户口类审批受理回执单》，并规范填写《户口事项审批表》；

（二）申请人申办的事项，符合现行户口政策规定，但申请材料不齐全的，应当当场出具《户口类证明材料补缺单》，通知申请人补正相关证明材料，同一户口事项补正材料以一次为限；

（三）有下列情形之一的，应当当场作出不予受理的决定，并向申请人出具《不予办（受）理决定书》：

1. 申请人办理的事项明显不符合现行户口政策规定的；

2. 申请人在审批期限内重复申请的；

3. 申请人依据同一户口政策规定，就同一事项及相同申请材料再次提出申请的；

4. 不属于公安机关或本公安派出所管辖的。

第十六条 属于公安派出所审批决定的户口事项，公安派出所应当自受理申请之日起15日内，对该户口事项进行全面审查，并按照以下情形分别作出审批决定：

（一）申请人的实际情况符合现行户口政策规定，且申请材料齐全、真实、有效的，应当作出审批同意的决定；

（二）申请人的实际情况不符合现行户口政策规定或者申请材料虚假、无效的，应当作出审批不同意的决定；

（三）根据现有证明材料，申请人的实际情况是否符合现行户口政策规定存疑的，应当及时开展调查取证工作，并根据相关结果，分别依据上述第（一）项或第（二）项的规定，作出审批决定。经调查取证后，客观事

实仍无法查清的，应当作出审批不同意的决定。

第十七条 属于公安分局、县公安局审批决定的户口事项，公安派出所应当按照第十五条相关规定作出拟同意或者拟不同意的审核意见，上报公安分局、县公安局。

公安分局、县公安局应当自收到上报材料之日起30日内，对该户口事项进行全面审查，并按照以下情形分别作出审批决定：

（一）申请人的实际情况符合现行户口政策规定，且申请材料齐全、真实、有效的，应当作出审批同意的决定；

（二）申请人的实际情况不符合现行户口政策规定或者申请材料虚假、无效的，应当作出审批不同意的决定；

（三）根据现有证明材料，申请人的实际情况是否符合现行户口政策规定存疑的，可以要求申请人补正相关证明材料，对补正材料后仍存疑的，应当及时开展调查取证工作，或者退回公安派出所补充调查，并根据相关结果，分别依据上述第（一）项或第（二）项的规定，作出审批决定。经调查取证后，客观事实仍无法查清的，应当作出审批不同意的决定。

公安分局、县公安局要求申请人补正相关证明材料的，应当出具《户口类证明材料补缺单》，在5日内连同审批材料一并退回公安派出所。同一户口审批事项退回补正材料以一次为限。

公安派出所应当自收到公安分局、县公安局退回的审批材料之日起2日内将《户口类证明材料补缺单》送达申请人。

申请人无法补齐证明材料的，应当作出书面详细说明，并提交相关凭证。申请人自收到《户口类证明材料补缺单》之日起超过三个月仍未补齐材料，且无正当理由的，视为自动放弃本次申请，公安派出所应当作出审批终止决定。

公安派出所应当自收到申请人补正材料或者书面情况之日起2日内，将相关材料连同审批材料一并报公安分局、县公安局，并重新计算审批时限。

第十八条 属于市公安局审批决定的户口事项，公安派出所应当按照第十五条相关规定作出拟同意或者拟不同意的初审意见，上报公安分局、县公安局。

公安分局、县公安局应当按照第十六条相关规定作出拟同意或者拟不同意的复核意见，上报市公安局。公安分局、县公安局在审查过程中，对明显不符合现行户口政策规定或关键证据材料虚假无效的户口事项，应当直接以本公安分局、县公安局名义作出审批不同意的决定，不应再上报市公安局。

市公安局应当自收到上报材料之日起20日内，对该户口事项进行书面审查，并按照下列情形，分别作出审批决定：

（一）申请人的实际情况符合现行户口政策规定，且申请材料齐全、真实、有效的，应当作出审批同意的决定；

（二）申请人的实际情况不符合现行户口政策规定或者申请材料虚假、无效的，应当作出审批不同意的决定。

（三）根据现有证明材料，申请人的实际情况是否符合现行户口政策规定存疑的，应当退回上报的公安分局、县公安局补充调查，并根据补充调查的结果，分别依据上述第（一）项或第（二）项的规定，作出审批决定。经补充调查后，客观事实仍无法查清的，应当作出审批不同意的决定。

第十九条 上级审批部门要求下级审核部门补充调查的，应当出具《补充调查通知书》，在5日内连同审批材料一并退回下级审核部门。各级审批部门对同一户口审批事项退回补充调查以一次为限。

审核部门收到《补充调查通知书》后，应当自行展开调查取证工作，不得再向下级审核部门开具《补充调查通知书》或要求申请人补正相关证明材料。审核部门应当在15日内，根据《补充调查通知书》中所列事项，逐一开展调查核实，并制作补充调查报告，报上级审批部门。未经调查和作出合理解释的，不得以相同材料再次上报。

补充调查报告应当加盖单位印章，并应当包括以下内容：

（一）补充调查过程、调查结果及相关详细说明，有相关补充调查材料的应当一并附后；

（二）根据调查结果重新确定的审核意见；与原审核意见不一致的，以补充调查报告上的审核意见为准；

（三）其他需要在补充调查报告中予以说明的问题。

第二十条 有下列情形之一的，上级审批部门应当出具《退回审批通知书》，在5日内连同审批材料一并退回：

（一）上报的户口事项属于下级部门审批权限内的（市公安局根据本规定第十四条审批下级部门审批权限内户口事项的除外）；

（二）上报的户口事项明显不符合现行户口政策规定的。

下级审批部门应当自收到退回的审批材料之日起5日内，重新进行审查并作出相应的审批决定。

第二十一条 公安分局、县公安局，公安派出所在审核或审批过程中，有下列情形之一的，可以填写《延长审批时限审批表》，经单位负责人批准，延长审批时限15日：

（一）补充调查的材料需发函至外省市调查核实的；

（二）因不可抗力等其他客观原因导致无法在审批时限内完成审批工作的。

为查清客观事实所进行的司法鉴定时间不计入审核、审批时限。

第二十二条 户口审核、审批期间有下列情形之一的，终止该户口事项办理：

（一）户口审批终审意见作出前，申请人当场书面说明理由，并要求撤回申请的；

（二）在作出审批终审意见前申请人死亡的；

（三）申请人自收到《户口类证明材料补缺单》之日起超过三个月仍未补齐材料，且无正当理由的；

（四）其他需要终止户口审批的情形。

第二十三条 对作出审批同意决定的户口事项，相关审批部门应当签发相关证件、文书，连同审批材料一并逐级退回公安派出所。

对作出审批不同意，或者审批终止决定的户口事项，由当前审批部门应当签发《户口类审批意见决定书》，连同审批材料一并逐级退回公安派出所。

第二十四条 市公安局应当自作出审批决定之日起5日内将审批材料退回公安分局、县公安局。

公安分局、县公安局自收到退回的审批材料或者自行作出审批决定之日起5日内将审批材料退回公安派出所。

公安派出所收到退回的审批材料或者自行作出审批决定后，应当在2日内将审批决定通知申请人，同时通过上海公安门户网站予以公告。申请人自收到通知后2日内未到公安派出所领取《户口类审批意见决定书》，公安派出所应当将《户口类审批意见决定书》以邮寄方式送达申请人。

第二十五条 经审批同意迁沪落户的人员，由本市公安机关签发《准予迁入证明》，并以非农业户口性质落户。

申请人持有本市公安机关签发的《准予迁入证明》超过有效期限一年的，视为作废。申请人应当按照现行户口政策规定重新提出迁沪落户申请。

第二十六条 各级户口事项办理部门应当对本级部门办理的户口事项负责，上级部门应当加强对下级部门的业务指导、监督和检查。发现下级部门在户口事项办理过程中存在违反本规定或者其他法律、法规、规章、规范性文件情形的，应当及时移交有关部门依法依规依纪查处，并按照相关规定对责任人予以相应处理。

第二十七条 申请人在办理户口事项过程中，存在隐瞒事实、弄虚作假的，按照市公安局有关规定纠正该户口事项，并将申请人的户口事项恢复至受理前状态；对违反治安管理行为的，应当依法予以处罚；构成犯罪的，应当依法追究刑事责任。

第二十八条 本规定所称“日”均为工作日（均包括本数）。

第二十九条 本规定自2014年7月1日起施行。市公安局之前制定的规范性文件与本规定不一致的，以本规定为准。

上海市公安派出所消防监督工作规定

（2014年7月29日以沪公发［2014］185号文件形式下发，自2014年7月29日起施行）

第一章　总　　则

第一条 为了规范公安派出所消防监督工作，发挥公安派出所及民警在消防监督工作中的作用，完善本市三级消防监督工作机制，根据《中华人民共和国消防法》、《上海市消防条例》和《消防监督检查规定》（公安部令第120号）等法律、法规、规章和有关文件的规定，结合本市实际，特制定本规定。

第二条 公安派出所消防监督工作贯彻“全警重视、统一管理、突出重点、分工负责”的原则，由所属分（县）局统一领导，业务上接受公安机关消防机构的指导和检查。其中，各分（县）局和水上公安局所属水上公安派出所业务上接受上海市水上消防监督站的指导和检查；轨道公交总队所属公安派出所业务上接受轨道消防支队的指导和检查；文保分局所属公安派出所业务上接受其所管辖对象的属地公安机关消防机构的指导和检查；机场分局所属公安派出所业务上接受机场分局防火监督处的指导和检查。

第三条 公安派出所应对辖区内除市、区（县）级消防安全重点单位以外的其他单位、场所（包括个体工商户、农村承包经营户等）和居民住宅区物业服务企业、居（村）民委员会等遵守消防法律法规、履行消防安全职责的情况进行监督检查，开展消防宣传教育培训。

第四条 公安派出所应协助街道办事处、乡（镇）人民政府、单列经济开发区做好消防工作，将消防监督工作纳入辖区安全管理体系和公安日常工作范围，使消防监督工作与其他安全管理工作相互协调、相互促进。

第五条 公安派出所消防监督工作实行所长负责制和民警岗位责任制。所长对公安派出所消防监督工作全面负责，并确定一名分管所领导；分管所领导应担任街道、乡（镇）消防安全组织的领导成员。

公安派出所应至少确定一名消防专职民警，人员优先考虑消防转业干部，做到专职专用并保持相对稳定。

公安派出所有条件的应设立独立的消防办公场所或消防工作室，配备必要的办公设施、设备。

第二章 消防监督工作职责

第六条 公安派出所在消防监督工作中应履行下列职责：

（一）贯彻执行消防法律、法规、规章和规范性文件的规定，制定消防监督工作制度，落实消防监督工作责任制，按照辖区内消防监督管理对象的数量及区域性、季节性特点，确定消防安全检查、宣传工作目标和计划；

（二）督促辖区内符合《上海市消防安全重点单位界定标准》的单位，及时向公安机关消防机构申报消防安全重点单位；

（三）依法负责对管辖范围内的单位、场所开展日常消防监督检查；

（四）根据辖区火灾规律和特点，并结合元旦、春节、“五一”、国庆等重要节假日、重大活动的消防安全需要，依法组织开展消防监督抽查，督促整改火灾隐患；

（五）建立健全消防监督管理的各项制度；

（六）指导、督促辖区内除市、区（县）消防安全重点单位以外的其他社会单位主动提高检查消除火灾隐患、组织扑救初起火灾、组织人员安全疏散逃生和开展消防宣传教育培训“四个能力”；指导、督促社区、居（村）委会夯实组织建设、设施建设、群防群治工作和队伍建设“四个基础”；

（七）结合辖区特点，协助当地政府部门开展形式多样、针对性强的消防安全宣传教育，普及消防安全知识；

（八）受理群众对消防违法行为和火灾隐患的举报、投诉，依法查处违反消防法律、法规的行为；

（九）开展有关火灾调查或者协助公安机关消防机构开展火灾调查；

（十）配合公安机关消防机构组织实施临时查封、强制执行等强制措施；

（十一）法律法规和上级公安机关规定的其他消防监督管理职责。

第七条 公安派出所所长应将消防监督工作纳入派出所日常工作统筹安排，并与其他公安工作同部署同检查。组织制定实施消防安全检查、宣传工作计划，落实逐级消防监督工作责任制和岗位责任制。

分管所领导协助所长组织实施派出所消防监督工作，检查、督办、落实辖区内的消防监督工作，并及时向所长报告辖区内涉及消防安全的重大问题。

第八条 消防专职民警的工作职责：

（一）组织开展所辖区域内单位、场所的消防监督抽查，排查督改火灾隐患，督促建立防火档案；

（二）协助所领导对其他相关民警开展消防业务培训；

（三）参与并指导责任区等非消防专职民警开展消防监督工作，办理消防行政处罚案件，对消防行政处罚进行法律审核；

（四）按照有关规定开展火灾调查或者协助公安机关消防机构开展火灾调查；

（五）建立消防监督工作业务档案；

（六）督促、指导辖区内单位、场所做好消防宣传工作；

（七）参与、配合公安机关消防机构执行强制措施；

（八）制定消防监督检查、宣传工作计划；

（九）落实上级部署的其他消防工作。

第九条　公安派出所非消防专职民警的工作职责：

（一）对责任区管辖范围内的单位、场所进行消防监督抽查，排查督改火灾隐患，督促建立防火档案；

（二）协助开展火灾调查；

（三）办理消防行政处罚案件；

（四）督促、指导辖区内单位、场所做好消防宣传工作；

（五）参与、配合公安机关消防机构执行强制措施；

（六）指导居（村）委会对孤寡老人、精神病人等重点人员进行消防安全看护和管理；

（七）落实上级部署的其他消防工作。

第三章　消防基础工作

第十条　公安派出所应当配备开展消防监督检查和火灾调查必需的装备器材。

第十一条　公安派出所应当根据辖区实际建立健全下列消防监督工作制度：

（一）消防监督工作岗位责任制度；

（二）消防监督检查制度；

（三）消防业务培训制度；

（四）消防宣传教育制度；

（五）火灾隐患整治工作制度；

（六）火灾接处警制度；

（七）火灾调查制度；

（八）消防监督管理信息录入制度；

（九）民警工作量化管理考核制度；

（十）其他有关消防监督工作制度。

第十二条　公安派出所应当建立下列消防基础台账，落实专人管理，并按照公安档案管理规定，做好收集、整理、立卷、归档工作：

（一）单位、场所基础资料档案；

（二）消防监督检查档案；

（三）消防行政处罚档案；

（四）火灾调查档案；

（五）消防专项治理工作档案；

（六）消防宣传培训工作档案；

（七）消防举报投诉监督检查档案；

（八）民警消防监督工作量化管理考核档案。

第四章　消防监督检查频次及内容

第十三条　公安派出所对除市、区（县）两级消防安全重点单位以外的下列单位、场所，应当每年至少进行一次日常消防监督检查。

（一）居民住宅区物业服务企业；

（二）居民委员会、村民委员会；

（三）加油（气）站；宾（旅）馆（含农家乐）；歌厅、舞厅、游戏游（艺）机厅；餐饮服务场所；洗浴、休闲场所；商（市）场；教育培训机构；综合医院、专科医院及其他医疗单位。

对上述以外其他单位、场所的监督检查频次、数量，由各分（县）局根据辖区消防安全形势和公安派出所民警警力配备情况，确定抽查比例。

各公安派出所可根据民警配备情况，确定辖区单位、场所的管辖分工，每月制定必查和抽查的工作计划，报分（县）局多警联勤消防工作联席会议办公室备案。

第十四条 公安派出所对社会单位、场所进行日常消防监督检查，应当检查下列内容：

（一）建筑物或者场所是否依法通过消防验收或者进行消防竣工验收备案，公众聚集场所是否依法通过投入使用、营业前的消防安全检查；

（二）建筑物或者场所的使用情况是否与消防验收或者进行消防竣工验收备案时确定的使用性质相符；

（三）消防安全管理制度是否制定，防火安全责任制是否落实；

（四）是否组织防火检查、消防安全宣传教育培训、灭火和应急疏散演练；

（五）消防车通道、疏散通道、安全出口是否畅通，室内消火栓、疏散指示标志、应急照明、灭火器是否完好有效；

（六）生产、储存、经营易燃易爆危险品的场所是否与居住场所设置在同一建筑物内；

（七）生产、储存、经营其他物品的场所与居住场所设置在同一建筑物内的，是否符合消防技术标准；

（八）对职工及重点工种人员是否开展消防安全教育和培训；

（九）火灾隐患的整改情况；

（十）消防值班人员在岗情况及值班、巡逻、消防设备运行等记录。

对设有消防设施的单位、场所，公安派出所还应当根据有关规定检查其是否对建筑消防设施定期进行维修保养。

第十五条 公安派出所对居民住宅区的物业服务企业进行日常消防监督检查，应当检查下列内容：

（一）建筑物或者场所的使用情况是否与消防验收或者进行消防竣工验收备案时确定的使用性质相符；

（二）消防安全管理制度是否制定，防火安全责任制是否落实；

（三）是否组织防火检查、消防安全宣传教育培训、灭火和应急疏散演练；

（四）是否对管理区域内共用消防设施进行维护管理，消防车通道、疏散通道、安全出口是否畅通，室内消火栓、疏散指示标志、应急照明、灭火器是否完好有效。

第十六条 公安派出所对居（村）民委员会进行日常消防监督检查，应当检查下列内容：

（一）是否确定消防安全管理人；

（二）是否制定消防安全工作制度、居（村）民防火安全公约；

（三）是否开展消防宣传教育、防火安全检查；

（四）是否对社区、村庄消防水源（消火栓）、消防车通道、消防器材进行维护管理；

（五）是否建立志愿者消防队、消防工作站等多种形式的消防组织。

第五章 消防监督检查程序

第十七条 公安派出所实施消防监督检查时，检查人员不得少于两人，并出示执法身份证件。

第十八条 公安派出所民警在日常消防监督检查时，发现被检查单位、场所有下列行为之一的，应当责令依法改正：

（一）占用、堵塞、封闭疏散通道、安全

出口或者有其他妨碍安全疏散行为的；

（二）占用、堵塞、封闭消防车通道，妨碍消防车通行的；

（三）埋压、圈占、遮挡消火栓或者占用防火间距的；

（四）室内消火栓、灭火器、疏散指示标志和应急照明未保持完好有效的；

（五）人员密集场所在外墙门窗上设置影响逃生和灭火救援的障碍物的；

（六）违反消防安全规定进入生产、储存易燃易爆危险品场所的；

（七）违反规定使用明火作业或者在具有火灾、爆炸危险的场所吸烟、使用明火的；

（八）生产、储存和经营易燃易爆危险品的场所与居住场所设置在同一建筑物内的；

（九）其他场所与居住场所设置在同一建筑物内不符合消防技术标准的。

第十九条 公安派出所民警在日常消防监督检查时，发现被检查单位、场所有下列行为之一的，应当责令限期改正：

（一）人员密集场所使用不合格、国家明令淘汰的消防产品的；

（二）电器产品、燃气用具的安装、使用及其线路、管路的设计、敷设、维护保养、检测不符合消防技术标准和管理规定的；

（三）未制定消防安全制度、未组织防火检查和消防安全教育培训、消防演练的；

（四）未对建筑消防设施定期组织维修保养的；

（五）不履行消防安全职责的。

第二十条 公安派出所对群众举报、投诉的消防安全违法行为，应当及时受理、依法处理。举报、投诉的接报和受理情况应在《消防违法行为举报、投诉查处情况记录》上予以记录，并及时处理；举报、投诉人要求保密的，应当为其保密。

公安派出所对举报、投诉占用、堵塞、封闭疏散通道、安全出口或者其他妨碍安全疏散行为，以及擅自停用消防设施的，应当在接到举报投诉后二十四小时内核查；对其他消防违法行为的举报、投诉，应当在接报之日起3个工作日内核查。情况属实的，应当依法处理消防安全违法行为，并将处理情况及时告知举报、投诉人；无法告知的，应当在受理登记中注明。

第二十一条 对单位、场所开展的消防监督检查，公安派出所应当场填发《上海市消防监督检查意见通知书》。

对依法责令限期改正的，应当根据违法行为整改难易程度合理确定改正期限。在责令改正期限届满或者收到当事人复查申请之日3个工作日内复查，并当场填发《上海市消防监督检查意见通知书》。

第二十二条 公安派出所填发的《上海市消防监督检查意见通知书》，应加盖公安派出所印章。

消防行政处罚应当以公安机关消防机构名义作出，加盖公安机关消防机构印章。

第二十三条 消防行政处罚根据《中华人民共和国消防法》、《中华人民共和国治安管理处罚法》和《上海市消防条例》依法实施。

对个人处警告或者二千元以下罚款，对单位处五万元以下的罚款及其相应的停止施工、停止使用、停产停业等行政处罚的，由公安派出所所长审批。

对个人处二千元以上罚款，对单位处五万元以上罚款及其相应的停止施工、停止使用、停产停业等行政处罚的，由公安派出所所长审核后，报公安机关消防机构审批。

行政拘留处罚依照《中华人民共和国治安

管理处罚法》的有关规定执行。

第二十四条 公安派出所在开展消防监督检查时，有下列情形之一，应当在5个工作日内填写《上海市公安派出所消防监督检查移送管辖单》，移交公安机关消防机构处理：

（一）发现被检查单位、场所的建筑物未依法通过消防验收，或者未进行消防竣工验收备案，擅自投入使用的；

（二）公众聚集场所未依法通过使用、营业前的消防安全检查，擅自使用、营业的；

（三）对举报、投诉的消防安全违法行为属于公安机关消防机构管辖的；

（四）在检查中发现存在严重威胁公共安全火灾隐患的。

对本条第一款第四项之情形，还应当同时书面报告乡（镇）人民政府或者街道办事处。

第二十五条 公安派出所民警消防监督检查执法情况按照要求分别录入市局警务信息综合应用平台和“网上办案”工作平台等信息系统。

第六章 火灾处置

第二十六条 公安派出所在接到火灾报警或者处警指令后，应当指派民警迅速赶赴火灾现场，确认火灾燃烧对象、面积、人员伤亡等基本情况，将火灾现场情况及时向所属分（县）局指挥中心报告。

第二十七条 公安派出所民警到达火灾现场后，应当按照有关规定参加或组织开展灭火救援、人员疏散、现场警戒、维持秩序、控制肇事嫌疑人等工作。

第二十八条 火灾扑灭后，公安派出所应协助开展火灾现场保护，并按照有关规定开展火灾调查。

第二十九条 公安派出所应将轻微火灾事故现场调查处置信息及时录入市局警务信息综合应用平台。

第七章 消防监督培训

第三十条 市局将消防监督工作业务技能培训纳入二专科学员、民警初任培训和相关岗位民警警衔晋升培训的必修课程。

公安派出所分管领导和消防专职民警的消防业务培训工作由市局政治部负责调训，市局消防局具体实施，每两年开展一次，培训不少于4课时。

第三十一条 各分（县）局应将消防监督工作业务技能培训纳入警训队集中培训、专业岗位警衔晋升培训以及派出所民警各类培训的必训内容。

公安派出所民警的消防业务培训工作由各分（县）局政治处负责，公安机关消防机构具体实施，每年至少开展两次，培训不少于8课时。

第三十二条 公安消防机构应当派员针对派出所民警的警种特点，采用网上抽查与实地指导、日查与夜查相结合的方式进行带教检查，每月开展不少于2课时的“实地操”培训。公安消防机构派员负责指导派出所开展社区消防宣传工作；指导派出所正确处置轻微火灾事故；就辖区内火灾事故召开相应警种、政府相关部门、居（村）委和社会单位、社区居民参加的现场点评分析会；指导派出所完成年度专项任务；指导派出所处置其管辖权限内的消防违法行为和火灾隐患举报投诉。

公安消防机构派员负责检查派出所网格化排查落实情况、案卷质量完成情况、专项任务推进情况。

第八章　考核与责任追究

第三十三条　各分（县）局应将消防监督工作纳入公安派出所的日常考核范围和年终考评考核内容。

公安派出所应当将消防监督工作纳入民警岗位履职考核范围。

第三十四条　对消防监督工作成绩显著的公安派出所和民警，市局职能部门应分别按照一定比例予以表彰和奖励。

第三十五条　对民警消防执法过错行为，各分（县）局应当按照有关规定追究其责任。

第三十六条　公安派出所及其民警在消防监督检查中有下列情形的，对直接负责的主管人员和其他直接责任人员应当依法依规给予纪律处分；直至依法追究刑事责任：

（一）不按规定制作、送达法律文书，不按照本规定履行消防监督检查职责，拒不改正的；

（二）无故拖延消防安全检查，不在法定期限内履行职责的；

（三）未按照本规定组织开展消防监督抽查的；

（四）发现火灾隐患不及时通知有关单位或者个人整改的；

（五）在消防监督工作中弄虚作假的；

（六）利用消防监督检查职权为用户指定消防产品的品牌、销售单位或者指定消防技术服务机构、消防设施施工、维修保养单位的；

（七）接受、索要当事人财物或者谋取不正当利益的；

（八）向当事人强行摊派各种费用、乱收费的；

（九）其他滥用职权、玩忽职守、徇私舞弊的行为。

第三十七条　公安派出所及其民警在消防监督工作中，有下列情形之一，不承担责任：

（一）民警已经按照法律法规以及本规定的要求履行岗位消防执法职责的；

（二）未列入消防监督抽查计划的单位存在消防安全违法行为、火灾隐患，导致火灾事故的；

（三）对发现的消防安全违法行为或者火灾隐患已经依法查处，因单位或者个人拒不执行执法意见、决定，发生火灾事故的；

（四）因国家法律法规和工程建设消防技术标准改变，造成单位（场所）不符合现行要求的；

（五）对依法属于其他部门职责，公安派出所已经抄告其他部门的。

第九章　附　　则

第三十八条　市局有关单位、有关公安处（局）下属派出所实施消防监督检查，参照本规定执行。各分（县）局可根据本规定，结合本地区实际情况制定实施细则。

第三十九条　本规定由市局消防局负责解释。

第四十条　本规定自下发之日起施行，原《上海市公安派出所消防监督工作规定》（沪公发〔2011〕127号）同时废止。

索 引

说明：（1）本索引主体采取主题分析索引方法，按主题词首字汉语拼音字母顺序排列。（2）表格标题和表格中的内容页码后另注有“表”字，图片后另注有“图”字。（3）索引名称后的数字表示内容所在的页码。

A

B

C

D

E

F

G

H

J

K

L

M

N

P

Q

R

S

X

Y

★上海市公安局警务保障部

2014年，市局警务保障部以深入推进“210工程”建设为主线，以亚信峰会安保保障为重点，以深化改革为契机，紧紧围绕“三个服务”的总要求，全面提升警务保障能力和管理服务水平，为上海公安业务和队伍建设发展提供有力保障。

◎ 调研新能源警务车辆情况

◎ 检查应急装备车储备情况

◎ 开展应急综合实战演练

◎ 举办民警健康咨询活动

◎ 开展特种装备实地调研

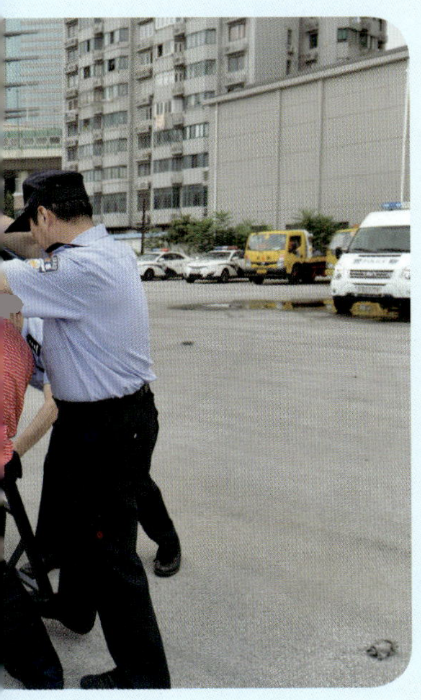

◎ 亚信峰会安保誓师动员授旗

★上海市公安局经侦总队

2014 年，上海公安经侦部门以公安部“四项建设”、市局“六项重点建设任务”为引领，以反恐标准抓各项工作落实，着力打造经侦部门核心战斗力，严厉打击侵蚀经济金融基础、影响社会经济秩序、危害群众切身利益的突出经济犯罪，圆满完成各项工作任务。

◎ 公安部经侦局局长孟庆丰到经侦总队调研

◎ 侦破“930”淘宝城案行动指挥部

◎ “猎狐 2014”专项行动第一次新闻发布会

◎ 执行亚信峰会安保任务

◎ 在曲阳公园开展打击和防范经济犯罪宣传日活动

◎ 与保监局在浦东世纪公园开展联谊健康跑

★上海市公安局治安总队

2014 年，上海公安治安部门围绕亚信峰会安全保卫工作等中心任务，以反恐标准为统领，扎实开展打击整治、治安管理、安全防控等各项工作，切实形成严打、严管、严防高压态势，并建立健全长效机制，确保社会治安大局持续稳定。

◎ 检查上海书展安保工作

◎ 集中销毁非法枪爆物品、管制刀具现场

◎ 实地检查旅馆业单位住宿登记工作

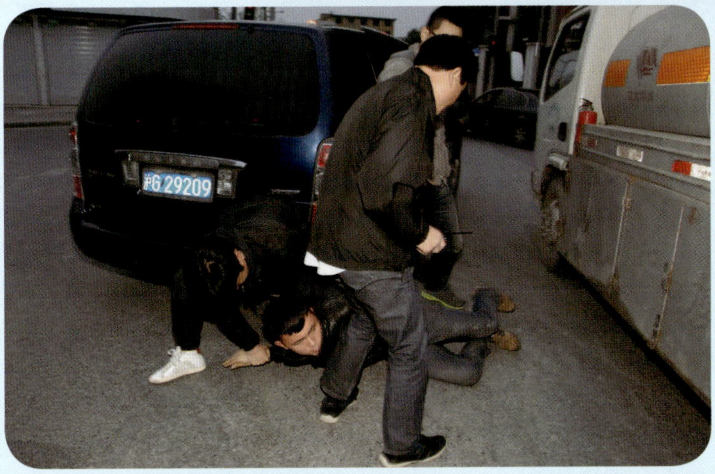

◎ 查获非法经营成品油团伙案

◎ 对越江隧道电力设施进行安全检查

◎ 集中查缉危险物品、清查娱乐服务场所临检行动

★上海市公安局刑侦总队

2014年，上海公安刑侦部门紧紧围绕亚信峰会安保这一中心，采取严打、严防、严管、严控等有力措施，深入推进社会治安防控体系建设，深化完善刑侦、经侦实战分析研判平台的建设应用，始终保持严打高压态势，全力确保本市社会治安持续稳定。

◎ 慰问民警

◎ 市局在刑侦总队召开打击夜间违法犯罪联合查堵行动部署会

◎ "6·26"国际禁毒日销毁毒品现场

◎ 祭扫英烈

◎ 全国公安厅局长能力建设专题研讨班在刑侦总队开展教学活动

◎ 现场勘查

★上海市公安局出入境管理局

2014 年，上海公安出入境管理部门围绕服务国家改革发展战略和保障人民安居乐业，进一步创新出入境管理理念、管理机制，夯实基层基础工作，提升队伍专业素质，为上海经济建设提供优质服务，为涉外领域的安全提供支撑和保障。

◎ 上海自贸区出入境办证中心暨市局自贸区分局出入境接待大厅揭牌启用

◎ 检查娱乐场所

◎ 在街道查验外国人证件

◎ 韩国法务部出入国外国人政策本部韩武根部长一行5人参观访问出入境管理局

◎ 参加亚信峰会安保工作

◎ 侯晓文荣获上海市总工会颁发的2014年“上海市五一劳动奖章”

★上海市公安局交警总队

2014 年，上海公安交警部门以“严”为首要标准，紧扣“降违法、降事故、保安全、保畅通”核心任务，进一步推动健全完善严格交通执法管理常态化机制，不断提升符合上海特色的大城市道路交通管理服务水平，切实维护好城市道路交通运行秩序。

◎ 亚信峰会安保誓师

◎ 检查新建的高速公路交通组织

◎ 交通安全宣传

◎ “五类车”整治

◎ 亚信峰会交通警卫

◎ 指挥疏导

★上海市公安局特警总队

2014 年，市局特警总队聚焦亚信峰会安保工作，进一步强化底线思维，夯实特警工作基础，着力提高新形势下应对各种复杂环境的实战处置水平，为确保城市公共安全和社会治安稳定发挥了积极作用。

◎ 市局领导为总队立功集体、民警颁奖

◎ 执行亚信峰会期间水面反恐应急备勤任务

◎ 亚信峰会期间在世博中心周边区域开展武装巡逻

◎ 上海国际马拉松赛安保首次采用自行车巡逻

◎ 合作区跨区域综合演练

◎ 空地协同建筑物反恐突击演习

★上海市公安边防总队

2014 年，上海市公安边防总队坚持从严治警转作风，务实创新谋发展，层层问效抓落实，圆满完成各项工作任务，上海边防工作和部队全面建设呈现健康向上的良好态势。

◎ 公安部边防管理局徐宽宥副局长到边防总队调研

◎ 依托移动警务室开展执勤工作

◎ 武装流动卡点

◎ 边防警官获赠锦旗

◎ 边防派出所建设座谈会

◎ 比武集训

★上海市公安消防总队

2014 年，上海公安消防部门主动对接上海城市发展战略，以推进消防治理体系和治理能力现代化为总目标，不断强化消防铁军、责任体系、治理模式、服务平台、联勤格局和综合保障现代化建设，实现火灾形势和队伍形势双稳定。

◎ 检查企业消防工作

◎ 开展居民逃生疏散演练

◎ 开展消防直升机灭火演练

◎ 开展反恐处突联合演练

◎ 搜救出被埋压群众

◎ 销毁非法烟花爆竹

★上海市公安局监管总队

2014年，上海公安监管部门围绕亚信峰会安保等中心工作，全面部署和推进看守所“五化建设”和拘留所“三项重点工作”，推进执法规范化建设，强化羁押监管职能和监所安全措施，实现全年监所安全无重大责任事故，圆满完成年度既定工作目标和各项公安监管任务。

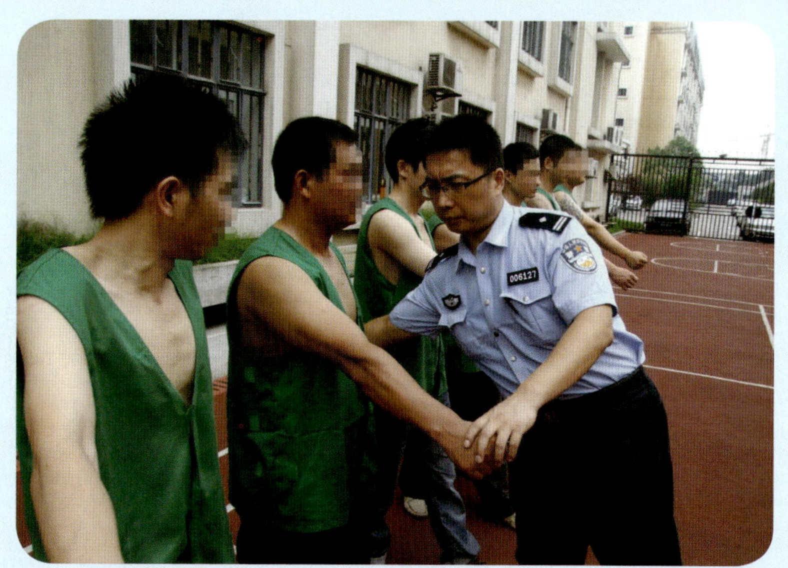

◎ 队列训练

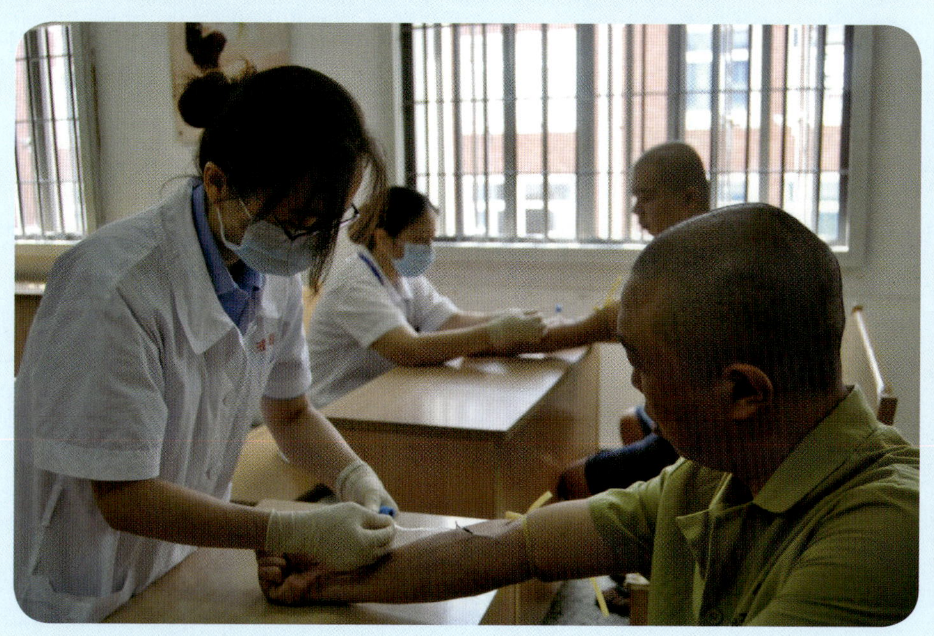

◎ 医务人员巡诊

◎ 禁毒宣传教育

◎ 监所急救知识讲座

◎ 预案演练

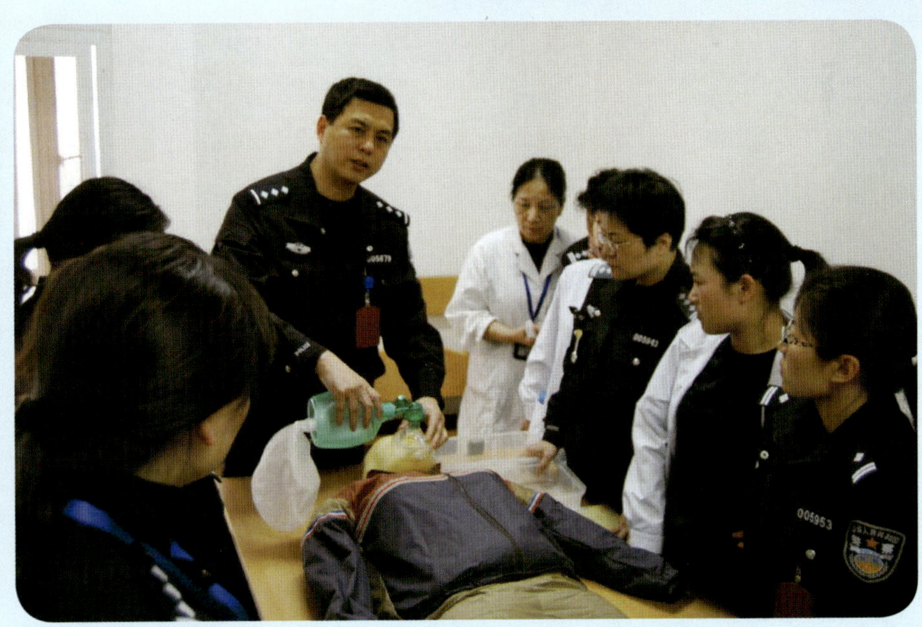

◎ 心肺复苏培训

★上海市公安局科技处

2014 年，上海公安科技部门以“加强公安机关核心战斗力建设”为导向，推动以数据汇集和资源共享为基础的整合建设，推进基于资源共享的规模应用和基于聚焦核心战斗力的深度应用，重点抓好亚信峰会安保科技保障，为平安上海建设提供科技信息化支持和保障。

◎ 举办“一机两用”监控培训会

◎ 测试光纤链路

◎ 配置网络交换机

◎ 图像监控

◎ 亚信峰会安保工作

◎ 专业能力提升活动

★上海市公安局文保分局

2014 年，市局文保分局以亚信峰会安保、高校维稳工作为中心，着力推进“平安高校”建设，圆满完成亚信峰会安保工作，确保全市高校、文化领域持续安全稳定。

◎ 参观上海改革开放回顾展

◎ 检查实验室安全

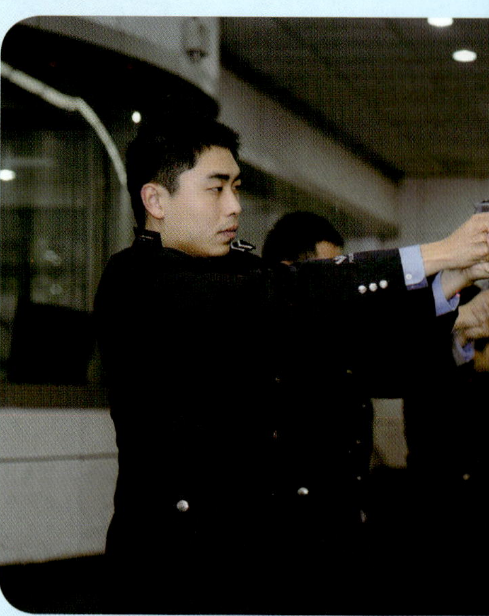

◎ 射击训练

◎ 消防检查

◎ 校园法制宣传

◎ 校园巡逻

★上海市公安局轨道公交总队

2014 年，市局轨道公交总队以确保轨道公交公共安全为目标，创新完善轨道公交公共安全长效机制建设，保持严厉打击各类犯罪活动高压态势，着力推进轨道公交公安队伍职业化和专业化建设，确保了轨道公交公共安全和治安秩序平稳有序。

◎ 携犬抽查

◎ 安全提示

◎ 开展安检督导工作

◎ 识疑盘查

◎ 发放安全防范宣传资料

◎ 获市局足球赛冠军

★上海市公安局水上公安局

2014年，市局水上公安局积极开展“迎峰会、保平安”、“查漏洞、找隐患、强措施”安全检查等专项行动，严格落实各项管控措施，严厉打击涉水违法犯罪活动，创新水域治安管理模式，为上海水域经济平稳较快发展创造了和谐稳定的水域社会环境。

◎ 水上公安局与海事部门开展联合执法

◎ 开展联合整治行动

◎ 开展轮渡码头交通整治工作

◎ 开展首批摩托艇驾驶培训

◎ 人员信息核查

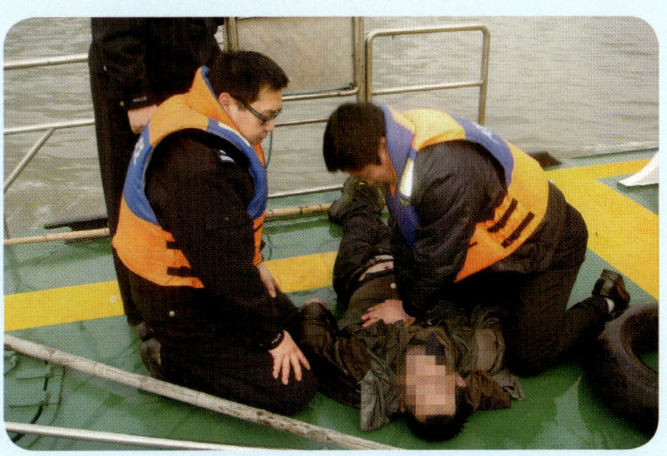

◎ 对落江群众进行心肺复苏

★上海市公安局化工区分局

2014 年，市局化工区分局以亚信峰会安保等重点工作为中心，推进封闭式管理、打防管控专项行动、企事业单位内保、交通消防安全管理等工作，加强队伍正规化建设，确保园区安全稳定。

◎ 分局领导慰问高温下执勤民警

◎ 举行火灾应急处置演练

◎ 开展消防安全隐患排查

◎ 严格道路交通安全管理

◎召开化工区海防委员会会议

◎ 开展危化品道路运输夜间联合突击检查

★上海市公安局机场分局

2014 年，市局机场分局围绕亚信峰会、南京青奥会、北京 APEC 会议等重大安保任务，深入推进“平安机场建设”、“迎峰会、保平安”打防管控等专项行动，积极做好机场重大工程建设公安保障工作，实现了上海机场第十五个安全年度工作目标。

◎ 航站楼巡逻

◎ 公务用枪射击比赛

◎ 空防安全管理

上海市公安局机场分局

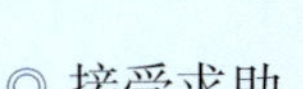

◎ 接受求助

◎ 龙舟比赛

◎ 武装巡逻

★上海市公安局警务航空队

2014年，市局警务航空队以“实战”、“安全”为中心，以参与亚信峰会安保为引领，不断强化能力建设，参与警务执法和城市管理，深入推进警航正规化、规范化建设。

◎“清明”祭扫交通空中监控

◎国庆空中编队巡展

上海市公安局警务航空队

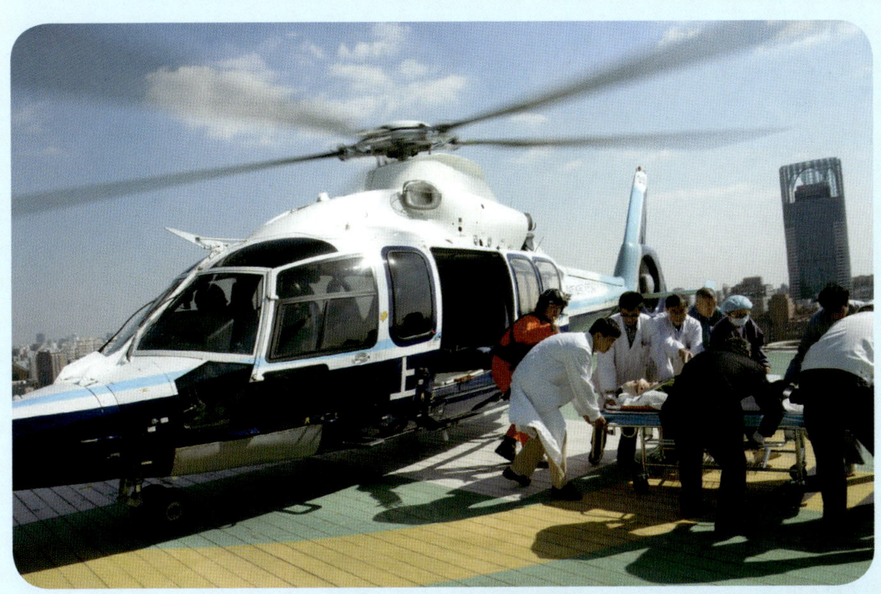

◎ 交通事故应急救援

◎ 警用直升机与舰艇联合开展巡逻

◎ 亚信峰会空中安保

◎ 参与灭火战斗

★上海市公安局人口管理办公室

2014 年，市局人口办紧扣“严格控制人口规模、优化人口结构”和“做实基层基础，服务公安实战”两条主线，努力提升特大型城市人口管理工作效率和治理水平，为完成亚信峰会安保工作、实现全市人口调控目标作出贡献。

◎ 上海公安户籍民警能力认证中心揭牌

◎ 到基层联系点调研

上海市公安局人口管理办公室

◎ 为优秀社区综合协管队员颁发奖金和证书

◎ 实地检查人口信息质量

◎ 召开年度人口管理工作会议

★上海市公安局农场分局

2014 年，市局农场分局围绕市委、市政府发展域外农场经济战略部署，积极适应域外农场改革发展，以“反恐标准”为要求，严厉打击各类违法犯罪行为，严格依法行使内保、交通、消防等公安行政管理职能，深入推进“平安农场”建设，圆满完成了亚信峰会安全保卫等各项工作任务。

◎ 参观焦裕禄图片展

◎ 召开警务合作联席会议

◎ 重点区域设卡盘查

◎ 优秀社区民警巡回宣讲

◎ 开展创建“治安安全合格单位”活动

◎ 增援亚信峰会水上安保

★上海市公安局自贸区分局

2014年，市局自贸区分局在开局起步之年，紧紧围绕“创建平安保驾经济领跑，创新机制服务标杆亮丽”的发展定位，争当公安改革排头兵和警务机制创新先行者，全警同心、聚势攻坚、超常运作，为守护自贸区治安稳定、经济秩序良好和园区创新发展作出新贡献。

◎ 出入境办证中心揭牌

◎ 分局挂牌仪式

◎ 召开中层干部大会

◎ 交通集中整治

◎ 开展业务培训

◎ 指挥交通

★上海公安高等专科学校

2014年，上海公安高等专科学校深化公安职业教育改革，提高教育办学质量和理论科研水平，为提升上海公安民警队伍的实战能力和综合素质提供支撑。

◎ 召开亚信峰会安保工作动员大会

◎ 举办反恐防暴能力提高班

◎ 学校民警在亚信峰会安保期间设卡盘查

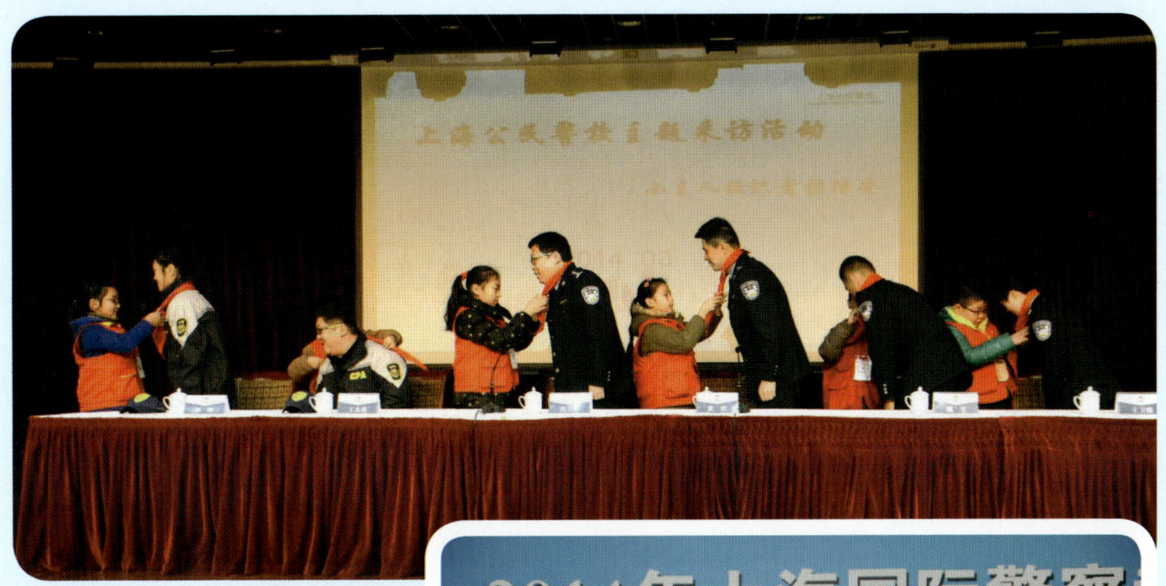

◎ 与小主人报社联合举办“我的警察梦”主题活动

◎ 举办国际警察教育学术研讨会

◎ 获全国教育系统先进集体等称号

★上海市保安服务总公司

2014 年，上海市保安服务总公司坚持稳中求进、改革创新，坚持社会效益和经济效益并举、社会责任为先，以亚信峰会安保工作为首要任务，进一步优化业务结构、完善管理机制、提高队伍素质、增强综合实力，较好地完成了各项目标任务。

◎ 与埃顿集团总裁签署战略合作协议

◎ 数据采集部获“上海市巾帼文明岗”称号

◎ 慰问一线守押队员

◎ 举行“全国职工教育培训优秀示范点”揭牌仪式

◎ 电力保安支队获工人先锋号称号

◎ 参加上海公安青年龙舟赛

★上海市公安局浦东分局

2014 年，市局浦东分局将亚信峰会安保工作作为年内首要工作，以点带面，超常推进，维护浦东新区城市公共安全和社会治安持续平稳。

◎ 春节前夕安保工作

◎ 亚信峰会现场安全警卫工作

◎ 机动武装巡控队伍整装待发

◎ 开展防范电信诈骗宣传

◎ 开展非法营运整治工作

◎ 武装巡逻队在陆家嘴地区巡逻

★上海市公安局黄浦分局

2014 年，黄浦分局围绕打造特大型城市中心城区现代警务机制升级版目标，按照反恐标准，结合黄浦实际，坚持继承创新，公安业务和队伍建设取得新发展，公众安全感和满意度又有新提高，受到社会广泛赞誉。

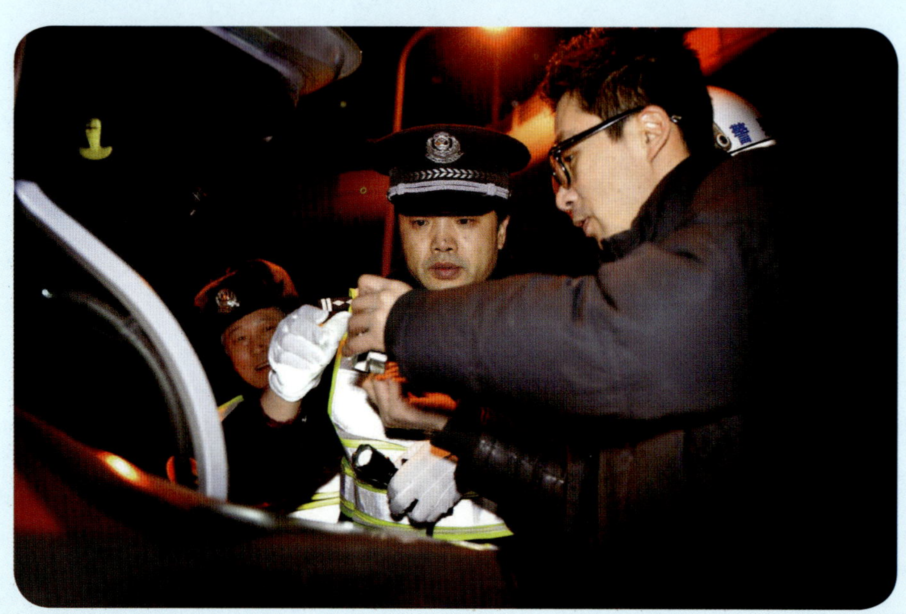

◎ 打击夜间违法犯罪联合查堵行动

◎ 大型应急救援队伍综合演练

◎ 防暴处突实战训练

◎ 发还被盗财物

◎ 特种机动队防暴处突巡逻

◎ 特种机动队启用自行车骑巡勤务模式

★上海市公安局徐汇分局

2014 年，徐汇分局将亚信峰会安保工作作为年度首要任务，把提升人民群众安全感和满意度作为各项公安工作的根本标准，完成打击犯罪、治安防控、安全监管、服务群众等各项任务，着力深化平安徐汇和法治徐汇建设，确保社会治安秩序持续平稳。

◎ 召开集中销毁赌博游戏（艺）机现场会

◎ 开展防范电信诈骗宣传

◎ 夜间指挥交通

◎ 分局民警足球比赛

◎ 开展夜间违法犯罪联合查堵行动

◎ 2014 年春节民警在龙华寺执勤

★上海市公安局长宁分局

2014 年，长宁分局积极应对新形势下公安工作面临的机遇和挑战，围绕全年工作整体规划和工作目标，推进“平安长宁”建设和公安基层基础工作，加强各项公安业务工作和公安队伍建设，确保全区社会政治和治安形势持续稳定。

◎ 亚信峰会安保工作誓师大会

◎ 内部安全防范训练

◎ 向烈士宣誓

◎ 开展安全防范教育

◎ 公安武警联合巡逻

◎ 纠正交通违章

★上海市公安局静安分局

2014 年，静安分局深化队伍建设，开展打防管控专项行动，做好亚信峰会安保工作，推进各项业务工作再上新台阶，落实各项措施，维护地区稳定，创造良好社会治安环境，确保辖区安全。全年公众安全感指数排名全市第四位。

◎ 举行“110，守护您的平安”主题宣传活动

◎ 检查巡逻车

◎ 打击夜间违法犯罪行动

◎ 宣传消防安全知识

◎ 首批特种机动队上岗巡逻

◎ 执行安保任务

★上海市公安局普陀分局

2014 年，普陀分局围绕市局打造上海现代警务机制升级版的总体部署和区域经济社会发展要求，结合党的群众路线教育实践活动，以亚信峰会安保工作为牵引，以反恐标准抓好反恐维稳、街面防控、打击整治、基础建设等工作，确保社会治安秩序持续稳定。

◎ 开展“110”主题日宣传活动

◎ 解救被困人员

◎ 开展联合清查整治

◎ 勘验证物

◎ 社区走访

◎ 特种机动队在上海西站值守

★上海市公安局闸北分局

2014 年，闸北分局以亚信峰会安保工作为核心，从严落实打防管控各项措施，确保社会政治和治安形势持续稳定。公众安全感和满意度稳步提升，“12345”市民服务热线办理满意度在分（县）局中名列第一。

◎ 发还被盗财物

◎ 开展防范电信诈骗宣传活动

◎ 设立市北工业园区外籍员工便民点

◎ 抓获凶案犯罪嫌疑人

◎ 安全防范宣传

◎ 启动亚信峰会联合武装巡逻

★上海市公安局虹口分局

2014年，虹口分局按照“争先进、创特色、强基础、求发展”的总体工作思路，坚持以提升公众安全感和满意度为主线，以全力做好亚信峰会安保工作为着力点，不断强化打防管控各项工作，有效提升了队伍执行力和战斗力，确保虹口区社会面持续稳定。

◎ 检查消防安全

◎ 会同闸北分局开展交警联合整治宣传

◎ 火灾现场指挥救援

◎ 岗前验枪

◎ 街面机动突击队发车仪式

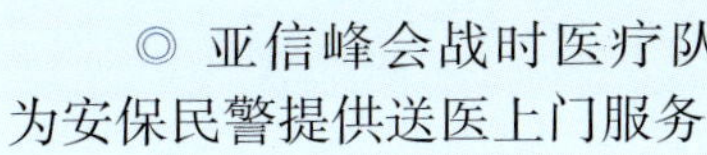

◎ 亚信峰会战时医疗队
为安保民警提供送医上门服务

★上海市公安局杨浦分局

2014 年，杨浦分局围绕提升人民群众安全感、满意度和推进社会治理体系与治理能力现代化工作目标，完善现代警务机制，推进平安杨浦、法治杨浦建设，提升动态化、信息化条件下维护国家安全、社会稳定和公共安全的能力和水平。

◎ 禁毒日广场宣传活动

◎ 2014 年上海旅游节花车巡游保卫

◎ 秦皇岛水门码头安检

◎ 勘查现场

◎ 校园安保

◎ 特种机动队员巡逻

★上海市公安局闵行分局

2014 年，闵行分局以亚信峰会安保工作为首要任务，强化基层基础和核心能力建设，打造闵行现代警务机制升级版，为全区深化改革和经济社会的全面、协调、可持续发展创造安全稳定的社会环境、公平正义的法治环境和优质高效的服务环境。

◎ 做好劳力士大师赛赛事安保工作

◎ 举行反恐怖袭击应急处置综合演习

◎ 开展公民警校活动

◎ 联合巡逻

◎ 开展打击夜间违法犯罪联合查堵行动

◎ 雪中坚守岗位

★上海市公安局宝山分局

2014 年，宝山分局各项工作围绕“转作风、调机制、固根基、保平安”主线，着力在新起点上开创新局面，圆满完成各项公安保卫任务，公众安全感、满意度指数分别排名全市第三、第四位，连续四年获得“上海市优秀公安局”称号。

◎ 分局领导检查特警工作

◎ 雨中护校

◎ 收缴游戏赌博机

◎ 开展禁毒宣传活动

◎ 开展警营开放日活动

◎ 开展灭火器使用培训活动

★上海市公安局嘉定分局

2014年，嘉定分局围绕平安嘉定建设，以亚信峰会安保为主线，加强公安核心战斗力建设，夯实公安基层基础，强化社会面治安管控，确保地区社会政治、治安稳定。

◎ 举行升旗仪式

◎ 召开苏、浙、沪警务合作会议

◎ 开展打击夜间违法犯罪联合查堵行动

◎ F1 中国大奖赛安保工作

◎ 开展消防安全检查

◎ 举行青年民警岗位业务技能竞赛活动

★上海市公安局松江分局

2014 年，松江分局以开展党的群众路线教育实践活动为契机，以亚信峰会安保为引领，务实推进各项公安工作，维护社会稳定和城市公共安全，保障宜居乐业现代化新松江建设。

◎ 检查宾馆消防安全

◎ 举办“情系峰会爸爸加油”警营特别活动

◎ 交通保卫

◎ 开展打击夜间违法犯罪联合查堵行动

◎ 举行爱民实践集中活动日

◎ 向成功阻止电信诈骗犯罪的银行工作人员颁奖

★上海市公安局金山分局

2014 年，金山分局围绕“顺应转型、改革创新、稳中求进、抓好队伍、追求绩效”的工作要求，开展各类专项行动，提升行政管理水平及队伍职业素养，夯实公安工作基础。公众安全感、群众对公安工作满意度均排名全市第一，连续五年名列全市前茅。

◎ 除夕夜安保

◎ 国庆升旗仪式

◎ 道口检查

◎ 开展电信诈骗防范宣传

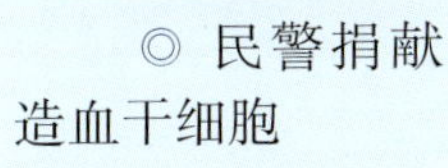
◎ 民警捐献造血干细胞

◎ 特警训练

★上海市公安局青浦分局

2014 年，青浦分局贯彻落实党的十八届三中全会、全国政法工作会议、全国公安厅局长座谈会、全市公安局处长座谈会等会议精神，加强基层基础建设，推动平安青浦建设，维护全区社会治安持续稳定。

◎ 荷兰鹿特丹警方来访

◎ 视频监控演示

◎ 民警在国家会展中心安检口执勤

◎ 进行实有人口登记

◎ 接受市民咨询

◎ 特警在国家会展中心步巡

★上海市公安局奉贤分局

2014 年，奉贤分局围绕“平安奉贤”、“法治公安”建设目标，保稳定，严打击，优防控、强管理，圆满完成亚信峰会安保任务，基层基础警务创新、社会综合治理体系深化、公安队伍规范化建设等各项工作取得实效。综合考评位列全市优秀等次。

◎ 召开亚信峰会安保工作动员部署大会

◎ 组织开展反恐演练

◎ 清查整治

◎ 设卡盘查

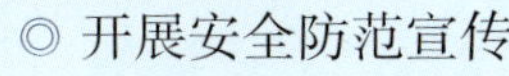

◎ 开展安全防范宣传

◎ 举行“相约滨海之夏”文艺演出

★上海市崇明县公安局

2014 年，崇明县局立足崇明地区社会形势，以亚信峰会安保工作为重点，加强机制、基础、队伍建设，完成各项公安保卫任务，全力维护社会政治安定和治安稳定。

◎ 召开党的群众路线教育实践活动动员大会

◎ 召开党团员志愿者服务活动

◎ 开展“迎峰会、保平安”治安大整治集中行动

◎ 民警在崇启检查站疏导交通

◎ 举办“警营夏令营”活动

◎ 进行崇明东滩半程马拉松安保工作

★上海出入境边防检查总站

2014年，上海边检总站进一步加强和改进新形势下边检工作，全面深化“新三大支柱”建设，以“五个先锋”为目标，全力维护国家安全和社会稳定，推动边检服务水平再上新台阶。

◎ 公安部领导视察上海机场边检站执勤现场

◎ 开展“阳光国门”服务品牌宣传活动

◎ 举行海上联合检查执法演练

◎ 执行邮轮入出境边防检查任务

◎ 邀请特邀社会监督员代表到上海机场边检站巡访

◎ 海港边检站开展口岸综合治理和登轮秩序专项检查

★上海港公安局

2014 年，上海港公安局深入贯彻执行党的十八大会议精神和上级机关各项部署，紧紧围绕港口发展大局，全力打造平安港口，切实加强公安执法规范化建设和队伍管理，圆满完成亚信峰会、中俄军演等一系列重大港口安保工作，为上海国际航运中心建设、中国（上海）自由贸易试验区（洋山）运行和上海港经济发展创造安全稳定的社会环境、公平正义的法治环境和优质高效的服务环境。

◎ 事故抢险

◎ 亚信峰会安保

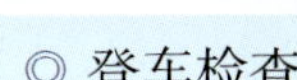

◎ 登车检查

◎ 处置演练

◎ 应急演练

◎ 码头巡逻

★长江航运公安局上海分局

2014年，长江航运公安局上海分局围绕“四个长江”建设，以三项重点工作为依托，以“五型”分局建设为总目标，开展各类专项行动，严厉打击刑事犯罪，妥善处理各类群体性事件，圆满完成各项安全保卫任务，强化水域协作与联动，狠抓消防监督，规范队伍管理，强化教育宣传，业务工作和队伍建设取得新的进步。

◎ 表彰先进

◎ 船舶命名仪式安保

◎ 反恐演练

◎ 警务室揭牌

◎ 深入码头调研

◎ 灭火演习

★上海市刑事科学技术协会

2014 年，上海市刑事科学技术协会协助市局刑事科学技术研究管理中心和上海市刑事科学技术研究院及上海市现场物证重点实验室——省部共建国家重点实验室培育基地开展学术活动，积极开展科学技术研究，获得专利授权 2 项，申报发明专利 6 项，1 项研究成果获公安部科技项目奖三等奖，1 项研究成果获公安部全国公安基层技术革新奖二等奖。

◎ 增援南京青奥会

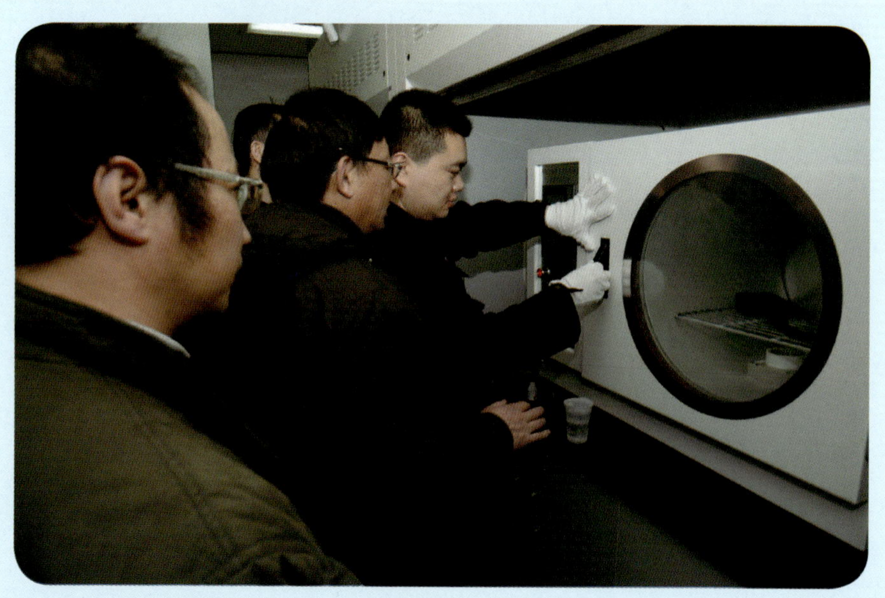

◎ 现场测试

◎ 召开项目验收会

◎ 举办研讨会

◎ 举办课题讲座

◎ 现场勘查

★上海市消防协会

2014 年，上海市消防协会认真贯彻落实上级一系列新规定和具体要求，坚持依法依规按章办会，积极提供优质服务，组织开展消防学术交流、消防安全技术咨询和消防行业协调管理服务及社会消防教育培训，较好完成了理事会确定的年度工作任务。

◎ 召开消防学术年会

◎ 2014 年上海国际消防保安技术设备展览会在上海展览中心举行

◎ 召开理事会六届三次会议

◎ 进行电气防火检测

◎ 举办消防注册工程师培训

◎ 组织学生参观消防博物馆